U0504014

中国社会科学院大学
University of Chinese Academy of Social Sciences

篤学 慎思　明辨 尚行

中国社会科学院大学系列教材

应用经济学系列

农村经济学

魏后凯　主编　　谭秋成　副主编

Rural Economics

中国社会科学出版社

目　录

第一章 导论

农村也称乡村，是与城市相对应的概念，是承担乡村功能且具有自身独特性的地域综合体。农村经济是国民经济不可或缺的重要组成部分，其发展水平和质量事关高质量发展和现代化建设全局。对于中国这样一个城乡差异较大的发展中大国而言，立足中国国情农情特点，加快构建中国特色的农村经济学意义重大。本章着重探讨城乡界定、农村经济和农村发展概念，深入考察农村经济学的定义、研究对象和主要内容，进而探讨国内外农村经济学的发展历程，以便对农村经济学有一个总括性的了解。

第一节 农村经济与农村发展

一 城乡的界定

城市与乡村是两种不同类型的地域综合体，二者在功能定位、人口分布、产业活动、聚落形态、文化特色等方面均具有明显的差异。城市是人口和非农产业聚集并达到一定规模的地域空间形态，它是各种要素和非农产业活动的集聚地，也是人类交流和市场交易的中心；乡村则是城市（镇）之外的其他一切地域，通常人口分布较为分散，且以农业及相关产业活动为主体。人口集聚规模小、密度低、接近自然是乡村的基本特征。正因如此，有学者将乡村界定为"人类聚落和基础设施只占据景观的一小部分，其中大部分由农田、牧场、森林、水体、山脉和沙漠占据的空间"（Ashley and Maxwell，2001）。需要指出的是，过去不少学者把乡村看成"以农业生产为主要经济基础"（罗德菲尔德，1983），或者"以农业经济为主"（宁志中，2019），"多数居民以农业为职业，农民占人口的多数"（杨勋，1986），但随着乡村农业就业比重的下降和非农产业的兴起，这种情况正在逐步发生改变。

关于城乡的划分目前国际上并没有统一的标准。总体来看，各国城乡划分的标准多种多样，主要有以下几种类型：一是采取单一的人口规模指标。在统计城市人口时，瑞典、丹麦、冰岛的门槛最低，仅要求居民点在 200 人及以上，新西兰为 1000 人及以上，爱尔兰为 1500 人及以上，法国、挪威、葡萄牙、阿根廷、埃塞俄比亚为 2000 人及以上，墨西哥、委内瑞拉为 2500 人及以上，比利时、卡塔尔、加纳为 5000 人及以上，英国、意大利、西班牙、塞内加尔为 1 万人及以上。二是采取单一的人口密度指标。如在德国，当社区人口密度低于每平方千米 150 人时，则被视为乡村。三是采取人口规模和人口密度组合指标。如在加拿大，当地居民在 1000 人及以上，且每平方千米超过 400 人即被界定为"城市"；美国除了要求当地居民在 2500 人及以上，还需要达到最低人口密度标准。四是采取多方面的综合指标，包括人口规模和人口密度、基础设施的完善程度和建筑密度、人口的就业构成等。如在印度，除市政府、大都市区政府、营地局（Cantonment Board）、镇委员会的驻地外，其他地方需同时满足三个条件，即居民在 5000 人及以上、至少 75% 的男性就业人口从事非农活动、每平方千米至少有 400 人（UN DESA，2019）。各国按照以上标准，城市以外的其他地区即为乡村。

中国的城乡划分标准经历了多次变化。1955 年，国务院发布《关于城乡划分标准的规定》，明确将城镇和城镇型居民区以外的地区列为乡村，并采用市和县（旗）以上政府驻地、居民区常住人口规模和非农业人口比重来界定城镇。1999 年，国家统计局制定了《关于统计上划分城乡的规定（试行）》，将建制市的市区和建制镇的镇区划为城镇，而将城镇以外的其他地区划为乡村，市（镇）区的界定考虑了市辖区人口密度、政府驻地及所辖街道办事处或居委会、实际建设等因素。2006 年，国家统计局发布《关于统计上划分城乡的暂行规定》，将城区和镇区以外的其他区域划为乡村，城（镇）区的界定主要考虑街道办事处或镇所辖居民委员会、实际建设、特殊区域等因素。2008 年，国务院批复国家统计局等部门制定的《统计上划分城乡的规定》，明确以居委会、村委会为基本划分单元，将实际建设作为城镇和乡村划分的依据，其中城镇包括城区和镇区，乡村为城镇以外的其他区域。按照该规定，城区是指在市辖区和不设区的市，区、市政府驻地的实际建设连接到的居民委员会和其他区域；镇区是指在城区以外的县人民政府驻地和其他镇，政府驻地的实际建设连接到的居民委员会和其他区域；与政府驻地的实际建设不连接，且常住人口在3000人以上的独立的工矿区、开发区、科研单位、大专院校等特殊区域及农场、林场的场部驻地视为镇区。

由于视角和出发点不同，人们对乡村的界定具有较大差异。从狭义来看，按照前述的划分标准，乡村是指村庄所覆盖的广大地域。按照是否具有行政功能，村庄可分为自然村和行政村。自然村是由村民经过长时间在某处自然环境中聚居而自然形成的村落；行政村是在乡镇政府以下设立的农村基层管理单位，其组织形式是村民委员会，下设若干个村民小组。行政村一般由多个自然村组成。2021年，中国共有48.1万个行政村，236.1万个自然村，村庄常住人口占全国总人口的45.6%。按照经济活动类型，村庄可分为农业村（种植业）、林业村、牧村、渔村和兼业村等。中共中央、国务院印发的《乡村振兴战略规划（2018—2022年)》则将村庄分为集聚提升类、城郊融合类、特色保护类和搬迁撤并类。从广义来看，乡村是指乡镇和村庄所覆盖的地域范围。如《中华人民共和国乡村振兴促进法》把乡村界定为"城市建成区以外具有自然、社会、经济特征和生产、生活、生态、文化等多重功能的地域综合体，包括乡镇和村庄等"，《现代地理学辞典》则把乡村界定为县城以下的广大地区（左大康，1990）。

二 农村经济

农村经济是农村各种经济活动和经济关系的总称，包括农村中农业、工业、服务业等所有经济部门以及生产、分配、交换、消费诸环节。在经济发展的早期阶段，各国经济大多以农村经济为主体。直到中华人民共和国成立初期，中国仍然是一个典型的农业国家，农村经济总量仍远超过城市。1949年中国仅农业和村办工业总产值就占社会总产值的58.5%，1952年全国就业人员中乡村所占比重高达88.0%。此后，随着工业化和城镇化的不断推进，农村产出和就业比重逐步下降，城市产出和就业比重不断提升。在现代化进程中，这种城的比重上升、乡的比重下降以及城乡长期共生并存，均是客观规律（习近平，2022）。应该看到，即使到2050年中国城镇化率达到80%，届时仍有2.73亿人口常住在农村（UN DESA，2019）。更为重要的是，对于中国这样一个拥有14多亿人口的发展中大国而言，农业是国民经济的基础，粮食安全是国家安全的基石，农村稳定是社会稳定的根本，乡村振兴是民族复兴的关键，农村经济在国民经济中将始终占据重要地位，尽管其产出份额会越来越小。在全面建设社会主义现代化国家新征程中，必须始终坚持农业农村优先发展，确保国家粮食安全，稳住农业基本盘，守好"三农"基础①，这是关系全局的"国之大者"。

农村经济本质上是一种区域经济，它具有地域性、综合性、脆弱性和二重性特征。一是地域性。农村地域广阔，村庄类型众多，各地自然条件和社会经济特点千差万别，农村经济发展模式丰富多样，呈现明显的地域特色。近年来，兴起的一镇一业、一村一品和专业村镇，就是这种地域特色的集中体现。二是综合性。农业具有多种功能，农村具有多元价值，农村产业除了农林牧渔业，还涉及农产品加工、文化教育、旅游康养、电商物流、生活服务等诸多产业，受到自然、经济、社会、文化等诸多因素的综合影响。农村经济涵盖县域、乡镇、村域等不同层次，是一个行业繁多、层次丰富、主体多元、因素复杂的大系统，具有较强的综合性。三是脆弱性。经济脆弱性是联合国开发计划署提出的一个概念，是指"经济发展过程中对因遭受未预料到的事件冲击而引起的损害所具有的承受能力"（Guillaumont，1999）。农业生产周期长，抗冲击或风险能力差，产出增长波动大，具有明显的弱质性。正是由于农业的弱质性，再加上农村居住和产业布局分散，限制了农村经济活动的规模效益发挥，降低了农村抗冲击或风险能力，使农村经济呈现明显的脆弱性和不稳定性，农民收入更多地需要依靠政府补贴。如在德国，欧盟和德国各级政府补贴占农民年均收入的 71.4%，其中，仅德国各项补助费用就占农业生产成本的 70% 左右（李晓俐、陈阳，2010）。四是二重性。在广大发展中国家，随着农村经济转型的加速，传统农业与现代农业、传统乡村经济与现代乡村经济交融并存，农村经济呈现明显的二重性。在中国，新型农业经营主体和广大小农户并存，就是这种二重性的集中体现。加快构建新型农业经营体系，推动小农户和现代农业发展有机衔接，将有利于突破这种二重性。

三 农村发展

农村发展是一个多维的概念，它是指农村在政治、经济、文化、社会、生态文明等领域的进步。农村经济发展、文化发展、社会发展以及基层民主政治建设和生态文明建设，都是农村发展的重要内容。由于农村发展涉及领域较多，内涵十分丰富，人们通常采用综合性的指标体系进行衡量。一些国际组织，如世界银行、经济合作与发展组织（OECD）、欧盟、联合国粮食及农业组织，已经提出

---

① "三农"是一个中国式概念，为农业、农村、农民的统称。

若干套农村发展指标体系（Adisa，2012）。中国社会科学院农村发展研究所构建了包括经济发展、社会发展、生活水平、生态环境和城乡一体化五个维度、27个指标的农村发展指数，对中国农村发展水平进行综合测评（魏后凯、潘晨光，2016）。发展的最终目的是增进人民福祉。就农村发展而言，最核心的是提升农民生活水平和生活质量，实现农民生活富裕。农民生活富裕是农村发展的根本。当然，也有学者把幸福或满意度当作农村发展的首选（Green，2013）。无论是发达国家还是发展中国家，农村发展都是一个高度优先事项，也是一个关键的政策领域。尤其在发展中国家，由于农村贫困人口多，城乡差距大，农村发展是国家发展的基础（Adisa，2012），也是消除农村贫困和缩小城乡差距的重要途径。各级政府不仅要促进农村经济增长、不断提高农民收入和生活水平、逐步缩小城乡差距，还要强调公平共享，更加关注农村贫困和农村低收入人口、儿童、老年人、妇女、少数民族等困难和特殊群体，为他们提供更多的发展机会，改善农民收入和财富分配状况，实现农村包容性发展。

农村经济发展是一个动态的演进过程，具有自身的规律性。在工业化和城镇化的早中期阶段，农村发展的产业主要是农业，产业结构较为单一，以至于在20世纪70年代之前农村发展被看成农业发展的同义词（Adisa，2012）。直至今日，仍有不少学者把农村看成以从事农业生产为主的劳动者聚居的地方。随着工业化和城镇化的推进，农村农业增加值和就业比重快速下降，而旅游休闲、农产品加工、新型服务业等迅速崛起，逐步取代农业成为农村经济发展的主要推动力，农村产业结构出现了多样化趋势。目前，尽管发展中国家的农村经济仍然主要依靠农业，但在发达国家甚至发展中国家的较发达地区，农村经济已经日益多样化，不再由农业主导。按照世界银行提供的数据，2021年高收入国家农村人口比重为18.6%，而农业就业比重仅有3.0%。这说明，在高收入国家，目前80%以上的农村人口并不从事农业。这种情况主要是由农村产业多样化和城市人口居住郊区化引起的，越来越多的在城市工作的人口居住在乡村。在中国，农村产业多样化已经催生了一批工业、商贸、旅游、康养、电商等非农业村庄。

农村经济发展受到多方面因素的综合影响，地理位置、资源禀赋、基础设施、人力资本、创新网络、企业家等都起着重要的作用。这些因素常常相互作用，并交织在一起对农村经济产生交互的影响。很明显，农村经济发展需要政府支持和外力的推动，但更重要的是激发农村经济的内生活力，增强其内生动力。

同时，还要充分发挥农民的主体作用，提高农民在农村发展中的参与性。一般认为，低人口密度和距离城市市场较远是制约农村经济发展的两个主要因素，这致使农村提供服务和进入市场更加困难。低人口密度难以获得规模效益，也降低了资源的可用性。如农村社区因规模较小，往往难以吸引关键资源，尤其是优质学校、医疗、保健、文化等资源，相关配套服务也跟不上。距离城市市场较远，将会增加生产者的额外成本，并造成对市场反应迟滞。另外，对自然资源和单一产业的高度依赖也是一个制约因素。这种依赖性给农村社区的生活质量改善带来了特殊的挑战，因为居民很容易受到市场和技术的重大变化的影响（Green，2013）。

第二节　农村经济学的研究对象和主要内容

一　农村经济学的研究对象

农村经济学是经济学的一个分支学科。尽管国外学者提出农村经济学的概念较早，但作为一门独立的学科，国外农村经济学大约形成于 20 世纪初期。在中国，农村经济学则是在改革开放之后才逐步形成和发展起来的。由于不同国家和地区农村经济问题具有自身的特殊性，且随着工业化和城镇化的演进而不断发生变化，加上各个学者的学科背景和研究视角不同，学术界对农村经济学的研究对象并没有形成一致的看法。归纳起来，大致有以下几种观点。

（一）探究农村经济规律的观点

探究农村经济规律的观点把农村经济看成一个整体，认为农村经济学是探讨农村经济规律的科学，但不同学者对这种规律的认识和表述具有较大差异。如，有的学者认为农村经济学以农村经济整体为客观对象，研究农村经济整体运动规律以及这些规律的具体运用（陈可文，1982；1984）；有的学者认为农村经济学是以农村经济系统为研究对象，其任务是揭示农村经济系统形成和发展的客观规律（陈湘柯，1985）；还有的学者认为农村经济学是以农村经济总体为研究对象，整体地、综合地、系统地从本质上揭示农村经济产生、发展及其运动规律（史维国，1988）；也有的学者认为，农村经济学是研究农村生产力、生产关系的发展变化和农村全面建设的规律及其运用的科学（白益进，1982）。

（二）探讨农村经济关系和规律的观点

探讨农村经济关系和规律的观点是对前一种观点的修正和补充，即在农村经济规律的基础上加上农村经济关系，认为农村经济学是研究农村经济关系和经济活动规律的科学，《社会科学学科辞典》和《经济科学学科辞典》均采用了这一定义。还有学者认为，农村经济学以整个农村为研究对象，是研究农村中各部门各地区的生产、交换、分配、消费等经济关系和经济活动的科学（王凤林，1987）。当然，也有学者认为，农村经济学是一门专门研究农村中人们在生产中相互间关系和农业生产力诸要素组合方式的内在联系以及运动发展规律性的经济科学（严瑞珍，1994）。显然，将农村经济学的研究对象仅局限于生产环节和农业领域过于狭窄，不符合当今农村经济发展的现实。

（三）研究问题罗列的观点

作为一门应用经济学科，农村经济学研究需要从问题出发，着手解决实际问题。正因如此，早期一些学者常把农村经济学看成研究农村经济问题的科学，但由于研究领域和视角的不同，各个学者对农村经济问题的理解具有较大差异。如，有的学者把农村经济学看成研究农村这一特定经济体的经济问题的科学（珊玲，1982）；维基百科（Wikipedia）则把农村经济学看成研究农村经济的科学，并列举了一系列农村经济研究问题[①]。很明显，随着研究领域的不断扩大，这种问题罗列的方法愈加难以适应学科发展的需要。

（四）"三农"视角的观点

一些学者从"三农"的视角来界定农村经济学。例如，有学者把农村经济学置于应用经济学之下，并把农业、农村、农民作为农村经济学的研究对象，认为其主要研究方向包括农业经济学、农村发展经济学、农户经济学（罗必良、欧百钢，2007）。这实际上是把农村经济学等同于研究"三农"问题的经济学。农业、农村、农民问题是关系中国现代化战略全局的重大问题，也是一个涉及从事行业、居住地域和主体身份三位一体的问题。尽管这三个问题是相互影响并交织在一起的，需要一体化统筹考虑和综合研究，但因研究对象和侧重点的不同，它们属于不同的学科。

（五）其他视角的观点

还有学者从其他视角来界定农村经济学。例如，有的学者认为，农村经济学应以农村地区的社会生产力为研究对象（陈湘柯，1985）；有的则把农村经济学

---

① 参见 https：//en. wikipedia. org/wiki/Rural_economics。

看成农村各门经济学科，如农业经济学、林业经济学、农村工业经济学、农村商业经济学、农业生态经济学、农村人口经济学等的综合科学（杨大远，1985）；还有学者对农村经济学与农业经济学不加区分，认为"农业和农村经济学是经济学科的一个分支，是专门研究农业领域中的各种经济问题的部门经济学"（丁长发，2006），显然这种理解是不准确的。

总体来看，国外学术界对农村经济学研究对象的讨论主要是在20世纪上半叶，国内学术界对农村经济学研究对象的争论主要是在20世纪80—90年代。进入21世纪以来，尽管中国农村经济获得了迅猛发展，有关农村经济学的研究成果也大量涌现，但学术界对农村经济学的研究对象并未达成共识。综合现有研究成果，并考虑农村经济发展趋势和新情况，本书认为，农村经济学是一门应用科学，它是从城乡融合的视角，以农村经济整体为研究对象，探讨农村经济活动、发展演变及其相互关系和规律的科学。作为区域经济学的重要分支，农村经济学同样具有综合性、地域性、应用性三个基本特征。

二　农村经济学与相关学科的关系

这里重点讨论农村经济学与农业经济学、区域经济学和发展经济学的关系。

（一）与农业经济学的关系

农村经济学与农业经济学的关系是农村经济与农业经济的关系在学科上的反映（陈可文，1982）。农业经济是一种产业部门经济，除农业生产外，农业科研、销售等活动并不局限于农村，近年来兴起的城市农业将农业生产活动拓展到城市；而农村经济是包括农业在内的农村各种经济活动和经济关系的总和，它是区域经济的重要组成部分。农村经济学与农业经济学都属于应用经济学，但二者研究客体和研究对象不同，分属于不同的学科分支。农业经济学以农业为研究客体，重点考察农业经济活动和经济关系，它属于产业经济学的范畴；而农村经济学以农村为研究客体，重点探究农村经济活动和经济关系，它属于区域经济学的范畴。前者是按产业来进行研究的，后者则是按地域来进行研究的。因此，农村经济学与农业经济学既有区别又有联系，二者相互交叉、互为补充。既不能以农业经济学替代农村经济学，也不能以农村经济学替代农业经济学。

随着农村经济的不断发展，学术界对农村经济学与农业经济学关系的认识也在逐步深化。自工业化以来，随着工业脱离农业向城镇集中，农村手工业因城市工业发展而陷入衰落，导致农村主要从事农业生产，向城市提供农产品和工业原料，农村经济主要是单一的农业经济，居住在农村的居民主要是农民。在这种情况下，人们常把农村经济和农业经济混淆甚至等同起来，学术界也存在用农业经济学取代农村经济学的倾向。然而，随着农村经济社会的发展，农村产业呈现多样化的趋势，农村居民也并非只是从事农业生产的农民，这种变化促使农村经济学逐步发展成为一门新兴的独立科学。正是由于这种变化，一些学者尝试把农业经济学和农村经济学整合为农业和农村经济学，或者农业农村经济学，出版了相应的教材和专著（丁长发，2006；焦必方，2009；沈琼等，2021），这种做法虽然可以节省时间和资源，使学生能够同时掌握两门学科的知识，但实际上否定了农村经济学的独立性，并产生了农业农村经济学究竟属于经济学哪个分支学科的难题。事实上，农业农村经济学并不是一个相对独立的分支学科，它只是农业经济学和农村经济学的混合体而已。

（二）与区域经济学和发展经济学的关系

一般认为，区域经济学是运用经济学的观点，研究国内不同区域经济的发展变化、空间组织及其相互关系的综合性应用科学（魏后凯，2011）。区域经济发展、区际经济关系、区域政策与治理是区域经济学研究的核心内容。从城乡划分来看，区域经济学可分为城市经济学、农村经济学和城乡关系学。目前，区域经济学研究存在"重城轻乡"的倾向，学者更多把精力放在城市经济学研究方面，而对农村经济学没有引起应有的重视。大量农村经济学研究仍散见在农业经济学、农林经济管理、发展经济学等相关学科中。当然，在城乡融合和一体化的背景下，城市与乡村是一个相互依存、相互融合、互促共荣的有机整体，绝不能把农村经济与城市经济完全割裂，农村经济学研究是与城市经济学、城乡关系学研究紧密联系在一起的。

对于像中国这样的发展中大国而言，农村经济发展是农村经济学最核心的内容。正因如此，改革开放以来国内学者出版了一系列《农村发展经济学》教材和专著，主要有周志祥和范剑平（1988）编、简乃强（1988）编、李卫武（1989）编、唐启国（1999）主编、徐希燕（2005）主编、何忠伟（2008）主编的《农村发展经济学》。作为第二次世界大战后迅速发展起来的一门综合性经济学分支学科，发展经济学虽然高度关注农业和农村发展问题，但其研究视角与农村经济学是有所不同的。发展经济学是以发展中国家为研究客体，在国家经济框架下探讨农业和农村经济发展问题；而农村经济学作为区域经济学的一个分支，关注的是一个国家内部的农村经济发展问题，更加重视其国情特征和地域差异性。因此，农村发展经济学属于发展经济学和农村经济学的交叉领域，既可看成发展经济学的分支，也可看成农村经济学的重要组成部分。如果把国家作为一个整体看待，从国际比较角度探讨发展中国家的农村经济发展问题，那么其属于发展经济学的范畴；若聚焦一个国家内部的农村经济发展问题，则属于农村经济学的范畴。

三 农村经济学的主要内容

农村经济学在中国尽管起步较晚，但近年来发展迅速，学科建设任务繁重，发展前景广阔。由于制度背景和国情不同，发源于资本主义市场经济国家的西方农村经济理论并不完全适用于中国。中国是一个社会主义发展中国家，农村土地除法律规定外均属集体所有，"大国小农"是中国的基本国情。这种国情特征决定了中国需要符合自身实际的农村经济理论，加快构建中国特色的农村经济学势在必行。中国特色的农村经济学既要深刻揭示农村经济的一般规律和共性特征，又要从中国国情农情出发，突出中国特色，系统阐述中国特色的农村经济理论、发展道路、治理模式和政策体系，它是农村经济学的共性和个性的有机统一。

从中国的实际出发，农村经济学主要包括以下几个方面的内容。

（一）农村资源利用

农村资源包括农村自然资源和农村社会经济资源，如农村土地资源、水资源、森林资源、草资源、能源资源、劳动力资源、文化资源、旅游资源等，它是农村经济发展的重要物质基础和禀赋条件。在资源分类和评估的基础上，合理开发、利用、保护和改善农村资源，探究农村资源开发与利用特征、规律和路径，是农村经济学研究的核心内容之一。土地不仅是农业生产的基本生产资料和生产要素，也是农村经济活动和居民生活的空间载体。本书第二章着重探讨农村土地利用问题，农村其他资源的利用将在相关章节中进行讨论。

（二）农村经济发展

对广大发展中国家而言，农村经济最为核心的问题依然是经济发展问题。发展是解决一切问题的总钥匙。农村经济发展不仅包括农村经济总量的扩张和规模增长，还涉及农村经济结构改善和质量提升，尤其是农村产业结构的优化升级。农村经济发展的过程也就是农村经济总量不断扩大和结构不断升级的连续过程。本书重点讨论农村经济发展的两个核心问题，其中，第三章着重介绍农村经济增长，第四章着重探讨农村产业结构。

（三）农村经济组织

现代农村经济需要采取相应的组织形式，组织化是农村经济现代化的必由之路。在当今中国，无论是作为农业生产经营基本单元的普通农户和家庭农场，还是集体经济组织、合作经济组织、农业企业以及其他社会化服务组织和农民中介组织等，都是推动农村经济社会发展的重要力量。在各地丰富实践的基础上，不断推进农村经济组织理论创新，将是中国农村经济学研究面临的重要任务。本书第五章着重阐述农村经济组织的概念和类型，探讨农村基本经营制度、农村集体经济组织、农村合作经济组织和新型农村经济组织形式。

（四）农民生活与福祉

从以人民为中心的立场出发，农村经济发展的根本目的是不断改进和提高农村居民的生活和福祉水平，实现农民生活富裕和现代化。农民生活水平与其收入和消费水平密切相关，它是农民物质生活条件和精神生活条件的总体状态。农民生活和福祉水平的改善程度，是衡量农村经济发展成效的关键指标。本书着重讨论农民生活与福祉中的两个核心问题，其中第六章讨论农民收入与农村贫困治理，第七章讨论农村公共服务供给。

（五）农村可持续发展

自20世纪80年代以来，随着可持续发展研究在世界范围内的兴起，农村可持续发展问题开始成为农村经济学研究的重要领域之一。在新发展阶段，全面加强农村生态环境保护，加快农村经济绿色低碳转型，建设宜居宜业的和美新乡村，不断提升农村可持续发展能力，是全面贯彻落实新发展理念的需要，也是实现乡村全面振兴和农村现代化的要求。本书第八章着重探讨农村可持续发展，考察农村经济社会发展与生态环境的协调以及农村生态系统服务功能和价值实现。

（六）城乡与区际关系

发展不平衡不充分是当今中国发展面临的突出问题。这种发展不平衡集中体现为城乡区域发展的不平衡，发展不充分集中体现为农村发展的不充分。因此，研究农村经济需要处理好城市与乡村之间的关系以及不同农村地区之间的关系，促进城乡区域协调发展和全域共富。当前，中国特色的新型城镇化正在重塑城乡发展格局，推动城乡关系由二元分割向融合共富方向转变（魏后凯等，2021）。城乡与区际关系中涉及的农村经济相关问题，也都是农村经济学需要研究探讨的重要内容。本书第九章重点讨论劳动力转移与城镇化，第十章重点讨论农村区域经济协调发展。

（七）农村财政与金融

财政与金融是支持农村经济发展的重要手段。由于农业在国民经济中处于基础地位，加上农业的弱质性和农村经济的脆弱性，各国政府普遍对农村经济发展实行支持政策。除了政府的财政和金融支持政策，在中国的中央、省、地市、县和乡镇级财政体系中，通常也把县乡财政统称为农村财政，而将农村范畴的金融活动总称为农村金融。目前，农村金融学已经成为农村经济学中名副其实的重要分支学科[①]。本书第十一章聚焦农村财政与金融，重点探讨农村财政体制与预算收支，考察农村金融和保险服务，论述农村投融资模式。

（八）农村经济政策与治理

相较于城市而言，农村发展水平低，基础设施和公共服务滞后，治理能力较弱，更加需要各级政府的大力支持和高度重视。科学制定农村经济发展战略和规划，明确农村经济发展的目标和任务，不断完善农村支持政策体系，提升基层治理能力和水平，这是中国农村经济学研究的重要领域。有鉴于此，本书第十二章重点探讨农村发展战略与政策，第十三章聚焦乡村治理与社区建设问题。

第三节　国外农村经济学的发展

在国外，学术界对农村经济的关注具有较早的历史渊源，但作为一门独立学科，农村经济学大体形成于20世纪初期，其发展大致经历了四个阶段。

一　第一阶段：第二次世界大战之前

早在1767年，阿瑟·杨格（Arthur Young）在他的著作《农民给英国人民的信》中就使用了"Rural Economics"这一概念[②]。但早期国外农村经济的研究大多散见于经济学其他分支学科，一些重要观点也大都来自其他专业领域的延伸。在18世纪中叶，古典经济学就开始通过农业中生产力与生产关系的论述研究农

[①] 近年来，国内学术界出版了一系列农村金融学教材和学术专著，各种版本多达数十种，较有代表性的有王曙光（2015）、董晓琳和张龙耀（2017）、蒋远胜（2021）等主编或编著的《农村金融学》。

[②] 阿瑟·杨格在该书的副标题中就使用了Rural Œconomics这一概念，在英语中Œ多用于一些从拉丁语中借来的外来词，但现在多数人已不再使用，采用e或者oe替代。参见Young（1768）。

业生产，确立了农业在农村经济中的特殊地位。如重农学派的代表人物魁奈（F. Quesnay）将农业生产视为农村经济发展的重要因素；亚当·斯密（Adam Smith）在《国富论》中对农村人口流动和土地利用进行论述，最早阐述了农村劳动力从事非农业生产以及迁移的原因，揭开了农村生产经营日益外部化的特质（亚当·斯密，2015）。1796年，威廉·马歇尔（William Marshall）通过农村调查出版了两卷本的《英格兰西部的农村经济》（Marshall，2013）。

19世纪20年代后，德国经济学家杜能（J. H. von Thünen）在《孤立国同农业和国民经济的关系》中着重分析了城市中心经济活动对周围农村地区经济模式的影响。他通过提出"杜能环"的区位模式论证农业土地利用方式和生产布局取决于农村土地的经济地租，而后者是由农地到作为最终消费地的中心城市之间的距离决定的（杜能，1986）。马克思和恩格斯深刻揭示了城乡关系从分离走向融合的趋势，并系统阐述了农村人口向城镇迁移的"推力"和"拉力"因素（辜胜阻，1992），他们认为"人口不断地流往城市，农村人口由于租地集中、耕地变成牧场、采用机器等原因而不断地'变得过剩'"（卡尔·马克思，1972）。"工业的迅速发展产生了对人手的需要；工资提高了，因此，工人成群结队地从农业地区涌入城市"（弗里德里希·恩格斯，2005）。到19世纪中期，《英国皇家委员会报告》首次引入了"农村经济学"的概念。19世纪末，马歇尔（A. Marshall）将传统的工业区概念应用于农村发展领域，考察了农业以外的农村经济增长因素，认为源于农业历史的长期社会经济网络是农村经济发展取得成功的关键因素（Marshal，1890）。1899年，美国俄亥俄州立大学开设了"农村经济学"课程。

需要指出的是，直到20世纪初期，国外农村经济学才逐渐发展成为一门独立学科。1908年，美国总统罗斯福（F. D. Roosevelt）任命成立"乡村生活委员会"，组织开展大规模调查和听证会，并针对乡村问题提出改进建议，由此拉开了美国乡村生活运动的序幕。在这一运动中，美国许多学者都加入研究行列，各高校也逐渐将"农村经济学"作为一门课程纳入教学计划。1911年，卡佛（Carver，1911）的《农村经济学原理》出版，这是最早以农村经济学命名的英文学术专著，它标志着国外农村经济学的形成。随后又出版了一批农村经济学专著，包括布鲁克斯（Brooks，1914）的《市场和农村经济学》、沃格特（Vogt，1925）的《农村经济学导论》。到20世纪20年代，欧美等发达国家中几乎所有农业大学或学院都设立了农场管理、农村经济或农业经济等学科（沈琼，2019）。但是，直到 20 世纪 40 年代，务农依旧是多数农村人口的主要就业渠道，这种情况导致国外经济学家大多认为"农村经济学"和"农场经济学"是同一概念（Fox，1962）。

二 第二阶段：第二次世界大战后至 20 世纪 60 年代

第二次世界大战后，在工业化和城市化快速推进的背景下，工业和城市的作用日益受到重视，而农村的作用更多地被视为从事农业生产，保障农产品供应。在这一时期，城市工业偏向的理论盛行，"重城轻乡""重工轻农"成为许多国家的主要发展模式。与此同时，随着农业的技术进步、运输成本的降低和农民收入的增加，广泛的道路网络使许多曾经偏远的农村地区相互连接，制造业开始逐渐进入农村地区，农村经济经历了较大变革（Simon，1947），导致农业从业人员减少以及农村产业类型的多样化。在这种情况下，国外学者提出了诸多涉及农村经济发展的理论。

首先，在区域经济研究中更加重视农村非农经济的重要作用。20 世纪 40 年代末，胡佛和费雪在其著作《区域经济增长研究》中将区域发展过程分为五个阶段，认为农村地区能够为工业化发展以及最终的服务业输出阶段提供原始积累，具体表现为随着贸易来往和农业积累增加，农村从最初的以自给农业为主的经济活动逐渐向市场化的乡村工业化发展，从而实现农村经济的高质量专业化，进而为高端产业的出现奠定基础（Hoover and Fisher，1949）。20 世纪 50 年代，诺思（D. C. North）提出的输出基础理论成为当时被广泛接受的农村经济增长理论，该理论预计随着农业输出基础就业的减少，农村经济中的非农业部分将逐渐萎缩，但是这种情况并没有发生（Kilkenny and Partridge，2009）。事实上，随着农业就业和人口的急剧变化，农户越来越依赖非农收入，农村经济的发展不再单纯取决于农业经济水平的提升。据此，国外农村经济学者开始将农村中非农经济的发展看作解决农村贫困的一种重要途径。

其次，将农村置于城市附属地位的"城市偏向"思想占据主导地位。20 世纪五六十年代形成的区域不平衡发展理论是"城市偏向"思想的首要根源，其基本观点是，因资源限制，政府在发展初期应集中资源优先发展增长动力更强的城市中心，当增长中心建立后市场就会自动对这种不平衡形成反应，中心地区通过产业和技术联系等渠道带动落后地区，提升整体发展水平。这种增长模式导致了 20 世纪 50 年代以来关于农村参与城市主导的增长过程的辩论（Day，1968）。这一时期经济学家大多认为，农村地区应该更多地参与区域和国家的增长进程以寻求更多发展机遇。例如，舒尔茨认为城市中心的外部效应将影响农村地区，进入城市市场是农村地区繁荣的关键因素（Schultz，1950；1953）；拉坦指出农村居民家庭的中位收入与该地区城市工业发展水平有关。相比提高农业劳动生产率，增加农村家庭成员的非农就业机会对提高农村居民收入水平更为重要（Ruttan，1955）。这种不平衡发展理论尽管开始意识到农村经济发展的重要性，强调通过不平衡途径带动整体经济增长，从而使农村地区受益于城市发展，但对农村地区内在的经济发展动力重视不够，日益受到学术界的批评。

"城市偏向"思想的另一个重要理论来源是将农业视作为工业化部门提供廉价剩余劳动力和生产要素的附属部门的"农业附属"思想，主要包括二元经济理论、"工农剪刀差"理论等。其中，二元经济理论认为传统农业作为维持生计部门的生产率增长前景非常黯淡，因此只能在经济发展过程中发挥消极作用，为现代经济部门提供资源，直到后者最终扩大到取代它的位置，这一现代部门除制造业外，还包括大规模的"现代"农业（Lewis，1954）。刘易斯（A. Lewis）的二元经济理论自发表以来褒贬不一，批评者认为其将农村和农业经济完全放置于被动地位，农村经济的发展完全取决于城市工业部门的发展，忽视了农村在经济发展中的重要性。受这种二元经济思想的影响，在联合国第一个发展十年计划（1960—1970年）中，农村地区的经济发展未受到重视，广大农村成为被遗忘的角落。"工农剪刀差"理论也认为，由于工农产品的相对比价不合理致使交换存在"剪刀差"，因此作为农产品主要输出的发展中国家在贸易中处于不利地位，应当优先发展城市重工业。

直到20世纪60年代这种情况才发生改变。拉尼斯和费景汉改变了传统二元经济理论对国民经济发展中农业地位的忽视，认为农村劳动力的不断外流会导致农业总产出的减少，随之带来的粮食短缺会引起粮食价格和现代部门工资的上涨，如果在此过程中农业劳动生产率提高，则可以保持农业部门继续为现代部门的扩张提供剩余劳动力（Fei and Ranis，1964）。托达罗从人口流动的角度强调了农村地区的重要地位，他认为由于发展中国家农村地区劳动力的"期望收入"使其大量流向城市，与此同时，城市部门存在大量失业现象，农村劳动力流入城市更多的是出于自身期望而不是现实情况，因此应该注重农村和农业自身的发展，使农村本身能够留住大量的劳动力人口，缓解城市的就业压力（Todaro，1969）。舒尔茨则提出了"小农场效率"的增长范式，认为小农户是理性的经济主体，他们能够做出有效的农业决策，因此对农村地区的人力资本投资至关重要（Schultz，1964），而农业通过为低收入国家新兴工业部门提供劳动力、资本、粮食、外汇和消费品市场，在总体经济增长中发挥着关键作用。此后，高效率的小农场农业开始被认作农村经济增长和发展的引擎。

三 第三阶段：20 世纪 70—90 年代

20 世纪 70 年代以来，针对过去片面追求工业化的弊端，国外学术界开始强调农村经济发展的重要性，其政策主张也从城市工业偏向转变为向农村地区倾斜。学术界普遍认为，尽管农村发展涉及许多不同的主体，农村产业日益多样化，但农业和农民仍然是农村发展成功的关键，对农业的忽视会阻碍农村经济发展，而利用好农业自身的创新和生产能力，可以有效地促进农村发展。经济合作与发展组织提出农村地区的成功有四个关键要素，即灵活性、能力、效率和协同作用（OECD，1996）。重新将农业和农村的发展放在比较重要的位置，由此开启了农村经济研究的新浪潮，不仅是农村经济学本身，其他相关学科对农村经济发展的研究也与日俱增，形成了诸多独具特色、具有真正意义的农村发展理论。同时，国外学术界还出版了一批农村经济学的研究专著和教科书，一些大学增加了农村经济学专业，开设的课程主要有发展经济学、农村区域发展规划、农业经济学、农村人口学、农村社会学等。从此，在国外的学科建设中，农村经济学成为一门涵盖了多个研究领域的交叉学科。

这一时期，国外有关农村经济发展的新思想相继出现，农村发展模式成为研究的热点。联合国粮农组织等国际机构从 1975 年起，先后在亚洲、非洲和拉丁美洲召开了区域性的"农村综合发展讨论会"。1979 年 7 月，联合国责成粮农组织、劳工组织、教科文组织等国际机构联合召集有 145 个国家代表参加的"世界农村改革和乡村发展会议"。这次会议讨论了"农村综合发展"的概念，其内容主要包括：①土地制度改革。②农村自然资源和社会经济优势的有效利用。③农村非农业就业的发展。④农村人口控制。⑤农村文化、教育和社会福利等设施建设（范剑平，1987）。"农村综合发展"后来被称为新农村发展范式理论，它试图在外部帮助下确定地方发展和农村重建的方式，为农村地区谋福利，同时为未来维护农村价值（Nemes，2005）。

在农村发展动力方面，开始从过去主要强调外部因素转移到更多关注内生因素层面。针对外生发展存在主体迷失和主体依附缺陷，国外学术界兴起了农村内生发展的研究，认为农村对城市中心长期的依附导致其在发展中处于弱势地位，因此必须培育农村内生发展动力摆脱对城市的依赖。1976 年，日本学者鹤见和子倡导内生发展理论，并将其运用于农村区域发展问题，认为农村应该基于地方的主体性、特殊性、自主性结合外来的知识、技术、制度等实现自身的发展（鹤见和子、胡天民，1989）。农村的内生发展是以依靠本地资源、居民协作参与为核心的"自下而上"的自主发展模式，是农村经济、社会、人文、生态的综合性发展（张秋菊、张超锋，2020）。强调发展的内源性潜力、倡导开放性的区域经济、追求可持续性生计、注重地方民众的自主参与以及构建民众的区域认同是内生发展的核心特征（方劲，2018）。

此外，这期间国外学者还注意到农村所具有的独特资源可能成为其相对于城市的潜在发展优势。与城市相比，农村地区在多方面具有更好的价值，如生态资源、文化资源等，这种多元价值在重新配置后，可以作为新模式下的资本资产，即农村发展资源，而这一资源在过去的农村经济发展中长期受到忽视，原因在于农村经济和社会往往比城市更为传统，而这种"传统"过去常被看成落后和不发达的表现（Tucker，1999）。拜登（Bryden，1998）还提出了不流动资源为农村地区创造竞争优势的理论，强调农村发展战略应以非竞争性的不流动资源为基础，包括社会资本、文化资本、环境资本和本地化知识资本等。这种思想后来被欧洲诸多国家所接受，各地开始将农村价值作为一项重要的发展资源，目前提供服务、休闲活动和生活空间的乡村旅游正成为农村的核心经济活动。

四 第四阶段：21 世纪以来

进入 21 世纪以来，随着城市化的推进和经济社会发展，国外学术界对农村经济的认识发生了重大转变，即从早期将农村地区看成自然资源的提供者转变为多样化的经济区域。越来越多的学者强调农村地区的经济多样性，不再把长期的地方繁荣与固定的部门繁荣概念联系起来，而是将农村经济视为产业、环境、人文、社会以及政策等多种因素共同作用的结果（Isserman，2001；Johnson，2007）。这一结论得到了各种经验证据的支持，表明农村地区的经济贡献是广泛而多样的。在 2008 年出版的《资源和农村经济学前沿》中，有学者提出"新农村经济学"，强调人类与生态系统以及城乡之间的相互依赖（Wu et al.，2008）。

在这一阶段，一些学者强调内生发展与外生发展的相互兼容性，提出了新内生发展概念。新内生发展将"地方—超地方"的框架引入农村发展研究，它着眼于发展的可持续性，倡导重视外部力量的作用，主张区域内外资源有机结合。正如雷（Ray，2001）所强调的，新内生发展的实践需要整合地方行动者、国家力量以及社会中坚力量（如非政府组织等）形成合力效应。此外，发展经济学家桑托斯（Santos，2018）对核心—边缘模式进一步扩展，提出"分享空间理论"，认为使农村地区得到发展需要打破城乡封闭的循环系统，建立双向的要素资源转移通道，实现城乡产业的资源合理配置，从而带动农村的经济振兴。

随着乡村建设的快速推进和城乡关系的不断演化，国外农村经济学的研究范围更为广泛，研究领域不断拓展，研究视角和问题选择也日趋多样化。当前，国外农村经济学关注的重点领域包括农村发展政策的制定及政策效果评价、农村居民家庭收入及其构成、农村企业家培育和农村企业发展、农村基础设施建设、农村地区农业和非农产业规模经济效应分析、农村社区治理水平提升和法治建设、农村医疗规模和质量，以及农村人口的医疗成本、农村文化价值挖掘、农村投资等。随着研究领域的逐渐扩展，其他相关学科所进行的研究越来越多地涉及农村经济方面，为国外农村经济学的发展注入了新的活力。

目前，国外农村经济学的研究重点已不再局限于农村本身，从过去一贯的宏观、中观视角逐渐向微观侧重，并且在经济因素之外包含了诸多农村非经济因素的研究，如一些学者发现农村地区存在的种族和身份歧视也是影响农村经济发展的重要因素等。随着流动社会的来临，经济因素并不是影响农村居民生存、发展的唯一因素，激发农村内生动力需要从更加广泛的视角保障农村居民参与整个农村经济发展过程，农村经济日益与农村发展问题紧密相连，学术界不再单纯从经济层面讨论农村经济和居民收入问题，而是更加注重农村经济的可持续发展，将经济因素纳入综合的分析框架，注重农村地区真正的振兴。此外，随着官方统计数据的完善、各种大规模调查的开展以及计算机分析技术的发展，国外农村经济学也逐渐跟随经济学的整体发展更多地走向计量化、实证化。

第四节　中国农村经济学的发展

中国农村经济研究尽管有较早的历史渊源，但农村经济学作为一门独立学科并得到快速发展却是改革开放之后的事情。总体来看，中国农村经济学的形成与发展，大体经历了起步、停滞、形成和完善四个阶段。

一 起步阶段（1949 年之前）

20 世纪 20—30 年代，中国农村日益走向衰败，学术界称其为"乡村危机"，农村贫弱问题成为当时社会各界关注的热点。这种农村衰败是帝国主义的侵略、封建制度的摧残、清王朝后期以后中央政府转向工商崇拜以及现代工业的冲击、自然灾害频发、连年战乱、世界经济危机影响等多方面因素相互叠加、综合作用的结果。丁达（1930）在《中国农村经济的崩溃》一书中，阐述了帝国主义、中国封建制度和地主阶级对中国农村经济的摧残以及农村经济崩溃的趋势。

为改变中国乡村贫穷落后的状况，一批知识精英开始关注乡村建设实践，开展农村经济调查研究。从 20 世纪 20 年代开始，中国掀起了一场由知识精英倡导的乡村建设运动，主要是通过乡村重建试图对旧有的农村政治、农业经济和农民素质进行具有一定现代化性质的改造（虞和平，2006）。其中，影响较大的是梁漱溟在山东邹平的乡村建设实验和晏阳初在河北定县的平民教育运动。梁漱溟（2018）在《乡村建设理论》一书中阐述了乡村建设必须依靠教育手段，通过社会组织的重建和现代科学生产及生活知识的灌输，来解决中国的政治问题和促进农业经济的复苏与振兴，主张复兴农村、振兴农业以促进工业。乡村建设的探索实践在 20 世纪 30 年代达到高峰时期，当时乡村建设在山东、山西、河北、河南、江苏、湖北、湖南、广东、广西、云南、四川等 19 个省份、几十个县和成千个乡、村展开（刘重来，2006）。此后，由于抗日战争、解放战争等一系列社会巨变，乡村建设运动未能持续下去，理论探索也处于停滞状态。

通过实证方法研究中国农村经济成为当时中国农村经济学的主流，并基本形成了两种主要的不同研究路径。美国学者瑞斯金将其分别称为"技术学派"和"分配学派"（Riskin，1975）。"技术学派"以卜凯（John Lossing Buck）等为代表，侧重生产力因素的分析。一些外国经济学家和留学归国的学者采用西方农业经济学的观点和方法，开展农村经济调查，考察中国农村生活，研究中国农村经济问题。1922 年开始，南京金陵大学卜凯教授指导学生利用暑假返乡做农家经济调查，历时 6 年完成了对中国 7 个省份 17 个地区共计 2866 个农家经济状况的调查。在 20 世纪 30 年代，卜凯相继出版了《中国农家经济》和《中国土地利用》，他把中国近代农业经济问题归为广义技术上的"落后"，主张通过改善农业经营方式和提高农业生产技术水平来解决（陈意新，2001）。一些留学归国的学者还大力倡导西方合作主义，主张通过合作运动解决农村问题乃至整个社会问题，代表性人物主要有薛仙舟、寿勉成、王世颖等。

"分配学派"以陈翰笙等为代表，更加侧重生产关系因素的分析。1929年初，陈翰笙受蔡元培的委托，入主中央研究院社会科学研究所，随后他组织开展了保定、无锡、广东以及三江流域（珠江、长江、黄河）等一系列大规模的农村调查，掌握了真实可靠的第一手资料。1933年，陈翰笙、薛暮桥、钱俊瑞等在上海发起成立了中国农村经济研究会，创办了《中国农村》杂志，1936年会员达到500多人（沈琼，2019）。研究会的主要工作是运用马克思主义的阶级分析方法进行农村经济调查，观察认识农村社会各种生产关系。其研究成果集中体现在后来编辑的《〈中国农村〉论文选》和《解放前的中国农村》两个集子中。薛暮桥在1937年还出版了《中国农村经济常识》，后改名为《旧中国的农村经济》，阐述了半封建半殖民地旧中国农村经济的基本状况。

在这一阶段，乡村建设运动实践和农村经济调查研究，有助于了解中国农村经济状况，开启了改变农村贫弱局面的探索之旅，虽然一些学者提出了许多理论观点，但尚未形成一个完整的理论体系，也没有明确提出农村经济学的概念。因此，可以把这一阶段看成中国农村经济学的起步阶段。

二　停滞阶段（1949—1977年）

与20世纪上半叶农村经济调查研究热闹纷繁相比，中华人民共和国成立后的近30年国内农村经济研究则要冷清得多（郑清坡，2013）。中华人民共和国成立后，中国从经济体制到高等教育，均移植苏联模式。1952年，全国进行了高校院系大调整，组建了一批专业性高等院校。中国的农业经济教育也随之转入各地新组建的农业大学（张俊飚、颜廷武，2019）。1953年，教育部颁布了主要参考苏联的农业经济学教育计划。一些大学相继设立农业经济系，开展农业经济学专业招生。这一时期，西方农村经济学获得了快速发展，而中国农村经济研究主要依附在农业经济学和其他相关学科研究中。

20世纪50年代初期，国内对农村经济的理论探讨主要集中在土地改革、农村合作经济和农民负担等几个问题上。为实现农民"耕者有其田"，中央人民政府于1950年6月30日公布实施《中华人民共和国土地改革法》，随后开始在全国开展大规模的土地改革运动。学术界就土地改革问题进行了研究。1953年，中共中央提出了过渡时期的总路线，即在相当长的时期内，逐步实现国家的社会主义工业化，并逐步实现国家对农业、手工业和资本主义工商业的社会主义改造。农业的社会主义改造实际上就是农业的合作化。这一期间,针对党内社会主义改造道路是先机械化还是先合作化,是先供销合作还是先生产合作的路线争鸣,学术界展开了深入讨论(魏后凯,2019)。此外,为配合土地改革和农业合作化,有关部门和地方还组织开展了一系列农村经济和农民负担调查。

此后,随着农产品统购统销制度、城乡二元户籍管理制度和人民公社制度的相继建立,中国形成了以行政手段直接管理农业要素配置、农业生产经营活动及农产品分配的计划经济管理体制。在这种制度安排下,农民的主体地位被忽视,农民的积极性受到挫伤,农村生产力被禁锢,农村经济缺乏活力。当时,学术界对农村经济的关注主要集中在农业经济领域,如农业的基础地位、农轻重关系、农业计划管理、农业现代化等,同时对人民公社制度、集体经济、社队企业等也展开了讨论。"文化大革命"期间,全国停止了农业经济学的专业招生,中国农村经济研究也处于停滞状态。

三 形成阶段(1978—2002年)

1978年以来,中国进入了改革开放和社会主义现代化建设的历史新时期。中国的改革是从农村开始的。直到2002年,中国农村改革都主要集中在农村内部,以放活还权和减弱控制为重心,在建立和完善农村基本经营制度的基础上,推进各领域的市场化改革。这种市场化改革极大地调动了农民积极性,激发了农村经济活力(魏后凯等,2019)。随着乡镇企业和非农产业的发展,农村经济已不再是单一的农业经济,日益呈现多元化的趋势。这些因素相互交织在一起,有力地推动了农村经济的蓬勃发展,也加快了农村经济学的形成和兴起。

面对旺盛的国家战略需求和丰富的农村建设实践,国内学术界从中国实际出发,坚持问题导向,不断拓宽农村经济研究领域,各类研究成果不断涌现。这一阶段,学术界重点是围绕农村基本经营制度的形成和完善,对家庭承包经营、双层经营体制、农村土地流转、农业产业化、农村集体经济等展开深入讨论;围绕国家发展战略转轨,加强了农业现代化、农村现代化、农村产业结构调整、农村发展战略、农村发展道路、农村经济政策等方面的研究;针对乡镇企业的"异军突起",就农村劳动力转移、乡镇企业发展与产权制度改革、农村工业化与城镇化等进行探讨;针对各领域的市场化改革,加强了农产品价格及形成机制、农产品流通体制、农村信用社和供销社改革、农村金融改革等方面的研究。此外,这期间学术界还加强了村民自治、农民增收、农民负担、农村消费、农村贫困、农村可持续发展、城郊经济、城乡关系等领域的研究。

在新的形势下，20 世纪 80 年代学术界掀起了建立农村经济学的讨论。最早在 1981 年，有学者提出应建立一门新的经济学——农村经济学①。随后，学术界就农村经济学的概念、研究对象、研究内容、研究任务以及建立农村经济学的必要性展开了深入讨论，组织编写和出版了一批农村经济学教材和学术专著。其中，石丹林（1987）主编和徐唐龄（1987）主编的《农村经济学》，是国内最早以农村经济学命名的教材和学术专著。全国十三所综合性大学中国农村经济学编写组（1986）还组织编写了《中国农村经济学》教材，王贵宸（1988）主编了《中国农村经济学》学术著作。此后，有关农村经济学和中国农村经济学的著作不断涌现，一些大学也相继开设了农村经济学课程。

国务院于 1982 年成立中国农村发展研究中心②，1986 年设立国务院贫困地区经济开发领导小组办公室③，中国社会科学院于 1985 年将农业经济研究所更名为农村发展研究所，1998 年 3 月第九届全国人民代表大会第一次会议决定设立全国人大农业与农村委员会，这些机构在推动农村发展、农村扶贫开发和农村立法研究方面发挥了重要作用。各大学和科研单位纷纷设立农村经济研究机构和平台，学术研究队伍不断壮大。1985 年 1 月，《中国农村经济》杂志创刊发行。1998 年，教育部颁布《普通高等学校本科专业目录》，在管理学大类下设立农业经济管理类一级学科，包括农林经济管理和农村区域发展。1999 年，国务院学位委员会批准设立农业推广硕士学位（后更名为农业硕士），下设"农村与区域发展"研究方向。这些措施有力地推动了农村经济学的学科发展。

四　完善阶段（2003 年以来）

2003 年以来，随着改革开放和城镇化的不断推进，中国农村经济发展进入了城乡融合的新阶段。2003 年，党的十六届三中全会提出"五个统筹"，并把统筹城乡发展放在首位；2007 年，党的十七大报告又提出"建立以工促农、以城带乡长效机制，形成城乡经济社会发展一体化新格局"；2017 年，党的十九大报告进一步提出要"建立健全城乡融合发展体制机制和政策体系"。从统筹城乡发

---

① 参见陈可文对《农业经济问题》编辑部的来信"应建立农村经济学"，《农业经济问题》1981 年第 6 期。

② 1985 年 4 月改称国务院农村发展研究中心，1989 年 12 月撤销。

③ 1993 年 12 月改为国务院扶贫开发领导小组办公室，2021 年 2 月更名为国家乡村振兴局。

展到城乡一体化再到城乡融合发展，反映了中央政策的一脉相承以及传承与创新的有机统一。其间，国家先后推进社会主义新农村建设和实施乡村振兴战略，2004—2023 年连续出台 20 个中央一号文件关注"三农"问题，制定实施了一系列强农惠农富农政策，着眼点也从单纯的农村内部扩展到城乡关系层面，由此跳出了就"农村"论"农村"的传统思维框架。

面对新的国家战略需求和学科建设需要，学术界围绕农村经济重大理论和现实问题，开展多视角、多层次、多领域的深入研究，不断拓宽研究领域，改进研究方法，推进理论方法和知识创新。这一阶段，重点是围绕统筹安全与发展问题，加强国家粮食安全、农产品稳产保供、农村生态文明建设、农业农村绿色发展、农业支持保护政策等方面的研究；围绕国家发展战略的实施，加强社会主义新农村建设、农村全面小康建设、乡村振兴战略、农业农村现代化、农村高质量发展、数字乡村发展等方面的研究；围绕构建新型城乡关系，加强统筹城乡发展、城乡一体化、城乡融合发展、农村产业融合、城乡发展差距、城乡基本公共服务均等化等方面的研究；围绕农民权益和福祉问题，加强农民收入与消费、农村反贫困、农民工市民化、农民农村共同富裕等方面的研究；围绕全面深化农村改革，加强农村土地制度改革、新型农村集体经济、小农户与现代农业有机衔接、农村普惠金融、供销社改革、乡村治理创新等方面的研究。

为适应农村经济社会发展的需要，2018 年国务院组建了农业农村部，其管理职能由农业领域拓展到农村领域，包括统筹推动发展农村社会事业、农村公共服务、农村文化、农村基础设施和乡村治理，牵头组织改善农村人居环境等。有关部门、高校和科研单位还建立了一批农村发展研究机构和平台。2012 年，教育部和科技部实施了高等学校新农村发展研究院建设计划，启动了新农村发展研究院建设，前后两批共设立 39 所新农村发展研究院。2017 年实施乡村振兴战略后，各高校和科研单位又建立了一批乡村振兴研究院。2021 年，经民政部批准，中国城郊经济研究会更名为中国农村发展学会。新公布的《研究生教育学科专业简介及其学位基本要求（试行版）》将农村发展列为农林经济管理的六个二级学科之一。国家需求、研究机构和平台的增加有力地推动了农村经济学的学科发展，有关农村经济方面的研究成果更是大量涌现。然而，相比而言，目前农村经济学学科建设明显滞后，远不能适应乡村振兴和农村经济迅速发展的需要。立足中国实际，以推进学科体系、学术体系和话语体系建设为着力点，加快构建具有中国特色的农村经济学势在必行。

第二章 农村土地利用

生存与发展是人类永恒的主题。土地资源是人类赖以生存与发展的根本条件，人类的生存空间、生产活动等无一不与土地发生联系。土地利用反映了人类与自然界相互影响与交互作用最直接和最密切的关系。本章对农村土地利用概述、农村土地利用制度、农村土地集约利用和农村宅基地整治等进行详细介绍。

第一节 农村土地利用概述

随着人们对土地利用研究的不断深入和全面，土地利用的科学范畴也逐步清晰和明确。对农村土地利用研究的起点是厘清土地利用的概念及类型，梳理农村土地利用基本特征。在此基础上，进一步总结中国农村土地尤其是耕地和农村建设用地利用现状和变化特征。

一 土地利用概念及类型

（一）土地与土地资源概念

土地作为人类赖以生存和进行生产活动的场所，是自然资源和物质生产所必需的物质基础，是人类不能出让的生存条件和再生条件。土地的概念在不同社会发展阶段有所差异。在农业社会，土地与土壤是同义词，土地即土壤。在工业社会，土地是指地球表面的陆地，是由泥土或砂石构成的固定场所。不同学科对土地的概念定义也存在差异。生态学和地理学认为土地是地球表面的陆地和水面，是由气候、地貌、土壤、水文、岩石、植被、人类活动成果等构成的自然历史综合体；经济学认为土地是自然资源，是社会生产的重要生产资料。

土地资源是将土地作为自然要素看待的。土地作为自然要素，通过人类的劳动加以利用，能够产生财富。基于以上认识对土地资源进行定义，土地资源是指被人类已经使用或者在可预见之未来能够被人类所利用的土地。土地资源既具有自然属性，也存在经济和社会属性，它是人类的生产资料和劳动对象。根据对其属性界定的差异，土地资源有狭义和广义之分。狭义的土地资源指在一定的技术经济条件下，能直接为人类生产和生活所利用，并能产生效益的土地。广义的土地资源观点认为，当今世界上的各类土地（包括南极、高山等这些人们涉足较少地区的土地）对人类社会经济的发展都有一定的社会效益、经济效益和环境效益，因此均在土地资源之列。

（二）土地利用概念及类型

土地利用是指人类为了满足生存和发展的需要，按照一定的方式对特定区域土地投入劳动、资本要素，有意识地对土地进行的差异化使用、保护和改造的过程。农村土地利用，是指人们为了获得动植物产品、满足居住休闲等生活和非农生产需要，对农村区域土地进行的使用、保护和改造活动。

土地利用的类型是广义的土地类型，主要根据土地所具有的利用功能、潜力或价值（由土地自然属性和社会经济特性共同决定）的差异性而划分。因此，土地利用类型是指土地自然属性相对均一，而利用价值或功能价值一致的土地单元集合。土地利用类型划分的依据主要是土地的用途（功能）、利用方式和经营特点、覆盖状况等因素（刘黎明，2020）。早期的土地利用分类体系出现在20世纪30年代，金陵大学卜凯教授在1937年汇总各地农业报告后，编著了《中国土地利用地图集》（卜凯，1937），主要用于农业土地利用分类。2007年8月1日，中华人民共和国国家标准《土地利用现状分类》（GB/T 21010—2007）发布并实施，是中国土地资源管理的一次历史性突破，意味着土地利用现状分类标准从过去的行业标准上升到国家标准。为满足各行业的专业需求分析，2017年又发布并实施了《土地利用现状分类》（GB/T 21010—2017），采用2个层次的分类体系，共分为12个一级类、73个二级类（见表2-1）。与之前相比，一级类未发生变化，二级类由57个增加至73个，更强调对自然资源的保护，增加了湿地的归类（朱道林，2007）。

表 2-1 土地利用现状分类（GB/T 21010—2017）

一级类		二级类		一级类		二级类	
编码	名称	编码	名称	编码	名称	编码	名称
1	耕地	0101	水田	8	公共管理	0807	文化设施用地
		0102	水浇地			0808	体育用地
		0103	旱地			0809	公用设施用地
2	园地	0201	果园			0810	公园与绿地
		0202	茶园	9	特殊用地	0901	军事设施用地
		0203	橡胶园			0902	使领馆用地
		0204	其他园地			0903	监教场所用地
3	林地	0301	乔木林地			0904	宗教用地
		0302	竹林地			0905	殡葬用地
		0303	红树林地			0906	风景名胜设施用地
		0304	森林沼泽	10	交通运输用地	1001	铁路用地
		0305	灌木林地			1002	轨道交通用地
		0306	灌丛沼泽			1003	公路用地
		0307	其他林地			1004	城镇村道路用地
4	草地	0401	天然牧草地			1005	交通服务场站用地
		0402	沼泽草地			1006	农村道路
		0403	人工牧草地			1007	机场用地
		0404	其他草地			1008	港口码头用地
5	商服用地	0501	零售商业用地			1009	管道运输用地
		0502	批发市场用地	11	水域及水利设施用地	1101	河流水面
		0503	餐饮用地			1102	湖泊水面
		0504	旅馆用地			1103	水库水面
		0505	商务金融用地			1104	坑塘水面
		0506	娱乐用地			1105	沿海滩涂
		0507	其他商服用地			1106	内陆滩涂
6	工矿仓储用地	0601	工业用地			1107	沟渠
		0602	采矿用地			1108	沼泽地
		0603	盐田			1109	水工建筑用地
		0604	仓储用地			1110	冰川及永久积雪
7	住宅用地	0701	城镇住宅用地	12	其他土地	1201	空闲地
		0702	农村宅基地			1202	设施农用地
8	公共管理	0801	机关团体用地			1203	田坎
		0802	新闻出版用地			1204	盐碱地
		0803	教育用地			1205	沙地
		0804	科研用地			1206	裸土地
		0805	医疗卫生用地			1207	裸岩石砾地
		0806	社会福利用地				

　　农村土地利用类型指按照土地利用现状分类标准，位于农村行政区范围内的土地类型，包括一级地类、二级地类或三级地类。根据《土地利用现状分类》（GB/T 21010—2017），农村土地资源类型主要包含一级地类耕地、园地、林地、草地，二级地类农村宅基地、教育用地、公路用地、农村道路、设施农用地、田坎等。其中，与"作"和"息"相关的耕地和农村宅基地成为人们生产生活最为密切的两种土地利用类型。耕地是指以种植农作物（含蔬菜）为主，间有零星果树、桑树或其他树木的熟地、新开发地、复垦地、休闲地（含轮歇地、休耕地），也包括平均每年能保证收获一季的已垦滩地和海涂，还包括南方宽度小于1米、北方宽度小于2米的沟、渠、路和地坎（埂）。根据灌溉条件、水源和种植作物的差异，耕地又可分为水田、水浇地和旱地。农村宅基地是农户用作住宅用地而占有、利用本集体所有的土地。

二　农村土地利用的特征

　　由于承载功能的差别，相较于城市土地利用，农村土地利用具有若干鲜明的特征。①农村土地利用具有基础性。农村土地利用的基础性从属于"农业是国民经济的基础"这一普遍规律。人类必须以发展农业生产、满足衣食之需作为基础，然后才可能满足其他方面的需求。土地是农业最基本的生产要素，农村土地利用因而应以优先保障农业为基本原则。农村土地利用的基础性特点，要求绝大多数国家和地区对农村土地用途加以管制，优先保障农业生产尤其是粮食生产用地。②农村土地利用具有外部性。农村土地利用外部性是指农村土地利用的边际私人成本或边际私人收益与边际社会成本或边际社会收益的偏离，个人土地利用行为的收益或成本被其他社会成员分享或承担。农村土地利用的外部性是普遍存在的，如增加农地投资、改善农地生产条件可能会带来周边土地的增值但却无法向周围的土地使用者收费等。③农村土地利用具有区位性。一般而言，土地的区位是指特定地块的地理和经济空间位置及其与相邻地块的相互关系。农村土地所处地域空间条件相当复杂，其肥沃程度、位置优劣、交通条件等存在较大差异，因而农村土地用途、利用方式等呈现明显的区位性。德国经济学家约翰·冯·杜能（Johann Heinrich von Thünen）（1986）指出，在相同的自然地理条件下，影响农业用地区位选择的主导因素是生产地到消费地之间的距离，农业生产的空间差异不仅表现在产品方向上，而且表现在经营种类、经营方式和强度上。农村土地利用的区位性特征要求依据区位合理布局农村生产生活用地，从而实现土地利用的总体效益。④农村土地利用具有可持续性。尽管农村土地资源的自然供给是固定不变、无弹性的，在科学的利用方式下，农村土地能够持续、稳定地为人类提供符合健康要求的食物及其他产品和服务。马克思指出，"土地只要处理得当，就会不断改良"（中共中央马克思恩格斯列宁斯大林著作编译局，2009）。农村土地利用的可持续性要求对土地资源开展可持续利用评价并限制不合理的土地利用方式，从而实现既满足当代人对农村土地利用的需求，又不损害后代人利用农村土地资源满足其需求的能力。

三　中国农村土地利用的特征

第三次全国国土调查（以下简称"三调"）[①] 显示，村庄用地 3.29 亿亩，占全国建设用地总面积的 48.90%。其中，国有村庄用地 0.36 亿亩，占村庄用地总面积的 11.05%；集体村庄用地 2.93 亿亩，占村庄用地总面积的 88.95%。全国耕地 19.18 亿亩。其中，国有耕地 2.94 亿亩，占 15.31%；集体耕地 16.24 亿亩，占 84.69%。耕地和农村建设用地存在以下主要变化特征。

（一）中国耕地绝对数量多，人均占有量较少且逐年减少

1996—2008 年，耕地面积由 19.51 亿亩减少到 18.26 亿亩，而全国总人口增长了 1.04 亿，人均耕地面积也从 1996 年的 1.59 亩降到 2008 年的 1.37 亩。2009 年耕地资源统计口径发生变化，之后十年耕地面积减少而人口增加的趋势依然没有改变。"三调"结果显示，2019 年中国耕地面积 19.18 亿亩，总量位居世界第三，仅次于美国和印度。但人均耕地面积降到 1.36 亩，大约只有世界平均水平的 1/3。

（二）耕地保护政策遏制了耕地面积锐减态势，但占优补劣造成耕地质量下降

耕地占补平衡和城乡建设用地增减挂钩政策实行"占一补一"的基本原则，通过土地整治、复垦和开发等项目实施有效补充新增耕地，是遏制耕地锐减的主要手段。土地整治、复垦和开发补充的耕地在新增耕地中的占比逐年增加，2000—2008 年该比例由 48.21% 增加到 88.75%，在 2017 年更是高达 94.98%，使耕地过快减少的势头得到遏制。2005 年耕地减少面积大幅下降为 542.38 万亩，2007 年进一步降为 61.01 万亩。伴随 2008 年永久基本农田的划定，耕地减少面积又降为 28.96 万亩，甚至在 2013 年出现了 7.40 万亩的耕地净增加。但是，耕

---

① "三调"以 2019 年 12 月 31 日为标准时点汇总数据。

地保护政策对质量提升的重视程度不足，补充耕地以次充好的现象比较普遍。部分地区在落实耕地占补平衡时用劣地、坡地、生地滥竽充数，导致补充耕地出现了"上山""下水""进房"的现象，最终账面上是平衡了，但耕地质量却亏空了。

（三）农村人口减少与居民点用地扩张并存，宅基地闲置废弃现象日益凸显

在城镇化和工业化的强力拉动下，农民分别以"候鸟式迁徙""不完全城镇化"等形式向城市地区转移。农村常住人口在 1995 年达到 8.59 亿人的峰值后持续减少，2019 年已降为 5.26 亿人，年均减少约 1390 万人。与人口持续流出的事实相反，受农村经济增长、农民收入增加、居住改善需求增强以及家庭结构小型化等影响，加上规划管理和宅基地退出机制不完善等原因，农村居民点用地面积持续扩张并无序蔓延。1996—2008 年农村居民点面积由 2.47 亿亩扩张到 2.50 亿亩，扩张了 1.30%，2009—2019 年扩张了 18.75%。农村人减地增的现象导致人均居民点用地面积由 1996 年的 193.52 平方米增加到 2019 年的 417.38 平方米，翻了两番多（见图 2-1）。农村居民点持续扩张和人口向城镇转移致使宅基地闲置问题日益凸显。据统计，目前中国农村宅基地闲置率约为 10%—20%，部分地区闲置率高达 30%（李婷婷等，2019）。

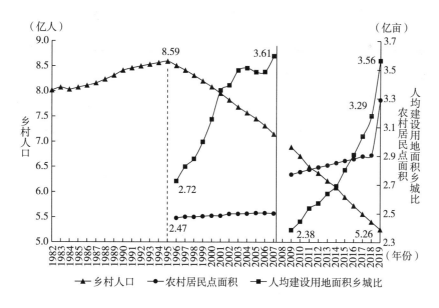

图 2-1　中国乡村人口和农村居民点（1982—2019 年）

注：1982 年及以后人口数据为常住人口统计数，1982 年、1990 年、2000 年、2010 年数据为当年人口普查数据推算数，其余年份数据为年度人口抽样调查推算数。城镇建设用地面积和农村居民点面积数据来自中华人民共和国自然资源部发布的全国土地利用年度变更调查数据。

（四）中国人均建设用地城乡差距持续拉大，建设用地浪费与短缺并存

毋庸置疑，人口和产业的城镇化对城镇生产、生活和生态空间提出了更大需求，城镇建设用地势必扩张。1996—2008 年城镇建设用地面积由 0.40 亿亩增长到 0.61 亿亩，扩张了 52.09%。2009—2016 年由 1.09 亿亩增长到 1.55 亿亩，扩张了 42.76%①。城乡建设用地面积双向增加与人口由乡到城的单向流动意味着土地资源的城乡配置与人口城镇转移不同步，致使城乡建设用地结构和人口结构严重失调。2000 年，城乡建设用地比例和城乡人口比例分别为 1∶6.21 和 1∶2.28，人口和土地资源的城乡配置尚能协调耦合。2019 年，城乡建设用地比例为 1∶2.12，而城乡人口比例为 1.68∶1，城乡建设用地和人口结构倒挂，最直接表现为人均建设用地面积的乡城比由 2009 年的 2.38 扩大到 3.56（见图 2-1）。该现象导致中国乡村建设用地浪费与城镇建设用地短缺并存，一方面农村宅基地闲置造成了土地资源的严重浪费，另一方面城镇化进程中土地资源的刚性约束进一步增强。城乡人地矛盾进一步凸显，亟须通过统筹城乡土地利用配置解决。

第二节　农村土地利用制度

农村土地利用存在的基础性、外部性、区位性和可持续性特征，要求政府通过一系列法律法规、政策措施等制度安排对土地用途、空间布局、利用方式以及耕地保护等内容加以规范，上述法律法规、政策措施构成了农村土地利用制度。本节主要介绍农村土地用途管制制度、耕地保护制度、农村土地承包经营制度、农村集体建设用地制度等内容。

一　农村土地用途管制制度

从经济学角度而言，"管制"（Regulation）是指政府为矫正及改善"市场失灵"问题而制定并执行的直接干预市场配置机制或间接改变市场主体供需决策的一般规则。土地用途管制的目的是保障多种竞争性用途之间的土地合理分配、解决市场失灵导致的土地利用负外部效应。土地用途管制制度是国家为保护土地资源的合理利用和经济、社会、环境的协调发展，通过编制土地利用规划，规定土地用途，明确土地使用条件，实行用途转用许可制，并要求土地所有者、使用者

① 2009 年开始建设用地面积统计口径发生变化，与 2008 年及以前建设用地面积不可比。

严格按照规划确定的用途和条件使用土地的制度。土地数量的有限性、位置的固定性、利用的基础性和外部性，为政府开展土地用途管制提供了理由。通过科学的土地利用规划和用途管制规则的实施，土地用途管制可以矫正土地资源市场配置中的外部性和信息不完全等问题，从而实现土地资源合理利用。

土地用途管制制度是世界各国和地区普遍采用的土地管理有效工具，如美国、加拿大、日本等国家的"土地使用分区管制"，英国的"土地规划许可制"，韩国的"建设开发许可制"等。尽管各国土地用途管制的名称各不相同、管制目标存在差异，但均表现出以下特征：土地用途管制的目的在于保护土地资源，防止土地资源浪费，以保证经济社会可持续发展；土地用途管制以国家为管制主体，以土地用途、数量、质量和空间布局为管制内容；土地用途管制以土地利用规划的编制和实施为前提，土地利用规划具有强制性的法律效力。

中国的土地用途管制制度，借鉴了其他国家的主要做法和典型经验，成为开展土地管理的一项基本制度。1998年修订的《中华人民共和国土地管理法》（以下简称《土地管理法》）首次提出"国家实行土地用途管制制度"，明确"国家编制土地利用总体规划，规定土地用途，将土地分为农用地、建设用地和未利用地。严格限制农用地转为建设用地，控制建设用地总量，对耕地实行特殊保护"。上述规定明确了土地用途管制实施的主要环节，即以土地分类作为实施用途管制的基础，以土地利用总体规划作为实施土地用途管制的依据，以农用地转用审批作为实施土地用途管制的关键。

农村土地用途管制制度包括集体农用地、集体建设用地以及集体未利用地的管制，不同类型的土地管制规则存在差异：①集体农用地管制以"农地、农有、农用"为基本原则，限制农地非农化，鼓励维持农业用途，有限制地许可农用地内部的用途变更。主要包括两个方面的内容：一是农用地转为非农用地的用途管制，即农用地所有权人和使用权人均不得任意将农地转为非农用地，须经有关部门审批后方能实施。二是农用地内部用途调整的管制，即农用地内部不同地类的转换（如耕地转为园地、草地等）必须符合土地利用规划，并应经过依法批准。长期以来，严格限制农用地转为非农用地（主要是建设用地）是土地用途管制的重点，但农用地内部用途变更（如耕地转为园地、草地等）缺乏应有的约束和制度安排。2021年修订实施的《中华人民共和国土地管理法实施条例》明确了耕地用途管制规则，对耕地转为园地、林地、草地等其他农用地做出规定，要求严格控制耕地转为林地、草地、园地等其他农用地；耕地应当优先用于粮食和棉、油、糖、蔬菜等农产品生产；按照国家有关规定需要将耕地转为林地、草地、园地等其他农用地的，应当优先使用难以长期稳定利用的耕地。②集体建设用地管制。一方面，根据土地用途是否符合规划和土地利用方向，符合规定用途予以供地；另一方面，确定建设规划区的界限和用地数量，确保人均占地或总规模不突破规定标准。③对于农村集体未利用地管制，禁止任何不符合规划、破坏自然生态环境的开发行为，鼓励在保护和改善生态环境、防止水土流失和土地荒漠化、经过科学论证和评估的前提下对未利用地进行开发，且适宜开发为农用地的，应当优先开发为农用地。

二 耕地保护制度

耕地不仅是劳动力和其他生产资料的活动基地，而且直接参与产品的形成，是农业生产不可缺少的劳动资料和劳动对象。耕地的利用不仅受自然条件的限制，也受社会、经济、技术条件的影响；耕地的利用状况反过来又会影响社会经济的发展和生态环境的保护。耕地资源的稀缺性以及在整个自然资源中的不可替代性决定了耕地资源保护与可持续利用的重要性。

耕地保护就是人们通过一定的经济、技术、制度手段，保护有限的耕地资源，实现耕地资源的可持续利用。耕地保护制度是指国家根据公共利益的需要，对土地规划确定的耕地采取特殊保护措施的制度。从历史维度来看，耕地保护贯穿农业发展史，只是在不同的历史时期，耕地保护方式有所差异。在原始农业时期，由于科技水平有限，人们普遍通过撂荒耕作、轮荒耕作实现用地养地；随着农业生产力的发展、农业技术的进步，土地利用率开始提高，耕作制度逐步由轮荒耕作、休闲耕作向连作耕作转变，如通过禾豆轮作有意识地栽培绿肥培养地力；现代农业则通过更加全面的制度建设、更加先进的技术手段、更加充分的要素投入开展耕地保护。从国别维度来看，耕地保护是一个世界性的话题。欧美等发达国家开展耕地保护，一方面是由于人口数量剧增、城市扩张占用大量耕地，人均耕地面积减少；另一方面是由于人口增长和工业化加剧了自然灾害和环境污染，农田损毁和土地退化严重。在上述背景下，美国、英国等国家围绕耕地保护开展了大量探索。以美国为例，耕地保护制度体系日臻完善和成熟，形成了以政府土地利用规划为基础，经济手段为主体，法律手段为保障，行政手段为补充的耕地保护政策体系。综观各国耕地保护制度，呈现如下特征：①耕地保护的对象是土地利用规划确定的用途为耕地的土地。②国家基于公共利益的需要确定耕地保护的总量和划定耕地的范围。由于耕地保护与土地发展权是一种矛盾关系，凡土地利用规划确定为耕地尤其是划定为永久基本农田的土地，其发展权或者受到限制或者被严格禁止，从而导致部分土地所有权人或使用权人的发展利益受到一定程度的减损，因此，保障公共利益就成为划定耕地保护范围的依据，而粮食安全是公共利益的重要内容。③对耕地采取的是特殊保护措施，一般而言，所有土地均受法律法规保护，但"对耕地实行特殊保护"是对于耕地之外的其他土地相比较而言的。

"十分珍惜、合理利用土地和切实保护耕地"是中国的一项基本国策。伴随着工业化、城镇化的快速推进，中国的耕地保护制度经历了长时期演变，目前已经形成了包括耕地占补平衡制度、永久基本农田保护制度、土地开发整理复垦制度等在内的较为完整的耕地保护政策体系。①耕地占补平衡制度。耕地占补平衡制度是中国耕地保护制度的核心制度，其目标是统筹建设占用和耕地保护双重任务。《土地管理法》规定，"国家实行占用耕地补偿制度"。耕地占补平衡制度的主要内容：一是"占多少，垦多少"。非农业建设经批准占用耕地的，按照"占多少，垦多少"的原则，由占用耕地的单位负责开垦与所占用耕地的数量和质量相当的耕地。没有条件开垦或者开垦的耕地不符合要求的，按照省、自治区、直辖市的规定缴纳开垦费，专款用于开垦新的耕地。二是省级政府确保本行政区域内耕地总量不减少、质量不降低。三是跨省易地开垦补充耕地须由国务院批准。②永久基本农田保护制度。永久基本农田是最优质、最精华、生产能力最好的耕地。《土地管理法》规定："国家实行永久基本农田保护制度。"一是明确永久基本农田范围，即"经国务院农业农村主管部门或者县级以上地方人民政府批准确定的粮、棉、油、糖等重要农产品生产基地内的耕地""有良好的水利与水土保持设施的耕地，正在实施改造计划以及可以改造的中、低产田和已建成的高标准农田""蔬菜生产基地""农业科研、教学试验田"等耕地均应划为永久基本农田保护范围。二是对永久基本农田实行特殊保护，从严管控非农建设占用永久基本农田，防止永久基本农田"非农化"。三是建立永久基本农田严格执行的配套制度，包括永久基本农田保护责任制度、质量保护制度以及监督检查制度等。③土地开发整理复垦制度。土地的开发、整理与复垦是增加耕地面积的有效手段，也是实行耕地保护制度、落实耕地占补平衡制度的主要措施。一是土地开发。主要是指未利用地的开发利用。中国未利用土地规模较大，但大多分布在生态脆弱区，对其开发利用将面临较高生态风险。二是土地整理。一般而言，土地整理可分为农地整理和市地整理。农地整理是指通过采取各种措施，对田、水、路、林、村综合整治，提高耕地质量，增加有效耕地面积，改善农业生产条件和生态环境的行为。三是土地复垦。主要是指对生产建设活动和自然灾害损毁的土地，采取整治措施，使其达到可供利用状态的活动。

三　农地使用制度

（一）农地使用制度的内涵与类型

农地使用制度是关于农地使用的经济法律关系的总和，规范着农地所有权主体与使用权主体之间的权利、义务以及国家对农地使用管制等内容。农地使用制度派生于农地所有制度，既是农地所有制度的反映与体现，又是农地所有制度借以巩固和发展的重要途径。以土地所有者（包括自然人和法人）类型为划分标准，土地所有制大致可划分为以下几种：①土地私人所有制，土地财产归属于个人或以个人作为土地财产主体的制度。②土地宗族所有制，是指以"大家庭"为单位的全体家庭成员的共同所有制。③土地共同所有制，是指土地财产属于若干人共同所有的制度，其具体形式多种多样，如中国农村土地集体所有制，其土地属于农村集体经济组织全体成员共同所有，不得分割为个人所有，但无论是由集体统一使用还是由农户分散使用，均不影响其共同所有的性质。④土地政府所有制，是指土地财产属于各级政府所有的制度，如美国联邦、州、县政府均拥有部分土地的所有权，这些土地的所有权明确而具体且可以自由交易。⑤土地国家所有制，是指土地财产属于国家所有的制度，一般而言，在社会主义国家中，国家所有是公有制的重要组成部分，历史上奴隶社会和封建社会均存在过土地国有制，一些资本主义国家如新西兰等也存在土地国有制。

根据农地所有权与使用权的关系，农地使用制度主要包括两类：①农地所有权与使用权"两权统一"型，即农地所有权与使用权由同一个产权主体行使，如中国土地改革前的农户土地私有自耕、人民公社时期的集体土地统一经营等。②农地所有权与使用权"两权分离"型，即农地所有权与使用权分别由不同的产权主体行使，如封建社会的租佃制、永佃制、集体土地承包经营等，永佃制是土地所有权与使用权分离制度的极端形式。

在"两权分离"型农地使用制度中，中国现行的农村土地承包经营制度与租佃制、租赁制存在较大的不同。其原因在于，中国农村集体经济组织的土地集体所有制，本质为按份共有制，从而每一个集体经济组织成员都享有一份土地承包权利。在"两权分离"型农地使用制度的基础上，中国为了适应农地承包权主体与经营权主体普遍分离的情况，将农村土地产权中的土地承包经营权进一步划分为承包权和经营权，实行所有权、承包权、经营权分置并行的"三权"分置型农地使用制度。集体土地所有权、承包权和经营权承担着不同的产权功能。集体土地所有权在"三权"分置土地产权结构中处于基础地位，是一切土地权利的根源；土地承包权是"三权"分置产权结构中的核心产权，其权利内涵是作为集体经济组织成员的农户依法公平地获得集体土地的承包经营权；通过在土地承包经营权上设立土地经营权为其他农业经营者享有，能够促进土地资源的优化配置，土地经营权成为农村土地的重要产权形式。

（二）中国农村土地承包经营制度的建立与演变

中华人民共和国成立初期，国家开展土地改革运动，废除地主阶级土地所有制，实行农民土地所有制。农民获得了土地所有权，对拥有的土地"有权自由经营、买卖和出租"。由此，中国农地使用制度实现了旧社会下所有权、使用权相分离的封建租佃经营制向所有权、使用权相统一的家庭经营制的转变。土地改革完成后，国家通过农业合作化运动在农村逐步建立起了土地集体所有制，形成了农地集体所有、集中统一经营的土地使用制度格局。农村人民公社时期，集体所有、集中统一经营的农地使用制度逐步发展成熟，并延续至 20 世纪 80 年代初期。在农地集体所有、集中统一经营的制度安排下，劳动计量和监督难题、难以克服的平均主义倾向，显然不利于提高农民的生产积极性，农业经济发展陷入停滞状态。

20 世纪 80 年代初，中国确立并完善了农地集体所有、家庭承包经营的"两权分离"型农地使用制度，并伴随着经济社会发展而不断完善。主要包括三个阶段：第一阶段（1978—1984 年），在中央的支持和推动下，以包产到户、包干到户为主要形式的农村家庭联产承包责任制在全国推行开来，农民事实上获得了承包到户、相对独立的土地承包经营权；第二阶段（1985—2002 年），在家庭承包制的基础上，国家出台专门政策规范，稳定土地承包制和土地承包关系，强化对农民土地承包经营权的保护力度；第三阶段（2003—2012 年），国家相继颁布《中华人民共和国农村土地承包法》（以下简称《农村土地承包法》）、《中华人民共和国物权法》（以下简称《物权法》）、《中华人民共和国民法典》，明确农民土地承包经营权的物权地位，推动农村土地制度法制化建设。家庭承包制改革在坚持农地集体所有的前提下实现了农地使用制度的自我突破，实现了集体土地所有权与使用权的"两权分离"，进而找到了在集体土地上发挥农民家庭积极性的农业有效经营形式，是农地使用制度方面的重大制度创新。

四 农村集体经营性建设用地使用制度

农村集体经营性建设用地使用制度是界定农村集体经营性建设用地所有权和使用权权能边界、规范所有权主体与使用权主体权利义务关系以及国家开展集体经营性建设用地管理等法律法规政策的总和。现行农村集体经营性建设用地使用制度主要有以下特征：一是所有权归农村集体。集体经营性建设用地作为集体土地中用于经营性用途的部分，其所有权仍然归农村集体；但集体经营性建设用地所有权人分为村集体经济组织、村民小组和乡镇集体经济组织三种类型。二是集体经营性建设用地使用权有条件入市。三是集体经营性建设用地与国有建设用地"同地同权同价"，即在供地渠道、价格形成机制以及入市流转方式上保持一致。

从历史演变来看，农村集体经营性建设用地最早可追溯至农村人民公社时期，在这一时期集体经营性建设用地主要是少量的社队企业用地，实行集体所有、统一经营，所有权主体与使用权主体并未在经济上分离。农村改革初期，国家允许农村社队利用集体土地举办社队企业，但禁止农村社队以外的主体使用集体土地，也不允许农村社队以土地入股的形式参与企、事业经营。随着农村改革的不断深入，国家对农村集体经营性建设用地使用权转让的限制从禁止转变为有限放开，即在符合土地利用总体规划、符合建设用地使用权依法取得并随厂房等一同转移、属于破产兼并等情形下，集体建设用地使用权可以发生转移；同时，国家在部分地区开展了集体经营性建设用地使用权流转的试点探索。2020年，《土地管理法》明确集体经营性建设用地可以通过出让、出租等方式交由集体经济组织或个人使用，且使用者取得集体经营性建设用地使用权后可以转让、互换或抵押，这意味着农村集体经营性建设用地可以与国有建设用地同等入市、同权同价。

第三节　农村土地集约利用

随着人口增长和经济发展，土地需求日益增加而土地自然供给始终是极其有限的，人们在实践探索中认识到土地集约利用方式，即通过增加劳动和资本投入，提高单位土地面积产出水平，土地集约利用方式逐渐受到重视。

一　土地集约利用的概念与类型

土地集约利用，是相对于土地粗放利用的土地利用方式，是指在单位面积土地上投入相对较多的劳动、资本等生产要素的经营方式。土地利用集约度是衡量土地集约利用的核心指标。土地利用集约度是指单位土地面积上投入的劳动、资本的数量。一般而言，在其他条件不变的情况下，单位土地面积投入劳动、资本数量越多，土地利用集约度越高；反之则越低。德国农业经济学家特奥多尔·布林克曼（Theodore Brinkmann）（1984）将土地利用集约度表述为 $I=(A+K+Z)/L$。其中，I 为土地利用集约度，A 为工资，K 为资本，Z 为资本利息，L 为土地面积。I 的数值越高，则表明土地利用的集约度越高；反之则越低。上述公式既适用于衡量农用土地的集约利用程度，也适用于衡量非农业土地的集约利用程度，即土地利用集约度都是通过单位面积上的工资、资本、利息的耗费量来表达的。

根据对土地投入的劳动和资本的多少，土地集约利用可划分为劳动集约型和资本集约型两种类型。当单位土地面积投入的资本相对较多时，这种土地利用集约形式可称为资本集约型（或资本密集型）；当单位土地面积投入的劳动相对较多时，这种土地集约利用形式则称为劳动集约型（或劳动密集型）。在土地利用的具体过程中，到底采用哪种集约利用形式，取决于投入要素的比较成本。如果劳动力的比较成本较低，就会主要采用劳动集约型；反之，如果资本的比较成本较低，就会更多地采用资本集约型。由于不同地区土地、资本和劳动力条件不同，对于农地集约利用的选择也会存在差异。一般而言，在土地相对稀缺而资本、劳动力相对充裕的情况下，往往实行集约利用；在土地少、资本少而劳动力充裕的情况下，实行的必然是劳动力集约利用，这往往意味着实行传统农业和小规模农业；在土地多、劳动力少而资本充裕的情况下，必然实行资本集约，往往意味着实行现代农业和大规模农业。

二　土地报酬递减规律

（一）土地报酬递减规律的提出

土地集约利用所讨论的根本问题是土地收益变动规律，即随着单位面积土地上投资量的变化，土地收益如何变动的问题。法国重农学派代表人物雅克·杜阁（Jacques Turgot，2014）首次对上述问题进行了系统性的描述。"撒在一块天然肥沃的土地上的种子，如果没有做任何土地的准备工作，这将是一种几乎完全损失的投资。如果只添加一个劳动力，产品产量就会提高；第二个、第三个劳动力不是简单地使产品产量增加一倍或两倍，而是增加五倍或九倍，这样，产品产量增加的比例就会大于投资增加的比例，直到产量增加与投资增加的比例达到它所能达到的最大限度为止。""超过这一点，如果我们继续增加投资，产品产量也会增加，但增加得较少，而且总是越来越少，直到土地的肥力被耗尽，耕作技术也不会使土地能力提高，投资的增加就不会使产品产量有任何提高了。"英国学者爱德华·威斯特（Edward West，2015）首次正式提出"土地收益递减规律"概念，"劣等土地之所以必须日渐耕垦，就在于有土地收益递减规律之故"。英国经济学家西尼尔（N. W. Senior，1977）针对"土地报酬递减规律"的内涵，增加了"农业生产技术保持不变"这一重要条件。这一条件可以说是"土地报酬递减规律"得以成立的最基本条件。

美国经济学家克拉克（J. B. Clark，2021）将生产中的要素分为不变类（如生产者在短期内无法调整的设备等）和可变类（生产者短期内可以调整的投入如劳动等），而假定可变类要素只是一种。在边际报酬达到最高点以前，不变要素的比重大于可变要素的比重，即可变要素的功能全部发挥出来了，而不变要素的功能只是有效地发挥了相应的一部分。因此，随着可变要素投入的增加，可变要素的总体生产率就大幅度上升，其边际生产率是递增的，直到边际生产率达到最高。边际生产率达到最高点后，可变要素和不变要素的比重就趋于平衡，即不变要素的功能逐渐发挥殆尽。克拉克强调："这个规律是无所不包的，整个经济生活都受到它的支配。在古典著作中对于所谓农业报酬的研究，给我们指出了有关这个规律的一个狭小部分……这个原则有广泛应用的范围。"现代西方经济学已把"土地报酬递减规律"扩大到一切生产事业和消费活动的几乎无所不包的领域，而统称为"报酬（收益）递减规律"。

（二）土地报酬变动的阶段性特征

基于土地报酬递减规律，利用农业生产函数可以分析农业生产要素的最佳投入量，确定土地集约利用的经济边界。设定农业生产函数为 $Q=f(F, L, K)$，其中，Q 为产量，F 为土地面积，L 为劳动投入量，K 为资本投入量。假定土地面积固定不变（表示为 $\bar{F}$）、劳动投入保持在一定水平（表示为 $\dot{L}$）不变，则生产函数可表示为 $Q=f(\bar{F}, \dot{L}, K)$。当土地面积固定不变（$\bar{F}$）、劳动投入保持在 $\dot{L}$

水平时，产量随着资本投入量的变化而变动，如图 2-2 所示。横轴表示资本投入量 K，纵轴表示产量 Q，TP、AP 和 MP 分别表示总产量曲线、平均产量曲线和边际产量曲线。

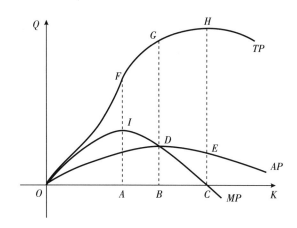

图 2-2　土地报酬变动阶段分析

根据总产量曲线、平均产量曲线和边际产量曲线之间的关系，可将土地利用的资本投入分为三个阶段。

第一阶段：伴随着资本 K 的投入从 0 不断增加，边际产量、平均产量和总产量均呈现递增趋势；当生产资本 K 的投入增加至 A 点时，边际产量递增至最高点 I，平均产量和总产量仍然处于递增趋势。同时，由于总产量和平均产量均未达到最高点，资本 K 的投入量不应停止在 $[0，A]$ 的范围内。

第二阶段：当从 A 点继续追加资本 K 的投入，边际产量开始从 I 点递减，总产量以递减的速度增加，曲线下凹但仍向上延伸。当资本 K 的投入量增加至 B 点时，平均产量曲线 AP 达到最高点并与边际产量曲线 MP 相交。B 点可通过 $MP=AP$ 计算得出。

第三阶段：当从 B 点继续追加资本 K 的投入，平均产量开始递减，平均产量开始高于边际产量（在 B 点之前，平均产量虽也增加，但其绝对值小于边际产量），即 $AP>MP$。当资本 K 的投入量增加至 C 点时，边际产量递减至零；总产量达到最高点 H。在不考虑价格因素的情况下，C 点即资本 K 的最佳投入量。

土地报酬变动的阶段性分析表明，土地集约利用的经济区间在第二阶段。也即要想获得土地利用的最佳效益，应当不断增加生产要素投入，在达到最佳点之前，会引起递增的报酬；如果已达到最佳点，就应当停止追加投入。

三 农业适度规模经营

（一）土地规模经济

在农业生产过程中，土地规模是其他生产要素规模化投入的基础。因此土地经营规模在很大程度上决定了农业经营规模。从边际报酬递减规律来看，如果将农业生产的劳动、资本投入设定为不变要素，而将土地规模作为可变要素，则在资本、劳动的边际报酬递减规律作用下，土地投入也存在一个经济区间，即在一定劳动、资本投入水平下，土地经营规模并非越大越好，处于经济区间的土地经营规模才是有利的。

在长期的农业生产中，所有要素的投入量都是可变的，且不同比例的要素组合可以生产同一产量水平。在维持同一产量水平时，要素之间存在一定程度的替代关系。边际技术替代率是研究要素之间替代关系的重要概念，它是指维持产量水平不变的条件下，增加一单位某种要素投入量时所减少的另一种要素的投入量。以 $MRTS_{KF}$ 表示资本对土地的边际技术替代率，则：

$$MRTS_{KF} = -\frac{\Delta K}{\Delta F} \tag{2-1}$$

式中：ΔK 和 ΔF 分别为资本和土地投入增加量；$MRTS_{KF}$ 为负值，因为生产同一产量农产品，增加资本 K 的投入量，势必减少土地的规模，二者反方向变动。

在给定的等产量曲线上，用资本替代土地时增加资本投入量所带来的总产量的增加量和减少土地规模所带来的总产量的减少量是相等的，可得：$|\Delta K \cdot MP_K| = |\Delta F \cdot MP_F|$。由上式和 $MRTS_{KF}$ 表达式，最终得到：

$$MRTS_{KF} = -\frac{\Delta K}{\Delta F} = \frac{MP_K}{MP_F} \tag{2-2}$$

式（2-2）表明，边际技术替代率可表示为两要素的边际产量之比。随着资本 K 的投入量增加，MP_K 递减；而土地 F 规模减小，MP_F 递增，从而边际技术替代率呈递减趋势。这就是边际技术替代率递减规律（见图 2-3）。

在农业生产过程中，两种要素投入的最佳组合一般有两种描述：总成本一定时产量最大和产量一定时总成本最低。若农业生产主体改变总成本，等成本线平移；若改变总产量，等产量线平移。不同的等成本线和等产量线相切形成一系列

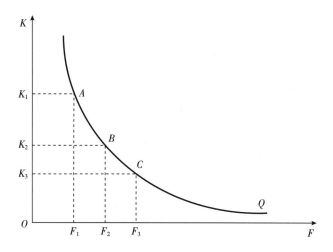

图 2-3 边际技术替代率递减

生产均衡点，生产均衡点的轨迹构成扩展线，是农业生产主体扩张或收缩生产规模所必须遵循的路径。农业生产主体可以沿着扩展线选择最优的生产要素组合，从而实现既定成本下的最大产量，或实现既定产量下的最小成本。然而，由于边际技术替代率递减规律，农业生产主体通过变动全部生产要素进而变动生产规模仍然存在规模报酬递增、规模报酬不变和规模报酬递减的不同阶段。一般而言，当农业生产主体规模较小时，扩大经营规模会出现报酬递增，直到将生产保持在规模不变的阶段，此后若继续扩大规模则会进入规模报酬递减阶段。

农业生产主体通过优化生产要素组合和扩大经营规模可以实现规模经济。规模经济来自生产主体内部、外部两个方面。农业生产主体内部规模经济与要素组合的不可分性有关，这种不可分性受到技术进步的影响，技术进步可以改变要素组合的比例。农业生产主体外部规模经济源于行业规模扩张带来的每一个生产主体成本的下降。

（二）农业适度规模经营的实现形式

实现农业适度规模经营可以分为土地集中型和生产服务型两种途径。其中，土地集中型以土地扩张与集中实现规模经济，其具体实现形式为土地流转；生产服务型以专业化分工实现服务规模经济，其具体实现形式包括土地托管等农业生产性服务。

1. 土地流转

土地流转是各国实现农业规模经营最为普遍的形式。在实行土地私有制的国家，土地流转既包括所有权的流转（土地买卖），又包括土地使用权的流转（土地租赁）。由于中国实行农村土地集体所有制，土地流转主要是指农地经营权的流转，包括出租（转包）、入股等方式。农地经营权出租是指农户将承包期内承包的土地，在约定的期限内全部或部分转给其他农户或经营主体耕种，并收取租金的行为。农地经营权入股是指农户以承包期内承包的土地入股，与其他农户或经营主体开展农业股份合作经营。

中国的农地流转制度始于 20 世纪 80 年代中后期。农村家庭经营规模狭小、生产效率低下等问题使农民对规模经营的呼声不断升高，国家因此逐渐放松对土地流转的限制。如，1984 年中央一号文件提出"鼓励土地逐步向种田能手集中"。但受农村人口和劳动力转移缓慢等外部条件制约，农村土地流转的程度一直很低。20 世纪 90 年代以后，中国提出"建立土地承包经营权流转机制"，并出台一系列政策推动农村土地流转，不断优化农村土地流转的政策环境。2003 年，《农村土地承包法》对农村土地流转做出了专门规定，随后又出台了《农村土地承包经营权流转管理办法》，为农村土地流转提供了法律和政策保障，农村土地流转市场迅速发育。至 2012 年，中国农村土地流转面积达到 2.78 亿亩（农业部农村经济体制与经营管理司、农业部农村合作经济经营管理总站，2016）。2013 年以来，中国农地流转制度建设进入规范有序发展阶段，国家健全了土地流转服务平台，建立了价格评估指导机制、风险防范机制和纠纷调解仲裁机制。截至 2021 年，农村土地流转总面积达到 5.57 亿亩，其中土地出租 4.94 亿亩，土地入股 0.30 亿亩（农业农村部政策与改革司，2022）。

2. 农业生产性服务

农业生产性服务是贯穿农业生产作业环节，直接完成或协助完成农业产前、产中、产后各环节作业的社会化服务。农业生产性服务之所以能够实现规模经济，一是在农业生产的耕、种、收、售等环节均能突破小农户固定的经营面积从而实现合理的经营规模、降低各环节的生产成本，即内在规模经济；二是农业生产服务主体能够实现行业的规模扩张，在农资购买、农产品销售等环节提升市场势力，即外部规模经济。

中国的农业生产性服务始于家庭承包制实施后，最初承担农业生产性服务的主体是农村集体经济组织，主要为分散经营的农户提供生产、经营、销售等方面的服务。20 世纪 90 年代，中国提出发展农业社会化服务体系，在农村集体经济组织提供服务的基础上，允许市场化或民营农业生产性服务组织提供"补充"性服务。2008年以后，建立以公共服务机构为依托、合作经济组织为基础、龙头企业为骨干、其他社会力量为补充，公益性服务和经营性服务相结合、专项服务和综合服务相协调的新型农业社会化服务体系。中国的农业生产性服务蓬勃发展，产生了代耕代种、土地托管等服务方式。截至2021年，接受耕、种、防、收等环节农业生产托管服务总面积达到13.8亿亩，农业生产托管服务组织数量达到37万家（农业农村部政策与改革司，2022）。

四　农村建设用地的集约利用

土地供给的刚性和城乡发展对土地需求弹性的矛盾加剧，产业结构演进过程中土地要素相对价格逐步提高，农村基础设施与公共服务供给和运行费用增加，均要求农村建设用地集约利用程度进一步提高。准确把握农村建设用地集约利用的内涵，将有助于达到节约集约用地的效果。农村范围内的教育用地、公路用地、农村道路、风景名胜设施用地等统称为农村公益性或经营性的集体建设用地。

学术界普遍将集约利用置于经济范畴。经济学视角下的集约用地就是依靠科技进步和现代化管理，降低物质消耗和劳动消耗，实现生产要素的最优配置，追求产出效益最大化的土地利用方式。对于城市土地，其集约利用的理论本质都是追求利用效益的最大化。然而，农村建设用地主要涵盖农民住宅用地、村内道路、村内服务设施用地等，具有区别于城市建设用地的特殊性，其集约利用的内涵无法用单纯的经济学概念涵盖，而是一个包括经济、建筑、人口、环境等多方面的综合性概念。农村建设用地集约利用研究的目标不是仅仅追求经济效益的最大化，而是在多目标综合决策的基础上追求社会、经济和生态三大效益的统一。与此同时，还要贯彻新发展理念，树立科学用地的思想，提倡适度集约，即以人为本，强调农村居民满意度的重要性。因此，结合农村建设用地的特性、立足中国人地矛盾突出的国情，在节约用地的前提下提出农村建设用地集约利用的新内涵：农村建设用地集约利用是以符合国土空间规划及相关法规为导向，以一定的农村道路、管线和其他基础设施为支撑，在尊重农民意愿和保证环境宜居的前提下，一定规模的土地上可能聚集农村居民活动的最大总量，为用地者提供最大效用（马佳，2008）。

农村建设用地集约利用主要分为两种模式：一种是分散模式下的集约，另一种是集中模式下的集约。前者多是由于地形限制形成的用地模式，农村建设用地呈多中心分散组团型的网络结构，每个组团的农村建设用地规模较小。该模式可以与资本要素、劳动力要素等生产要素达到最佳配比，达到经济学意义上的集约。但该模式的分散性与提供水、电、气、路等基础设施要求的集中性相悖，导致基础设施配套困难、投入增加。后者主要表现为单一中心的空间形态。农村建设用地的适度集中既可改变农村居民点布局分散、道路混乱等现状，又有利于发挥聚集效益，通过降低村镇基础设施建设的配套成本实现公共服务和基础设施的共建共享，有效改善农民的生活环境和生产条件。随着农业社会化服务组织的普及和农地规模化经营的必然趋势，耕作半径对农业生产的约束力逐渐趋弱，农村建设用地集中布局模式的劣势不再突出（马佳，2008）。

第四节　农村宅基地闲置及退出

改革开放以来，中国农村经济社会结构明显变化，宅基地闲置成为快速城镇化过程中农村地区的普遍现象，带来土地资源浪费、村庄景观破败、基础设施配套困难、农民和农村集体财产权益难以实现等负效应，不利于农业农村的现代化建设。在乡村振兴战略实施背景下，亟须摸清农村宅基地闲置状况及成因，厘清现有宅基地整治模式，并指明农村闲置宅基地整治存在的问题及发展趋势。

一　农村宅基地功能及制度演变

宅基地作为中国农村土地的重要类型，是农户依据其集体成员身份所享有的用于建筑住宅及其他有关附属物的、无使用期限限制的集体建设用地。农村宅基地最基本的功能是居住保障功能。然而，随着乡村人口流动带来的居住结构和就业结构的变化，其承担的功能也随之改变，主要表现为向社会保障功能和增加收益功能的转变。社会保障功能是在城乡转型发展背景下，农村人走地不动、人地分离衍生出的新功能，主要是农村宅基地对外出务工或兼业人员承担的一种特殊功能。已经实现了向非农产业转移的农民仍然不能够进入政府为城镇人口建立的社会保障制度，当非农务工人员或兼业人员在城市地区面临失业等风险时，城市系统无法给农民提供相应的保障，农村宅基地可为其提供居住环境以应对失业危机，提供失业保险功能。增加收益功能是指农村宅基地通过出租、转让和拆迁等获得财产性收益，其实现需要农村居民点所在区位条件较好或者靠近外来人口涌入的城市外围。增加收益功能又可分为可持续增加收益功能和一次性增加收益功能，当农民利用宅基地作为资本进行出租时可换取可持续收益，当农民自愿有偿退出宅基地以获取实物或货币补偿时，往往获得的是一次性增加收益功能。

根据农村宅基地产权关系的演变，农村宅基地制度的历史演变大致分为四个阶段。土地改革和农业合作社时期，根据"居者有其屋"的原则，农民享有完全的房屋和地基所有权，地基所有权与房屋所有权两权主体合一，房屋地基可以买卖、出租、抵押、继承。人民公社时期，首次提出并使用"宅基地"一词，规定宅基地所有权归生产队集体所有，一律不准出租和买卖。农民对宅基地产权由原来的享有所有权转化为享有使用权。宅基地上房屋归农民所有，开创了宅基地所有权、使用权与房屋产权分离的"三权分离"制度。此外，宅基地使用权随房屋的买卖和租赁而转移，确立了房屋所有权与宅基地使用权自然状态不可分割的原则。改革开放初期沿袭了"三权分离"的产权结构，但规定农村和城镇居民可通过不同的方式享有宅基地使用权。此后，又将宅基地使用权限于农村集体经济组织成员，并从以农民"个人"为单位调整为以"户"为单位（魏后凯等，2019）。

二　农村宅基地闲置程度及成因

（一）农村宅基地闲置程度

随着改革开放推进和城镇化的不断深入，中国乡村劳动力大规模向城镇转移，乡村的经济社会结构和空间结构明显变化。20世纪90年代，受农村经济增长和农民居住环境改善需求推动，农村居民点用地持续增加。21世纪初，城镇化过程中农村人口持续减少，农村居民点用地不减反增。随着长期外出务工规模持续增加，农村地区出现大量"人走屋空"现象，"空心化"问题日益严重，而以宅基地闲置为表征的土地低效利用尤为明显。诸多学者对农村宅基地的闲置进行了界定和测算。其中，朱晓华等（2010）将宅基地分为使用中宅基地、闲置宅基地和废弃宅基地，其中闲置宅基地指居住功能完备且连续两年居住月数不足一个月的宅基地，废弃宅基地指房屋建成过但已无地上房屋或是废弃已无法居住的宅基地。该宅基地分类体系具有代表性并被广泛使用，宅基地闲置率通常由闲置和废弃宅基地宗数（或面积）占村庄所有宅基地宗数（或面积）的比重表示。不同学者开展了农村闲置宅基地调查研究，如表2-2所示，宅基地闲置率因调查年份、调查地点等不同而有所差异。禹城市等典型农区的宅基地闲置率普遍较高。覆盖较多省份和村庄的大范围调查结果显示，2018 年农村宅基地闲置率平均为 10.70%，略高于 2010—2011 年和 2013 年的宅基地闲置率调查结果（依次为 10.15% 和 10.20%）。大致可以判断，中国农村宅基地平均闲置率略超过 10.00%，且呈缓慢加剧的趋势①。

表 2-2　　　　　　　　不同学者开展的农村闲置宅基地调查研究

作者信息	宅基地闲置率	调查地点	发生年份
苗清（2006）	30.00%	徐州	2003
中国土地勘测规划院地政研究中心（2007）	按宗数统计，19.40%；按面积统计，14.00%	四川省双流县中和镇	2004
刘彦随等（2009）	8.40%	山东禹城市 40 个典型村庄	2008—2009
李剑阁（2007）	10.40%	全国 2749 个村	2006
宋伟等（2013）	10.15%	24 个省份 162 个村	2010—2011
宇林军等（2016）	10.20%	27 个省份 1107 个村	2013
祁全明（2015）	10.00%	甘肃省古浪县	—
李婷婷等（2020）	28.50%	山东禹城市 5 个村	2015
李婷婷等（2019）	10.70%	28 个省份 283 个村	2018
周静（2022）	8.00%	10 个省份 306 个村 3833 户	2019
韩纪江（2020）	14.40%	14 个省份 111 个村	2015

（二）宅基地闲置的成因

农村宅基地闲置是城乡二元体制下，工业化、城镇化进程中农村人口结构变化和土地利用关系失衡的结果，受经济、社会、制度等因素的综合影响。宏观层面，受城乡二元制度、村庄规划缺位、宅基地管理不严、退出机制缺失等政策和管理的影响，也受工业化、城镇化、农业农村现代发展的影响。宏观因素构成了农村人口结构变化和宅基地供需的外部环境。微观层面，农民收入提高、家庭结构小型化、就业非农化、人口市民化等决定了宅基地的需求规模和使用状态，是乡村地域系统人地关系调整的直接诱因。同时，宅基地闲置也受到自然环境、资源禀赋、村庄基础设施和公共服务水平、区位条件等的综合影响（见图 2-4）。

①　数据来自中国农业大学、北京林业大学和吉林大学的本科生在春节返乡期间的实地调研，采用整村调查的方法对调研村庄宅基地闲置状况及成因进行考察，调研时间集中在 2019 年 1—2 月。

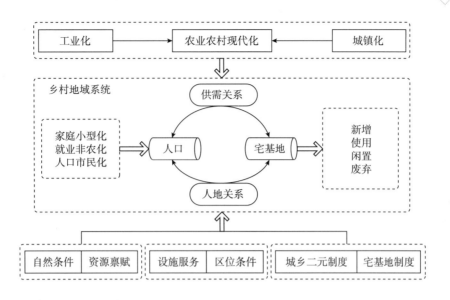

图 2-4 农村宅基地闲置的原因

1. 经济增长和城镇化的影响

工业化和城镇化促使农村人口转移、就业非农化，进而引发宅基地闲置。一方面，农民长期外出务工和就近兼业化普遍。近年来，中国农民工规模持续增加，2021 年全国农民工总量为 29251 万人，其中进城农民工 13309 万人①，分别占全部乡村户籍人口的 38.5% 和 17.5%，引起大量宅基地和房屋被低效利用。另一方面，城乡二元制度下，进城买房成为平等享受城市教育、医疗和社会保障的前置条件。近年来，各地将农民工群体纳入公租房保障范围，给予农民工购买商品住房补贴或金融支持。加上第二代农民工留城意愿较强，农村转移人口城镇购房对宅基地闲置的影响更加明显。

2. 宅基地制度的影响

一是村庄建设用地规划缺位。大量村庄宅基地使用缺少规划引导和管控，给后期宅基地闲置带来隐患。二是宅基地使用管理粗放。宅基地审批和使用管理不严，加上宅基地无偿取得、占用耕地费用低，致使建新不拆旧、未报先建、面积超标等问题频发，宅基地制度不完善下的"一户多宅"仍是当前宅基地闲置的重要成因。三是宅基地退出机制不健全。当前，宅基地退出被限定在村集体内部转让，宅基地有偿退出仍在探索。针对因废弃和"一户多宅"而形成的闲置宅

———————

① 农民工数据来自国家统计局发布的《2021 年农民工监测调查报告》。

基地尚未建立收回机制;针对因长期外出务工或定居城镇形成的闲置宅基地,也未普遍建立使用权交易、宅基地换房、宅基地置换等机制,致使闲置宅基地难以有效退出。

3. 城乡二元制度的影响

在城乡二元体制下,中国城乡居民在就业、就学、医疗、社会保障等方面存在很大差距,城镇租购住房难以同权。农村转移人口市民化进程缓慢,使宅基地承担的社会保障功能进一步凸显。大量农村转移人口在城镇购买住房,但仍保留农村户籍、宅基地和农房、农用地等,不放弃闲置宅基地使用权成为进城务工和定居城市的转移农民的理性选择。

4. 乡村设施服务和区位影响

农村普遍存在教育资源撤并、医疗资源匮乏、文体娱乐设施缺乏等问题。加上农村垃圾、污水处理较为滞后,道路维修、翻新时间较长,农村生活环境较差,外出务工人员进城后留城意愿增加、返乡意愿下降,成为促使宅基地闲置的重要原因。城乡区位反映城镇对农村辐射作用大小,通过影响乡村经济、人口就业、消费需求等间接影响宅基地使用和闲置。

5. 自然条件和土地资源禀赋影响

自然条件和土地资源禀赋是村庄宅基地扩张的空间基础,其中地形影响着宅基地空间扩张形态,也通过影响其他经济社会因素而间接导致宅基地的闲置。土地资源禀赋影响宅基地占用面积。一般情况下,在土地资源丰富的村庄,建设用地较为粗放,农户集约利用土地意识不强;而在土地资源匮乏的村庄,农户集约利用土地资源意识较强,宅基地使用管理执行力度也较大。

三 农村宅基地整治的模式及发展趋势

（一）农村闲置宅基地整治的主要模式

宅基地整治的基本思路即对宅基地使用权和房屋所有权通过实物安置或货币化安置的手段进行置换,对退出的宅基地进行平整复垦为耕地,复垦后的耕地发包给农户或者流转给新型经营主体。退出宅基地的整治面积去除安置农户用地后形成节余建设用地指标,通过土地出让获得的收益用于拆迁安置、设施建设及服务配套,解决宅基地整治中的资金瓶颈。

受地区经济、制度与政策等多种因素的影响,全国各地宅基地整治形成了各具特色的退出模式,主要包括上海的宅基地置换模式、嘉兴的"两分两换"模式、天津的宅基地换房模式、成都的联合建房模式、重庆的"双置换"模式和广州的宅基地换商品房模式等。各种宅基地退出模式在主要做法、推广条件、农民安置及身份转变、农民补偿方法及标准、新增建设用地分配方法和运行机制等方面存在差异。

在宅基地整治中，安置补偿环节最为宅基地退出农户所关注。就上述诸多整治模式来看，安置补偿主要分为实物安置和货币化安置两种。实物安置即以房换房，根据安置区位的不同，实物安置又可分为就近安置和异地安置。货币化安置即以房换货币，根据农户使用货币购买房屋途径的差异，货币化安置又可分为"货币化补偿+市场购买"和"货币化补偿+平台购买"。在嘉兴的"两分两换"模式和天津的宅基地换房模式中，采用"实物安置+货币化安置"综合性安置补偿方式，即依据农村宅基地房屋评估价值，给予实物安置，并对超出部分给予货币补偿。在嘉兴的"两分两换"中，创新了分红安置方式，做法是将退出宅基地置换为产业用房，采取股本经营方式，实行保底分红。针对社会上最关心的宅基地退出农户的社会保障问题，现有模式普遍做法是用土地承包经营权置换城镇户口和社会保险，且主要对异地实物安置和货币化安置的农户施行。

从宅基地整治各模式推广条件来看，现有整治模式普遍适于在经济发达地区或城市近郊区推广。经济发达地区和城市近郊区新增建设用地需求旺盛，土地出让价格较高，能够平衡整治过程中产生的农民补偿安置、土地平整、社会保险和社区管理等多项费用，为农村宅基地整治提供了必要条件。而经济发达地区和城市近郊区的农民多元化就业转型较为明显，对农村土地的依附性较弱，为宅基地整治提供了充分条件。另外，地方实践为提高退出宅基地的使用效率，倾向于采用整村整治或者在退出意向农户达到一定比例的村庄开展，使退出宅基地复垦后集中连片，增强可利用性。

（二）农村闲置宅基地整治存在的问题及发展趋势

农村闲置宅基地整治存在如下问题：①现有宅基地整治模式主要集中在宅基地闲置程度较低的城市近郊区，偏远农村的大量闲置宅基地却得不到盘活。宅基地整治项目和宅基地闲置程度形成较大的由城到乡的空间错位。②公众参与机制缺乏，农民主体地位缺失。宅基地整治自上而下的运行模式决定了宅基地退出过程的主导者是政府，安置和补偿的选择、复垦耕地的分配机制、社会保险权益分配等环节缺失农户参与机制。③现有的补偿方式存在重经济补偿轻社会保障、补偿标准偏低等问题。目前，为农户提供的补偿方式主要包括住房实物补偿和货币补偿两种方式，上述两种方式仅考虑到较为单一的经济补偿，而对农民放弃宅基地使用权后的长久生计有所忽略。④资金来源渠道有限、社会参与度低。在现行的宅基地整治资金平衡方案中，资金来源主要是地方政府拨款，致使宅基地整治能否成功推行很大程度上取决于地方政府的财政状况，增加了政府的财政负担，同时致使宅基地整治只能在地方财政雄厚的地区开展，经济较为落后或区位较远村庄的闲置宅基地缺乏退出动力。⑤退出宅基地复垦为耕地的积极性不高，且用途易被改为城镇建设用地。在宅基地整治项目中，由于宅基地的复垦需要投入不菲的成本，并且复垦后短期内无法产生很大的效益，造成村镇对于复垦缺乏积极性，在缺乏第三方监督的情况下，不少宅基地退出后成为闲置土地。

未来农村闲置宅基地整治的发展趋势和改革方向可以概括为以下几个方面。①推动闲置宅基地的城乡联动整治新模式。基于维持"身份性"和"封闭性"的农村宅基地制度与谋求城乡融合发展的理念不相兼容。需要通过顶层设计及政策调适，有条件地放开城镇居民参与农村闲置宅基地的开发与利用，并以此为载体吸引乡村建设行动所需的人口、资本等要素和资源。同时，鉴于中国农村尚未建立公正规范的宅基地产权市场交易机制，客观上需要纠纷仲裁、法律咨询、合同签订、风险保障等社会化服务机构的介入，防范"精英俘获"现象的生成，防止村干部、乡贤、工商资本等社会精英形成利益同盟，共同垄断宅基地资源开发利用带来的利益空间。②通过数字化赋能闲置宅基地和闲置农房盘活。通过利用网络技术和数字技术打造全国一体化的宅基地数据中心和网络政务中心，有效解决闲置宅基地盘活中的"信息孤岛"问题，实现全国闲置农房数据的互联互通和共建共享，不断提升闲置宅基地整治的效率。③强化人地预警机制建设。根据出生率、死亡率、城镇化率等预测农村总人口、年龄结构等阶段性特征，预判农村宅基地闲置状况和整治潜力，踩准节拍，科学制定宅基地整治策略。依据地方特色判断外来人口比例和返乡规律，制定符合地方特色的宅基地盘活路径。

第三章　农村经济增长

农业是国民经济的重要组成部分。作为最基础的产业部门，农业提供食物、纤维及其他原材料；经济发展则为农业机械设备等物资投入、技术进步、农地产权制度变革、人力资本开发等创造条件，进而提高农业生产效率和农民收入。农业增长强调产业和部门属性，农村经济增长却要统筹兼顾农民收入增加、公共服务可及性提高、农村环境改善和资源可持续利用等，内涵和外延的丰富性决定了农村经济增长方式的多元性，同时也突出了根据社会经济环境变迁转换农村经济增长动力机制的重要性。本章分析农业与国民经济关系及农业增长的效率来源，讨论农村经济新的增长点及如何转换农村经济增长的动力机制。

第一节　农业增长与经济发展

农业是国民经济的基础，农业增长提供的资本原始积累是工业化起步的支撑，工业及在此基础上发展起来的现代服务业则构成了经济发展的主要动力。在经济发展过程中，农业现代生产资料不断增加，生产技术持续改良，农村医疗卫生保健设施和教育条件逐步完善提高了农村人力资本，进而促进农业增长。

一　对农业的认识

农业提供人类生存的食物、纤维、燃料、原材料等。工业革命以前，农业是财富的主要来源，是人类从事的最主要的产业，任何国家都高度重视农业发展。2000 多年前，中国统治者便视农业为本，工商业为末，采取重本轻末的政策。政府对农业实行轻徭薄赋，投资兴修水利，鼓励农民耕作。法国重农学派代表人物魁奈（1979）认为，劳动是财富之父，土地是财富之母；农业是唯一的财富源泉，工商业只是农业派生出来的分支，它们消费财富，而不创造财富。马尔萨斯（1992）认为，经济发展由农业生产力水平决定，如果食物增加赶不上人口增长，社会最终将爆发人口危机。大卫·李嘉图（2021）也认为，随着人口增加，劣等地利用完后地租和农产品价格将大幅上升，进而引起工资水平上升，而这将导致工资侵蚀利润，社会最终将停滞在低水平的贫困陷阱中。

工业革命以后，机械制造及农产品加工业飞速发展；随着国际市场拓展，贸易及服务业迅速扩张。于是，在农业部门就业的劳动力不断减少，农业创造的增加值在国民经济中的地位不断下降。18世纪至20世纪70年代，工业化被视为发展和进步的标志，农业产值比重高的国家被视为落后和贫穷。其间，专门为发展中国家开政策药方的发展经济学认为，发展便是工业化，落后国家市场规模狭小，刺激投资的力量微弱，要走出贫困陷阱便需要国家大规模的公共投资，而农业的作用就如刘易斯（Lewis，1954）所说的是如何为工业部门扩张提供低廉的劳动力。发展经济学这一思想为落后国家制定剥夺和歧视农民、农业的政策提供了理论依据。在外部援助有限的情况下，为了获得工业积累资本，落后国家通过高额征收农业税、扭曲工农产品价格、管制外汇等手段强制性地从农业部门榨取经济剩余。

刘易斯关于增加资本积累来推动工业化的观点进一步被罗森斯坦-罗丹的大推进理论和纳克斯的市场规模理论所强化。罗森斯坦-罗丹（Rosenstein-Rodan，1961）认为，投入、生产过程和产出的不可分性将产生递增收益，因此社会基础设施的高水平初始投资必须先行。需求不可分性要求社会大规模投资各产业以降低风险。纳克斯（Nurkse，1953）则指出，落后国家市场规模狭小，刺激投资的力量微弱，结果陷入了贫困的恶性循环。走出贫困陷阱便需要国家大规模的公共投资。发展经济学将发展等同于工业化、工业化关键在于资本积累的思想实际上视农业和农民为经济发展的附庸和工具，与斯密、李嘉图、马尔萨斯的农业理论完全背道而驰。事实上，在拉尼斯和费景汉（Ranis and Fei，1961）的两部门平衡增长模型中，农业的作用就是如何为工业部门扩展提供低廉的劳动力。

剥夺和歧视农业的政策由于破坏了农民的激励，工业部门和农业部门不能进行正常的经济交易，结果导致农业凋敝，食物短缺，农产品价格上升。这些国家不仅没有实现工业化，而且整个社会陷入了长期贫困。20世纪80年代，发展中国家反思了发展战略，重新认识到农业在国民经济中的地位和作用，放宽了对农产品的价格管制，增加了对农业基础设施和人力资本的投资。与此同时，发达国家也意识到化肥、农药等投入给土壤、环境、食品安全、生物多样性带来的危害。1992 年，在巴西里约热内卢召开的联合国环境与发展大会上通过的《21 世纪议程》提出了农业的多功能性。国际社会普遍认为，农业除生产食品、纤维、原材料等经济产品外，对生态系统保护起着积极作用，农业还具有美学、文化教育、精神寄托和提升等方面的价值。2012 年，联合国环境署进一步将土地、淡水、森林等定义为自然资本，并认为自然资本是人类生存和发展的基础。

二 农业对经济发展的贡献

农业提供最基本的生存资料食物，粮食、肉类等产品的丰盈关系到人民安居乐业和社会稳定。农业发展直接为工业化、城镇化提供劳动力、资本、土地等要素，还通过市场购买、出口创汇促进经济发展和社会转型。

（一）供应产品

农业对经济发展的贡献首先体现在其产品供应上，即农业部门为国民经济发展提供食物等直接消费品和非农产业发展所需的原材料等，食物供应是体现农业基础性地位的核心功能。工业革命以前，粮食产量的高低关系到国计民生、社会稳定和城市繁荣，对经济发展产生直接影响。工业革命以后，随着居民收入水平提高和消费结构改变，居民对蔬果、肉禽、蛋奶和水产品需求也快速增长，农产品供应在强调粮食稳定的同时，必须满足居民的多样化食物消费需求。此外，农业增长也极大地满足了现代工业生产的原材料需求，并通过原料供应进一步影响到非农产业布局及其生产成本，从而保障国民经济平稳运行。

中国长期以来高度重视以粮食为核心的农产品供应问题。古代中国以农立国，"农本主义"占据统治地位，统治者通过"重农抑商"等国策加强农业生产，稳定粮食供应，实现经济社会平稳发展。中华人民共和国成立初期，为支持大规模经济建设，政府确立了"以粮为纲"的农业生产指导方针，目的是最大限度保障粮食供应。改革开放后，基于粮食安全保障、调动农民生产积极性、满足多样化市场需求等多重考虑，中国政府在强调"绝不放松粮食生产"的同时，提出"积极推进多种经营"。粮食等农产品生产供应增加促进了改革开放初期国民经济快速发展。此后，随着改革开放的深入推进，中国积极融入国际农产品市场。即使如此，政府始终重视粮食安全，以确保"谷物基本自给，口粮绝对安全"。总体而言，粮食安全保障理念的有效贯彻满足了居民食物消费需求，并通过产品供应凸显了农业增长对经济发展的重要贡献。1949—2021 年中国粮食产量及人均占有量如图 3-1 所示。

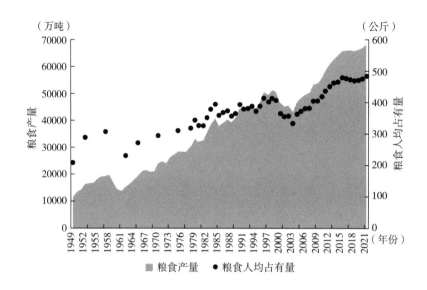

图 3-1　1949—2021 年中国粮食产量及人均占有量

资料来源：国家统计局年度数据，https：//data. stats. gov. cn/easyquery. htm？cn＝C01。

（二）供给要素

农业生产力水平不断提高使农业剩余积累成为可能。在居民食物需求增长显著低于非农产品和服务需求增长的情况下，作为生产要素的劳动力、土地和资本逐渐从农业部门转向非农部门，以此提高全社会生产效率并推动国民经济发展。

1. 劳动力

工业革命以前，绝大部分国家的农业人口在 70% 以上。在土地资源有限、生产技术未能取得突破性进展而农村人口仍不断增长的情况下，为了维持家庭生存，大量劳动力以边际生产效率递减甚至为零的方式投入农业生产，形成了"有增长而无发展"的"过密化"农业增长方式。工业化进程启动后，非农部门劳动力需求快速增长，在国外劳动力输入及城市人口增长相对有限的情况下，农业部门实际上成为非农部门增加劳动力的唯一来源。大量农业劳动力脱离农业转而从事非农产业，通过拉动工业、服务业的快速增长促进国民经济发展。

传统中国以农为本，大量人口集中于农业农村，城市更多作为统治者的"政治堡垒"而存在。受"重农抑商"的统治理念和"安土重迁"的儒家观念影响，农村人口以"过密化"的方式强化了以农业种植和家庭手工业紧密结合为主要特点的小农家庭生产，由此造成了大量"隐性失业"人口。这一问题直至农业集体化时期仍未得到有效解决。改革开放后，城乡人口流动限制开始减少。随着社会主义市场经济体制改革的深入，农业劳动力大规模向非农部门转移，满足工业、服务业对劳动力需求，同时也提高了农业部门的劳动生产率。

2. 资本

农业部门是现代经济发展早期所需资本的重要来源。资本来自储蓄和企业利润，其中储蓄来自居民收入。在工业化初期，国内生产总值中农业收入占比通常达 50% 甚至更高，其对居民储蓄有着重要贡献，因而成为资本积累的重要来源。随着经济发展，由于农业增长率相对较低，以工业和服务业为代表的非农经济部门收入在国内生产总值中的比重上升，农业收入比重逐步下降。由此，非农部门利润逐渐取代农业收入，成为资本形成的主要来源。

农业的资本贡献一般通过市场机制自动转移和政府操纵的强制性转移两种方式而实现。中华人民共和国成立初期，中国农业增加值占国内生产总值（GDP）的比重达 50.9%。为推进"优先发展重工业"战略，政府通过"剪刀差"即工业产品价格高于其价值而农业产品价格低于其价值的不等价交换方式，汲取农业剩余以支撑工业发展。直至 20 世纪末 21 世纪初，随着农业增加值在国内生产总值中所占比重不断下降，加上农业市场化水平日益提高，工农产品价格"剪刀差"才逐渐退出历史舞台，国家工业建设转而更多依靠工业和服务业部门的剩余。1952—2021 年中国农业增加值及其占国内生产总值的比重如图 3-2 所示。

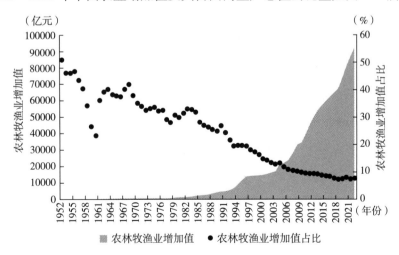

图 3-2 1952—2021 年中国农业增加值及其占国内生产总值的比重

资料来源：国家统计局年度数据，https：//data. stats. gov. cn/easyquery. htm? cn＝C01。

3. 土地

工业革命以前，绝大部分土地用于农业生产。由此，工业化和城镇化的推进必须依赖农业流出土地，而这又以农业土地生产率的提高为前提，即在耕地面积保持不变或减少的情况下，农产品产量不减或者增加。事实上，随着育种等现代农业生产技术的提高和化肥、农药、农膜等现代农业生产资料的大量投入，粮食、果蔬等农产品单位面积产量快速提高，因而有力地支持了农业用地的非农化转出，为基础设施、工业厂房和城镇建设提供土地。中华人民共和国成立后，中国尽管进行了大规模垦荒和复垦，但工业化、城镇化建设占用了大量耕地。数据显示，1987—1999 年，中国非农建设占用耕地总计 2904.2 万亩，年均 223.4 万亩；2000—2008 年总计 2512.9 万亩，年均 279.2 万亩；2010—2015 年总计 2463.75 万亩，年均 410.6 万亩[①]。由此可见，改革开放后，中国农业部门为非农建设供给了大量土地，并且呈持续扩大趋势。

（三）贡献市场

农村居民的生活消费和农业生产的投入品消费等为非农产业发展提供市场。一方面，农村居民是各类日用品、家用电器和加工食品的需求者，通过工业生活用品消费拉动非农产业发展；另一方面，为突破地力限制、促进农业增产，农民也为化肥、农药、农膜和农机等现代农业生产资料消费提供了市场。此外，随着现代农业——一种建立在高度分工基础上的专业化和企业化的农业的发展，庞大而细密的专业性农业企业间的合作拉长了农业产业链，增加了新的生产、服务组织和交易量，构成了农业的第三种市场贡献（张培刚、张建华，2009）。需要指出的是，农业市场的扩大极大地依赖农村居民收入水平的提升。同时，居民间收入分配的公平性也至关重要。

改革开放以来，中国政府致力于提高农民收入，尤其是帮助低收入农民摆脱贫困。这在改善农民生活水平的同时，客观上创造了一个巨大的农村消费市场。数据显示，1978 年农村居民人均消费支出为 116.1 元，2021 年增长至 15915.6 元；2010 年乡村消费品零售总额为 21440.4 亿元，而 2021 年达到 59265 亿元。农村居民消费水平快速增长与农村市场不断扩大是同步的。

---

① 1987—2001 年总数源于孔祥智等编著《农业经济学》，中国人民大学出版社 2023 年版，第 260 页；2000 年以后各年度数据源于历年《中国国土资源公报》。

（四）积累外汇

自然资源或农产品通常是发展中国家对外贸易的比较优势，构成一国现代经济发展早期外汇收入的主要来源。其中，除少数自然资源十分丰富的国家外，农产品出口成为多数国家早期外汇积累的主要途径。农业部门通过提供外汇以购买国内无法生产的机械设备和中间品，工业化进程得以加速。当工业化达到一定阶段后，随着工业品国际市场竞争力的提高，工业部门逐渐取代农业部门成为经济发展所需外汇的主要来源。值得注意的是，由于农产品需求弹性小，加之发展中国家农业生产通常受到规模、技术和管理等方面的约束，传统农业创汇能力越来越有限。

20 世纪 50 年代，中国处于工业化起步阶段，政府在国内粮食供应形势较为严峻的情况下仍然维持一定数量的粮食出口，以此获得外汇、支持国家工业化建设。1953 年，陈云同志在做统购统销政策说明时曾指出："国家粮食供给紧张，但不能打减少出口粮食的主意，因为 1953 年总计出口粮食 32 亿斤，其中 20 亿斤大豆出口到苏联，主要是用来跟苏联等国家交换机器的；5.4 亿斤则是跟锡兰交换橡胶的，还有一些是向其他国家出口的。所有这些出口，都是必要的。"（瞿商，2006）由此可见，"以农创汇"，通过粮食等农产品出口获取外汇储备，继而为工业设备及中间品进口积累资金是中国早期工业化建设的重要思路。数据显示，1953—1959 年，中国累计净出口粮食 1728.9 万吨，农业为积累外汇做出了重要贡献。

三　经济发展促进农业增长

经济发展为农业提供了机器设备等工程技术和化肥、农药等化学生物技术，增强了其应对自然风险的力量，提高了其利用资源的能力。经济发展还为农村提供了改善基础设施的资本，并促进农村地区人力资本的全面发展。

（一）提供现代生产资料与技术

传统农业仅在优化土地和劳动力要素配置的基础上维持增长，产出基本只能够维持生存。工业革命启动后，现代农业生产资料投入不断增加，农业生产技术进步不断实现。一方面，化肥、农药、农膜等的投入突破了地力水平、生物和气候条件对农业生产的限制，农业生产效率快速提高；另一方面，机械工程和生物技术进步也极大地提高了农业生产力。其中，机械工程技术指用拖拉机、收割机等旨在替代畜力和离农劳动力的各种农业工程技术；生物技术则注重通过作物品种改良以提高其产量，典型的如"绿色革命"等（德怀特·H. 波斯金等，2005）。现代农业生产技术只有在工业化进程启动后才能获取及应用，从这一角度看，经济发展极大地促进了农业生产增长。

中国传统农业生产方式是在有限的土地资源中不断增加劳动投入，农户通过"精耕细作"维持农业低速增长，满足居民生存需求。1949 年以前，中国农业生产仍停留在"生存线"水平甚至以下。中华人民共和国成立后，国家大规模工业化建设突破了这一局面，农业生产中的化肥、农药、农膜、农机等投入迅速增长，从而促进了农产品产量提高。与此同时，以杂交水稻为代表，农产品育种等农业基础科研成果通过增强作物自然条件适应能力扩大了农业种植面积并提高了作物单产。1979—2021 年中国农业生产要素投入及粮食产量如图 3-3 所示。

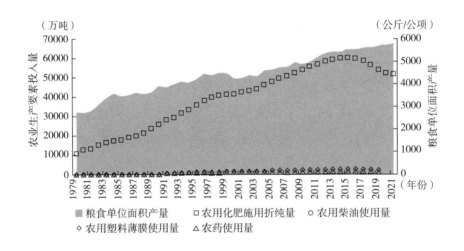

图 3-3　1979—2021 年中国农业生产要素投入及粮食产量

资料来源：国家统计局年度数据，https：//data. stats. gov. cn/easyquery. htm？ cn＝C01。

（二）改善农村公共设施

农村道路和灌溉系统等基础设施建设是提高农业生产力的重要途径，但其公共品属性决定了私人无法有效供给，政府因而成为供给主体。工业革命以前，传统农业是国民经济收入的主要来源，在农业增长率极低的情况下，社会财富积累较少，政府财政收入也十分有限。由此，农村公共基础设施建设无法推进，这在一定程度上影响了农业增长。工业化起步后，工业、服务业的快速发展使非农部门转移支付成为可能，基于农产品供应、劳动力需求、城乡均衡发展等多重考虑，政府着力支持改善农村公共设施。首先，改善农村道路和灌溉系统，以扩大农作物种植面积、提高产量，同时降低运输成本。其次，为进一步解决农业生产筹资、农业技术服务获得和农产品营销等问题，银行和信用合作社、农业科技推广服务体系、农村市场网络等建设也得到高度重视。政府和社会通过改善农村公共服务设施，从生产、运输、销售等方面为农业增长创造良好条件。

中国古代农村基础设施建设的出发点更多地在于满足军事和征收赋税的需要，由于传统农业的本质属性未曾改变，农业生产也一直未能取得突破性增长。进入 20 世纪 50 年代，政府实施"以粮为纲"政策，人民公社通过集体动员建设了大量农村公路、水库、电网等基础设施。20 世纪 80 年代以后，社会主义市场经济建设推动了中国非农产业的高速发展，与此同时，农产品生产流通体制市场化改革有序推进，农村信用合作社、科技推广服务体系稳步发展。2005 年，国家开展新农村建设运动，农村公共基础设施进一步完善，农业实现稳步增长。

（三）开发人力资本

传统农业属于生存型，所能提供的剩余十分有限，农民普遍存在储蓄和投资不足的问题。经济发展支持了农村人力资本开发。一方面，在非农部门转移支付支持下，农村营养与健康投资快速增长，农民健康水平改善；农村医疗服务可及性提高降低了农民医疗成本、减少了产出损失并延长了工作年限。另一方面，教育和在职培训体系的完善提高了农民现代农业生产技术运用能力，在新型农业生产要素投入并适当管理的基础上改造传统农业，促进农业增长。此外，经济发展有利于加速现代企业管理方式向农村扩散，提高农民合作意识、契约意识和市场意识，契合农业市场化发展方向。

传统上，中国政府基本无力投资农村健康及教育设施建设，普通农民医疗和受教育的机会十分有限。中华人民共和国成立后集体经济时期，农村合作医疗、"扫盲"运动的大规模开展一定程度上提高了农民医疗服务可及性和受教育程度，农村人力资本得到初步开发。改革开放后至 21 世纪前，由于集体经济解体和政府财政有限，加上国家经济体制改革重心转移至城市，农村合作医疗及教育事业发展较慢，农民人力资本提升不快。2005 年国家开展新农村建设运动后，农村义务教育、新型农村合作医疗等逐步纳入财政保障范围，在政府支持下农民健康和受教育水平进一步提升，农民人力资本开发极大地促进了农业增长、经济发展和社会进步。

第二节　农业生产效率及增长来源

生产效率是指在一定的投入要素和技术约束下，实际产出与最优产出之间的比率。作为一个多维度综合性概念，生产效率与生产要素利用密切相关，农业生产中各种要素的经济效率决定了农业生产效率。进而言之，农业生产效率可溯源至技术进步、生产方式变革、人力资本提高和资本积累等。

一　农业生产效率概念界定

传统上，用劳动生产率和土地生产率衡量农业生产效率简便直观，但农业产出是劳动力、资本、土地共同作用的结果，并与制度、技术密切相关。因此，反映农业生产效率最准确的概念是全要素生产率。

（一）劳动生产率

农业劳动生产率是指单位农业劳动力在单位时间内生产的产品价值，其取决于农业总产值和农业就业人口。随着非农产业发展对劳动力需求的增长，劳动力要素的稀缺性日益提高。经典刘易斯模型认为，传统农业部门存在大量边际生产率为零的劳动力，随着现代经济发展，其逐渐被非农部门吸收，直至经济结构由二元走向一元。在此之前，劳动力供给是无限的，而随着农业剩余劳动力的转移，农业生产并不会受到影响。"零值劳动力假说"的提出引起了巨大争议。质疑者认为，所谓"无限劳动力供给"并不成立，农业部门劳动力转移按边际劳动生产率为零、边际劳动生产率大于零而小于平均收入、边际劳动生产率大于平均收入的顺序进行，并且其前提是农业劳动生产率持续增长，只有不断提高农业劳动生产率，才能弥补劳动力减少对农业总产出的负向影响，从而为国民经济发展提供保障。以舒尔茨为代表的批评者还认为，传统农业生产要素配置效率并不低，农民尽管贫穷但充满效率（舒尔茨，2021）。

中国在农业集体化时期，尽管耕地面积有一定幅度的增长，且农业机械化开始起步，但人口大量增长以及新时期"妇女解放"运动的全面推进，农业劳动生产率并未得到明显提高。至改革开放前，中国农业生产"过密化"趋向严重，在技术进步缓慢的情况下，大量劳动人口集中投入有限的土地资源，造成了较低的农业劳动生产率，农业生产通常仅能维持生存。进入20世纪80年代，大量农业劳动力转移至乡镇企业和城市非农部门就业，加上农业机械化推进和技术推广，农业劳动生产率开始稳步提高。21 世纪以来，农业就业人员开始逐年下降，随着农业生产条件进一步改善，中国单位农业劳动力产值实现快速增长。值得注意的是，目前中国农业劳动力老龄化对农业劳动生产率产生了较大影响。研究表明，劳动投入不足对农业产出产生了一定的负向影响，而要保持农业生产稳定增长且不改变农业生产劳动投入状况，就必须加大资本、科技和其他方面投入（陈锡文等，2011）。1952—2021 年中国第一产业增加值和就业人员及二者比值如图 3-4 所示。

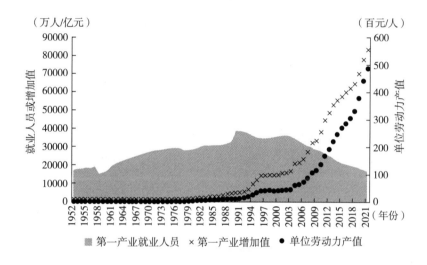

图 3-4 1952—2021 年中国第一产业增加值和就业人员及二者比值

资料来源：国家统计局年度数据，https：//data. stats. gov. cn/easyquery. htm？cn＝C01。

（二）土地生产率

土地生产率也即土地产出率，指在单位面积土地上可以生产出的农产品数量，也就是通常所说的农产品单产水平（夏永祥，2002）。学者对农业土地生产率的探讨重点在其与农地经营规模的关系上，分析土地经营规模对农业土地生产率的影响及其解释。森（Sen A. K.，1962）通过对印度农业的观察，发现农业土地生产率随着农场规模的扩大而递减。大量实证研究也发现，农业土地生产率与其经营规模之间存在负向相关，即在农业生产技术不变和劳动、资本等要素投入一定的情况下，农地经营规模越小，单位面积要素投入就越多，农业土地生产率因此提高；而农地经营规模越大、要素投入密度降低，农业土地生产率也会随之下降。从这一角度出发，农业生产经营形成了集约和粗放两种不同形式。综合来看，对这一负向关系主要形成了三种解释：一是不完美要素市场，其通过劳动力、土地、资本等生产要素影子价格差异影响单位面积土地投入，这一作用方式与农场规模相关①。二是遗漏变量，尤其缺少对土地质量的控制。一般而言，土地质量的边际递减本身会影响到农业产出和农业土地生产率。三是统计误差，主要是土地面积测量精确度不高（Carletto et al.，2013）。农地经营规模与农业生产效率之间的负向关系通常被认作传统农业的经典特征，但随着技术进步与现代农业生产资料的投入，农地规模化经营有利于促进农业生产专业化，而规模化、专业化最本质的意义在于为引用先进技术和工具创造有利条件（张光辉，1996）。

土地是制约中国农业发展的重要因素。传统社会，农业生产技术进步缓慢且劳动力非农就业机会十分有限，农民在有限的土地资源中投入了大量劳动力，中国农业生产在一种"精耕细作"的经营模式下维持了较高的土地产出水平。集体经济时期，中国粮食单产水平从 1956 年的 1413.8 公斤/公顷增长至 1978 年的 2527.3 公斤/公顷，年均增长 2.7%，略高于同期第一产业就业人员 1.9%的年均增长水平，这在很大程度上得益于当时水利灌溉系统等农业基础设施的建设。改革开放初期，家庭联产承包责任制极大地调动了农民的生产积极性，粮食单产水平快速提高，1978—1984 年年均增长 6.1%，较集体经济时期提高了 2.4 个百分点。此后，经济体制改革重心逐步转移至城市，加上农产品生产流通体制改革有所反复，中国粮食单产水平波动增长。2003 年以来，随着统筹城乡发展理念下国家支农力度的进一步加大，中国粮食单产进入一个新的较快增长时期。1949—2021 年中国耕地面积及粮食单产水平如图 3-5 所示。

（三）农业全要素生产率

在宏观经济学分析框架下，要素和非要素投入构成了经济增长因素的主要内容。索洛（Solow，1957）是第一位衡量非要素投入因素在经济增长中贡献的经济学家，他将这类因素变化定义为全要素生产率（Total Factor Productivity，TFP）。与劳动生产率、土地生产率等单要素生产率相对应，全要素生产率是产出与所有要素加权值之比，全要素生产率增长率指产出增长超出加权要素投入增

---

① 在要素市场，土地相比劳动力和资本流通性较差，因而其市场价格往往高于真实价值，大量资本投入土地要素由此减少了其他生产要素投入，并降低农业土地生产率。同时，土地规模越大，这一价格扭曲影响越严重，即农业土地生产率更低。

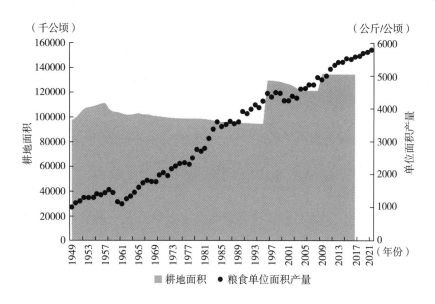

图3-5 1949—2021 年中国耕地面积及粮食单产水平

资料来源：国家统计局年度数据，https：//data. stats. gov. cn/easyquery. htm？cn＝C01。

长率的部分，其通常被视为技术进步的指标，但实际上，它还包括了要素质量提升、专业化分工、组织创新、规模经济等多方面内容，集中体现了生产者技术创新、成本控制和资源利用能力等（李谷成，2009）。

对全要素生产率的研究重点是对其变化进行分解。在生产前沿面分析框架下，全要素生产率增长可以分解为技术进步和技术效率变化两个方面。生产前沿面用于评判单个生产单元效率的优劣，落在其上的生产单元效率是最佳的。一般而言，生产前沿面取决于现存可用技术，进一步受限于现有知识存量。由此，技术进步体现在生产前沿面的外推，即既定要素投入下外生技术进步推动生产前沿面外移；技术效率则用实际产出与对应于生产前沿面上可能最大产出之间的垂直距离来衡量，距离越大，技术效率越低（李谷成、冯中朝，2010）。除此之外，Färe 等（1994）将数据包络分析法（Data Envelopment Analysis，DEA）应用到全要素生产率变化分解中，认为其主要包括技术变化、纯技术效率变化和规模效率变化，开创了 Malmquist 指数法（M 指数法）分解全要素生产率变化的先河。此后，由于 M 指数法分解结果未包含要素配置因素，而这显然与其定义相矛盾，分析全要素生产率变化与要素配置效率的关系逐步成为相关研究的重要内容。

改革开放以来，全要素生产率增长在推动中国农业增长中的作用逐渐凸显。

研究表明，1991—2010 年，中国农业全要素生产率年均增长 5.1%，但增长速率整体呈递减趋势，年均减少 0.7%。这一变化主要归因于技术进步和配置效率提高，其中后者是中国农业全要素生产率增长的决定性因素，其年均贡献率为8.4%，相较而言，技术进步的年均贡献率仅为 4.3%（张乐、曹静，2013）。因此，有必要增加农业基础科学研究投资，鼓励农业技术创新和推广，同时进一步完善要素配置市场。

二　农业增长来源

在农业生产中，土地一般被认为供给是不变的。农业增长主要来自技术进步、农地产权制度改革、人力资本提高和资本积累。技术进步提高了资源利用效率，与农地产权制度改革一样，推动生产可能性边界整体外移；人力资本提高让生产者找到更有效的技术和生产方式；资本积累则通过分工和使用先进的生产资料中暗含的技术促进农业增长。

（一）技术进步

基于一国资源要素禀赋，农业技术进步一般通过提高劳动生产率或土地生产率促进农业增长。其中，机械工程技术进步旨在通过劳动力替代，提高农业劳动生产率，其在劳动力短缺的国家和地区的作用尤其突出。如在美国中西部地区，一个农民配备一个助手，通过大型拖拉机的使用，就可以耕作几百英亩（1 英亩 ≈4046.88 平方米）土地（德怀特·H. 波金斯等，2005）。即使在劳动力丰富的发展中国家，手扶拖拉机、插秧机等小型农业机械的应用也有利于降低农业作业成本，提高劳动生产率。生物技术进步旨在通过种子改良并结合使用化肥、农药等，提高农业土地生产率。20 世纪 40 年代前后，使用现代科学实验室培育新品种逐渐兴起，进入 20 世纪 60—70 年代，工业国家新品种培育的成功方法广泛应用于发展中国家。以墨西哥国际玉米和小麦改良中心及菲律宾国际水稻研究所的建立为标志，国际范围内高端粮食品种培育开始起步，新的高产小麦和稻米品种不断出现。以此为契机，20 世纪 70 年代以后，发展中国家化肥可及性及其用量迅速提高，加之水坝等建设显著改良了耕地灌溉条件，农业生产效率得到大幅度提升。

改革开放后，随着要素投入趋稳，中国农业增长越来越依赖技术进步。相关研究表明，1979—2017 年，中国农业全要素生产率增长对农业总产值增长的贡献率为 47.5%，其中技术进步对农业全要素生产率增长的贡献达 50.8%。分阶段而言，1979—2005 年，农业全要素生产率增长对农业总产值增长的贡献率为 50.3%，其中技术进步对农业全要素生产率增长贡献为 48.4%；2006—2017 年，农业全要素生产率增长对农业总产值增长的贡献率为 39.2%，技术进步对农业全要素生产率增长的贡献则为 59.9%（匡远凤、彭代彦，2020）。总体而言，技术进步对农业生产增长的贡献率在 24% 左右。此外，也有研究表明，20 世纪 80 年代中期至 21 世纪初，尽管存在较大波动，技术进步对中国农业增长贡献率不断提高，其由 1986 年的 20.5% 增长至 2003 年的 46.6%，年均增长 4.9%（赵芝俊、张社梅，2006）。

（二）农地产权制度变革

制度安排通过影响农业生产方式及产品分配对农民生产积极性产生重要影响。让农民拥有土地的排他性使用、收益和让渡权有利于提高农民土地投资和劳动的积极性。早期研究在理论和实证分析中倾向于将农地产权作为单一变量，通过运用反历史计量等方法，比较不同历史时期差异化农业生产方式下农业生产要素投入的产出结果，论证农地产权制度对农业生产效率的影响。随着研究的深入，发现这一方法存在无法揭示农地产权内部结构对农业生产效率的影响的不足。为此，基于产权的可分割性特征，从使用权、收益权和让渡权出发，分析不同权利对农业生产要素效率和农业绩效影响的研究范式逐步兴起。相关研究发现，土地使用权排他性的增强，有效激励了农户优化种植结构，降低监督和交易成本，从而提高了农业土地生产率；农地收益权的增强通过提高农户独享农业生产收益的相对比例和绝对数额，使农民生产积极性显著提高，并进一步增加了土地要素边际贡献率；农地让渡权的增强提高了农户通过土地流转、抵押等实现农地价值的可能性，同时延长土地承包期限有利于稳定农户预期，进而强化农户的农地投资行为并最终提高农地生产效率（李宁等，2017）。中国作为政府主导农业现代化进程的典型国家，农地产权制度变革对其农业生产率变化具有相当重要的作用。改革开放初期，家庭联产承包责任制通过重构农地产权结构解决了农业生产过程中的"搭便车"和"剩余控制权"问题，调动了农民的生产积极性。

（三）人力资本提高

人力资本提高，也即人力资源质量提升，能通过增强劳动者生产能力促进经济增长。舒尔茨（Schultz，1961）认为，人力资本投资是提高人力资源质量的主要方式，包括对儿童或成人进行教育、改善人口健康与营养状况、促进劳动力向更具有优势工作机会的地区迁移以及降低人口出生率等。其中，教育作为人力资本开发最重要的方式，对农业生产效率提高发挥着重要作用。共同的教育经历有利于促使不同背景的人群形成共同的世界观，可以减少社会冲突维持政治稳定，进一步为农业增长创造良好的发展环境。而且，随着农业现代化的不断实现，农业职业结构也将朝着分工专业化、技术要求更高的方向发展，农民教育成为适应这一发展趋势和提高农业生产效率的必要手段。从微观作用机制来看，教育能够提高劳动者获取新信息、掌握新技术和适应新生产环境的能力，并提升其技术模仿与创新及合理配置资源的能力，以此提高生产效率。此外，劳动者健康与营养状况改善有利于直接提高其工作体力、耐力和注意力，并延长工作年限以提升劳动者生产力。

1949 年以来，无论是集体经济时期的农村"扫盲运动""两条腿走路"的办学方针，还是改革开放后的九年义务教育制度实施，中国政府比较重视农村教育在人力资本提高和农业生产效率增长中的作用。研究表明，20 世纪末至 21 世纪初，农村小学教育对技术进步具有积极贡献，初中教育则通过技术效率提高对农业全要素生产率增长具有显著的正向效应，虽然总体而言，农村教育对农业全要素生产率的提升作用较为有限（陈刚、王燕飞，2010）。2010 年以后，中国进入从中低收入向中高收入的转型期，发展农村教育、投资农村人力资本以提高农业生产效率成为中国社会转型的重要任务（杜育红、梁文艳，2011）。

（四）资本积累

资本形成是指"社会不把它的全部现行生产活动用于满足当前消费的需要和愿望，而是以其一部分用于生产资本品：工具和仪器、机器和交通设施、工厂和设备——各式各样可以用来大大增加生产效能的真实资本"（Nurkse，1953）。从这一角度来看，资本积累支持下的农业投资有利于极大地提高农业生产效率。一方面，现代农业生产的特征之一是分工越来越细，突出体现在农业生产资料制造和部分服务环节与生产过程等分离，由此，中间产品增多，且其对最终农业产品和整体经济发展具有愈加重要的影响。其中，农业机械、化肥和农药等中间品是在规模报酬递增的条件下生产的，一旦拥有足够的资本积累且对其生产逐步启动，农业现代生产资料的可及性将增加，从而提高农业生产效率。另一方面，投资活动具有互补性，一项投资活动会增加各种要素投入需求，导致产出、收入增加，并扩大其他产品市场和提高劳动者整体水平，大规模的资本形成也在很大程度上为发展中国家突破狭小市场、创造社会关联提供了有利条件（张培刚、张建华，2009），农业生产效率在投资的规模效应和范围经济优势下得以提升。

改革开放后，尤其是 20 世纪 90 年代中期以来，中国农业物质资本存量快速上升，其对农业增长的贡献率也随之提高。相关研究表明，1978—2011 年，中国农业物质资本存量由 917.3 亿元增长至 6996.4 亿元，年均增长 6.2%。在资本积累对农业增长的贡献率上，1978—1984 年，农村家庭联产承包责任制改革有效激励了农民农业资本投入，其间资本对农业增长的贡献率为 9.9%；1985—1996 年，中国农业由起初的增长乏力逐步过渡至平稳增长，其间以化肥为代表的农业投入增加及农村工业化对农业增长的推动较为明显；1997—2002 年，资本积累及其伴随的资本深化成为中国农业增长的最重要源泉，贡献率达 49.9%；2003—2007 年，在政府财政支农强度快速加大作用下，资本积累贡献率有所回落；2008—2011 年，农业资本积累出现重要拐点，资本再度成为农业增长的第一贡献来源，贡献率达 39.7%（李谷成等，2014）。

第三节　促进农村经济增长的因素

农村经济增长是区域经济发展的重要内容和基本前提。作为其中最古老、最基础的产业部门，农业产出增长对农村经济增长具有至关重要的作用，但农村经济增长有新的内涵特征，认识二者之间的区别与联系，有利于正确把握农村经济增长点，为加速农村经济增长提供政策支撑。

一　农村经济增长的概念与内涵

工业化起步前，农业是农村产业结构的主体，农村经济增长几乎等同于农业增长。工业化进程启动后，随着社会生产力的快速发展，农村工业、服务业逐步兴起，并在农村经济中占据重要地位，农业经济增长和农村经济增长的区别开始显现。认识这一区别，首先要对"农业"和"农村"的概念做区分。农业是一个产业概念，以土地为基本生产资料，是一个经济再生产同自然再生产过程相互交织为特点的物质生产部门，农业的基本功能在于为人类生存发展提供食物、纤维等。相比之下，农村是一个地域概念，它不仅包括这一地域范围内的国民经济部门，同时还是经济、社会与生态等的综合实体（杨勋，1986）。农业生产强调通过对土地、劳动力、资本以及化肥、农药等现代生产资料的综合配置与应用，产出粮食、果蔬等农产品，农业增长是农产品产量、质量与生产效率提高的过程。农村经济则属于区域经济范畴，它是农村中各种经济关系——通常指社会制度和经济活动，为获取必需的物质资料而进行的生产、交换、分配与消费活动的总和。农村经济增长是在农业增长的基础上，追求更高层次和更广阔领域的增长和发展，包括农业之外农村其他产业的增长、农民收入及生活水平提高、农村生态环境改善和自然资本增加等。

中国的农村经济增长是一个不断与农业增长相分离，但在此基础上二者相互促进作用持续强化的过程。改革开放前，农村土地和人口绝大部分仍被限定于农业生产，农村非农产业发展十分滞后，农村经济增长几乎完全等同于农业增长。改革开放后，乡镇企业的"异军突起"逐步打破了上述局面，农村工业快速发展并逐步成为拉动农村经济增长的重要力量。但与此同时，工业化、城镇化的迅速推进破坏了自然环境与生态，造成人与自然的隔离，与居民收入普遍提高背景下其对良好生活环境的需求形成矛盾。进入 21 世纪，随着中国经济发展逐步进入工业化后期，这一矛盾更加突出。在此背景下，农村凭借其宁静的自然环境、良好的生态优势、传统文化的保留迎来了新的发展机遇。以乡村旅游为代表，农村服务业规模迅速扩大。至此，三产融合发展逐步成为农村经济增长的主要动力，农业增长和农村经济增长的分野也由此开始显现。

中国幅员辽阔，不同地区农村经济增长速度、发展水平不一样，呈现区域差异性。这种差异性首先与区位条件有关。经济发达地区、城市周边、交通要道附近的农村由于很快纳入城镇化与社会发展分工体系，从外界获取信息和交易的机会更多，资源利用效率更高，农村经济增长也更快。农村经济增长的区域差异性其次与资源禀赋有关。在传统社会，土地资源丰富、灌溉条件好、土壤肥沃的地区农业和农村经济都发达。工业化后，那些山水风光好、有历史文化遗产、旅游资源丰富的地区农村经济更发达。农村经济增长的区域差异性也与国家区域发展政策、功能性分区有关。为协调经济发展与生态保护的关系，国家需要建立生态保护区，以防风固沙、涵养水源、保持生物多样性，这些生态保护区被禁止或被限制进行经济开发，农村经济增长就相对较慢。

二　充分利用各种资源

农村作为一个自然系统和社会系统的综合体，充分利用各种自然和社会资源是其经济增长的基础与前提。早期农村经济增长更多依赖农业自然资源，农民通过对土地资源、气候资源、水资源、生物资源等的综合配置与利用，增加农业产出。工业化进程启动后，矿产、能源、建材等更为丰富的自然资源得到开发利用，其在直接带动农村工业发展的同时，也通过现代生产资料供给间接改善了农业生产条件，并在一定程度上拉动了餐饮、交通运输等农村服务业的发展。当工业化进程进入后期，随着人们对美好生活环境的需求日益强烈，农村良好的自然生态资源价值显现。一方面，绿色、有机和生态农业快速发展，农业增长日益进入品质带动时代；另一方面，凭借良好的生活环境和传统习俗保留，乡村旅游、休闲农业广泛兴起，农村服务业在此基础上发展并壮大起来。乡村旅游的发展进而为农村社会资源的开发利用创造了机遇，其中以历史文化资源最为突出。工业文明时代，效率至上驱动标准化生产，城市建筑景观等同质化现象严重，居民生活也日益快节奏、单调化，与高效率、快节奏相伴而生的是居民生活焦虑问题日益严重。乡村历史文化资源因其能在一定程度上满足人们的精神需求，市场价值快速提升，并通过扩大旅游等服务业驱动农村经济增长。

进入 21 世纪以来，中国乡村旅游规模不断扩大，并呈现市场广、效益高、带动相关产业强的特点。以观光农业、体验农业、休闲农业等为载体，农业的生活功能被市场日益强化。资料显示，2019 年乡村休闲旅游接待游客约 32 亿人次，营业收入达 8500 亿元，直接吸纳就业人数 1200 万人，带动受益农户 800 多万户（农业部农产品加工业局，2021）。伴随这一过程，中国有机农业、生态农产品市场规模迅速扩大，农业生态功能也成为农村经济的增长点。

三　利用信息技术发展新业态

自 20 世纪 90 年代初广泛兴起以来，以互联网、算法、平台为代表的信息技术凭借其精准、高效、开放、透明、共享的特点，从生产、加工、销售等各个环节对农业生产要素配置、人力、物力、财力利用等进行全面优化，通过培育新业态，为农村经济增长赋能。其中，电商增加了农民资源、技术、市场信息的可获得性和交易范围，使其在资源组合和生产方式上有更多选择，从而有利于农民专业化和规模化生产，提高生产效率。电商还利用大数据将农产品市场分层，给农业生产者提供了生产和销售优质产品的渠道。而数字技术通过精准施肥、喷洒农药、浇水、生产过程控制管理等，使农业生产的产品质量更优，规格更标准，价值更高，成本更低。数字技术还节省了农业劳动力和水资源，减少了化肥农药使用，降低了碳排放，保护了自然资源。由于数字农业设备和技术服务有规模经济效应，这将推动土地流转和农场规模扩大。因此，数字技术正促进中国农业规模经营和生产方式、经营模式创新。

传统上，农民消费品获得主要局限在县域范围内。农民形成了基于熟人为主的交易网络，这种熟人网络由于规模小增强了共同体意识，利于内部交换资源和合作，共同应对自然和市场风险。但是，熟人网络限制了农民利用外部资源的机会。而且，熟人一般具有共同的价值观，而大家长期交流进一步强化了这种价值观，容易导致对外部信息排斥和外部资源利用不足。电商进入农村使熟人网络松弛，增加了农民从外部获得信息、交易和利用资源的机会。电商及互联网让城市和商业文明在农村快速传播，改变了农民的生活方式和精神追求。除增加消费品、生产资料、农产品和工艺品买和卖的选择机会外，因为信息、技术、工艺常常附着在产品上，通过电商购买消费品，农民知道了时尚和健康消费方式，获得关于产品价格、生产技术、制作工艺、销售方式等方面信息。

中国农村互联网建设起步较晚但发展迅速，公开数据显示，2007年6月至2020年12月，中国农村网民规模由3741万人增长至3.09亿人，其间农村互联网普及率由5.1%提高至55.9%，农村居民互联网服务可获得性显著提高。以此为依托，中国农村电子商务进入高速发展时期。截至2020年底，农村地区实现网络零售额1.79万亿元，其中农村实物网络零售额达1.63万亿元，农产品网络零售额达4158.9亿元（商务部电子商务和信息化司，2021）；全国建成县级电商公共服务中心和物资配送中心2120个，村级电商服务点13.7万个。在现代互联网技术支持下，以农村电商为代表，一系列农业新业态的出现及其快速发展在拓展农产品市场、促进消费提升和带动农村居民就业方面发挥了积极作用，为实现中国农村经济进一步增长提供了动力。

第四节　农村经济增长的动力机制

农村经济增长是一个与时俱进的过程，即在不同时期围绕不同发展目标，农村经济增长动力机制需要适时转换，以此才能实现可持续发展并不断满足人民日益增长的美好生活需要。现阶段，农村经济增长存在内生动力和外部推力。其中，内生动力主要包括农村基础设施建设和乡村人力资本开发，外部推力则来自城乡要素流动。

一　农村经济增长动力机制转换的原因

社会生产力的不断发展在推动国民经济持续增长的同时，也提高了人们对当前及未来生活水平的预期和要求。以此为基础，不同历史阶段农村经济增长所面临的环境和目标任务存在较大差异，其动力机制也就处于不断调整和转换的状态。概言之，随着农业生产力水平的逐步提高，农村经济增长动力机制经历了农业增长主导的内生动力机制向以农业增长为基础、三产融合发展驱动的内生动力和外部推力相结合的机制转换，以此适应时代和居民生活需要。

农业文明时期，社会生产力水平较低，农村经济增长极大地依赖农业增长。换言之，农业增长主导了该时期的农村经济增长，增长的动力以内生为主。这一内生为主的动力机制主要基于以下几个方面而形成：首先，经济社会发展早期，由于生产力水平不高，为满足人类生存发展的食物需求，绝大部分土地、劳动力和物质资本等生产资料都用于农业生产以追求产量增长，农业部门是国民经济的主体。为政者虽然高度重视农业生产增长，通过均田制等农地产权制度改革、以摆脱人身依附关系为核心的劳动力制度改革、支持农业生产工具改良、有序引入新作物品种等方式促进农业增长，并由此带动农村经济增长，但其作用始终是有限的，农业和农村经济增长主要依靠农民大量投入劳动力和精耕细作。其次，城市非农部门生产能力有限，其对农村更多是作为索取者而存在。以东亚国家为代表，早期生产力水平有限，城市主要作为统治者军事、政治堡垒，管理上坊市、宵禁制度等的广泛实行，人口上以军人、官僚、商贩、不在村地主等为主体的人员构成，城市产品加工、商品贸易等经济功能作用较小，很难通过非农产业发展反馈农业、农村。相反，农业还须满足统治者需要，有限的农业积累因为沉重的赋税难以投入农业再生产过程，也因此阻碍了农业增长。至工业革命初期，农村承担着为工业化提供原始资本积累的"输出者"角色，而其从城市非农部门发展获得的各项支持十分有限，未能有效带动农村经济增长。最后，在大陆国家，"农本"思想极大地阻碍了非农经济发展，强化了国民经济结构的单一性。生产低水平时期农业部门的极端重要性催生了传统"农本"思想，其在强化农业主体地位的同时，也通过影响非农经济发展而对农村经济增长产生一定的抑制作用。"农业为本"抬高了土地价值，随之而来的是安土重迁、添田置产的生活观和价值观。在此驱动下，城市手工业主和商人热衷于将资本积累投入购置土地、房产而非扩大手工业、商业生产规模，其最终目标仍在于向地主转型，并进入

"地主—官僚"的传统发展路径中。剩余投入不足致使城市商贸和手工业始终停留在较低水平而难以实现进一步增长，这也是学者认为中国明清以来长江三角洲规模性手工业、商业未能进一步发展成为"资本主义萌芽"的关键（黄宗智，2000），也就是说，"农本思想"既限制了非农部门吸纳农村过剩劳动力的能力，同时难以支持农业生产条件大规模改造，农村经济增长因而被锁定在一个低水平环境中。

以机器大生产迅速崛起为起点的工业革命彻底改变了农业增长主导的农村经济增长格局。随着社会生产力的高速发展，居民生活需求逐步摆脱了生存型特点，转而更加注重教育、健康、文化娱乐等发展型需要。提高农民收入、改善农村环境、确保农村资源可持续利用成为新阶段农村经济增长的重要内容。由此，农村经济增长动力机制逐步向以农业增长为基础、三产融合发展为主的内生动力和外部推力相结合的机制转换。一方面，生产力发展、农业市场化程度提高，加上非农部门的集聚性、规模性和高效率，农业在国民经济中的地位逐渐由主体向基础转变；另一方面，农村非农产业的快速发展使其在农村经济增长中发挥着重要作用。以中国为例，20 世纪 80 年代以来，通过利用丰富的农业剩余劳动力、土地资源和小规模资本积累，农村工业广泛兴起。农村工业发展又通过以下途径驱动农村经济增长：一是加大了对传统农业改造的深度和力度，提高农业生产效率；二是有效拓宽了农村居民就业渠道，推动农民收入增长；三是加速农村资本积累，支持乡村教育、医疗卫生、社会救济、医疗保障等事业的发展，改善农村居民的生产生活条件。进入 21 世纪，伴随着城乡居民生活水平的提高、农村道路等基础设施的完善，加上工业化、城镇化快速推进背景下人与自然环境矛盾的突出，乡村旅游市场规模迅速扩大。以观光农业、采摘农业、生态农业等为代表，农村绿色生产、精深加工、观光体验的深度融合在扩大农民收入来源的同时，也要求加大农村生态保护力度以实现资源的可持续利用，成为农村经济增长新的引擎。

二 激发农村经济增长的内生动力

改善基础设施、增加公共服务供给是激发农村经济增长内生动力的必要条件。一般认为，农村基础设施主要包括道路、通信、农田水利等生产生活设施，公共服务主要包括教育、医疗、社会保障等服务。加大对基础设施和公共服务的投资力度能够在促进农村产业发展的同时，深化产业融合，以此提高农民收入、改善农村生态。基础设施改善有利于通过农业"降本提效"和发挥非农产业发展区位优势，直接推动农村经济增长。在农业产业上，农田灌溉、仓储运输、信息获取条件的改善极大地降低了农产品生产、储藏、运输、销售等成本，并在市场扩大及消费需求导向下降低生产风险，保障农民利益。与此同时，其也提高了现代农业生产资料的可及性，如道路通行条件改善有利于农业机械的投入应用、灌溉条件改善有利于引入新品种和新生产资料等，提高农业生产效率。在非农产业上，道路和通信等基础设施改善是农村工业、服务业发展的基本前提和基础竞争力所在，加大对其投资有利于充分发挥资源和区位优势以促进农村第二、第三产业发展。公共服务水平提高着重通过对人的投资以开发乡村可持续性利用资源。一方面，加大农村医疗卫生、教育文化和社会保障服务投入是提高农村人力资本的重要途径，农民健康水平和文化素养的改善则对于生产要素的合理配置及产业发展的风险规避至关重要；另一方面，医疗服务和村庄文化设施对于开发农村旅游资源意义重大，其中前者是保障游客健康安全的必要设施，而后者越来越成为展示村庄文化底蕴的窗口，通过避免陷入同质化竞争而构成乡村服务业发展的重要推动力。

信息时代，随着传统经济、服务设施的基本完善，数字设施成为当前及今后一段时期内中国农村基础设施建设的重点。首先，完善农村移动通信基站、互联网宽带和快递物流网点建设在生产端有利于支持农村电子商务等的发展，扩大农副产品销售范围；在需求端则有利于刺激和满足农村居民消费需求，繁荣农村市场。与此同时，借助现代互联网技术信息发布快、传播范围广等优势，农村数字设施建设还有利于打造地域特色品牌，通过品牌效应提高农产品市场价值，致力于乡村产业发展。其次，健全农村数字化便民服务体系，着力通过农村居民医保社保"一门式办理"、发展线上教育等方式，满足居民医疗卫生、文化教育等各方面需求，在此基础上提高人口素质以促进农村经济增长。

开发农村人力资本是激发农村经济增长内生动力的直接手段。现代农业和三产融合发展对农村劳动力素质提出了更高要求，农村人力资本投资具有现实意义。农村人力资本投资通过提高农村居民的管理能力、市场意识和服务意识等，增强三产融合发展驱动力，促进农村经济增长。与传统农业农民更多"按部就班"的生产方式不同，现代农业生产新品种、新技术、新生产资料的不断引进对农民新设备应用、生产要素配置和作物综合管理能力提出更高要求。在职培训等

"干中学"的方式很好地契合了这一需要，其通过提高农民作物管理能力，促进农业生产增长。发展中国家在人多地少的资源禀赋下，"小农户"与"大市场"的良好对接是实现农村经济增长的关键，这就需要农民具有市场意识和契约精神，避免由于信息不对称造成"搭便车"和订单"背叛"等行为，实现可持续合作及长远发展。此外，乡村旅游业发展后，游客观光游览通过在地消费带动了农产品生产、加工的发展，这就要求通过人力资本投资提升农村居民"顾客至上"的服务意识，同时结合当地优美的自然生态、优质的农产品和厚重的历史文化底蕴等打造乡村旅游品牌，实现农村经济增长。

在城镇化快速推进背景下，中国农村人力资本开发面临着强基、夯实农村人口基础和固本、提高农民综合素质的双重任务，而这是一个相互结合、共同促进的过程。首先，提高农村人力资本的基础在于农村能够留住人、吸引人，这一目标的实现要求通过促进乡村产业发展、改善农村公共设施、提高公共服务供给水平等，提高农村就业竞争力。从这一层面来看，农村留住人的过程也是农村人力资本提高的过程。其次，基于当前中国农村发展的普遍现状，提高农民综合素质要充分利用好村庄能人、乡贤这一资源，发挥其示范引领和带动作用，组织农村居民参与到各项学习、实践活动中。与此同时，根据地域产业发展特点建立健全农民职业教育培训体系，因地制宜联合本地企业、高校和科研院所等加强对农民生产技能、契约精神和服务意识等的培养，适应现代农业和三产融合发展趋势。

三 促进农村经济增长的外部推力

促进农村经济增长的外部推力是推动城乡要素流动。城乡要素流动的关键在于破除体制障碍、优化要素流动环境，充分发挥市场作用，按产业需求实现资源要素配置。一方面，实现要素自由流动有利于促进充分交易并实现其市场价值，提高资源配置效率。如改革开放初期，政策允许城乡人口自由流动扩大了农村劳动力作为一种生产要素的交易范围，提高了农民收入水平。另一方面，居民收入水平提升、城乡交通条件改善等优化了农村自然生态作为一种生产要素实现其市场价值的环境。简言之，随着居民收入水平的普遍提高，加上农村交通通信及医疗卫生状况的改善，乡村旅游蓬勃发展，农村自然生态在这一过程中通过观光、休闲等方式体现了市场价值，并成为促进农村经济持续增长的重要资源。

长期以来，城乡要素市场分割及农村生产要素向城市单向流动是导致中国农村发展较慢的重要原因。土地的集体产权性质一定程度上影响了农民流转意愿，降低了农地利用效率。土地规模经营难以推进，进一步影响到返乡创业人员的回乡意愿以及社会资本下乡的积极性，阻碍了农村人力资本开发和产业融合发展。劳动力流动方面，大量农村进城务工人员在医保、社保、子女教育等方面无法获得与城市居民同等待遇。此外，部分经济较为发达地区农村外来常住人口无法获得当地农村集体成员资格也阻碍了劳动力的自由流动。

第四章　农村产业结构

随着经济发展，在"市场分工受制于市场范围"原理的作用下，农村产业结构发生了一定的转型，加工业与服务业发展迅速。当然，这一趋势并不能否定农村农业产业的比较优势，未来农村仍然会以农业及相关产业为主体，与城市分工协作，相互交易。本章介绍农村产业结构的内涵、特征和演变趋势，农村产业结构为什么会出现专业化和多样化，农村产业融合模式，农村产业结构优化的内容及路径。

第一节　农村产业结构的基本属性

农村产业结构与特定时期的经济社会发展水平密切相关，因此，其内涵外延在不同时期不尽相同。总体而言，随着新型产业业态的不断出现，农村产业结构渐趋复杂，在此基础上，加之区域统一市场的形成和比较优势理论的广泛应用，农村产业结构的专业化、多样化特征凸显，对产业分类的探讨也基于此而广受关注。

一　农村产业结构内涵

什么是产业？产业是社会分工的产物，它随着社会分工的产生而产生，并随着社会分工的发展而发展。在《微观经济学》教科书（保罗·萨缪尔森、威廉·诺德豪斯，2013）中，产业是指生产同一类或具有高度替代性产品的企业的集合，这些企业遵循着相同的报酬递减规律，生产和销售同质商品，它们所参与的市场称为"完全竞争性市场"。当然，"完全竞争性市场"只是对于市场的一种完美描述，文献中另一个主导概念——垄断竞争是爱德华·张伯伦（2013）首次提出的，垄断竞争的概念强调产业中企业的产品具备非同质性，存在质量、性能、地理等方面的差别，从而导致了市场区分与产业控制，形成所谓的垄断。因此，在乔治·J.斯蒂格勒（2006）的《产业组织》著作中，产业被视为具有竞争与垄断双重特征的、生产相似产品的企业的集合。对于产业结构的定义则是生产要素在产业部门间的比例构成以及它们之间相互依存、相互制约的联系，主要包括三个产业之间的比例关系、各个行业之间的比例关系等。

　　各国常用的产业分类方法主要有三次产业分类法、两大部类分类法、标准产业分类法等。此外，还有根据产业间的关系和比例进行分类的方式，包括农轻重分类法、霍夫曼产业分类法、钱纳里—泰勒分类法和按要素集约程度分类法等。对于产业的分类，开始于亚当·斯密（2015）的《国富论》一书，亚当·斯密将产业划分为城市商业与制造业及农村农业[①]。20世纪三四十年代，费希尔首先提出"第三产业"的概念，其与此前西方各国早已出现的"第一产业""第二产业"相结合，形成了"三次产业"的分类方法（曹曼、叶文虎，2004）。在这一分类体系下，第一产业指产品直接取自自然界的部门，包括农林牧渔业等；第二产业指对初级产品进行二次加工的部门，如制造业、建筑业等；第三产业则指包括市场服务和公共服务等在内的，为生产和消费提供各种服务的部门（张来武，2018）。另外，在字面意思上，结构指的是事物的构成要素及其占比，以及各个要素之间的关联方式。从这一意义出发，产业结构即指产业之间的关系结构，包括产业之间的关系、产业组织结构之间的关系和地区产业结构之间的关系等内容（王贵宸、庾德昌，1991）。综合而言，农村产业结构是指农村地域范围内，各个产业之间、产业内部之间的相互关系结构，它既包括产业之间的比例结构，也包括各要素的投入产出关系。

　　随着经济学研究的逐步推进，柯林·克拉克（Clark，1941）等经济学家发展了经典的三次产业分类法，引起了世界各国的广泛关注。为了与国际接轨，1985年4月，中国国家统计局首次制定并颁布了国内三次产业划分标准，此后经过3次修改，目前通行的是2018年修订发布的《三次产业划分规定（2012）》。根据该规定，三次产业范围如下：第一产业是指农、林、牧、渔业（不含农、林、牧、渔专业及辅助性活动）；第二产业是指采矿业（不含开采专业及辅助性

[①]　亚当·斯密对产业的分类标准也产生了巨大影响，具体可见于17世纪威廉·配第探寻产业结构对于劳动力的影响的文献。

活动），制造业（不含金属制品、机械和设备修理业），电力、热力、燃气及水生产和供应业，建筑业；第三产业即服务业，是除第一、第二产业以外的其他行业，如批发零售、交通运输、住宿餐饮、金融、科学研究、公共管理等。[①] 此外，联合国标准产业分类法（联合国经济和社会事务部统计司，2009）将全部经济活动分为农林牧渔业、矿业和采石业、制造业、电煤供水业等 10 项。生产结构产业分类法将产业分为物质资料生产产业和非物质资料生产产业，资源集约度产业分类法将产业分为劳动力密集型产业、资本密集型产业等，也在指导产业划分方面具有较大的影响力。

对于农村产业结构的论述，亚当·斯密认为"城市包含商业与制造业，而农村包含农业"，这致使人们对于农村产生了一种去商业化和制造业的思维印象。然而纵观世界文明发展的历史，实际上工业化最早发迹于农村，18 世纪的英国及 19 世纪的美国工业化发展历史中也出现了相似的情况。例如，英国在工业革命中，以珍妮纺纱机在农村纺织业的出现为标志，纺纱制造业开始在农村出现，与此同时，英国的一些农村也出现了纺纱制造业的产业集聚现象，呈现马歇尔提出的"外部经济"特征，即产业集聚带来了劳动力专业化，以及具有竞争性的专业市场。这一事实表明，农村的产业结构在最初形态上相比城市要更加丰富，只是随着工业化与城市化的快速发展，城市由于具备较大规模的市场以及更加雄厚的要素资源，使产业发展地发生了迁移，聚集在城市以商业及制造业为主的产业结构开始出现。这也进一步表明：目前农村产业结构只是以农业产业为主，但不排除商业及制造业。

从当前农村产业结构来看，农村产业结构指的是农村经济中各种产业的比重和分布情况，这些产业包括农业、林业、畜牧业、渔业、旅游业等。农村产业结构的组成是农村经济发展的基础和支撑，也是农村经济发展的重要标志。具体来说，一是农村经济的发展需要各种产业的支持，农村产业结构的组成决定了农村经济的生产力和经济效益，是农村经济发展的基础；二是农村产业结构的组成对农村经济的发展有着重要的支撑作用，不同的产业可以相互支撑和补充，形成良性循环，推动农村经济的快速发展；三是农村产业结构的组成反映了农村经济的发展水平和方向，也是农村经济现代化的重要标志。因此，随着城市化和工业化

---

① 国家统计局关于修订《三次产业划分规定（2012）》的通知，2013 年 1 月 14 日，http：//www.
stats. gov. cn/tjsj/tjbz/201804/t20180402_1591379. html。

进程的加速，农村产业结构的调整和优化就成为农村经济发展的重要任务。

二 农村产业结构特征

随着农村经济的发展和现代化进程的推进，农村产业结构也在不断发生变化。目前，农村产业结构中的产业主要包括以下几个方面：一是农业产业。农业产业是农村经济的基础，包括种植业、林业、畜牧业、渔业等。在农村产业结构中，农业产业的比重仍然较高，但相比历史，其比重正在逐渐下降。二是林业产业。林业产业是农村经济中一个重要的支柱产业，包括林木种植、采伐、加工等。随着群众环保意识的增强和林业政策的支持，林业产业的比重正在不断增加。三是畜牧业产业。畜牧业产业包括养殖、屠宰、加工等。随着居民生活水平的提高和对食品安全的需求，畜牧业产业的比重也在不断上升。四是农村旅游业。农村旅游业是近年来兴起的一个新兴产业，包括农家乐、农庄旅游、生态旅游等。随着城市人口对休闲、度假需求的增加，农村旅游业的比重也在不断增加。

城市化和工业化进程的推进使农村产业结构发生了一系列变化，这些变化反映了农村产业结构的发展趋势和方向，为农村经济的可持续发展提供了新的机遇和挑战。具体而言，变化之一是产业结构由单一向多元化发展，过去农村经济主要依靠农业产业，但随着现代化进程的推进，农村经济开始向多元化方向发展。除了传统的农业产业，现代农村经济还包括休闲农业等产业。此外，随着城市化进程的推进和城乡一体化的加强，农村产业结构开始向现代服务业转型，发展出了新的农村服务业，如农产品电子商务、农产品流通业、农村信息服务业等。变化之二是产业结构由传统向现代化转型。农村产业结构的现代化转型是指农业生产过程中使用先进技术和设备，提高生产效率和产业附加值。如现代农业生产方式的推广，包括大规模化、智能化、精细化、绿色化等，都能够提高农业生产效率和产业附加值。例如，以色列的现代农业技术在全球范围内得到了广泛的应用，通过先进的技术手段，实现了农业生产的智能化和精细化。变化之三是产业结构由小规模向大规模发展，过去农村经济以家庭农场和个体农户为主，但现在随着新型农业经营主体的兴起，农业生产逐渐向规模化和集约化方向发展。

中国农村产业结构与世界其他国家的变化趋势呈现一定的相似之处，但也有其独特的情况。一是传统农业仍占主导地位。尽管中国农村产业结构正朝着多元化方向转型发展，但传统农业仍然是农村产业的重要组成部分。从第三次全国农业普查数据来看，全国农业生产经营人员 31422 万人，其中仍有接近 90% 的人口从事传统农业，包括种植业、林业、畜牧业、渔业等。二是区域差异是中国农村产业结构的重要特征。中国幅员辽阔，不同地区的自然条件、经济发展水平和文化背景等因素都对农村产业结构产生了重要影响。例如，东部沿海地区的农村产业结构以现代农业为主，西部地区以传统农业为主，中部地区则更具多样性发展特征，其中农副产品加工和农村旅游等新兴产业发展迅速。三是农村产业与城市产业融合发展。随着城市化进程的加快，中国农村产业结构也呈现与城市产业相互融合的趋势。城市对于农村产品的需求不断增加，农村产业链也向城市延伸，形成了以农村为基础，以城市为依托的产业链。例如，中国的农村电商发展迅速，通过电商平台，农产品从农村直接进入城市市场，实现了农村产业与城市产业的有机融合。四是随着互联网和移动通信技术的不断发展，农村电商等新兴产业在中国农村产业结构中开始崭露头角。互联网技术的支持打破了地域限制，使农村电商活力被有效激发，为农村产业转型提供了新的机遇。除了电子商务，农村金融、农村旅游、农村服务业等新兴产业也在不断涌现，为农村产业结构的多元化发展提供了新的动力。五是产业结构不平衡、发展不充分。尽管中国农村产业结构在多元化方向上取得了一定的进展，但仍然存在不平衡和不充分的问题。一些地区的农村产业结构相对单一，缺乏新兴产业的支撑，发展水平相对较低。此外，农业现代化水平也有待提高，传统农业产业仍存在农业污染、产业链条短、附加值低等问题，需要加强农业科技创新，提高农业生产效率和质量。

三　农村产业结构类型

农村产业结构可以大致分为两类，即单一型专业化产业结构和混合型产业结构。单一型专业化产业结构是指农村地区经济发展过程中，以某个特定行业或产业为主导形成的产业结构。这种结构表现为农村地区以一种特定产业为主导，其他产业的发展较为薄弱，并且大多数农民从事该产业。各个产业的配置往往取决于农村地区的资源状况和地理位置，例如邻近城市的农村区域更多地专注于蔬菜专业种植，而第二产业和第三产业更多地依赖城市的第二产业和第三产业的发展；相比之下，远离城市的农村区域更多地集中于大田作物种植，例如玉米、小麦和水稻等，第二产业则更多地接受城市的落后产能，而第三产业更多地提供生态旅游服务。这种单一型专业化产业结构的特点是依赖性强，产业链比较单一，发展稳定性较差。由于其单一性和不稳定性，一旦主导产业发生问题，整个区域的经济将会受到很大的影响。

当然，农村产业结构更多地呈现多元化。在混合型产业结构的经济发展模式下各种不同类型的产业相互融合，形成多元化的产业结构，具体包括传统农业、现代农业、农村旅游、文化创意、生态农业、电子商务等多种产业。对于农业产业而言，这种多元化表现为，一部分采取"农业+农业相关"模式，行业中的个体可以通过专业化经营，向产业的上下游或者横向扩展经营活动，如种植行业既可以向休闲及观光体验农业延伸（横向扩展），也可以向电商销售延伸（纵向延伸）；另一部分则向专业化经营不相关的行业延伸，如农业生产行业向农村休闲旅游业延伸或者向机械加工业延伸。总的来说，混合型产业结构是一种多元化的产业结构，具有降低风险、促进农民增收、促进农村经济发展和提高农业生产效率等优势。首先，不同产业之间相互支持，一旦某个产业出现问题，其他产业可以相互补充，从而降低经济风险；其次，农民可以通过从事不同产业的经营和服务，提高自身的收入水平；再次，多种产业之间相互融合，形成的产业链更加完善，可以促进农村经济的发展；最后，现代农业和传统农业相互融合，通过引进先进技术和管理模式，可以提高农业生产效率。

第二节　农村产业结构的演变

关于农村产业结构的演变，前文已经通过亚当·斯密在《国富论》中提出的著名"市场容量限制劳动分工"定理进行了部分论述，但对于农村产业结构，本节还要进一步联系配第一克拉克定理解读。斯密定理主要的暗示是当市场扩大，农村产业结构会出现多样化，农村产业结构将以农业产业为基础逐步向挖掘农业多元功能和农村多元价值的多元产业结构转变。而配第一克拉克定理暗示的是随着全社会人均国民收入水平的提高，劳动力首先由第一产业向第二产业转移，当人均国民收入进一步提高时劳动力便向第三产业转移。换言之，随着经济的发展，国民收入和劳动力分布将从第一产业转移至第二、第三产业。这意味着农村产业结构会遵循经济发展的规律而发生变化，农村第一、第二、第三产业的比重也会随之变动，总体呈现农村产业结构高级化的演变规律。

一　农村产业结构演变规律

1691 年，英国古典经济学家威廉·配第（2010）指出："工业往往比农业、商业往往比工业利润多得多，因此，劳动力必然由农转工，然后再由工转商。"此后，萨伊、西斯蒙第、李斯特等从不同角度对产业问题进行分析。1941年，英国经济学家柯林·克拉克在其《经济进步的条件》一文中指出："随着人均国民收入的增长，首先是对农产品的需求将不断下降，对工业制成品的需求将不断增加，然后，对工业制成品的需求将不断下降，而对服务的需求将不断上升。"（于刃刚，1996）至此，配第—克拉克定理正式形成。在产业结构理论中，这一定理揭示了产业结构的演化规律，即劳动力转移是由第一产业到第二产业，再由第二产业到第三产业的过程，这是经济发展过程中劳动力就业结构与产业变革的历史顺序。

虽然配第—克拉克定理最初被应用于解释城乡产业结构演变规律，但从中国农村产业结构的演变来看，这一定理仍发挥着重要作用。如表4-1所示，改革开放以后，农村地区的产业结构发生了明显的变化，农村第一产业劳动力比重从1978年的92.9%下降至2009年的63.4%，而相应的，农村第二产业及第三产业的比重分别从1978年的26.0%、5.4%上升至2009年的67.7%、12.9%，这说明第一产业的劳动力正在逐步向农村第二、第三产业转移，农业产业结构的演变表现出了高级化过程。

表4-1　　　　　　　　　　　历年来中国农村地区产业结构　　　　　　　　单位:%

年份	第一产业总产值	第二产业总产值			第三产业总产值			第一产业劳动力
		工业	建筑业	合计	运输业	商业	合计	
1978	68.6	19.4	6.6	26.0	1.7	3.7	5.4	92.9
1980	68.9	19.5	6.4	25.9	1.7	3.5	5.2	91.5
1985	57.1	27.6	8.1	35.7	3.0	4.2	7.2	84.0
1990	46.1	40.4	5.9	46.3	3.5	4.1	7.6	81.6
1995	28.2	52.8	7.3	60.1	5.0	6.7	11.7	72.5
2000	21.3	49.6	16.7	66.3	9.1	3.2	12.3	73.7
2005	16.4	68.2	5.0	73.2	8.3	2.0	10.3	70.0
2009	19.4	65.4	2.3	67.7	9.4	3.5	12.9	63.4

资料来源：国家统计局农村社会经济调查司：《中国农村统计年鉴》，中国统计出版社2010年版。凡勇昆、邬志辉：《农村产业结构的变迁特征、调整思路及其对教育布局调整的影响研究》，《教育理论与实践》2015年第7期。

二 农村产业结构演变动力

农村产业结构演变取决于社会生产力发展水平。换言之，农村产业结构的发展进程受到生产力发展阶段的制约。在工业革命之前，农民生产要素的投入虽然基于长期的农业生产实践而具有效率，但技术变化的迟缓致使传统农业仅能在优化土地和劳动力要素配置的基础上维持低速增长，产出只能维持生存。受此限制，农业占农村产业绝对主导地位，传统手工业和商业发展受到制约。工业革命启动后，机器大生产的出现一方面提高了农业机械化水平，致使土地经营规模不断扩大；另一方面降低了劳动力需求，绝大多数劳动力束缚在农业生产上的状况得以改变。此外，以"绿色革命"为代表，生物系列作物品种的不断改良和化肥、农药等现代生产资料的可及性提高，极大地促进了农产品产量提升。由此，第二、第三产业发展获得了充足的土地、劳动力和原料等要素，加速了产业结构演变。

从需求角度来看，消费是产品实现其市场价值的必要环节，也是保障再生产顺利进行的必不可少的环节。正是在这个意义上，消费需求转变为产业结构调整提供了动力。总体而言，随着经济社会的持续发展和居民生活水平的日益提高，消费需求多样化促成了产业发展的多元性特点。其中，粮食、蔬菜等初级农产品需求经历快速增长后逐渐趋于饱和，市场需求下降。为了凸显产品特色，同时扩大销售范围，农产品精深加工及品牌建设不断推进。与此同时，随着工业的快速发展背景下环境污染的日益严重，农村良好生态的稀缺性逐渐凸显。由此带动了乡村体验观光、餐饮民宿以及交通运输等农村第三产业的发展。

三 农村产业结构演变趋势

根据罗斯托（Rostow，1959）对产业结构演进趋势的概括，产业结构的演变主要体现在产业对于技术的吸收所衍生的新行业、新业态和主导产业自我更新的过程。杨公仆和夏大慰（2005）将产业结构演进趋势概括为产业结构高级化和合理化两个方面。对于农村产业结构高级化，前面已有所论述，但这里我们需要强调的是罗斯托对于产业结构演进趋势的概括，可以认为农村产业结构的演变是使农业产业结构逐渐高级化。例如，各国有序推进数字乡村建设催生了农村产业结构的数字化转型，引导了农业数字化耕种推广、区块链质量追溯系统构建、大数据分析平台应用等发展趋势。农村产业结构的合理化更多的是指通过优化和调整农村产业结构，实现农村经济的升级和转型，促进农村地区的可持续发展，即农村各产业部门之间相互协调、结构合理、部门健全及可持续发展。值得注意的是，农村产业结构的演变趋势也受制于整个国家战略及政策导向的影响。因此，农村产业结构演变趋势可以分为农业产业结构的合理化过程、高级化过程及政策化过程。

第三节　农业产业专业化和多样化

一　农业产业专业化和多样化理论基础

亚当·斯密在《国富论》中提出了两条关键性的论点：一是"市场容量限制劳动分工"，二是"专业化提高劳动生产率"。这两个论点构筑了亚当·斯密的劳动分工学说。前文已经对第一个论点进行了详细探讨，例如"市场容量限制劳动分工"决定了农村产业结构的多样化，这里对第二个观点进行详细介绍，以进一步引出农业产业专业化的内涵。

分工是专业化的前提，劳动分工网络越扩展，行业的专业化程度也就越高，生产力也就越大。亚当·斯密（2015）分析了农业行业的边际效益递减现象，认为通过大规模的分工可以实现生产效率的显著提高。虽然亚当·斯密提出农业产业可以通过分工克服边际效益递减规律，但是早期经济学家在论述如何提高农业劳动分工时，普遍坚持的观点是农业行业很难实现专业化分工（大卫·李嘉图，2021）。这是因为"农业生产领域的分工有着天然的内生性障碍"，例如，农业生产的区域环境与种植条件是千差万别的，农业活动是通过利用有构造的生命自然力进而利用其他自然力的活动，这意味着农业活动是一种以生命适应生命的复杂过程，并且这一不容间断的生命连续过程所发出的信息不但流量极大，而且极不规则，从而导致对农业的人工调节活动无法程序化，因此农业生产必然要求"因地制宜"（罗必良等，2017）。这导致了农业劳动生产效率总是落后于工业劳动力的生产效率，这也就是著名的"斯密猜想"。因此，一些学者遵循了农业产业区域专业化的逻辑，利用内生资源优势（杨小凯、黄有光，2000）提出了相关理论。

从以上的理论发展脉络可以看出，农业产业专业化，通常被理解为农业区域专业化，指根据地方自然、技术或产业优势，在一定地理空间内以一种或几种优势农产品为主，形成专业化片区的生产模式（王云峰，2019）。研究表明，农业产业专业化是一国农业增长的重要因素，它有利于提高农业劳动生产率、降低农产品成本并提供高质量农畜产品剩余（丁浩金，1979），对非农产业发展起着至关重要的作用。这一过程的实现极大地依赖农业生产专业化下比较优势的发挥。比较优势理论经过李嘉图的发展，通常指"一个国家倘若专门生产自己相对优势较大的产品，并通过国际贸易换取自己不具有相对优势的产品就能获得利益"（高洪深，2002）。这一理论的前提假设在于不同地区生产要素分布不均，即区域商品生产的相对成本存在差异，各地如果能够生产出价格相对较低的商品，则具有相对优势。农业生产尤其依赖地区气候条件和资源要素禀赋，遵循比较优势原则将各产业部门分布在对各自有利的地域，农业产业专业化水平由此提高（李永实，2007）。值得注意的是，在农业产业区域专业化这一概念内还进一步存在两个子概念——人力资本专业化和物质资本专业化，只是两者的专业化程度不及第二、第三产业的深度及广度。目前农业行业的物质资本专业化也提升得很快，依据国家统计局数据，2022年中国农业综合机械化率达72.03%，而在2004年仅达到34%。

农业产业多样化的形成，是农业生产经营方式从单一经营向复合、专业化经营转变以及农业产品的品种和种类趋向多元化的过程。这一过程的实现与传统农业现代化背景下，为了回避农业经营的自然风险、分散农产品价格变动的市场风险，同时满足市场多样化的消费需求密切相关（薛宇峰，2008）。一般认为，种植多样化不利于发挥农业生产的规模效应，因而不利于农业生产效率的提高。但与种植的多样化不尽相同，农业产业多样化更加强调中间产品种类数量的增加，这就要求在原有种植业的基础上，进一步发展农业关联产业，延长和扩大农业产业链的功能及范围，同时深化农业生产专业分工。从这一角度来看，农业产业多样化有利于提高生产效率、扩大农民就业选择，且与农业产业专业化并行不悖，二者相互促进并共同作用于农业产业结构优化。具体来说，农村产业形式多样化对分工专业化的促进主要表现在两个方面：一方面，通过实现农业内部分工越来越细，引导农业生产经营者专注于某一生产环节或者某一农产品，发挥生产者专长，提高专业化水平；另一方面，实现农村第一、第二、第三产业并存，形成了独立的具有一定规模、结构相对完整的产前、产中、产后产业，包括提供生产配套服务的支撑产业，如生产性服务业、生活性服务业、文化娱乐产业等。不断丰富农村产业形式，深化农村专业分工，获得规模效益，是推动现代农业发展的重要动力。

二　农业产业专业化的表现形式

农业产业专业化是农业发展的必然趋势。随着专业化水平的持续提高，职业农民作为一个新兴群体发展迅速，同时农业服务体系社会化、专业化趋势愈加明显。以此为依托，农业产业集群规模不断扩大。

（一）职业农民群体发展迅速

与传统农民——一种长期居住在农村社区，并凭借土地等农业生产资料从事农业生产的劳动者相比，职业农民的市场主体特性、职业稳定性和社会责任感及现代观念更加突出。同时，为了追求农业产出和市场价值最大化，职业农民注重资源的合理配置，并且具有较高的生产积极性（朱启臻，2015）。在某种程度上，农民职业化是农业产业专业化的客观要求，同时也是农业产业专业化的必然结果。长期以来，欧美等发达国家通过加强农业教育培训、支持农业相关产业发展、改善乡村生产生活条件、调整农业补贴政策和增加农业专项贷款等方式，培育了一批高素质的新型职业农民，有力地保持了其在世界农业中的领先地位（李国祥、杨正周，2013）。随着农业产业化水平的提高，中国新型职业农民培育广受关注并且近年来不断加速，然而定义不清、特殊性不足，以及政策体系不健全极大地制约了新型职业农民的进一步壮大，如何构建新型职业农民培育的内生性动力、形成切实可行的政策支持体系值得进一步探索。

（二）农业服务社会化

农业服务社会化，是指由农业部门以外的社会力量，包括市场主体或社会组织，提供农业服务的过程。随着农业服务逐步从农业部门剥离而转向市场或社会主体，凭借着后者的规模优势、管理优势和技术优势等，农业服务供给成本持续降低，由此进一步提高了服务社会化水平，并巩固了农业产业专业化的格局。从这一角度来看，农业服务社会化本质上是一个劳动分工、继而不断实现专业化的过程。以美国、欧盟、日本为代表，发达国家成熟的农业社会化服务体系有力地支撑了其农业现代化的实现。

（三）农业产业集群规模不断扩大

产业集群是一种新型产业组织模式，指特定产业在空间集聚基础上的专业化和网络化发展，并使各种资源要素在特定区域范围内进行重新组织和有机整合，最终形成一个有机群落（Marshall，2009）。基于此，农业产业集群可以理解为"一种以农业家庭经营为基础，集农业生产、增值加工、农产品营销网络和农业支持服务体系于一体的农业有机群落"（王薇、李祥，2021），其基本特征是多产融合，而地区生产专业化为其基本前提和重要表征。在充分利用地区自然条件的基础上，许多国家都形成了一些著名的农业产业集群，例如，美国加州中央谷水果产业集群，该区域以水果种植为主导产业，形成了一条从种植、加工、冷链物流到营销的完整的水果产业链，被誉为世界上最大的水果产业集群之一；法国波尔多葡萄酒产业集群，该区域以葡萄种植和酿酒为主导产业，形成了一条从种植、酿造、加工到营销的完整的葡萄酒产业链；日本北海道奶业产业集群，该区域以奶牛养殖和乳制品加工为主导产业，形成了一条从养殖、加工到销售的完整的奶业产业链。这种区域分工最大限度地发挥了自然条件优势以促进专业化生产，有利于提高农业生产标准化程度、优化农业资源要素配置，同时促进大型水利等农业基础设施建设及农业科技推广应用，提高农业生产率。

同样地，中国农业产业也出现了集群现象，并且集群规模也不断扩大。例如，江苏徐州蔬菜产业集群，该区域以蔬菜为主导产业，形成了一条从蔬菜种植、加工、冷链物流到电商营销的完整产业链，形成了以徐州市为核心的蔬菜生产基地；河南南阳蒙阴药材产业集群，该区域以中药材为主导产业，形成了一条从药材种植、加工、销售到科技服务的完整产业链，出现了以蒙阴地区为核心的中药材生产基地。尽管集群规模不断扩大，但区域布局不合理，中国的农业产业集群通常都是在某一地理区域内形成的。新型营运体系不完善，中国的农业产业集群中，企业和单位之间的产业发展水平参差不齐并且企业和单位之间缺乏协同发展，合作意识不够强，形成了互相竞争的局面。此外，还存在土地和金融制度不匹配等问题。由此可见，加大现代农业产业集群支持力度、建立现代农业产业集群营运体系和加快现代农业产业集群主体培育十分必要（陆萍、陈晓慧，2015）。

三 农业产业多样化的表现形式

农业产业多样化首先体现在农业产业增值渠道多样化上。与此同时，随着市场需求的转型升级，对农业非生产功能的深度开发提高了农业功能的多样化程度，而其在互联网时代市场机制作用下，多种新型业态广泛兴起，进一步强化了农业产业多样化的特征。

（一）农业产业增值渠道多样化

农业产业增值渠道多样化是导致农村产业结构出现变化的重要因素，并且二者也呈现相互促进的关系。传统时期，农业生产力发展长期锁定在一个低水平，为了满足人口持续增长背景下不断提高的粮食消费需求，绝大部分土地和劳动力都投入农业种植，因此，农业增长在某种程度上等同于种植业增长。工业革命启动后，农业技术进步及现代生产资料可及性的提高极大地解放了农业生产力。此后，随着农业产业化发展的逐步实现，农业增值渠道趋于多元。一方面，农业产业增值渠道多样化可以促进农村产业结构的升级和转型。通过加强农产品深加工、品牌建设、标准化生产等方式，提高农产品的附加值和市场竞争力，从而引导农民逐步转向高附加值的农业产业。另一方面，农村产业结构的变化也可以促进农业产业增值渠道的多样化。随着农村产业结构的变化，农业产业的需求也在发生变化，农产品的加工、物流、服务等环节也需要相应调整。因此，农村产业结构的升级和转型可以推动农业产业增值渠道的多样化，促进农产品的附加值提升和市场竞争力增强。

如图 4-1 所示，总体而言，种植业总产值占农业总产值的比重不断缩小，而林业、牧业、渔业占比持续上升。1952 年，在中国农林牧渔业总产值中，农业产值占比达 85.9%，林牧渔业占比较小；至 1978 年，农业产值占比仍达 80.0%，增值渠道较为单一。改革开放后，中国农业产业进入快速调整期，农业产值占比稳步下降，2000 年以来稳定在 50%—55%；牧业、渔业产值占比快速上升，二者分别由 1978 年的 15.0% 和 1.6% 增长至 2021 年的 27.1% 和 9.9%。

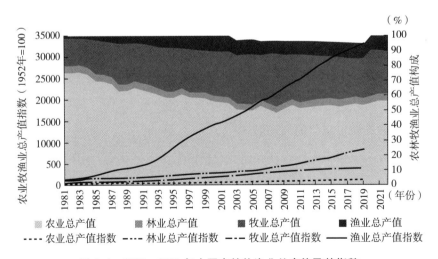

图 4-1　1981—2021 年中国农林牧渔业总产值及其指数

注：农林牧渔业总产值指数自 2020 年开始不再公开，因此数据缺失。

资料来源：国家统计局。

（二）农业非生产功能的多样化

农业的基本功能在于供给农产品，在农业产业化发展背景下，农业生产效率快速提高，农业剩余积累迅速增长，产出增加、消费需求缺乏弹性、农民收入增长需求三者之间的矛盾倒逼农业产业做出调整，农业非生产功能开发受到重点关注。通常认为，农业是一个"三生"产业，除了生产功能，生活与生态功能也十分重要，而且随着农业产业结构转型升级，后者将成为农业功能的主体。乡村旅游业的发展是农业生活与生态功能开发的集中体现。借助这一载体，农村的休闲娱乐、观光体验、科学教育等功能受到市场青睐，一方面有利于满足城市居民休憩的生活需求，另一方面也有利于带动乡村服务业的发展，提高农民收入水平。此外，乡村优美环境市场价值的日益凸显也有利于激发农民农村生态保护的内生性动力，并因地制宜开发具有本地特色同时符合市场需求的生态产品，进一步发挥农业的生态功能。

（三）农业新型业态蓬勃发展

农业产业多样化的基本内涵之一是中间产品种类的增加，即农产品从单一到复杂的过程，这就要求农业产业链的扩展和延伸。在互联网时代背景下，这一过程结合市场机制的作用，催生了一系列与农业相关的新型业态，如休闲农业、农业生产性服务业、农村电商等。以农村电商为例，数字乡村、电商扶贫等工作的深入开展极大地拓展了农产品销售市场。数据显示，2019 年，全国农产品网络零售额达 3975 亿元，同比增长 7.0%。其中，休闲食品、茶叶、滋补食品零售额排名前三，占比分别为 24.9%、12.0% 和 11.9%；水果、肉禽蛋、奶类同比增速分列前三，增速达 53.2%、39.4% 和 37.5%；生鲜农产品的潜力也不断释放[1]。与之相配套，农产品加工保鲜、冷链物流、品牌包装等的建设也相应提速，由此与农业产业多样化形成良好互动，共同作用于农业产业化水平的提高。

第四节　农村产业融合

产业融合是伴随着以信息技术为核心的新一轮科技革命和产业变革的孕育和兴起而出现的不同产业或同一产业内部不同行业之间的业务、组织、管理发生优

---

[1]　商务部电子商务和信息化司：《中国电子商务报告（2019）》，2020 年 7 月 2 日，http：//dzsws. mofcom. gov. cn/article/ztxx/ndbg/202007/20200702979478. shtml。

化整合，从而逐步形成的新产业属性或新型产业形态（张来武，2018）。农村非农产业的蓬勃发展在不断壮大农村第二、第三产业的同时，三次产业之间的界限日益模糊，产业融合成为农村经济的突出特点。

一 农村产业融合的界定

农村产业融合作为产业融合形式的一种，同样符合产业融合基本理论揭示的规律范畴。伴随着工业革命的起源，产业分工和社会分工不断细化，这促使社会生产力不断提高。但随着经济全球化、高新技术快速发展，特别是实践中不同产业之间的渗透、交叉和重组，人们逐渐意识到不同层次的产业之间融合发展，将有利于产业生产效率和竞争力的提高，因此许多学者总结了产业融合的特征。具体体现在以下四个方面：①从技术角度来看，产业融合是由于某些技术在一系列产业中的广泛应用和扩散，新技术的运用促使创新活动发生，形成了新技术、新产品、新服务（Rosenberg，1963）；②从产业边界角度来看，产业融合是为了适应产业增长而发生的产业边界的收缩或消失，具体表现为不同产业或同一产业不同行业的相互渗透、相互交叉（Greenstein and Khanna，1997）；③从融合过程来看，产业融合是一个不断递进的过程，融合形态由无形到有形，从技术融合开始，到实现业务融合，再到市场也出现融合（Freeman and Soete，1997）；④从产业组织来看，产业融合通过催生出的新技术融合更多的产业部门，降低了不同产业间的技术壁垒，促使企业竞争与合作关系的变动频繁。当两个及两个以上原本相互独立的产业中的大部分企业出现竞争或合作关系时则意味着出现产业融合（植草益，2001）。

农村产业融合相较一般意义上产业融合的动态发展过程，其特征相同之处在于，农村地区的产业结构调整呈现产业之间有机结合、交叉渗透，最终实现产业链延伸、价值链提升和供应链优化；市场结构呈现各产业的业务由复杂的产业链相关联，并且市场也催生出新业态、形成市场聚合体的综合发展。不同之处在于，农村产业融合须在"农村"这个特定区域内实现，通过带动资源、要素、技术、市场需求在农村的整合集成和优化重组。农村产业融合也是以农业为基本依托，通过农林牧渔等农业内部子产业之间融合和农业向第二、第三产业延伸，实现产业链各环节有机融合发展。

二 农村产业融合的内涵

三次产业分类法因其大致描绘了产业结构的演进顺序而为世界各国广泛接

受。然而，这一方法是基于 20 世纪 40 年代资本主义国家"脱农化"和"工业化"快速推进时期提出的一种简化的产业类型划分法，难以反映产业融合背景下国民经济结构的演变规律，因此进一步完善和发展产业层次划分理论以契合当前全球经济状况十分必要。农村产业融合概念最初源于 20 世纪 90 年代的日本农业生产实践，彼时主要采用的是六次产业化概念，通过对六次产业化进行梳理，将有利于把握农村产业融合的内涵。

20 世纪 90 年代的日本，农村生产的农产品与国民消费的农产品之间存在巨大价值差，且这一价值差通过农产品加工及流通流向村外，而未能留在农业生产者手中的问题受到研究者的广泛关注。为了将流向村外的就业岗位和附加值内部化，鼓励农业生产者从事多种经营，形成集农产品生产、加工、销售、服务于一体的完整链条十分必要。由于相关举措意在实现农村第一、第二、第三产业的融合发展，而一、二、三之和或乘积均为六，故称"第六产业"或"六次产业化"。日本六次产业化的核心内容是促进农产品"地产地消"，即当地的农产品在当地消费。为了实现这一目标，日本政府主要采取了两种措施：一是尽量使用本地生产的农产品代替外地引进的农产品作为原料进行加工生产，提高本地化农产品的自给率；二是围绕增加农产品附加值，促进本地农产品由主要作为加工原料输出，向开发成为当地土特产品输出转变，以此实现加工品对原料的替代。除此之外，日本政府还十分重视本土化农业经营主体培育，同时大力推进技术革新、加强人才培训，并注重以农协为桥梁促成农工商合作。

随着"六次产业化"思想在中国的广泛传播，结合中国的农业实际生产情况，以实施农村第一、第二、第三产业融合发展推进行动为立足点，最终构建出农村产业融合发展体系被接受。这主要是由于中国农业发展出现劳动力外流、资金流通不足、技术应用不足和资源环境压力大等问题，因此有必要改变农业生产的劳动力、资本、土地、技术等要素的资源配置（米吉提·哈得尔、杨梅，2022）。通过农业产业融合的方式，将提高第一产业劳动生产率、释放更多劳动力，增强农业对国民经济的基础支撑作用。农村产业融合也是以产业链为基础的相互补充，使所有参与融合的产业内的生产要素都能够围绕农业最基本的生产要素，既有助于健全农村产业体系，也有利于保护农业的基础地位。此外，农村产业融合还有利于农民稳步增收，农业农村生产活力的提升将解决农村剩余劳动力就业，并且农村三次产业的融合也能够让农民分享第二、第三产业收益的红利。

三 农村产业融合的模式

来自各个国家的实践经验发现，农村产业融合模式的选择是由一个地区发展基础、不同生产经营主体所处的内外部环境共同作用下实现的，其中包括日本农工融合、美国农商融合、法国农旅融合以及中国三产融合。

（一）日本农工融合

日本农村产业融合模式主要采用的是"农业+农产品加工业"的融合，其核心是以科技为引领，向前承接了农业的生产，向后连接了农业的相关服务，通过精深化的转型发展激发传统农业的活力。日本由于自然资源禀赋限制，耕地面积少、人口密度大，为了达到提高农户收益、振兴农业农村的目的，在农业发展方面高度重视技术研发和推广。日本构建"产学研企"相结合的模式，形成了产业界保证原材料品质、学术界创新科研成果、研究界研发新产品、企业界生产销售产品的结构，从而在新品研发、农副产品品质、精深加工技术、科研转化等方面富有成效。以市场为导向开展差异化的农产品研发与销售，保障了科技创新的应用与科研成果的转化，这又反过来促进了农业生产技术的进一步优化发展。此外，日本政府也加大对发展农业的政策体系支持，提出推行"进攻型农业"并制定2025农村发展纲要，在提升农业经营主体的竞争力、强化农业科技创新以及农业的产业融合事业方面可谓不遗余力（李娜，2020）。日本农工融合模式的成效也体现在农产品加工业的繁荣，日本成为全球精致农业的代表，农产品商品率高达95%以上，食品加工、稻米精深加工等技术均处于世界领先水平。

（二）美国农商融合

美国农村产业融合模式主要采用的是以"农业综合企业"为实体，突破产业界限，其核心是打造了一条连接农产品生产、加工、销售与服务全过程的产业链。第二次世界大战期间，西欧许多国家的农业遭受严重破坏，美国通过马歇尔计划等多种方式大量输出农产品，使当时美国农业出现极度繁荣。为追求丰厚的利润，美国工商企业大量涌向农业，采用自营兴办农场或同农场签订合同、贷款、补贴等多种办法，把资本投入农场，组成垂直一体化的农商联合企业（施汉荣，1981）。农商联合企业的经济表现好处在于，一方面，有利于农业的技术创新，通过雄厚的资本和技术力量，能够快速实现农业技术创新和应用；另一方面，农、商和供产销企业之间的联系也加强了跨行业之间的联系，有利于生产力的发展，特别是垂直一体化的农商联合企业消除了许多中间环节，也有利于降低商品损耗和销售费用。随着科技水平的提高，美国通过农业与电子商务的融合，借助发达的农业产业化体系，形成了农产品电子商务领先、农业科技发达、信息化程度高等农业核心竞争力。

（三）法国农旅融合

法国农村产业融合模式主要采用的是"农业+旅游业"的融合，以创新为本质，突破了"农业"与"旅游业"两种不同产业的界限，打造特色的融合产品。第二次世界大战后，法国农村经济发展落后、农村空心化问题严峻，乡村旅游的兴起有效保护了历史文化遗产，促进了农产品的"地产地销"，带动了人口向农村回流（赵放、刘雨佳，2018）。例如，法国南部地中海沿岸的普罗旺斯打造的乡村生态文化旅游融合，普罗旺斯旅游形象定位是薰衣草之乡，功能定位是农业观光旅游目的地。在旅游核心项目中促进农业产业化，法国农村的葡萄园和酿酒作坊，游客不仅可以参观和参与酿造葡萄酒的全过程，还可以在作坊里品尝并酿酒。在田间观赏薰衣草等农业景观的同时，也可以到作坊中参观和参与香水、香皂制作的全过程。此外，法国农旅融合积极打造生产景观化，运用生态学、系统科学、环境美学和景观设计学原理，将农业生产与生态农业建设以及旅游休闲观光有机结合起来，建立集科研、生产、加工、商贸、观光、娱乐、文化、度假、健身等多功能于一体的旅游区。法国农旅融合通过将农业和旅游业的产业优势相结合，开创了享誉世界的乡村旅游模式，为法国农村经济提供了持续发展的动力。

（四）中国三产融合

中国农村产业融合模式主要采用的是"农村第一、第二、第三产业"的融合，其本质是实现农业产业链和价值链的延伸，实现农业产业链各环节有机融合发展。通过延链、补链、建链的方式延伸农业产业链，提供农业生产、农产品加工以及相关配套服务，并建立农村第一、第二、第三产业融合发展的利益联结机制，打造融合共生的农业价值链。中国三产融合模式确保农业的核心地位不动摇，以农民作为农业主体和利益主体，注重农民收入水平的提高。三产融合模式上，具体可以划分为以下三种类型：①产业链延伸融合模式，该模式以农产品终端消费需求为导向，促进农产品从田间到餐桌、从初级产品到终端消费无缝对接的新型农业产业系统。该模式包括前向延伸融合和后向延伸融合两种形式，前者强化农产品原料供应，培育农产品自有品牌；后者带动农业后向产业链、价值链升级和农产品梯度增值。该模式对农业经营主体的实力要求较高,需要自身拥有较为集中的资源优势和资金优势。②功能拓展融合模式,该模式以满足人们对休闲、旅游、文化、康养等多方面需求的日益增长。通过农业与旅游、康体、创意等产业的深度有机融合,构建集生产、生活、生态功能于一体的新型农业产业体系。该模式适用于农业经营主体技术、资金等方面受限,无法自我延伸打通全产业链,需要通过与其他产业主体合作或建立联盟拓展农业新功能。③科技要素渗透融合模式,该模式是利用新一代信息技术和设备,将农业生产、加工、营销和服务等领域与电商、智慧农业等新产业新业态相结合,大力发展农村电商、智慧农业等新型经营模式的做法。例如,农业经营主体可以在电商平台上开设农产品及加工制品特色馆,鼓励改造村邮站、农家小商店等为农村电商服务点,发展特色电商村。在养殖业、设施农业等领域,可以开展农业物联网应用示范工程,实施智能感知、预警、分析、决策和控制。这种模式需要农业经营主体具有开放思想,增强农产品品牌意识,强化品牌延伸。中国三产融合创新性地推动中国农村经济的发展,实现了农村产业的升级和转型。这种发展模式不仅有利于增加农民收入,还可以促进城乡经济一体化发展,提高农村发展的可持续性。

四 农村产业融合实施路径

农村产业融合,融合是关键,这就要求打破限制产业融合的要素流动壁垒,实现要素自由流动。在此基础上,结合地区资源禀赋和历史文化风貌等因地制宜地开展农村产业融合模式创新。此外,农村产业融合也要牢牢把握"农村"这一特殊性,在小农户与大市场的衔接过程中,培育好新型农业经营主体,并创新利益联结方式。

(一) 统一城乡要素市场

产业融合的基本前提是三次产业的协调、快速发展,而产业发展的关键又在于土地、劳动力、资本及技术等生产要素的优化配置,因此,建立城乡统一的要素市场至关重要。具体而言,在土地层面,为减少土地抛荒、形成耕地的适度规模经营以提高利用效率,进一步深化农地"三权"分置改革,鼓励通过土地入股、委托代耕、托管等形式加大土地流转力度尤为必要;在劳动力层面,农产品加工业、乡村旅游等农村服务业的发展对劳动力的契约意识、服务能力和知识素养提出了更高要求,加快培育新型职业农民较为迫切;在资本层面,农业企业投资大、风险高、回报周期长的特点加大了农业企业经营风险,为了保障农业企业利益，金融机构须创新农村金融产品和服务，有利于农村资本流入，壮大产业融合经营主体；在技术层面，信息时代移动互联网技术在农村产业融合中的作用不断凸显，以"数字乡村""智慧乡村"建设为纽带，完善农村信息基础设施建设、加大农民信息技术培训力度，有利于更好地挖掘数字红利以服务农村产业发展。

（二）因地制宜探索农业与其他产业的深度融合

中国农村地域辽阔，不同地区资源要素禀赋、经济发展基础、民族文化风情等存在巨大差异，故而，因地制宜探索农业与其他产业的深度融合是必然选择。当前，在各地自主探索下，主要形成了以下具有实践意义的农村产业融合发展思路：一是农业内部融合发展，强调农林牧渔业的系统性融合以实现生态最优和经济利益最大化，典型的如种养结合、林养结合等；二是产业链延伸发展，强调农业向第二、第三产业延伸或第二、第三产业向农业延伸，以此实现产业链各环节有机融合发展；三是功能拓展型发展，指依托农村自然生态和历史文化资源，通过发展旅游观光等新型形态，拓展农业产业功能，并在此基础上加速农村产业升级；四是新技术渗透型发展，注重通过现代互联网技术的应用，将各类技术和服务嫁接到农业生产的各个领域和环节，进一步实现农业信息共享及农产品"双线"交易，如电商农业、直播带货等；五是城乡融合型发展，其以农村新型城镇化为基础，通过农村产业与城市空间、功能、人口及文化的深度融合，优化城乡要素配置并带动农村产业发展（江泽林，2021）。

（三）培育新型农业经营主体

为了克服小农户与大市场有机衔接的问题，培育新型农业经营主体受到广泛关注。研究认为，与传统小农户相比，新型农业经营主体因更新颖的经营理念、更强大的经济实力、更科学的管理方式和更规范的运行模式而更适合作为农村产业融合的载体（马新宁、魏广成，2021）。在实践中，应在立足本国国情的基础上，使得三种类型的新型农业经营主体得到重点支持和发展。一是农民专业合作社，农户以劳动力、土地、资金等要素入股建立农业专业合作组织，以提升其在市场化过程的抗风险和议价能力。同时，合作社与外部资本的联合以进一步拓展合作领域、发挥规模优势，并带动更多主体参与产业融合发展。二是农业产业化龙头企业，凭借其生产效率高、组织化水平高和市场衔接度高的特点，在农村产业融合中发挥着重要的引领作用。围绕龙头企业打造集生产、流通和销售于一体的全产业链，并进一步形成农业产业集群是当前推进农村产业融合的重要路径。三是家庭农场，主要通过完善土地流转方式推进农户适度规模经营，并鼓励以农产品加工、直销等方式延长产业链条。在此基础上，引入现代管理理念升级运营模式、优化管理服务，寻找市场利益契合点，促进家庭农场品质化、特色化发展。

（四）建立紧密有效的利益联结机制

经营主体的利益驱动是农村产业融合的内在动力，而随着利益的深化，利益主体间相互联系和相互作用的关系构成了利益联结（涂圣伟，2019）。由此，优化主体间利益联结机制，是推动农村产业融合长效发展的重要内容。研究表明，改革开放后，中国农村产业融合过程中的利益关系经历了由"流通性利益联结"到"生产性利益联结"再到"分配性利益联结"的嬗变。具体来说，"流通性利益联结"是指在流通政策的变迁与流通渠道逐渐贯通的背景下，农工商各主体能够分享农产品在流通过程中的增值；"生产性利益联结"是指各利益主体通过生产环节的分工协作提高产品的实际价值；"分配性利益联结"是指农民专业合作社等新型农业经营主体成为激励主体，帮助农民通过生产要素入股集体经济组织，并借鉴现代企业的收益分配制度，以股份分红的形式与农民共享生产、加工、销售的利益增值，实现分配性的利益联结。不同类型的利益联结方式驱动了生产要素突破区域与产业的界限，进而带动了要素配置效率和集聚程度的提高，推动了产业链纵向延伸与横向扩展（肖婧文、冯梦黎，2020）。当前，围绕农村产业发展，一种紧密型农业产业化利益联结机制得到大力发展，其基本特点是共同利益广、产权清晰、市场潜力大、领头人能力强。但与此同时，也存在利益调节机制不健全、分配机制不合理和保障机制不完善的问题。构建紧密而有效的利益联结机制，需要明确政府定位、加大财政扶持、增强政策规制和开展股份合作社督导等（钟真等，2021）。

第五节　农村产业结构优化

一　农村产业结构优化的内涵

农村产业结构优化是农村产业结构趋于合理的动态演进过程，其目的是有效促进农村产业高质量和高层次发展。之所以需要对农村产业结构进行优化，是因为在城乡二元结构体制下，农业产业结构不合理的问题逐渐突出，这严重制约着农业经济水平和发展活力。从发展中国家的实践经验来看，主要存在以下几个问题：一是农村剩余劳动力严重。由于农村产业以农业为主导致生产总值在全国产业比重中占据较小比例，但农村劳动力占全国劳动力的比重远远高于这一数字，这就导致众多劳动力限制在有限的耕地上，造成劳动力资源的浪费和出现农业经济效益低下的现象。二是农业生产调整滞后于市场需求变化。随着国民收入水平的增加，市场对农产品供应提出了更高的质量要求，需要满足品种多样化和品质高级化。此外，收入水平的提高也将导致食物结构出现变化，粮食供给不仅需要满足食物需求，还需要解决动物饲养的饲料需求。但传统农业难以快速对市场需求进行调整，这导致农产品供给结构和市场需求结构出现矛盾。三是农村产业内部结构失衡。相比城市产业结构中第三产业发达的情况，农村产业结构第一、第二产业占比大，第三产业占比小，这导致农村产业结构不合理、不均衡的现象严重。农村普遍存在交通运输、移动通信等基础设施建设不足，科教文卫等事业发展缓慢且远远低于城市水平，金融、保险等行业无法满足农村第一、第二产业的要求。因此，促进农村产业结构优化，就是要在适应经济发展、满足市场需求变化的情况下，改善农村产业结构失衡的问题，推动农村产业结构走向合理化和高度化。这既有利于提高农村产业发展的动力和前景，吸引更多要素资源向农村集聚，促使农村经济高质量发展，也有利于可持续地提高农民收入。

需要注意的是，农村产业结构的优化不能仅要求政府发挥主体作用，而是应该由多方共同参与，包括政府、企业、农户等，形成各方互动合作的良好局面。在优化农村产业结构的过程中，不同主体需要做到以下几点：政府部门应该发挥引导和推动作用，加大对农村产业结构优化的政策支持力度，提供资金、技术和管理等方面的支持，协调各方面资源优化配置，推动农业供给侧结构性改革；企业应该发挥市场主体作用，积极投入农村产业结构的优化和升级，创新生产和管理方式，引入新技术和新产品，提高农产品质量和附加值，推动农村经济的可持续发展；农户应该积极主动参与农村产业结构的优化，调整种植结构，发展多种经营模式。通过多方共同参与可以有效协调各方面资源，使资源在农村产业结构优化中得到更加合理的配置，更好地推动农业产业结构的升级和调整。

二 农村产业结构优化的原则

调整农村产业结构的根本目的和最终目标，是实现农产品的有效供给，保证农民收入稳步增长。因此，在农村产业结构优化的过程中，需要保持农产品产量的增长，同时还要注重农产品品质和农业产业结构的升级转化，在提高农业、农村经济效益的同时也要不断增加农民收入。并且还要注意到，农村产业结构优化是一个动态过程，最终农村产业结构的形成是多种社会经济因素共同影响后的结果，其中包括劳动、资本、技术、市场、自然资源等因素。然而，由于生产要素的分布在时间和空间上都存在差异，因此，各个地区的农村产业结构优化总原则是因地制宜，充分发挥当地资源、区位优势，从而形成具有优势特色的农村产业结构。具体应坚持以下原则。

（一）以国家战略需求为导向原则

农村产业结构优化需要着重强调国家战略需求和安全因素，农村产业结构优化要服务于国家粮食安全的战略目标，要求以"藏粮于技""藏粮于地"的理念保障粮食供给充足。同样需要与农业农村发展的内外环境变化相协调，与全面构建高质量现代化经济体系和居民消费需求相适应。具体来看，优化农村产业结构可以促进农业的现代化和产业化，提高农产品的质量和效益，稳定粮食生产，保障粮食安全；推动传统农业向绿色农业、有机农业等方向发展，降低化肥、农药等化学物质的使用，保护生态环境；推动传统农业向多元化农业、循环经济等方向发展，提高农民收益，促进农村经济的可持续发展；推动乡村产业结构升级和转型，促进乡村振兴，提高农民收入和生活质量。

（二）市场导向原则

农村产业结构优化需坚持市场导向原则，根据市场变化和需求结构的变动，适时调整农村产业结构。在调整产业结构时，各产业的发展比例、生产规模和速度，都要依据国内、国际的市场需求和供给状况的科学分析与预测。一方面，需要让供给的农产品品质达到市场消费需求的标准；另一方面，也要提前预测市场的潜在消费需求，提前做好产业调整的谋划布局。

（三）整体协调原则

农村产业结构优化需坚持整体协调原则，不能片面强调单一产业的调整，而是从整体出发，将农业产业结构作为一个整体，从整体上进行调整和优化。局部最优不一定是全局最优，在农村产业结构调整过程中，如果仅强调发展某单个产业而忽略其他产业的共同发展，可能不仅不能达到资源的最佳组合配置而造成资源利用的浪费，甚至长此以往，还将导致整个农村产业结构的比例失衡，最终影响农业以及国民经济的持续发展。因此，对农村产业结构的优化，既要注重市场导向满足市场的消费需要，也要注意农业各个产业、上下游产业之间的相互衔接、协调发展，合理确定农村各产业、各行业之间的比例关系，从而发挥出农村产业结构整体协调的巨大效益。

（四）比较优势原则

农村产业结构优化需坚持比较优势原则，最大限度发挥当地的资源优势和有利条件，对农村产业结构进行优化。应突出各地特色，发展自己的优势产业，基于地方自然禀赋、劳动力、资本、技术和地理位置等资源，发展地方支柱和主导产业。通过扬长避短、存优去劣，确定当地结构调整的战略重点，以优势农产品为立足点，制定产业发展重点。对于非自身优势的产业类型，则需要积极通过市场渠道，及时补充和满足当地对该产业的需要。

（五）提质增效原则

农村产业结构优化需坚持提质增效原则。对农村产业结构进行调整需要实现生产要素的最佳配置，使农村产业结构达到最佳效益的发展状态，需要不断提高农产品品质，以及提高土地产出效率、资源利用效率和投入产出效率。

三　农村产业结构优化的路径

在农产品国际贸易分工不断深化的背景下，实施农村产业结构优化调整，将有利于发挥各地农村产业比较优势，从而更好地参与国际竞争和实现可持续的农村经济发展。因此，通过积极培育新型农业经营主体、大力发展乡村旅游以及加大农村公共服务供给，将是培育农业农村发展新动能，调整优化农村产业结构，转变农业发展方式的重要路径。

（一）保证粮食安全底线

粮食事关国计民生，粮食安全是国家安全的重要基础，因此农村产业结构的优化调整需要保证粮食安全底线。在保障粮食安全底线的前提下实现对农村产业结构进行调整，需要从多个方面入手，包括促进粮食作物种植、推广绿色有机农业、优化土地利用结构、强化农产品质量安全监管、加强农业科技创新等措施，全面提高农业生产效率和质量，保障粮食安全。在农村产业结构优化中，有以下几条路径。第一，促进粮食作物种植，这可以通过发展高产、优质、抗逆的粮食作物品种实现。这将提高粮食产量和质量。同时，应采用科学的种植技术，以提高粮食生产效益。第二，推广绿色有机农业是另一个关键的方面，这将减少化肥、农药等化学物质的使用，提高农产品品质和安全性，并保障粮食质量安全。第三，优化土地利用结构，提高土地利用效率，增加粮食产能同样是一个重要的方面，以保障粮食安全。第四，加强农产品质量安全监管和完善农产品质量安全监测体系，以确保农产品质量安全。第五，通过加强农业科技创新，提高农业生产技术和管理水平，推动农业现代化和农村产业结构优化，增强农业的可持续发展能力，保障粮食安全。

（二）培育农业农村发展新动能

唯有发展农村新产业、新业态、新模式，才能推动农业现代化和农村产业结构优化，提高农村经济发展的质量和效益，从而实现农业农村现代化的目标。通过引入新兴产业、新型经营主体和新技术、新模式等，可以改变传统农业产业结构，实现农村产业结构的优化和升级，从而提高农业产业附加值和市场竞争力。具体来说，培育农业农村发展新动能，如文化旅游、休闲农业、特色农产品等，可以增加农产品附加值和市场竞争力，打破传统农业产业的单一性，提高农民收入。另外，引入新技术、新模式，如绿色有机农业、智慧农业、精准农业、农村电商、农村金融等，可以提高农产品质量和安全性，提高农业生产效率，加快农村信息化和金融化进程，从而推动农业现代化和农村经济发展水平的提高。这些措施都有助于实现农村产业结构的优化和升级，提高农业产业附加值和市场竞争力。

（三）调整农林牧渔业之间的内部结构

农林牧渔业之间的内部结构调整可以促进资源的合理配置和优化利用，在推动产业升级和促进产业协同发展中，实现农村产业结构的优化，最终促进农村经济的发展和可持续发展。通过优化农林牧渔业之间的协调和合作，可以使各产业之间的资源得到更加有效的利用，提高资源利用效率和经济效益，进而发展高效农业、生态农业、规模化养殖等新型产业，实现农业生产效率和产品品质的提升，推动农业产业向高端化、集约化、绿色化方向发展。此外，农林牧渔业之间协调和联合发展，可以推动不同产业之间的资源共享和协同创新，形成优势互补、协同发展的良好局面。具体来说，传统农业可以向高效节水灌溉、高产优质作物和高效养殖技术为代表的高效农业，以及乡村旅游、观光农业、绿色采摘等休闲农业业态转变；传统林业可以发展林下经济，发掘茶叶、食用菌、中药材等林下资源，提高林业综合效益，以及积极开发森林公园、自然保护区、森林康养等林业旅游项目，促进林业与旅游业、服务业的深度融合；传统畜牧业可以推广现代化养殖技术，加强养殖场规模化、集约化管理，提高畜禽产品质量和生产效益，还可以发展畜牧业废弃物资源化利用，如生物质发电、有机肥料、饲料等，实现畜牧业的循环经济；而传统渔业可以加强水产良种选育、水域治理等管理，推广水产养殖技术，提高水产养殖效益。进一步地，发展水产品加工业，提高水产品附加值和市场竞争力。

（四）积极培育新型农业经营主体

当前中国的农业经济已发生巨大转型，传统个体农户为农业生产主体的形式开始改变，呈现农业从业人员数量不断减少，各种新型农业经营主体不断涌现并发展壮大的局面。随着农户从事非农就业的规模不断增长，农村逐渐出现土地抛荒的情况，这意味着部分土地资源存在浪费。与此同时，随着经济市场化的深入，小农户生产和市场的大量需求也形成矛盾，继续保持传统个体农户的生产经营方式将阻碍农业全要素生产率的提升。因此实现农村产业结构优化，需要积极培育专业大户、家庭农场、农民专业合作社、农业产业化龙头企业等新型农业经营主体，从而实现农业生产资料的有效配置。王国刚等（2017）研究发现，1953—2014 年中国农业全要素生产率指数提高了 3.4 倍，阶段性特征明显，这与农业生产主体变迁的情况存在一致性。

新型农业经营主体促使农业生产效率提高的原因主要来自两个方面：一是新型农业生产主体不同于普通农户的首要特点就是规模经营，而规模经营可以发挥出农业生产的规模效益。2014 年党中央和国务院办公厅印发《关于引导农村土地经营权有序流转发展农业适度规模经营的意见》，要求大力发展土地流转和适度规模经营，五年内完成承包经营权确权，土地流转速度开始加快且初具规模。小农户掌握的土地逐渐流转给合作社、企业以及其他农户，在此过程中转入土地的农户也绝大部分成为专业大户或家庭农场（钟真，2018）。随着农业经营规模的增加，新型农业经营主体在农业生产中可以使用大型农机具，从而为规模经营的农户创造了节约成本的机会，使规模的优势不断显现出来。反之，小农种植主要依赖的是畜力。一方面畜力相较于机械动力的生产效率更低；另一方面即使采用农机具进行生产，也存在小型农机具及大型农机具成本较高，以及如果小型农户购买大型农机具会造成闲置导致生产力浪费的问题。二是新型农业生产主体逐步成为农业领域民间资本投资的重要载体，农业投资水平上升到新的高度。根据钟真（2018）的调查研究，在农业装备方面新型经营主体中进行了温室大棚、养殖棚舍、仓库厂房等农用场所建设的比例为 68.1%，购置中大型农机具的比例高达 89.4%，租赁农用场所或农机具等设施设备的比例也达到 47.6%。张延龙等（2021）对农业产业化龙头企业的研究发现，全国各省份平均科技研发投入 30.9 亿元，建有国家级研发机构数量 211 个，获得省级以上科技奖励或荣誉 792.5 个，获得专利数量 3235 个。

（五）大力发展乡村旅游，拓展延伸农村产业链

乡村旅游适应了市场发展的要求、有利于合理利用当地资源、充分发挥地区优势和特色以及产生最大的社会经济生态效益（钟漪萍等，2020）。农村拥有丰富的自然、社会、文化资源，通过发展乡村旅游能够将农村非农业生产和工业生产以外的乡村闲置资源利用起来，使已利用的资源进一步发挥作用，提高资源利用率。此外，乡村旅游是在满足消费者对生活的必要需求后，进一步适应市场、满足市场需求发展出现的产物。在开发乡村旅游资源时，也充分发挥了地区优势和特色，这是因为乡村景观是乡村独有的，资源也是不可替代的，而在不同地区也将展示出不同的自然特点和文化传统。因此，以农业资源为依托、以区域内现有乡村自然文化景观为基础，多元化开发乡村旅游资源，为游客提供多样化旅游产品的同时提供当地农产品加工品，将有效完善农村产业结构。一方面，乡村旅游的发展能够实现农村资源与市场的直接对接，强化区域市场结构，提高农村居民进入市场的能力；另一方面，乡村旅游业可以促进农村第一、第二、第三产业共同发展，提高非农产业在农村经济结构中的比重。

第五章　农村经济组织

农村经济组织是农村经济社会生活的基本构成要素，也是促进农业生产和农村社会发展的重要力量。为推进产业体系、生产体系和经营体系现代化，需要通过加强农村经济组织建设提高农业农村生产经营的组织化程度。本章聚焦农村经济组织的理论与实践，从农村经济组织的基本概念、主要类型及其作用出发，对农村基本经营制度、农村集体经济组织、农村合作经济组织与新型农村经济组织等主要农村经济组织形态进行论述与总结。

第一节　农村经济组织概要

一　农村经济组织的基本概念

人类的各种活动都存在某种形式的协作体，存在基本的职责分工和某种组织形式。从公共选择理论的立场来看，组织是指一个具有共同利益的行动者的集合体，它以增进其成员的共同利益为主要目的（Olson，1965）。此外，经济组织往往涉及生产经营等经济活动。基于实现共同利益而形成的行动团体在将不同所有者的资源联合起来进行生产时，"需要通过契约部分或全部地转让产权，从而形成一定的契约组合和安排，以便通过有效的条款确定参与者之间的收入分配和使用稀缺资源的条件和义务"（Cheung，1983）。从这个意义上说，特定契约安排也是经济组织运行的一个基本要素。基于此，农村经济组织是指从事农业农村生产经营活动的群体为保护或增进其自身共同的经济利益而彼此订立契约、采取共同行动而设立的某种组织体。

由于经济组织的类型、结构和规模不同，可以从不同视角来理解农村经济组织的内涵与外延。就产业构成而言，农村经济组织包括农村地区的农业经济组织与非农业经济组织。就所有制形态而言，农村经济组织包括农村地区不同所有制形态的各类组织，如国有农场、个体私营企业、集体所有制企业、混合所有制企业等。从广义上说，农村经济组织包含与农业、农村和农民相关的农户、合作社、企业、经济联合体等各类经济组织形态；从狭义上说，农村经济组织特指农业农村生产经营主体基于相互之间的经济关系、通过订立契约而设立的经济组织形态。基于契约关系的性质，农村经济组织可以分为市场主导型、企业主导型、政府主导型等组织形态。另外，从农村的经济社会基础来看，农村经济组织可以指称以农地产权制度和经济关系为基础而形成的、反映各种经济关系和相关主体权利义务关系的组织形式，以及与其他农业生产资源优化配置相适应的组织形态。

与其他经济组织相比，由于所处环境、交易对象、主体构成和生产性质等因素的影响，农村经济组织的形成与运行机制具有若干较为鲜明的特征。

首先，农村经济组织处于农村地区，交通条件相对薄弱、相关市场服务配套设施不足以及经济组织较高的运营成本，致使其吸引资本的可能性受到限制。单纯以利润为导向的、典型的投资者所有型企业在农村地区开展经营活动受到多方面因素制约。

其次，农村经济组织的交易对象以农产品和农业生产资料为主，由于农业生产受自然条件影响大而导致农产品产量和质量的不确定性，加上农产品本身不易存储和易腐性以及农产品价格易波动性，致使组织主体面临经济收入不确定性的风险。虽然这种不确定性很难用其他方式加以消除，但可以通过采取风险管控的举措降低风险发生的可能性并减少损害。从这一点出发，可以看到，农户家庭作为农业生产和经营决策的基本单位，是一种最优的组织选择，特别是在传统农业生产条件下。

再次，农村经济组织通常由嵌入当地社会的农户家庭或农户之间联合经营。受所处环境、交易对象以及自身交易能力的影响，在市场竞争中处于弱势地位的农户，其生产经营或联合经营不以获取最大限度收益为主要目的，而以降低市场风险和生产不确定性、增加农户收入甚至维持基本生计、提供社会保障和公共服务等，作为组织的多维发展目标。这在组织设立初期尤为如此。在此条件下，农村经济组织具有维护社区利益和社会公平的价值取向。

最后，经济再生产与自然再生产相交织、相统一使农村经济组织在生产中的劳动分工与协作异于工业生产。由于农业生产，特别是传统农业生产只能在地理空间范围内分散进行，而无法像工厂企业那样实行集中控制和管理，农业生产的运行过程意味着农业劳动监督与组织协调成本较高（林毅夫，1994），这在一定程度上削弱了经济组织的劳动分工与协作的功能。

二　农村经济组织的主要类型及其作用

中国传统的农村经济形态总体上体现为小农经济，农业生产经营以农户为基本单位[①]。中华人民共和国成立后，农村地区经过土地改革，农户仍然是农业生产经营的基本组织形式。为将小农组织起来，在农村地区广泛成立了互助组和初级农业生产合作社。为推动农业集体化，高级农业生产合作社成为农村经济组织形式。此后，在高级农业生产合作社的基础上成立了人民公社。20世纪70年代末期开始，随着家庭联产承包制[②]的普遍推行和农产品统购派购制度改革，在计划经济时期所形成的较为完整的传统农村经济组织体系逐渐瓦解，新的农村经济组织开始出现，农村地区逐渐形成了以农户家庭经营为基础，以社区型经济组织、专业型经济组织和契约型经济组织为基本构件的新的农村经济组织体系。

在新的农村经济组织体系逐步发育和成长的过程中，农村主要经济组织形式既包括作为农业生产经营基本单元的普通农户和家庭农场，也包括集体经济组织、合作经济组织、农业企业以及其他社会化服务组织与农民中介组织[③]等不同类型。不同类型的农村经济组织，在农业生产发展实践中承担的角色不同，定位

---

① "小农"是指居住在乡村并在土地上工作的人（英语"Peasant"一词，源于法语"Paysan"一词）。在经济学中，"小农"一词有时指狭义意义上的小农民，主要包括小自耕农和佃农。"小农经济"指主要由小自耕农和佃农从事耕种活动的经济。参见史蒂夫·N. 杜尔劳夫（Steven N. Durlauf）、劳伦斯·E. 布卢姆（Lawrence E. Blume）《新帕尔格雷夫经济学大辞典》（第2版），经济科学出版社2016年版，第307—310页。

② 家庭联产承包制，又称家庭联产承包责任制、联产承包责任制或家庭承包责任制，指的是农村改革后实行的各种农业生产责任制。对此，本章按照杜润生（2002）的观点，统一采用"家庭联产承包制"的说法。家庭联产承包制的两种主要形式是包产到户和包干到户，即"双包到户"。包干到户是包产到户的一种简化形式。农户承包集体所有土地从事生产，生产的产品"交够国家的，留足集体的，剩下都是自己的"。实行家庭联产承包制意在重建国家、集体和农民之间的关系。随着实践的发展和相关法律制度的建立，家庭联产承包制演变为家庭承包经营制度。

③ 农民中介组织是指在农民与市场之间起桥梁和纽带作用的各类经济组织，既包括由农民发起和组织的自助型组织，也包括为农民提供服务的其他类型组织，诸如农产品销售和农用生产资料购买组织，为农民提供服务的金融组织和乡村社区组织。这些组织既有农村改革前已有的传统的组织类型，例如供销社、信用社和乡村社区组织，也有改革后新涌现的组织类型，例如农民专业合作社、专业协会以及"公司加农户"等组织形态。参见张晓山等《联结农户与市场：中国农民中介组织探究》，中国社会科学出版社2002年版，"前言"第2—3页。

不同，在运营上各有比较优势和各自的适应性及发展空间。

（一）普通农户

农户是传统农业生产经营的基本单位，农户家庭经营是农业生产最主要的组织形式和经营模式。农户家庭经营既是一种历史性现象，也是一种世界性现象。从产权制度和产业特点来看，农地产权的稳定性、农业生产的特殊性、农业经营的灵活性以及农业劳动监督与度量的不易性等因素，在一定程度上决定了农业生产是一种适合农户家庭经营的产业活动（Chayanov，1991）。传统马克思主义理论将农户分为具有资本主义性质的"大农"和以家庭为劳动组织形式和经营规模单位的"小农"，认为随着商品经济与市场经济的发展，小农经济的小生产必然会被社会化大生产所取代。在非马克思主义理论中，以美国经济学家西奥多·W. 舒尔茨（Schultz，1964）和政治学家塞缪尔·波普金（Popkin，1979）为代表的经济理性小农学派①以及以苏联经济学家亚历山大·恰亚诺夫（Chayanov，1966）与美国政治学家和人类学家詹姆斯·斯科特（Scott，1976）为代表的生存理性小农学派②，分别从农户与现代市场经济以及农户与传统自然经济之间关系的视角，构建了理解以农户家庭为单元的小农经济的理论框架。

两千多年来，中国传统的农村经济形态是以小农经济组织为基础的小农生产与经营方式。自中华人民共和国成立以来，无论是新民主主义时期土地的农民所有、农民经营，还是改革开放后土地的集体所有、农民经营，农户家庭都是农业生产经营决策的最基本主体。对于小农经济的未来发展，不同理论流派形成了小农户被（专业大户或农业企业等市场化力量）兼并论、"再组织"或"再集体化"论，以及农户经济与其他组织形式长期共存论等观点。从农业现代化和技术发展趋势来看，农户家庭经营不仅不排斥现代先进技术的采用，而且可以基于自然地理情况和农业生产实际，与小型化、多功能机械以及现代生产要素相结合，成为现代经济增长的动力。在构建现代农业产业体系、生产体系、经营体系的过程中，中国应重视种养农户的发展经验，在发展多种形式的适度规模经营的政策

---

① 经济理性小农学派将农民置于竞争条件下的市场经济中，认为农民与资本主义企业家一样，受利益最大化的经济理性原则支配，其经济行为具有合理性。农民在有限的认知范围内，根据自己的偏好做出经济决策。因此，改造传统农业的出路在于激励农民为追求利润而引进新的生产要素，从而推动创新。

② 生存理性小农学派从分析前资本主义时期的小农经济出发，认为农民多受生计理性和道义原则支配。生存取向的农民家庭与资本主义企业不同，它既是一个生产单位，又是一个消费单位，其经济行为主要不是为了追求利润，而是为了满足自身消费。小农遵循"安全第一"的原则，将以可靠稳定的方式满足家庭生存的最低需求作为理性决策的标准。

导向下，综合考虑农户家庭这一经济组织形态与现代化市场经济相兼容的可能（赵黎，2020）。

（二）家庭农场

家庭农场是市场经济条件下农业生产经营的基本单元，其形成表明了从维持生计型的传统农户在一定程度上向追求利润的、具有一定经营规模的现代农场的变迁。从对普通农户展开分析的学术流派出发，不同学者关注于家庭农场和农地产权形式，农地、农场与农村的结构关系和制度安排变化，家庭农场的主体地位和特征，农场主群体分化的性质和发展趋势等，形成了马克思主义、恰亚诺夫主义、新古典主义、新制度主义、生计伦理、后现代主义或后结构主义等理论框架。作为源于欧美的舶来词，家庭农场这种农业生产经营模式在世界范围内早就存在。在19世纪中后期，其作为农业生产经营的基本单位就已经相当普遍。在20世纪中后期，家庭农场在西方发达国家仍然是最主要的农业生产组织形式。例如，20世纪80年代，基于家庭经营的农场占农场部门的比例，在美国将近80%，在欧盟国家介于83%（法国）到100%（希腊）（Gasson and Errington，1993）。近年来，随着食物供应链日益全球化，食品加工、技术开发和产品营销日益倾向于由少数制定游戏规则的国际农业企业主导。这导致家庭农场加入全球市场和价值链面临更大困难。在面临产业扩张和农业现代化的压力下，家庭农场通过非农就业、混合种植和代际家庭农业等发展策略（Machum，2005），仍然作为一类重要的现代农业微观经济组织，发挥着重要的作用。

对家庭农场的定义，来自不同国家的学者、政府组织和国际组织基于各自讨论背景或政治动机，对其做出了不同的界定。从家庭农场发展的客观条件来看，由于世界各地家庭农场存在巨大的多样性和异质性，难以对家庭农场形成一个全球性的定义或认定标准，也无法将其定位在农业生产系统的某一类明确类别中。大体而言，从经济发展水平来看，在较发达国家的农业系统中，对家庭农场的讨论往往侧重于农场与家庭之间的关系、家庭农场作为一种经济企业及其商业化选择、农民退出农业的决定及其背景，以及兼顾性别和家庭发展周期考虑的农场继承问题等方面。与之相应，对发展中国家和转型国家的家庭农场的讨论则更多地关注农场与村庄共同体或国家之间的关系、家庭农场作为一种生存手段及农民的行为选择、家庭农场的局限性和参与市场竞争面临的障碍等问题。尽管存在讨论背景的分野，家庭农业的概念仍然存在，对其定义的讨论也大体集中在家庭劳动力使用和管理、农场规模以及家庭核心收入来源等决定性的特征上。这些特征至少从形式上将关于家庭农场的讨论界定在一个统一的农业生产经营组织范围中。

尽管家庭农场的发展现实和挑战因环境而异，其在农业部门和农村发展中的独特地位和重要作用已经并将持续在世界各地得到承认。探寻缘由，一方面，从微观经济计算的角度考虑，家庭农场能够显著降低农场成本，特别是农业生产中劳动力市场交易成本及其他生产经营关键成本；另一方面，从宏观发展趋势的视角出发，由于集约化的现代农业生产方式对自然资源、农村环境和社会发展带来的巨大压力，使人们逐渐认识到发展多功能农业（van Huylenbroeck and Durand，2003；van der Ploeg et al.，2009）和家庭农场多功能性的重要性。家庭农场的多功能性可以概括为包括发展生产和促进就业的经济功能，包括土壤富集、碳封存、水净化、虫害控制和增加生物多样性的环境功能，包括儿童保育、营养、教育、健康、社会保障、风险管理、知识和技术推广等方面的再生产和社会功能，包括身份传承、资源和领土的象征性价值和宗教意义的文化功能（van der Ploeg et al.，2002；Garner and de la O Campos，2014）。

（三）集体经济组织

从起源看，集体经济组织是基于国家控制农产品供应来源和工业化资金积累的需要而建立起来的，是组织农民开展社会主义建设、实现社会主义的组织形态。马克思和恩格斯受空想社会主义思想的启发，提出了集体所有制理论，但在其经典著作中没有具体阐述社会主义集体经济的模式。从马克思主义合作制理论看，马克思和恩格斯所设想的集体所有制同农民的私人财产权之间并非完全对立、互不相容的关系（陆学艺，1991）[①]。马克思提出的集体所有制保留了"农民所有权"，其含义与苏联和中国在改革开放前对集体所有制的理解与实践存在重大区别（韩俊，1998）。列宁和斯大林在马克思主义集体所有制理论的基础上发展了集体所有制理论，在苏联推行以集体农庄为主要组织形式的农业集体化。在集体所有制中国化的实践中，中国在高级农业生产合作社的基础上建立了"一大二公""政社合一"的人民公社体制。与农业合作社相比，人民公社的组织规

---

① 马克思主义合作制理论的一些基本观点包括：其一，既不剥夺农民，也不巩固农民的小土地所有制；其二，在无产阶级夺取政权以后，促使农民从私有向公有制过渡；其三，采取经济的办法进行这一过渡，不应采取得罪农民的措施，如不应宣布废除农民的所有权和继承权。参见陆学艺《当代中国农村与当代中国农民》，知识出版社1991年版，第113页。

模和经营范围发生了变化，其生产关系与管理体制也发生了重大变革。在人民公社下，公有化程度高，经济组织与政治组织合二为一，实行按劳动量与家庭人口数相结合的分配制度，生产劳动军事化，社会生活集体化。这种"一大二公""政社合一"的制度安排，对农村基层组织结构变迁产生了深远影响。

农村改革后，家庭联产承包制建立，人民公社解体。作为"统"的层面的集体统一经营，主要是指依法管理集体资产、开发集体资源、发展集体经济、服务集体成员。随着农村改革的不断深化，探索新型农村集体经济组织形式、发展壮大农村集体经济、有效保护农村集体经济组织及其成员的合法权益，成为推动农村经济社会发展的一项重要任务。

（四）合作经济组织

合作经济组织是在市场经济条件下，处于市场竞争不利地位的弱者群体按照平等原则在自愿互助的基础上组织起来，利用规模经济优势，通过共同经营实现改善自身经济地位、提高自身经济利益的组织。

欧洲是世界合作社运动和近现代合作思想的发源地。早期西方合作思想是空想社会主义思潮的一部分，后来其逐渐演化出基督教社会主义合作理论、自由主义民主合作理论、国家社会主义合作理论、共产主义合作理论、宗教世俗主义合作理论等多种理论流派。在不同类型的合作经济组织中，农业合作社是农村地区最主要的合作经济组织形式，也是历史最悠久的合作社类型之一。不同经济学者大多从新古典理论、产权理论、交易成本理论、合约理论、利益相关者理论、新制度主义等组织经济学视角，对农业合作社的产权结构、治理机制、组织体系等制度安排展开分析（Emelianoff，1942；Robotka，1947；Alchian and Demsetz，1972；Fama and Jensen，1983；Cook，1995；Hansmann，1996）。不同于投资者所有型企业，合作经济组织因其特有的组织结构和制度安排而具有产权优势（Birchall，2013）。它们通常立足于基层社会，为当地社区提供服务，而不是为投资者创造利润。

合作经济组织是一个全球性的概念，在发达国家有着丰富的发展实践（Birchall，1997；McPherson，2009；Michie et al.，2017）。按国别特征分类，可大体划分为北美模式、西欧模式和东亚模式。在过去和现在，合作经济组织对促进农业经济和农村社会发展都具有重要作用。早在20世纪初，合作经济组织的概念与理论被引入中国。百年来，中国变革中的农业领域和广大的农村场域为其实践的发展壮大提供了广阔的空间。合作经济组织在形成独特的中国发展路径的同时，其在中国发展的种种特征也在一定程度上显示出与西方合作社发展演化的趋同性（Gijselinckx et al.，2014）。

（五）农业产业化企业

农业产业化企业是在农业产业化进程中形成与发展起来的具有不同组织结构和关系体系的经济主体。农业产业化是指以市场为导向，以专业化分工为基础，将农业产业的产前、产中、产后各环节通过一定的组织方式联结成一个完整的产业体系，实现农村三产融合与一体化经营的过程。农业产业化同时包括农业产业升级和农村经济组织的优化。一方面，通过导入现代生产要素，实现农业及其相关产业的联合经营，使传统农业得以改造升级；另一方面，通过延长产业链条，将非农产业引入农业，使农业生产方式和组织方式发生变革。农业产业化的核心是通过农业及其相关产业的联合经营，发展面向市场的现代农业；关键在于做大做强农业产业化企业，并建立风险共担、利益共享的利益联结机制；其实质就是走向纵向一体化经营。

从理论上讲，按照交易成本经济学的观点（Williamson，1985），企业倾向于采用一体化经营而非现货市场交易，主要是基于对交易风险和不确定性、资产专用性以及交易频次较高的考量。在过去的数十年中，关于农业一体化经营的研究深受交易成本经济学等主流经济学理论的影响，往往将农业一体化经营或产业链纵向协作的不同结构划分为单一现货市场交易、以订单合同和长期合作关系为主的混合形式，以及纵向一体化的科层结构（Mighell and Jones，1963；Martinez and Reed，1996）。可以说，建立在专业化分工基础上的一体化经营形式，既注重交易成本的降低，也注重生产要素的融合。各方通过签订生产服务合同，确立在农产品收购、生产资料供应和技术服务等方面的联结机制，可以进一步减少交易费用，降低农业生产的风险与成本。在要素相互渗透和融合的基础上，一体化产业体系中各类经营主体之间的利益联结更为紧密，相互之间的信任关系得到加强，这有助于创造新的产业发展需求。以农业产业化企业为核心的经营组织形式符合中国当前农业现代化发展的要求，也是中国未来农业经营组织形式的发展方向。

第二节　农村基本经营制度

为适应经济社会发展的需要，农村集体经济组织实行家庭承包经营为基础、统分结合的双层经营体制的农村基本经营制度得以建立。农村基本经营制度既是农村改革的产物，也是农民实践经验的总结。随着农村改革的不断深化，农村基本经营制度不断得到完善和发展。

一　农村基本经营制度的内涵和意义

中国农村基本经营制度在宪法上表达为"农村集体经济组织实行家庭承包经营为基础、统分结合的双层经营体制"。统分结合的双层经营体制是指在农村集体经济组织内实行集体统一经营和家庭承包经营相结合的经营体制。农村集体经济组织是实行农村基本经营制度的主体，家庭承包经营是农村基本经营制度的基础。

实行家庭承包经营是农村改革的重大成果。家庭承包经营的制度安排，提高了广大农民的生产积极性，为农户家庭提供了要素激励，这有助于生产者形成稳定的经济预期，减少农业经济运行成本和不确定因素。集体统一经营是集体经济组织以集体所有的土地和其他资源资产为基础开展生产经营活动，为家庭承包经营提供生产服务，帮助农户解决生产经营中的困难。集体统一经营能够充分发挥集体在基础设施建设、生产经营服务、技术推广服务和社区公共服务方面统合的优势与作用，为集体经济组织承担管理协调职能和资产积累职能提供制度基础。

二　家庭承包经营制度的确立与发展

（一）家庭承包经营制度的确立

家庭承包经营制度是在尊重实践探索的基础上，适应农村经济社会条件的变化而建立起来的。从1956年第一次真正在地方有组织地开展到1983年在全国普及，承包制前后已经历近30年（陆学艺，1986）。20世纪70年代末，多地农民为了求生存，冒着极大的政治风险，摸索实行农业生产责任制。经过实践检验与上下博弈，在坚持农村集体所有制的前提下，以农户取得集体所有农地的承包权、享有农业生产的剩余索取权为主要特征的家庭承包经营制度逐步得到认可并迅速在全国推广。

在农村改革初期，各地因地制宜，推行小段包工定额计酬[①]、联产到组、联产到劳、专业承包联产计酬、包产到组、包产到户、包干到组、包干到户等多种形式的农业生产责任制。其中，最具现实意义的是包干到户在实践中得到全面推行。在包产到户中，对产量承包与分配的主动权仍在生产队手中；而包干到户所遵循的"交够国家的，留足集体的，剩下都是自己的"这一原则，是人民公社体制解体的表现。

以家庭联产承包制的确立和推行为特征的农业生产经营制度再造还原了农业生产家庭经营的主导地位。1979 年底，全国一半以上的生产队实行包工到组，1/4 实现了包产到组（农业部政策法规司、国家统计局农村司，1989）。1982 年6 月，实行责任制的生产队已占全国农村生产队总数的 98.8%，其中实行包干到户的又占实行责任制队数的 67%（见表 5-1）。1983 年底，实行包干到户的生产队数有 57.6 万余个，达到当年实行责任制生产队总数的 98.3%（农业部政策法规司、国家统计局农村司，1989）。短短几年，以包干到户为主要形式的家庭联产承包制，经历了由少到多、由不普及到普及、由土地承包期较短到不断延长土地承包期、由贫困落后地区向经济发达地区扩展的过程（杜润生，2002），并成为全国绝大多数生产队和农民选择的制度形式。

表 5-1 　　　　　　　　1980—1982 年全国实行农业生产责任制情况 　　　　　　单位:%

项目	1980 年 1 月	1980 年 12 月	1981 年 6 月	1981 年 10 月	1982 年 4 月	1982 年 6 月	1982 年 12 月
定额包工	55.7	39.0	27.2	16.5	5.9	5.1	9
联产到组	24.9	23.6	13.8	10.8	2.6	2.1	
联产到劳	3.1	8.6	14.4	15.8	14.5	12.6	
专业承包		4.7	7.8	5.9	3.5	4.9	
部分包产到户	0.026	0.5		3.7		2.2	
包产到户	1.0	9.4	16.9	7.1	5.4	4.9	8.8
包干到户		5.0	11.3	38.0	65.2	67.0	80.9
联产责任制小计	29.0	51.8	64.2	81.3		93.7	
各种责任制合计	84.7	90.8	91.4	97.8		98.8	

资料来源：陆学艺：《联产承包责任制研究》，上海人民出版社 1986 年版；杜润生：《当代中国的农业合作制》，当代中国出版社 2002 年版。

————————————

① 小段包工定额计酬是不联产的生产责任制的主要形式，即定额包工，一般是按农事季节将农活包给作业组或个人，按质、按量、按时完成任务后，由生产队按定额规定拨付工分。参见杜润生《中国农村经济改革》，中国社会科学出版社 1985 年版，第 8 页。

（二）家庭承包经营制度的发展

随着家庭联产承包制的推行和人民公社体制的解体，包产到户、包干到户等土地制度变革与农村经济组织形式的微观再造使农户家庭承包经营成为农村基本经营制度的基础。随着家庭承包经营制度的建立，农村经济社会分工分业和农户承包经营的专业化日趋明显，这主要体现在农村专业户和重点户的出现。大量涌现的种田大户、养殖大户、加工大户以及承包荒山、水面、林场的专业户，标志着中国农村分工分业新格局的形成。据统计，1983 年 2 月底，全国 28 个省份（不含西藏、台湾）专业户和重点户已占统计省份农户总数的 9.4%；到 1983 年底，专业户已占全国农户总数的 13.6%，比年初提高了 4.2 个百分点（杜润生，2002）。农村专业户、重点户的蓬勃发展，体现了农村生产要素重新组合的方向，即在家庭承包经营的基础上，以提高经济效益为导向，发展小而专的农户经营组织，发展专业化的适度规模经营。

在家庭联产承包制推行之初，农户的土地承包期为 15 年。此期限届满后，土地承包期得以延长，耕地的承包期为 30 年，草地的承包期为 30—50 年，林地的承包期为 30—70 年，为二轮承包。鉴于二轮承包期即将届满，为进一步稳定和发展家庭承包经营制度，2018 年修正的《中华人民共和国农村土地承包法》规定，耕地承包期届满后再延长 30 年，草地和林地的承包期相应延长为 30—50 年和 30—70 年。家庭承包经营制度的建立和发展，既使广大农民获得了独立自主的生产经营权，又为农村经济组织体系的完善和发展奠定了基础。

三　双层经营体制的发展

在工业化、城镇化、信息化和农业现代化同步推进的背景下，为应对农村基本经营制度面临的组织变革的压力，统分结合的双层经营体制需要适应实践发展的需要而赋予"统""分"新的内涵。一方面，需要进一步完善家庭承包经营制度，维护和保障农户的土地权益，以此巩固农村基本经营制度的基础；另一方面，需要不断探索"统"的新形式，从实践发展需求出发，推动多元化和异质性的现代农业经营体系的建立和发展。

随着劳动生产效率的提升和大量农村人口和农业劳动力向城市迁移，家庭承包土地"三权"分置应运而生，形成土地集体所有权、农户承包权和土地经营权"三权"分置、土地经营权流转的格局，这是家庭承包经营制度的重大创新。在家庭承包土地"三权"分置下，土地经营权从农户土地承包经营权中分离，以各种方式实现流转，这既拓展了农村土地集体所有制的有效实现形式，促进了适度规模经营，又丰富了家庭承包经营的内涵。

不同于众多同质的小农户从事农业生产活动的经营方式，经营主体的多元化和异质性既是中国现代农业经营体系的基本特征，也是传统农业向现代农业演进中的重要体现。农村集体经济组织是实行农村基本经营制度的主体，因此农村集体经济组织建设对稳定和发展农村基本经营制度意义重大。农村集体经济组织特别法人地位的确立，为其实现有效治理奠定了法律基础，也为集体产权制度改革的深化提供了组织载体。与此同时，国家鼓励和发展多种经营主体，如专业大户、家庭农场、专业合作组织、龙头企业以及其他社会化服务组织和农民中介组织，集体所有制体现为家庭承包经营基础上的股份合作制、农业共营制、土地托管制等多种形式。经营主体的多元化是在承认并尊重不同组织形式的经济组织或经营主体独立或相对独立的主体地位的基础上，在市场化、社会化、现代化的发展网络中，探索优势互补、利益共生的"共赢型"合作发展道路。

随着农村改革的深化，农村基本经营制度面临一系列新的挑战。为适应农村生产力发展的内在要求，与市场化改革同步，农村基本经营制度在实践中不断调整。进一步稳定、改革和完善农村基本经营制度，其重点在于以实践发展需求为导向的农村经济组织制度和土地经营制度的创新。

第三节 农村集体经济组织

农村集体经济组织是农民集体成员利用集体所有的资源或资产等要素，通过合作与联合实现共同发展的一种社区型经济组织形式。农村集体经济组织是实行农村基本经营制度的主体，是连接国家、集体和农民的载体，依据法律规定代行集体资产所有权，具有社区性、综合性的特征。

中华人民共和国成立后，从农业合作化、人民公社到农村改革后家庭联产承包制的建立以及构建新型集体经济组织的制度和实践探索，农村集体经济组织体现为不同的组织形式，在农村经济社会体系中承担了独特的功能、发挥了独特的作用。

一 农村集体经济组织的发展沿革及其类型

（一）农村集体经济组织的衍生逻辑

中华人民共和国成立后，通过土地改革废除了封建地主土地所有制，实行了土地农民所有制。此后，为适应农业生产的需要，先后建立了互助组与初级农业生产合作社。为实行集体所有制，需要将社员私有的主要生产资料转为合作社集体所有，高级农业生产合作社得以建立，这是农村集体经济组织的发端。对此，可从理论和实践两个方面理解农村集体经济组织的形成。

从所有制理论来看，互助组是具有社会主义萌芽的经济组织，实行"土地入股分红，劳动分红，畜力有合理报酬"的初级农业生产合作社属于半社会主义性质的集体经济组织，而"私有的土地和耕畜、大型农具等主要生产资料都转为集体所有，取消土地分红，实行按劳分配"的高级农业生产合作社则是完全的社会主义集体经济组织。这种所有制理论成为初级农业生产合作社向高级农业生产合作社过渡的理论基础（刘文璞，1991）。

从实践来看，土地改革完成后，个体农民之间的竞争与分化开始出现。为解决东北农村土改后出现的新富农问题和山西省发展农业生产合作社问题的争论，在高层决策者的推动下，中国农村组织制度的发展方向得以确立，即经由临时互助组到常年互助组，到实行土地入股、统一经营、按土地和劳动分红的初级农业生产合作社，进而再到生产资料归集体所有的高级农业生产合作社（史敬棠等，1959）。随着1953年第一个五年计划开始实施，农产品供给无法满足国家高速推进的工业化需要的问题凸显，解决粮食供应不足的问题尤为迫切。国家为保证工业化建设所需的粮食和其他农产品供应，遵循苏联的发展经验，从排斥市场机制入手，实行统购统销政策，农业合作化方针发生了改变（杜润生，2002）。在中共中央关于加速农业合作化进程的政策指引下，1955年冬季农业合作化运动急速发展，初级农业生产合作社向高级农业生产合作社转变。

1957年冬到1958年春，全国农村兴起发动群众大兴农田水利建设的运动，揭开了"大跃进"的序幕，这也促使国家决策者萌生出改变农村基层组织结构的想法（薄一波，2008）。1958年4月，全国第一个人民公社成立，同年9月底，全国农村基本实现了人民公社化。人民公社实行政社合一，它既是中国社会主义社会在农村中的基层单位，又是中国社会主义政权在农村中的基层单位[①]。后续实践发展证明，人民公社体制对农村基层组织结构的演进影响深远。

（二）农村集体经济组织的改革与完善

农村改革以来，随着家庭联产承包制的推行，为适应农村经济社会条件的变化，农村集体经济组织走上了改革之路。自 20 世纪 80 年代中后期以来，不同地区开始推行以股份合作制为主要内容的农村集体产权制度改革，新的农村集体经济组织形式应运而生。大体而言，农村集体产权制度改革可以分为三个阶段。

第一阶段为改革萌发阶段（20 世纪 80 年代后期到 90 年代中期）。在这一阶段，股份合作制最初的探索在山东淄博和广东广州、深圳等经济发达地区展开（魏道南、张晓山，1998；黄延信，2014）。这一时期的股份合作方式主要有两种：一是农村原有集体企业引入股份制因素，二是个体、私营经济的联合。前者要解决的是集体企业产权不明及由此带来的财产关系、管理方式和分配方式的问题，而后者要解决如何引导非社会主义经济形式的个体和私营经济向社会主义合作制方向发展的问题（刘文璞，1991）。在实践中，股份合作制企业大体可分为三种类型：一是乡村集体企业吸收职工入股，二是社区集体经济组织改造为社员股份制，三是规范的股份制企业[②]。集体经济组织的资产体现为乡镇企业资产、物业经济、征地拆迁补偿款等多种形式。

第二阶段为改革探索推进阶段（20 世纪 90 年代中后期至 2013 年）。实践表明，由社队企业发展而来的乡镇企业，因其模糊的产权制度安排而无法适应日益激烈的市场竞争。20 世纪 90 年代，全国乡镇企业经历一股改制浪潮，大部分集体所有制的乡镇企业转变为私营企业（谭秋成，1999）。为应对农村集体资产经营管理面临的问题，1998 年，全国统一部署了农村改革以来第一次农村集体资产清产核资工作[③]。因乡镇企业改制，这一时期集体经济组织资产体现为物业经济、征地补偿款、转制企业股金等形式。

---

① 参见《农村人民公社工作条例（修正草案）》（1962 年 9 月中国共产党第八届中央委员会第十次全体会议通过）。

② 此外，按照产权结构，股份合作制企业也可分为大股东控股型（包括自然人大股东控股和非自然人股东控股）、股东经营型和职工广泛持股型。参见魏道南、张晓山主编《中国农村新型合作组织探析》，经济管理出版社 1998 年版，第 84 页。

③ 学者研究指出，乡镇企业的创立、发展与产权改革的过程，是一个从权力与资本结合，到权力逐渐退出企业或以其他形式存在于企业中，再到资本的权力化过程。参见张晓山、苑鹏《合作经济理论与中国农民合作社的实践》，首都经济贸易大学出版社 2009 年版，第 287 页。

　　第三阶段为改革全面推进阶段（2013 年以来）。党的十八届三中全会明确提出保障农民集体经济组织成员权利，积极发展农民股份合作，赋予农民对集体资产股份权能改革的任务。随着 2014 年《积极发展农民股份合作赋予农民对集体资产股份权能改革试点方案》的出台，农村集体产权制度改革在全国范围全面铺开。根据 2016 年中共中央、国务院在《关于稳步推进农村集体产权制度改革的意见》中提出的目标，按照试点先行、有序推进的原则，国家先后组织开展了五批改革试点，推动有经营性资产的村镇开展农村集体经营性资产股份合作制改革。在此背景下，近年来，不同地区集体经济组织积极挖掘集体土地、房屋、设施等资源和资产潜力，通过推动资源变资产、资金变股金、农民变股东，发展多种产业组织形式，不断探索农村集体经济组织的创新形式（陆雷、赵黎，2021）。

　　（三）农村集体经济组织的类型

　　农村集体经济组织经营管理的资产主要有以下三类：一是耕地、林地、草地等资源性资产，包括农用地、集体建设用地（宅基地、经营性建设用地、公益性建设用地等）和未开发利用地等；二是企业、门面房、宾馆等经营性资产；三是村委会的办公室、卫生室、养老院、幼儿园、学校等非经营性资产。按照不同组织形式和收入来源，农村集体经济组织可以分为不同类型。

　　按照组织形式划分，农村集体经济组织包括从人民公社"三级所有"体制沿袭下来，土地等资源和其他资产分别属于乡（镇）、村、组三级农民集体所有的社区型集体经济组织。在此基础上，农村集体经济组织形态与运作方式可以基于镇域或村域范围，分为不同亚类型。

　　按照收入来源划分，农村集体经济组织主要包括两种基本类型。第一类是以农村集体土地所有权实现为主要收入来源的集体经济组织。从农民集体所有的土地、森林、山岭、草原、荒地、滩涂等资源性资产所得经营收入和管理费收入是中国农村集体经济组织最为普遍的经济来源。近年来，在土地确权过程中，很多地区出现实际测量的耕地面积大于之前二轮土地承包登记面积的情况。在多数情况下，这类"多出的耕地"被确权归属原承包村民。但村庄"四边"地[①]，以及之前未承包到户的"四荒"地[②]、果园、养殖水面等农地和其他资源，通过土地确权，多被归于农村集体经济组织名下。集体经济组织通过直接经营或委托经营

---

　　① "四边"地泛指田边、塘边、路边、地边的边角地、插花地或闲置地。
　　② "四荒"地指农村集体所有的"荒山、荒沟、荒丘、荒滩"的未利用土地。

这部分资源性资产取得收入①，这是近年来发展农村集体经济的一个重要形式。

按收入来源划分的农村集体经济组织的第二种类型是指通过管理、盘活农村集体所有的资金、资产和资源，开展各项生产和服务等经营活动的集体经济组织。农村改革以来，很多具有区位优势的农村集体经济组织，特别是城中村、城郊村、经济发达村等，通过利用闲置的各类集体非农建设用地、房产、设备和基础设施等，以自主开发、合资、合作等方式发展租赁物业，快速向非农集体经济转型，形成了以租赁经济为典型特征的集体经济发展模式。此外，近年来，各级政府不断加大政策和资金扶持力度，引导支农、扶贫、产业等各类项目向村级集体经济发展项目倾斜，形成了大量农村集体经营性资产。不同地区统筹整合各类资产和资源，利用集体积累资金、政府帮扶资金等，借助产业项目扶持、财税减免优惠、土地优先安排等各项政策措施，通过企业参股、村村合作、村企联建等多种形式，在增加集体经济收入的同时，夯实了集体经济的发展基础。

二　农村集体经济组织的制度安排

经济组织的竞争力通常取决于有效的产权制度和健全的运行机制。按照产权理论，完备的产权是一束权利的集合，至少包含使用权、收益权和处置权。界定产权是否完整，除了产权的基本内容，所有者是否能够充分行使产权也很重要。所谓完整产权，是指资产拥有者享有排他的使用权、收入的独享权以及自由的转让权。如果这些权能受到限制或禁止，则称为"产权残缺"（Cheung，1969）。在农业合作化和人民公社运动中，农村集体所有制得以生发并形塑成为由国家控制但由集体承受其控制结果的一种中国特有的制度安排（周其仁，1995）。随着社会经济的发展，传统农村集体经济组织的产权制度安排弊端凸显，既损害农民的财产权利，又成为集体经济充分融入市场经济的制度性障碍。

产权界定与有效执行是稀缺资源的排他性制度安排，大量产权残缺的事实也多因国家利益所致。因此，国家的介入与行为调整更有利于产权趋于明晰（刘守英，1993；周其仁，2013）。为此，推进农村集体产权制度改革对明晰集体产权

---

① "直接经营"指农村集体经济组织依托村社组织资源和治理资源，以土地流转、土地托管、土地入股等方式，提供产前、产中和产后农业生产性服务或承接政府公益类服务项目，以此实现集体创收或增收。"委托经营"指农村集体经济组织代表全体成员，与新型农业经营主体或其他市场主体签订合同，将从农户手里流入的土地经营权出租给农业投资者或其他新型农业经营主体，以此增加村集体经营收入与农业资源有偿使用收入。参见赵黎《集体回归何以可能？村社合一型合作社发展集体经济的逻辑》，《中国农村经济》2022 年第 12 期。

意义重大。在城镇化快速推进和农村人口流动加剧的新时期，农村集体产权制度改革的方向从模糊到清晰，从封闭到开放，从固化到流动（张晓山，2014）。近年来，在坚持社会主义市场经济改革方向与家庭联产承包制的基础上，以赋予农民更多财产权利为重点，不同地区围绕集体资产清产核资、成员身份确认以及经营性资产股份合作制改革，不断探索改革进路，组建以农村股份合作制为主要形态的农村集体经济组织。

经济组织的运行机制与产权制度安排紧密相关。农村集体经济组织产权制度改革的目的是建立符合市场经济要求的集体经济运行新机制。然而，当下的农村基层治理模式脱胎于人民公社时期"政社合一"的体制，多是村党组织、自治组织和经济组织"三驾马车"形成一套班子。村民自治组织和集体经济组织之间形成相互交织的关系。以强有力的地方党政权力的存在为特征的村级组织架构是公社留下的制度遗产。在农村基层社区治理以权力高度集中为特征的前提下，这一组织架构固然有利于社会整合和社会动员，节约行政管理成本和组织摩擦成本，但也为权力腐败的滋生带来隐患。改制后，原有村级治理组织结构被平移到股份合作社这一新的组织之中。农村集体经济组织在建章立制方面进步显著，但在治理形态上的实质性改善方面仍有较大空间（陆雷、赵黎，2021）。

第四节 农村合作经济组织

农业是合作经济组织最活跃的领域之一，农业合作社是世界合作社运动的一大主体。合作经济组织作为联结单个农业生产者与大市场之间的制度安排，在发达国家积累了丰富的实践经验。在中国，农民合作社是近年来农村经济组织建设中的一种主要形式，是广大农民群众在家庭经营基础上，自愿联合、民主管理的互助性经济组织。它为农民参与市场竞争搭建起有效的平台，增强了农民参与市场竞争的能力，是促进个体农业生产者与现代农业有机衔接的重要载体。

一 合作经济组织的基本原则

合作经济组织是一个全球性的概念和实践（McPherson，2009；Gijselinckx et al.，2014；Michie，2017）。1844 年，世界上第一家成功的合作社在英格兰的罗虚代尔小镇成立。这个由 28 名纺织工人组成的罗虚代尔公平先锋社被公认为世界上第一个运行规范的合作经济组织。依照其制定的合作社原则，国际合作社运动逐渐发展成熟。1895 年，国际合作社联盟（ICA）在伦敦成立。20 世纪 90 年代以来，联合国先后 5 次通过决议支持发展合作社。目前，国际合作社联盟拥有来自 110 个国家的约 320 个会员组织①。

自 1937 年以来，随着时代环境的变化，国际合作社联盟对合作社的基本原则进行了多次修改或调整，并就合作社原则提出正式决议。最后一份决议是于 1995 年提出的《关于合作社特征的宣言》（*ICA Statement*，以下简称《宣言》）。它对合作社的定义、价值观念和基本原则均做出更加明确的界定，成为推动合作社向规范化方向发展并使其进一步制度化的重要依据。其中，《宣言》提出的合作社七条基本原则（也称"曼彻斯特原则"），在对罗虚代尔原则与时俱进地加以总结推广的基础上，呈现合作社原则所具有的革故鼎新的时代特征。

根据国际合作社联盟的定义，合作社是自愿联合起来的人们通过其联合所有和民主控制的企业来满足其共同的经济、社会和文化需求与抱负的自治性联合体。合作社建立在自助、自担责任、民主、平等、公平与团结的价值观念基础之上。合作社社员继承合作社创始人的传统，信奉诚实、公开、社会责任感与关怀他人等信条所带有的伦理价值。合作社的七大原则是合作社实现其价值的指导方针，具体包括②：

（1）开放办社、自愿入社。任何人只要能够利用合作社提供的服务并承担社员义务，均可入社，不受性别、社会、种族、政治或宗教偏好的歧视。

（2）社员民主控制。合作社是由社员控制的民主的组织，社员积极参与制定政策和做出决策。由社员选举出来的代表对全体社员负责。在自然人自愿联合的基层合作社，社员享有一人一票的平等投票权，其他层次的合作社也以民主的方式设立。

（3）社员经济参与。社员对合作社公平地出资，并民主控制其资本。该资本必须有部分作为合作社的共同财产。社员出资是取得社员资格的条件，但出资只获取有限的回报。社员盈余的分配用于建立公积金发展合作社，按社员与合作社的交易额比例返还给社员，支持社员认可的其他活动事项。

（4）自治与独立。合作社是由社员控制的自治和自助的组织。如果合作社

---

① 参见国际合作社联盟网站，https：//www.ica.coop/en/about‑us/our‑members/global‑cooperative‑network。

② 参见国际合作社联盟网站，https：//www.ica.coop/en/cooperatives/cooperative‑identity。

同其他组织（包括政府）达成协议或者通过社外渠道筹措资本，必须以确保社员的民主控制和合作社的独立自治为条件。

（5）教育、培训与信息。合作社为其社员、社员选举产生的代表、管理人员以及雇员及时提供教育和培训，以使他们能够有效地促进合作社发展。合作社要使公众，特别是年轻人和舆论领导者广泛了解到合作的本质及其优越性。

（6）合作社之间的合作。合作社要通过地方、国家、地区乃至国际层面的组织机构的通力协作，最有效地为社员服务并加强合作社发展的实力。

（7）关心社区。合作社通过社员批准的政策，为所在社区的可持续发展贡献力量。

基于合作社基本原则，合作经济组织是由成员共同拥有、民主控制和共同受益的经济组织，即"社员所有、社员自治、社员共享"。服务社员、民主控制是其最为本质的特征；社员同时是组织的所有者（投资者）和使用者（惠顾者）。

从国际经验来看，国际社会为了就合作社价值与原则形成全球性认同，长久以来做出了极大努力。例如，国际合作社联盟于 1995 年《宣言》中所强调的合作社价值与原则，在 2001 年和 2002 年分别被联合国和国际劳工组织正式加以认可。联合国大会于 2001 年 12 月通过的第 56/114 号决议《合作社在社会发展中的作用》和国际劳工组织在 2002 年第 193 号建议书《关于促进合作社建议书》中，都敦促各国政府鼓励和推动建立合作社、采取适当措施为合作社发展营造有利的环境。此外，联合国确立 2012 年为"国际合作社年"，意在鼓励各国政府制定有利于形成、发展和稳定合作社企业与组织的政策、法律和法规。与此同时，国际合作社联盟还发布了"开创合作社时代"蓝图规划[①]。

截至目前，虽然大多数国家在营利型或者投资者所有型企业的法律规则上体现出相对一致性，但对合作社的法律规定在不同国家之间存在程度不同的差异。从合作社的法律秩序与经济秩序的视角来看，不同国家与社会基于不同的发展条件，对法律秩序所阐发的理念往往印有环境的痕迹，由此造成合作社法律秩序价值理念在不同社会中纷然杂陈的局面。国际社会所推动的对合作社价值与准则的共识性认识，呈现的是具有文本范式的合作社法律秩序的深层价值，是对合作社在追求经济秩序的同时，使其尽力忠实于其价值和原则的期许，是一种具有理想

---

① ICA, "Blueprint for a Co-operative Decade（2013）"，国际合作社联盟网站，https：//www.ica.co-op/en/media/library/blueprint-co-operative-decade-february-2013。

主义色彩的共识性认识。进一步地说，不同国家合作社所体现出的法律秩序表现为一种行为秩序价值，是一种可以促使行动主体按照法律法规的规制实施其行为的制度表达形式。尽管合作社的七大原则被政策制定者视为合作社建立与运行的准则，但是这应然的规范性法律秩序并未成为驱使西方国家立法者遵从的规则，立法者也没有义务将这些规范变为具有法律约束力的规则。在市场经济条件下，合作社的各种制度安排与组织结构表现出多元化的特征。合作社价值与准则作为一种理念共识，体现出合作社区别于其他经济组织形式的本质性规定，也体现出对合作社法律秩序价值的憧憬和追求（赵黎，2018）。

二 合作经济组织的制度安排

生产性资产的所有权属在任何经济体的运作中都起着至关重要的作用，也对社会生活的方方面面（如财富和收入不平等程度、工作生活质量和民主）产生深远影响（Michie，2017）。与传统古典企业或投资者所有型企业相比，合作社企业的所有权可以实现有效配置，这源于合作社成员间禀赋与利益的同质性（Hansmann，1996），即合作社成员与合作社之间交易的相似性，或者说合作社决策对个体社员影响的相似性。从新制度经济学的分析视角来看，合作社的产生和存在的依据在于，它在其成员具有利益同质性的前提下，既利用了其成员固有的当地信息源和信任资本，又利用了自我雇佣的优势，因而可以降低交易费用。换言之，合作社具有产权优势（Birchall，2013）。

有效的产权制度可以降低剩余收益索取权与剩余控制权的错配所带来的委托代理成本，健全的运行机制则能在组织内部形成良好的激励约束机制，抑制合作各方的机会主义倾向和"搭便车"行为（Hansmann，1996）。在投资者所有型企业中，投资者按照股金额度对企业行使控制权，并获得相应利润或剩余收益索取权。而合作经济组织的制度安排具有天然的"反市场性"（苑鹏，2001）。国际合作社原则提供了一种理想化的治理模式。按照国际合作社原则，传统农业合作社的制度安排是基于"一人一票"的原则，选举社员代表大会和理事会，所有社员享有平等参与和管理的权利。此外，传统农业合作社选举的管理者就是社员而不是职业经理。传统合作社对其管理人员通常实行不计报酬的荣誉职务制度。相对于股份公司，这种法人治理机制不具有比较优势。

随着时代发展和社会变迁，关于合作社的若干制度安排在保持合作经济组织本质规定性的基础上，表现出与时俱进地发展和变革的特征。一方面，构建较为完善的组织治理结构,将民主管理原则与商业化运作实践相结合。如美国新一代农业合作社开始实行按交易额比例投票。由于投资额与交易额是成比例的,这一投票方式表明了采取将表决权大小与投资额多少相结合的办法,不再严格遵循"一人一票"制,只是对最多持有票数设立上限。民主管理并非等同于"一人一票",只要合作社为多数社员控制,就仍然是民主管理。当然,为了适应合作社民主管理的传统,合作社会对额外投票权设置一定限制。由于合作社治理机制更加灵活,这对合作社提升经营效率和市场竞争力起到了一定的积极作用。另一方面,实行专家管理。与传统治理模式相比,现代农业合作社从外部聘请训练有素的职业经理。合作社的理事会仍然对合作社战略性决策负责,日常管理则交给职业经理人。合作社聘用职业经理人对合作社日常事务进行专业化管理,可以提高合作社的管理和监督效率。此外,合作社允许选举非成员进入理事会和监事会,也允许专业经理人具有非成员的身份。

三 合作经济组织发展与创新

(一)农村改革以来中国合作经济组织的发展

农村改革以来,市场经济体制的不断完善为农民合作社的发展提供了新的契机,在农业生产合作、农业供给合作、农产品销售合作、农业服务合作等方面形成了不同类型的农民合作组织多元并举的发展局面①,在带动农业增产、农民增收、农村发展方面,显示出强大的生命力和竞争力。在家庭承包经营的基础上,农户根据生产发展需要,自愿联合、自主经营、民主管理。合作社的功能和作用主要体现在为农户提供技术指导、促进生产经营、助力产品销售、带动加工增值、防范市场风险、推动脱贫致富、参与乡村建设等方面。在农业农村现代化进程中,农民合作社的发展大体经历了三个阶段,不同时期的农民合作社在提高农民组织化程度、促进农业由传统向现代转型方面发挥了显著作用。

在第一阶段(或称"初始发展阶段",20世纪80年代),随着农业生产结构的调整,农户成为微观经济主体,原来依靠政府和技术推广部门提供的服务已经无法满足农户生产经营的需要。面对信息不对称、生产技术支持缺失、生产与销售脱节等问题,出现了专业技术协会、研究会等各类农民合作服务组织。在这一

---

① 这一分类标准是根据农民合作社的功能特点所划分的,在国际上普遍试行。其中,农业服务合作还包括资金互助等信用合作。参见张晓山、苑鹏《合作经济理论与中国农民合作社的实践》,首都经济贸易大学出版社2009年版,第175、237页。

时期，各类合作经济组织虽然与经典合作社原则相比，运行并不规范，但具备了合作社的某些因素。这一时期，农村合作经济组织大体可以分为两类。

（1）农民自发形成的合作经济组织。农村改革以来，在发展农村专业户、重点户的基础上，各种独立于原集体经济组织之外的多种形式、多种层次的经济联合体开始涌现。后来发展较快的专业合作社，正是在联合体的基础上发展起来的（杜润生，2002）。这类经济联合体是指农户之间围绕相对稳定的经营项目，在产前、产中、产后自愿组织、自行结合的农村经济组织，以劳动者之间的互利自愿、联合经营、共同管理为原则，有一定的组织规模、工作场所和固定人员，收入分配采取按劳分配与按股金分红相结合。在联合主体上，农户之间的联合是主要形式，也有少数是农户与集体经济组织或国营企事业单位之间在生产经营上的联合；在联合期限上，可以分为季节性联合和常年性联合；在联合地域上，可以分为本区域内的联合和跨区域的联合；在联合内容上，可以分为某个生产环节的联合与流通、加工、储运等生产全过程的联合；在联合要素上，可以分为劳动的联合和资金的联合；在联合内部关系上，可以分为松散型联合和紧密型联合。

可以说，随着家庭联产承包制的建立和多种经营的开展，农村专业户、重点户的发展必然产生联合的要求。多种形式的经济联合体的产生是专业化、社会化的需要。专业化生产与社会化服务互为条件，互相依存，推动了商品生产与合作经济的发展（陆学艺，1991）。这类合作经济组织的发展有助于生产要素（劳动力、资金、生产资料）的合理组合，有助于在利益一致的前提下形成互助合作和专业分工，有助于引导农民走商品经济的道路。据统计，1983年，全国农村约有各种联合体40万个，参加农户约占农户总数的1%，平均每个联合体从业人员为5—6人。20世纪80年代，这类经济组织稳步发展，平均每个联合体的从业人员提高到9人左右（见表5-2）。在这一时期，农村各种新经济联合体的发展显示出旺盛的生命力，成为农村新的经济组织形式的生长点，并在一定程度上修正了被误解了的合作经济。

表5-2　　　　全国农村经济联合体的发展情况（1984—1988年）

项目	1984年	1985年	1986年	1987年	1988年
联合体数目（万个）	46.68	48.47	47.81	48.41	47.00
从业人数（万人）	355.70	420.14	422.48	426.72	433.97
平均每个联合体从业人数（人）	7.62	8.67	8.84	8.81	9.23

资料来源：杜润生：《当代中国的农业合作制》，当代中国出版社2002年版。

（2）农村专业技术协会。这种协会一般分为官办和民办两种。前者是政府参与经济活动的一种模式。它一般有如下特点：一是协会多由行政部门、专业部门和农民共同组成；二是领导人员一般不通过选举产生，而是由任命产生；三是其工作由协会职能部门完成；四是具有多种综合服务功能；五是组织层次较复杂。民办的农村专业技术协会大多源于农村各种新的经济联合体，是一种以专业户为基础，以技术联合为核心，同行业之间、农户之间互相渗透、互相融合的一种新型组织形式。据原农业部统计，1990年底，全国农村有各类专业合作经济组织74万个，到1993年底，进一步增加到146.6万个。其中，以农村专业技术协会、研究会为名称的有13万个（杜润生，2002）。农村专业技术协会促进了科学技术成果的转化，在提高了农民组织化程度的同时，促进了农村经济的发展，因而表现出旺盛的生命力。

在第二阶段（或称"快速发展阶段"，20世纪90年代到21世纪初），农民合作社在为农户提供与农业生产经营相关的技术、信息等服务的基础上，不断扩展其服务领域。在这一时期，农民合作开始转向生产和流通领域，以多样化、多形式、多领域、多层次为主要特点，为农户提供生产资料购买服务以及农产品生产、销售、运输等服务，农民合作社实现了产前及产后的规模经济（张晓山，1999），并呈现从点到面、纵深推进的发展格局。可以说，这一时期的农民合作社的发展是农村改革的产物。特别是20世纪90年代末期以来，随着农村改革的深入和农业产业化经营的发展，提供生产、加工和销售一体化服务的农民合作社发展迅速。但整体而言，这一时期的农村合作组织是仅具有合作行为的组织，而并不是真正的合作社（苑鹏，2001）。另外，在这一时期，合作社的股份化（资本化）趋势开始显现（张晓山，1999）。在农村经济发展背景和政府政策扶持效应影响下，不同地区出现了契约型、出资型、会员制等多样化的合作组织形态，在制度特征上表现为介于传统合作社模式与股份制企业模式之间（杜吟棠、潘劲，2000）。此外，这一时期农村合作经济组织与政府部门之间呈现非均衡的互动关系，前者的组织和发展对后者存在较大的依赖性。这主要是由于农民合作组织发育仍然处于初级阶段，组织规模小而零散，尚未形成独立的组织体系（苑鹏，2001）。

在第三阶段（或称"规范发展阶段"，21世纪初以来），特别是《中华人民共和国农民专业合作社法》颁行以来，以农民专业合作社为代表的农民合作经济组织发展迅猛，成为实现农业经营体制机制创新的重要载体。新时期的农民合作社呈多元化、融合化、规范化的发展态势。

农民合作社的多元化发展表现为组织形态的多元化和合作社领办主体身份的多元化。多元化组织形态表现为，由于农业产业边界扩张，农民合作社逐渐进入农业生产经营各个环节和农村经济发展不同领域，基于专业合作社、专业技术协会、股份合作社等形式（徐旭初，2005）①，各类生产型合作社与服务型合作社共同发展，从横向和纵向生成多元化的合作社类型，涌现出农机合作社、消费合作社、旅游合作社、劳务合作社、农房合作社、物业合作社、电商合作社、扶贫合作社、农业废弃物综合利用合作社、畜禽粪便运输处理合作社等新的合作组织形态。合作社领办主体身份多元表现在，按照领办人类型划分，农民合作经济组织可分为普通农民自办型（包括专业大户或大农领办型）、村组干部领办型、企业领办型、政府主导型、社会组织主导型等类型的合作经济组织（Zhao，2017）。在中国农民合作社发展过程中，大农或企业领办型合作社因其顺应政府管理对于农业规模化、市场化、组织化生产的要求，同时又与资本逐利目标相吻合，而成为合作社发展的主导力量（张晓山，2009）。

农民合作社的融合发展主要体现在合作社之间的合作与联合。在横向层面，跨地域或同一地域的不同领域的合作社之间开展合作与联合；在纵向层面，自下而上的合作社及其联合社之间开展合作与联合。合作社之间的合作与联合以联合社、联合会等为载体（孔祥智等，2020）。农民合作社的融合发展促进了各类区域性联合平台建设与发展。农民合作社通过共同出资和共创品牌，实现风险共担和收益共享。

在农民合作社规范化发展方面，以服务农民、进退自由、权利平等、民主管理为依据，通过出台相关法规和规范性文件，树立先进典型，深入推进示范社建设行动，引导带动农民合作社规范、有序、健康发展。在数量不断增加的同时，农民合作社的发展质量不断得到巩固提升。

（二）新型农业合作经济组织的产生及其特征

随着经济全球化和世界农业现代化进程加快，众多新型的农业合作社在欧美

---

① 进入 21 世纪以来，中国农民合作社的主要类型包括比较经典的合作社（或称传统合作社）、具有股份化倾向的合作社（或称比例合作社、新一代合作社、投资股份合作社）和相对松散的专业协会。参见徐旭初《中国农民专业合作经济组织的制度分析》，经济科学出版社 2005 年版，第 183 页。

等西方发达国家和地区不断发展壮大。例如，在美国，"新一代合作社"表现出以下若干有别于传统合作社的制度特征：在社员本位的基础上以获取农产品价值增值为目标的市场取向，社员出资数量与惠顾额相联系以保证所有者与惠顾者相统一，向社区出售有利率限制的优先股，增加非社员融资，社员资格趋于封闭，股权可以转让交易，资本报酬适度，不可分配资产占总资产一定比重，吸收非社员进入理事会和实行专家管理等（Nilsson，1997）。在欧盟地区，以"市场营销型合作社""跨国型合作社"为代表的新型合作社，逐步通过横向合作与纵向发展，连接生产、加工、经销、流通等环节，在与投资者所有型企业的竞争中，不仅掌握市场定价权与话语权而获得更大的市场份额和绩效，而且在提高农民的市场竞争力和创新力、增强农民在食品生产链中的地位等方面发挥了不可替代的作用（赵黎，2012）。这些新型合作社的出现，是适应现代农业纵向一体化要求的一种合作社组织再造与"脱嵌"实践。

在合作社发展壮大的过程中，不可避免地出现成员利益的异质性增加的问题。这特别表现在成员资本的异质性上。传统合作社的股金来源限于社员出资，有限的融资渠道使合作社难以形成规模效应。合作社原则并不妨碍立法者超越传统的关于社员出资的规定。因此，现代合作社在内部筹措资金的同时，也向组织外部募集资本。一个灵活的合作社法规有助于发展、完善、创新合作社的筹资机制（如是否设立针对非社员的投资股、设立的投资股是否附带表决权等）。此外，成员利益异质性增加的问题还可以通过采取创新性的治理策略解决。合作社往往面对各种困境，或者愈加趋向于组织同构发展，即走向投资者所有型企业的治理模式，或者严格坚守国际合作社联盟所规定的原则或治理准则，受限于意识形态化的治理方案。因此，创新性的制度或组织再造，有可能因消极地接受或坚守国际合作社原则而受阻。鉴于此，在欧盟，大多数国家对合作社的法律定义没有或者很少体现出国际合作社联盟推行的合作社原则。同时，将合作社的理念与社会目标纳入公司章程并不是公司法制定的首要功能。例如，荷兰的立法者就明确将合作社的理念与社会目标排除在合作社定义中，主要强调合作社的经济效益并将其作为法人形式加以规范。荷兰与意大利的合作社发展经验表明，即使成员的利益表现出异质性，也可以通过选择因地制宜的合作社治理策略，在减少合作社制度成本的同时，保持合作社的本质属性（赵黎，2018）。在美国，即使带有浓厚股份制公司性质的"新一代合作社"，也依然保持了不同于一般性企业的若干合作社特质，诸如"所有者与惠顾者身份同一""按惠顾额分配盈余""成员民主控制"等原则。

在中国，农村改革以来，农民合作社的发展遵循的是一条由不规范到逐步规范且多样化的道路。在合作社发展的初始阶段，许多地方的合作社并没有参照国际标准规范。因此，尽管成员"所有者—利用者"同一的经典合作社在中国仍然存在，并有不少成功的案例（张晓山、苑鹏，2009），但是，这种形式被逐渐边缘化而成为非主流。农民合作社不仅是农产品生产经营者的同质者的组织，也成为服务使用者和服务提供者共同组成的异质者的组织（苑鹏，2013）。合作社异化已经成为中国农民合作社发展初级阶段组织创新最突出的特征。这种变异不仅体现在成员关系、决策原则、收益分配和经营规则等方面，而且表现在合作文化、合作哲学等方面，其结果是合作社的组织性质变异，即由使用者组成的组织、"所有者—使用者"同一的成员共同体，走向"所有者—业务相关者"同一、相关利益群体共同组成的联盟（苑鹏，2013）。鉴于此，在新型农业合作经济组织的演化与发展过程中，合作社的名实之争在中国学界曾一度产生激烈的争论，并在理论界与实践界引起了广泛的社会讨论。

（三）合作经济组织在其他领域的突破与创新

与营利型或投资者所有型企业相比，合作社在不同的经济活动领域中都表现出更强的生命力。合作社的组织形式在不断调整以适应变化中的环境，同时，各种创新的合作形态也应运而生，以应对各种新的经济与社会问题。例如，在欧美诸国，当地居民必须面对保护生态环境、乡村景观管理、社会服务与社区发展等新问题。为应对这些问题，全新的合作形式开始出现。作为混合型组织，一些农民合作社在经历短暂的发展困境后，通过与时俱进的组织设计将其社会目的与市场机制更紧密地联系在一起，为传统领域之外的社会问题提供了创新性的解决方案。这些新兴发展领域包括电力或用水供应、替代性能源生产、儿童保育、病残照料、健康促进、养老服务等。合作社在这些领域的实践与拓展，既体现出其对关心社区和社会可持续发展的承诺，又为当地提供了必要的社会和公共服务。合作社追求的已不再是组织成员的利益，而是社会公共利益，并以公民参与和民主决策作为组织运行的基本特征（Borzaga and Defourny，2001）。

从世界范围来看，以社会合作社、医疗保健合作社、公用事业合作社等为典型的新型合作社发展的国际经验表明，合作经济组织适应了不断变化的经济与社会环境，既能够满足政府无力提供而营利性企业又不愿提供的社会基本公共服务需求，又能够开发出具有福利性质而政府或市场无法提供的新型公共服务。在那些互助传统深厚和合作社社会价值得到充分认同的国家和地区，合作社的产业形态和业务范围并不局限于特定部门或特定领域。为应对社会经济条件的变化，其组织结构、运行机制和业务范围不断更新（赵黎，2021）。

第五节　新型农村经济组织形式

随着家庭联产承包制的建立和市场经济体制的完善，农村微观经济主体的组织形式也不断发生变化。农村经济组织的变迁和新型组织方式主要表现包括：一是各微观经济主体自身不断变革，包括从小农户、专业户到家庭农场的发展，从传统集体经济组织到新型集体经济组织的转型，以及从传统的农业专业协会和合作社到具有股份制倾向的新型农民合作社的变革；二是不同经济主体之间横向或纵向的联合方式的变化，在横向联合方面，最为突出的农业产业组织新形态可以表现为合作社之间的联合与合作。在纵向联合方面，随着农业产业形态的拓展和产业链条的延伸，不同规模、不同性质的经营主体之间开始通过合作或联合，形成以农业企业为龙头，农户或家庭农场为基础，各种体现联结机制、发挥中介作用的组织为纽带的新型产业组织相互影响、相互依赖、功能互补、融合发展的产业组织体系。在中国政策语境下，各类新型农村经济组织形式主要包括家庭农场、农民合作社、农业产业化龙头企业等新型农业经营主体。

一　中国的家庭农场

在中国，家庭农场尚处于起步发展阶段。家庭农场这一组织形式是在农村基本经营制度基础之上发展而来的，既保持了家庭经营的制度内核，同时又是对传统小农经济生产经营模式的一种扬弃，可以说是农户家庭承包经营的升级版。

农村改革以来特别是近十年来，随着土地流转规模的不断扩大，以农村种养能手或返乡创业能人为主的承包大户通过适度扩大土地经营规模，采用先进技术开展专业化生产，而逐步发展成为家庭农场。不同于20世纪80年代开始兴起的重点户、专业户或承包大户，家庭农场是一类具有投资意识与科技意识的新型农业经营主体。在地方政府的推动下，在一些先行地区，各种类型的家庭农场不断涌现，在农业农村发展实践中，形成了若干具有代表意义和显著特点的模式，如浙江宁波模式、上海松江模式、吉林延边模式、湖北武汉模式和安徽郎溪模式（杜志雄、肖卫东，2014）。

与国际普遍认可的家庭农场特征相近，在中国，家庭农场是指以农民家庭成员为主要劳动力，利用家庭承包土地或流转土地，从事农业规模化、集约化、商品化生产经营，并以农业经营收入为家庭主要收入来源的新型农业经营主体。家庭农场本质上是扩大了的农户经营，但其经营方式既不同于生计小农，也有别于雇工农场，是在克服小农经营劣势的基础上的适度规模经营（朱启臻等，2014）。和一般种养大户相比，家庭农场在集约化水平、经营管理水平、生产经营稳定性等方面都有更高的要求。2008年以来，随着"家庭农场"首次写入中央政策文件以及土地流转的持续推进，这一农业生产组织形式发展迅速，成为发展现代农业的重要组织形态（杜志雄，2022）。

二　其他新型农村经济组织形式

农村改革以来，农业产业化企业逐步发展成为中国农村经济组织中的一类重要主体。特别是20世纪80年代提出适度规模和多种经营以来，以龙头企业或农业公司为代表的农业产业化企业开始兴起并逐渐发展壮大。按照现代企业制度组建的农业产业化企业，使农业生产从传统的小农经营方式向高度商品化的农业企业经营方式转变。在市场经济条件下，随着农业产业内部分工的不断深入，分工后专注于农业产业各环节的经济主体需要以一定的组织形式进行连接和协调。同时，在面对"大市场"时，分散的小农户容易被企业或资本支配，有必要引进适当的中介组织和联结机制，消弭"小农户"与"大市场"之间的矛盾。在此背景下，中国农业产业化形成了"公司+农户"的经营组织联合体，以及在此基础上结合各种体现联结机制、发挥中介作用的组织而形成的多种组合形式。当前，各种体现联结机制、发挥中介作用的组织主要包括专业性组织（农民合作社或专业协会）、社区性组织（村集体或集体经济组织）以及其他类型的社会组织。公司与组织农户的不同经济主体建立合作或联合关系，演绎出各种不同的搭配组合，从而使"公司+农户"成为一种与时俱进、兼容性强的制度安排。以市场化、社会化、集约化和纵向化为特征的农业产业化进程，为实现农业现代化开辟了新的发展路径。

（一）"公司+农户"

"公司+农户"是农业产业化最初形成的经营组织形式，也被称为"分包制"、"合同农业"或"订单农业"。20世纪80年代以来，在除粮棉以外的所有农产品市场完全放开的情形下，分散经营的农业开始面临农产品卖难问题的困扰①。由此，不同地区开始提出这种企业化经营的思路。在这种制度安排下，农户负责农业生产，从事农产品加工、销售、贸易的各种公司，通过签订合同，与农户建立相对稳定的供销关系。此外，这些企业还有可能向农户提供产前和产中的相关服务，如农业投入品采购、农业技术服务等。这种经营组织形式的基本特征体现在以下四个方面：一是不强调生产组织的集约化程度，将生产的基础放在农户，充分发挥农户的生产优势；二是龙头企业作为组织者，以完善的企业组织形式保证农户可以专门从事农业生产；三是双方以互利互惠、自愿结合为基础形成产销联合体，其权利义务关系由契约规定；四是往往形成较为完整的产前、产中、产后服务体系。

"公司+农户"的组织形式有明确的经营方向和利润导向，即通过生产与销售的合作增强市场竞争力，占据较大市场份额。根据公司与农户不同的结合方式，大体包括四种组合类型，即"互惠契约"型、"出资参股"型、"市场交易"型以及"租地雇工经营"或"土地反租倒包"型。其中，"市场交易"型没有实现公司与农户利益的一体化，并未体现出与以往的公司独自经营模式之间的区别，而"租地雇工经营"或"土地反租倒包"型实际上也是公司独自经营的延伸形式。相比之下，前两种类型与现代企业制度中的契约一体化、所有权一体化趋势相一致，是"公司+农户"中最常见、最具代表性的制度安排形式（杜吟棠，2002）。

当传统农户随着经营规模的扩大和技术标准的提升逐步发展成为家庭农场时，"公司+农户"也自然升级为"公司+家庭农场"的组织形式。与传统农户相比，公司和家庭农场之间更容易通过契约建立稳定、紧密的利益联结关系，形成企农共赢的发展格局。此外，家庭农场之间的自发合作有助于形成真正的合作社甚至公司企业（杜志雄，2022）。

（二）"公司+中介组织+农户"

在实际运作中，"公司+农户"的制度安排并不是建立在二者具有共同利益的基础之上。随着市场竞争的加剧和实践的发展，农业企业与农户之间日益显现出利益冲突，而前者在资金、技术、市场、信息、管理等各方面都明显处于优势地位，农户则不同程度地处于市场依附的地位。由于风险分摊和利益分配机制失

①　1983—1993 年，中国先后发生了两次大的农产品卖难问题，第一次发生在 1982—1984 年，第二次发生在 1989—1992 年。参见张晓山等《联结农户与市场：中国农民中介组织探究》，中国社会科学出版社 2002 年版，第 152—153 页。

衡，以利益最大化为导向的农业企业容易将经营风险转嫁给农户，甚至出现"弃农"现象。分散的小农户面对强大的企业缺乏议价能力，需要一个代表其利益的组织，以提高其谈判地位，获得议价权。同时，农业企业虽然总体处于优势地位，也有与代表分散小农户的单一组织进行交易的需求，以降低与散户对接所产生的各种交易费用。因此，不同的农业企业会采取不同的结合方式，通过引入不同的中介组织，形成不同的组织模式。根据农户不同的组织形式，"公司+农户"可以分化出"公司+大户+农户""公司+集体+农户""公司+合作社+农户""公司+基地+农户""公司+社会组织+农户"等不同模式。这些模式使"公司+农户"这一制度安排的具体实现形式更加多样化。

此外，作为"公司+中介组织+农户"的升级版，"公司+合作社+家庭农场"的模式同时融合了"公司+家庭农场"与"公司+合作社+农户"的组织经营形式。这种新型产业链组织以农业企业为依托，以家庭农场为基础，以合作社为纽带，也被称为农业产业化联合体。这种一体化的农业经营组织联盟以提高经济效益为核心，形成三方独立运营的新型农业经营主体合为一体的运作机制，有助于通过合理分工和要素融通，促进土地流转型、服务带动型等多种形式的规模经营协调发展，在提高产品质量和附加值的同时，实现全产业链增值增效。

（三）合作社之间的联合

在农业产业化经营发展过程中，合作社自身存在生产要素获取受限、经营规模有限、抗风险能力低、市场竞争能力弱、综合性服务功能不强、农业生产标准化程度不高等制约因素（张晓山，2009）。因此，不同地区探索把合作社进一步联合起来，发展合作社联合社，通过开展大生产、大合作，尝试解决单个合作社无法解决或解决不好的矛盾。基于交易成本理论，合作社之间建立联合社是为了扩大经营规模的理性选择（孔祥智等，2020）。

基于不同的划分依据，中国农民合作社联合社表现为不同的组织形态。按照产品类型，联合社的实践可分为同类产品或产业合作社形成的同业联合社，以及不同产品或产业合作社组成的异业联合社。从生成路径来看，同业联合社大多为自发生成，也有小部分是通过借助政府力量组建而成的。异业联合社的形成则大多依靠公共部门发挥管理协调的作用，以有效克服或降低合作社之间的谈判成本。按照经营特点，可将联合社分为生产型联合社、销售型联合社、产业链型联合社以及综合型联合社（孔祥智等，2020）。

第六章　农民收入与农村贫困治理

增加农民收入是确保农产品有效供给和缩小城乡收入差距的关键，对促进经济社会和谐稳定发展至关重要。从发达国家、地区的经验来看，农民收入来源呈多元化、非农化趋势，城乡收入差距一般先扩大后缩小；增加农民非农就业是促进农民增收和缩小城乡收入差距的关键。贫困问题在全世界范围内广泛存在，是人类社会要面对和解决的永恒问题。人类对贫困内涵和形成原因的认识随着经济社会的发展不断深化和拓展，贫困测度也更加科学。从全世界范围来看，贫困主要发生在农村地区，相关国家主要通过提高经济发展水平、促进二元经济社会结构转化、增加农村发展资源供给、加强农村文化建设等开展农村贫困治理。本章从农民收入界定及变化规律，农民收入差距衡量及变化，贫困的内涵、分类和度量以及农村贫困成因及治理四个方面介绍农民收入与农村贫困治理相关内容。

第一节　农民收入界定及变化规律

农民在全世界范围内越来越成为一种职业，其收入可以简单地划分为农业收入和非农业收入。从发达国家、地区发展经验来看，农民收入来源的多元化、非农化是必然趋势，为农民创造更多非农就业机会对提高农民收入至关重要。

一　农民收入界定

农民在很多国家是一种职业，指的是从事农业生产的劳动者。在中国，农民有多种界定：谈到农业生产时，农民是一种职业；谈到农民工时，农民指户口在农村的人；谈到农民收入时，农民指的是农村的常住人口①。而在包括美国在内的其他国家，农民常常指农场主和农场雇佣工。

相应地，农民收入在很多国家指的是从事农业生产的劳动者的收入，在中国统计的是农村常住人口的收入。在所有国家和地区，农民收入都可以简单地划分为农业收入和非农业收入，不同的国家和地区可以根据情况进一步细分。在中国，农民收入用农村居民家庭人均可支配收入反映②，根据来源可进一步细分为工资性收入、家庭经营净收入、财产净收入、转移净收入。其中，家庭经营净收入包括家庭经营第一产业净收入、第二产业净收入、第三产业净收入，而家庭经营第一产业净收入又可以进一步细分为家庭经营农业（狭义）、林业、牧业、渔业净收入。

二 农民收入变化规律

随着传统农业社会向现代工业社会的转型，农村劳动力逐渐从农村地区、农业部门转向城市地区、非农业部门，农业就业人员占就业总数的比重、农业增加值占 GDP 比重呈下降趋势，而农民收入来源呈现多元化、非农化。

（一）农业就业、农业增加值比重均呈下降趋势

随着科技的不断进步，农业劳动生产率、土地生产率都不断提高，农业剩余劳动力不断从农业部门转移到其他产业部门，不同发展水平国家的农业就业人员占就业总数比重均呈下降趋势。1991—2021 年，世界农业就业人员占就业总数的比重由 43.4% 下降到 26.4%，其中，低收入国家由 70.9% 下降到 59.7%，中低等收入国家由 56.5% 下降到 37.2%，中高等收入国家由 48.4% 下降到 20.8%，高收入国家由 7.6% 下降到 3.0%。农业增加值占 GDP 比重也呈下降趋势。1981—2021 年，世界农业增加值占 GDP 比重由 7.1% 下降为 4.3%，其中，低收入国家、中低等收入国家、中高等收入国家分别由 29.8%、23.1%、14.2% 下降为

---

① 中国农村家庭常住人口包括常住农村（年均农村生活时长不低于 6 个月）的务农人员、常住农村的外出民工、工厂临时工、户口在农村的外出学生，但不包括户口在农村的国家职工。

② 2012 年及之前用农村居民家庭人均纯收入反映，纯收入口径中，财产性收入没有扣除为获得财产性收入而发生的费用，转移性收入只扣除了部分转移性支出，这就是"纯收入"与"可支配收入"指标口径的区别。农民人均纯收入=农民家庭纯收入/农村居民家庭常住人口，农民人均可支配收入=农民家庭可支配收入/农村家庭常住人口，农民家庭纯收入=农村居民家庭总收入-家庭经营费用支出-生产性固定资产折旧-税金和上交承包费用-调查补贴，农村家庭可支配收入=农村家庭总收入-家庭经营费用支出-税费支出-生产性固定资产折旧-财产性支出-转移性支出-调查补贴。

24.1%、15.5%、6.7%[①]。农业增加值占 GDP 比重下降的根本原因是食品类农产品需求收入弹性较小，人们的收入水平越高，食品支出占人们消费总支出的比重就越低。

（二）农民收入来源多元化、非农化

随着农村剩余劳动力不断从农业部门转移到工业、服务业等部门，以及相关产权制度、转移支付制度的不断完善，农民收入来源普遍呈现多元化、非农化趋势。例如，1963—2015 年，韩国农户农业所得占总所得比重从 82.15%下降到 30.25%，农外所得占总所得比重从 17.85%增加到 40.14%；1983—2015 年转移收入占比从 17.25%上升到 21.24%。1966—2015 年，中国台湾省农业所得占总所得比重从 65.95%下降到 22.49%，薪资所得占总所得比重从 20.10%增加到 36.65%，财产所得占总所得比重从 7.20%增加到 11.17%，营业所得占总所得比重从 2.80%增加到 6.35%，捐赠转移及其他所得占总所得比重从 3.90%增加到 23.42%（刘守英、陈航，2022）。

中国农民收入来源也呈现多元化、非农化。从 1993—2012 年中国农村居民人均纯收入构成来看，工资性收入、财产性收入、转移性收入占比分别由 21.1%、0.8%、4.5%增加到 43.5%、3.1%、8.7%，而家庭经营纯收入由 73.6%减少为 44.6%；从 2013—2021 年中国农村居民家庭人均可支配收入构成来看，经营净收入占比由 41.7%减少为 34.7%，其中经营农业、林业、牧业、渔业净收入占比由 30.1%减少为 22.7%，而工资性收入占比由 38.7%增加到 42.0%，财产净收入、转移净收入占比分别由 2.1%、17.5%增加为 2.5%、20.8%[②]。

三　增加农民收入的关键措施

发达国家、地区的经验表明，要增加农民收入，除了采取加大农业支持保护力度、推进适度规模化经营、提高农民组织化程度等措施增加农业收入外，更为重要的是要通过促进农民非农就业不断增加农民的非农收入。日本以及中国台湾等大力发展外向型工业，并加速工业扩散，吸收转移了农村剩余劳动力，并为农民提供了非农兼业机会，较好地解决了农民收入相对较低的问题，值得其他国

[①] 资料来源：世界银行公开数据库，https://data.worldbank.org.cn/，为 2023 年 5 月 10 日更新数据。
[②] 资料来源：《中国农村统计年鉴（2022）》和《中国农村统计年鉴（2014）》。

家、地区参考借鉴。

日本战后大力发展外向型经济，推进出口贸易，带动日本工业和国民经济长期高速增长。1955—1975 年，日本出口额实际增长 20 倍，增速为世界平均增长率的 2 倍；日本制造业增加值实际增长了 7.36 倍，GDP 实际增长了 16.72 倍。经济高速增长，刺激企业扩大投资，引发劳动力需求，加速了对农业剩余劳动力的吸纳。1950—1975 年，农业就业人数从 1741 万人减少到 842 万人，农林业从业者占全部就业人员的比重由 48.74% 下降到 16.53%，到 20 世纪 80 年代初农业就业人员占比已经下降到 10% 左右。此外，日本还颁布《向农村地区引入工业促进法》《新事业创新促进法》《关于促进中心小城市地区建设及产业业务设施重新布局的法律》等鼓励工业下乡，增加农村劳动力就近就业机会。1973—1975 年，日本在本地就业的农村劳动力比重上升至 70.8%，而去外地就业的劳动力占比下降到 29.2%（丁玉、孔祥智，2014）。中国台湾省在 20 世纪 60 年代确立出口导向型工业化道路，大力发展劳动密集型产业，为大批农村劳动力进入工商业创造了条件。根据 1975 年的农业普查资料，中国台湾省 88 万多农户中，专业农户只有 16 万户，占 18%，兼业农户占 82%[①]。

除了发展工业扩大就业机会，还需要一系列配套政策。例如，逐步消除劳动力转移的各种制度性障碍；增加对农村教育支出的比重，加强义务教育、职业教育和就业技能培训，为农民抓住和创造就业机会提供现实可能性等（钟甫宁、何军，2007）。

第二节　农民收入差距衡量及变化

农民收入差距主要从城乡差距、区域差距、内部差距三个维度来衡量。大量研究表明，城乡差距是导致一个国家（地区）收入差距的重要原因。从发达国家、地区的经验来看，城乡收入差距总体上先扩大后缩小。

一　农民收入差距衡量

衡量收入差距的指标较多，最常用的主要有收入比、基尼系数和泰尔指数。

（一）收入比

通常用城乡收入比、不同组别收入比、区域收入比来反映城乡、农村内部、

---

① 该部分日本和中国台湾数据来源于王恩胡（2016）。

区域间收入差距。在中国，城乡居民收入比公式为

城乡居民收入比＝城镇居民家庭人均可支配收入／农村居民家庭人均可支配

收入　　　　　　　　　　　　　　　　　　　　　　　　　　　　　　　（6-1）

该比值越大，说明城乡居民收入差距越大；若该比值小于1，说明城镇居民人均可支配收入低于农村居民人均可支配收入。用收入比来反映农村内部、不同地区收入差距的方法与城乡收入比类似。

（二）基尼系数

基尼系数是国际上用来综合考察居民内部收入分配差异状况的一个重要分析指标，可以用来反映农民收入内部差距。一般认为，基尼系数小于0.2时居民收入分配过于平均，位于0.2—0.3时较为平均，位于0.3—0.4时比较合理，位于0.4—0.5时差距过大，大于0.5时差距悬殊。基尼系数需要使用分户或分组的居民收入数据计算。具体计算公式如下：

$$G = 1 - \sum_{i=1}^{n} P_i \times \left(2\sum_{k=1}^{i} W_k - W_i \right) \tag{6-2}$$

式中：G 的取值范围是0—1；W_i 和 P_i 是指将调查户按收入由低到高进行排序，计算第 i 户代表的人口的收入占总收入比重和第 i 户所代表的人口占总人口比重；W_k 为第1个调查户到第 i 个调查户分别代表的人口的收入占总收入比重；n 为个体总数。

需要特别注意的是，使用不同来源、不同口径的收入基础数据会得到不同的基尼系数。比如，收入指标是否规范、用总收入指标还是可支配收入指标、收入中是否包括政府的实物福利、是否扣除年度物价因素、是否扣除地区差价等，都对基尼系数及变化趋势有影响。在对基尼系数进行国际比较或时序比较时，需要注意到基础数据的可比性[①]。

（三）泰尔指数

通常用泰尔指数来反映农民收入的区域差距，并对组间差距和组内差距进行分解。泰尔指数的表达式为（李娜等，2013）

$$T = \frac{1}{n} \sum_{i=1}^{n} \frac{y_i}{\bar{y}} \ln\left(\frac{y_i}{\bar{y}} \right) \tag{6-3}$$

式中：T 为测度收入差距程度的泰尔指数，取值范围在0—1，值越大表示收入分

---

①　方晓丹等：《什么是基尼系数（2023）》，中国国家统计局网站，http：//.stats.gov.cn/。

配不平等程度越高；y_i 与 $\bar{y}$ 分别为第 i 个体的收入和所有个体的平均收入；n 为个体总数。

把整体样本分成 G 组，y_{gj} 为第 g 组第 j 个个体的收入，y_g 为第 g 组的总收入，y 为总收入，则 y_{gj}/y 为某个个体在总收入中的比重，y_g/y 为第 g 组在总收入中的比重，n_{gj}/n_g 为某个个体的人口比重，n_g/n 为第 g 组的人口比重，记 T_b 和 T_w 分别为群组间差距和群组内差距，可将泰尔指数分解如下：

$$T = T_b + T_w = \sum_g \left(\frac{y_g}{y}\right) \ln\left(\frac{y_g/y}{n_g/n}\right) + \sum_g \frac{y_g}{y}\left(\sum_j \left(\frac{y_{gj}}{y_g}\right) \ln \frac{y_{gj}/y_g}{n_{gj}/n_g}\right) \tag{6-4}$$

式（6-4）中：群组间差距 T_b 与群组内差距 T_w 分别为

$$T_b = \sum_g \left(\frac{y_g}{y}\right) \ln\left(\frac{y_g/y}{n_g/n}\right), \quad T_w = \sum_g \frac{y_g}{y}\left(\sum_j \left(\frac{y_{gj}}{y_g}\right) \ln \frac{y_{gj}/y_g}{n_{gj}/n_g}\right) \tag{6-5}$$

二 城乡收入差距的变化趋势

从理论和实践来看，城乡收入差距呈现先上升后下降的变化趋势是一种必然现象。

（一）城乡收入差距变化的理论分析

库兹涅茨（Kuznets，1955）提出了倒"U"形曲线假说，从宏观上描述了经济发展中居民收入差距的变动规律，他认为，在经济发展过程中，居民收入差距先是迅速扩大，而后是短暂的稳定，然后在经济增长的后期阶段，居民收入差距逐渐缩小。这个假说符合不少国家、地区的发展事实，因此受到了较为广泛的认可。同时，由于穷人状况的改进并不是主动实现的，而是和政府作用的发挥情况密切相关的，因此这个假说和一些国家、地区的发展事实有所偏差。

城乡收入差距的变化和农业就业比重、农业 GDP 比重的变化情况及工农业部门的生产率差异密切相关。农业就业比重越高且农业 GDP 比重越低，城乡的收入差距就越大。由于恩格尔定律的作用，农业 GDP 比重随着经济的发展将不断降低；如果与此同时农业就业不能发生同样幅度的降低，则城乡收入差距就必然会加大（柯炳生，2005）。根据刘易斯的二元经济发展模式，在发展中国家，农业部门的劳动生产率大大低于工业部门的劳动生产率，把一部分农业劳动力转移到工业部门中，整个社会的劳动生产率就会提高，创造的社会财富和农民收入就会增加，城乡收入差距会不断减小。

（二）城乡收入差距变化的事实

从发达国家、地区发展事实来看，城乡收入差距一般（至少在发展的某一个阶段）呈先上升后下降的变化趋势。例如，美国 20 世纪 30 年代非农业人口可支配收入与农业人口可支配收入之比最大值为 2.49，20 世纪 40 年代大约下降到 1.66，20 世纪 60 年代为 1.36 左右，从 20 世纪 70 年代到 90 年代其差距一直在 1.28—1.33 波动。到了 21 世纪初，美国农业人口的可支配收入是非农业人口的 1.17 倍，即农业人口的可支配收入已经完全超过了非农业人口的可支配收入（谷军、康琳，2011）。东亚一些国家、地区城乡收入差距也呈类似变化趋势。韩国由 1963 年的 0.77 增加到 1967 年的 1.46，随后开始下降，在 20 世纪 70 年代中期到 80 年代大部分年份农村家庭收入都超过城市家庭收入；中国台湾省由 1966 年的 1.05 增长到 1970 年的 1.39，随后稍有下降，长期保持在 1.2—1.3，2015 年为 1.21（刘守英、陈航，2022）。

第三节 贫困的内涵、分类和度量

随着时间的变化，贫困的内涵从收入贫困逐渐拓展到能力贫困、权利贫困。一般情况下，可以通过单一货币标准和多维标准对贫困进行度量。

一 贫困的内涵

贫困的内涵随着经济社会的发展和人们认识水平的提高不断深化和拓展，总的来说经历了从经济（收入、物质）贫困到能力贫困、权利贫困的转变。

最初对贫困的定义是从经济（收入、物质）角度进行的。亚当·斯密认为，"一个人是富还是穷，依照他所能享受的生活必需品、便利品和娱乐品的多少和品质而定"（Smith，1776）。朗特里（Rowntree，1901）提出，"一定数量的货物和服务对于个人和家庭的生存和福利是必需的；缺乏获得这些物品和服务的经济资源或经济能力的人和家庭的生活状况，即为贫困"。

随着时代的发展，贫困内涵不断拓展。汤森（Townsend，1979）认为："所有居民中那些缺乏获得各种食物、参加社会活动和最起码的生活和社交条件的资源的个人、家庭和群体就是所谓贫困。"森（Sen，1981）从权利的角度分析贫困问题，他认为："贫困必须被认为是对权利的剥夺，而不仅仅是收入低下。"世界银行（1983）指出，"当某些人、某些家庭或某些群体没有足够的资源去获取他们那个社会公认的，一般都能享受到的饮食、生活条件、舒适和参加某些活动的机会，就是处于贫困状态"，世界银行（1990）又将贫困界定为"缺少达到最低生活水准的能力"，并指出衡量生活水准不仅要考虑家庭的收入和人均支出，还要用营养、预期寿命、5岁以下儿童死亡率、入学率等指标，作为以消费为基础对贫困进行衡量的补充。联合国开发计划署（UNDP，1997）指出，"贫困不仅指低收入，也指医疗与教育的缺乏、知识权与通信权的被剥夺、不能履行人权和政治权力、缺乏尊严、自信和自尊"，并引入人类贫困指数（HPI）对贫困状况进行度量。世界银行（2001）把对贫困的理解从狭义推向广义，认为"贫困除了物质上的匮乏、低水平的教育和健康，还包括风险和面临风险时的脆弱性，以及不能表达自身的需求和缺乏影响力"。

二 贫困的分类

可以根据不同标准对贫困进行分类。根据贫困程度，可分为绝对贫困和相对贫困；根据贫困内涵涵盖的内容，可分为狭义贫困和广义贫困；根据贫困持续时间，可分为长期贫困和短期贫困；根据贫困的成因，可分为制度性（结构性）贫困、区域性贫困和阶层性贫困（国务院扶贫办政策法规司、国务院扶贫办全国扶贫宣教中心，2018）。

（一）绝对贫困和相对贫困

绝对贫困又称生存贫困，是指在一定的社会生产和生活方式下，个人或家庭依靠劳动所得或其他收入不能维持最基本的生存需求，衣食不得温饱，劳动力本身再生产难以维持。相对贫困是指比较而言的贫困，一方面指随着时间变迁和不同社会生产、生活方式下贫困标准变化而产生的贫困，另一方面指在同一时期不同社会成员和地区之间的差异而言的贫困。

（二）狭义贫困和广义贫困

狭义贫困仅指经济意义上的贫困，即生活不得温饱，生产难以维持。广义的贫困除狭义贫困的内容外，还包括社会、文化等意义上的贫困，以及营养不足（营养不良）、人口平均寿命短、婴儿死亡率高、文盲人数众多等。

（三）长期贫困和短期贫困

短期贫困是指处于贫困状况的一部分人从收入上看低于贫困线，但他们由于储蓄或能够借钱，消费水准却高于贫困线。这种贫困是由于自然灾害、疾病或其他突发性事件造成的。贫困持续时间一般为几个月或少于1年。长期贫困是指处于贫困状况的这部分人，他们无论是收入还是消费都低于贫困线，没有储蓄，也无法借钱来维持高于贫困线的消费水平。它具有的特征是这种贫困状态已经存在了很长时间，或经过长时间仍不能脱贫，其持续时间至少是 5 年以上，虽经扶贫也难以脱贫。

（四）制度性贫困、区域性贫困和阶层性贫困

制度性贫困是指由于社会制度决定了生活资源在不同地区、不同区域、不同群体和个人之间的不平等分配，从而导致了特定地区、区域、群体或个人处于贫困状态。区域性贫困是指在相同的制度安排下，由于各个地区在自然条件和社会发展程度方面的差异，从而导致特定区域生活资源供给的相对缺乏，贫困人口相对集中。阶层性贫困是指在相同的制度安排下，在大约均质的空间区域或行政区划内，某些群体、家庭或个人，由于身体素质较差、文化程度不高、家庭劳动力少、生产资料不足、缺少社会关系等原因，导致获取生活资源的能力较差，从而陷入贫困状态。

三 贫困的度量

可以采用单一货币标准和多维标准对贫困进行度量。货币标准可以分为绝对贫困标准和相对贫困标准，而多维标准主要有人类贫困指数、人类发展指数和多维贫困指数。

（一）基于单一货币标准的贫困度量

1. 贫困标准（贫困线）的确定方法

确定货币贫困标准（贫困线）的方法有很多，目前使用比较多的是恩格尔系数法、马丁法、收入比例法等。恩格尔系数法、马丁法确定的是绝对贫困标准，收入比例法确定的是相对贫困标准。发展中国家较多采用恩格尔系数法、马丁法，而发达国家较多采用收入比例法。

（1）恩格尔系数法。该方法以食品消费支出除以已知的恩格尔系数来求出所需的总消费支出。国际粮农组织提出，恩格尔系数在60%以上属于贫困（鲜祖德等，2016），用这个比例求出的消费支出即为贫困线。它将绝对贫困线的确定方法分为 5 个步骤：①确定基本生活必需品的种类；②根据各种食物所含热量摄入值，确定各种食品在每人每天的食物供应中所占的份额和具体摄入量；③计算购买上述食品所需总支出；④确定与一定社会经济发展水平相适应的，针对贫困人口消费特点的恩格尔系数；⑤用每人每年食品消费总支出除以恩格尔系数即可得出当年的绝对贫困线水平。

（2）马丁法。美国研究贫困问题的专家马丁提出了计算贫困程度的两条贫

困线：一条是低贫困线，即食品贫困线加上最基本的非食品必需品支出；另一条是高贫困线，是那些达到食物贫困线的一般住户的支出。食物贫困线通过一组食物组合，在一定的价格水平下获得食物能量需求确定；非食物贫困线就是看那些刚好有能力达到营养需求的住户在非食品上的支出是多少。食物贫困线加上最低的非食品支出可作为贫困线的一个合理的底线，即低贫困线。再计算那些实际达到食物贫困线的住户在非食品的支出水平，计算一个较高的贫困线，即高贫困线。中国确定贫困线采用的是马丁法。其基本步骤分为 3 步：①确定基本食物需求。基本食物需求是满足每天 2100 大卡热量以维持人体基本需要的食物支出，由一篮子基本食物消费量和相应价格计算并加总而成。②确定最低非食物需求线，测算低贫困线。最低非食物需求是指"宁可挨饿也要换取的非食物需求"，比如基本衣着和取暖。低贫困线是基本食物需求线+最低非食物需求线，代表基本温饱水平，其中，食物的比重占 70%—80%，甚至更高。③确定较高非食物需求线，测算高贫困线，也就是现行的贫困标准。较高非食物需求线是指"与食物需求同等重要的非食物需求"，包括必要的吃穿住支出，也包括必要的教育、健康、交通通信等支出。高贫困线是基本食物需求+较高非食物需求，基本上代表着稳定温饱水平。其中，食物的比重占 40%—50%（鲜祖德等，2016）。

（3）收入比例法。1976 年，经济合作与发展组织在经济全球化背景下对成员国进行大规模调查，提出以一个国家或地区社会中位收入或平均收入的 50% 作为贫困标准，以此来识别相对贫困并制定生活救助标准，不仅成本低，而且有助于开展社会救助水平的比较研究。欧盟将贫困风险阈值设置为等价可支配收入中位数的 60%（李莹等，2021）。

2. 贫困标准

国际贫困标准和社会贫困线主要用来进行国际比较，不同国家的贫困标准主要服务于各自的反贫困实践。为了更好地适应经济社会发展需求，需要及时对贫困标准进行动态调整。

（1）国际贫困标准。主要是指世界银行的贫困标准，是用世界上最不发达国家的收入贫困线定义的，也被称为极端贫困标准。世界银行的贫困标准自发布以来共经历了四次调整，调整的标准为该年度的购买平价美元（PPP）。随着价格水平的变化，国际贫困标准（线）从每人每天 1.01 美元（1985 年 PPP）到 1.08 美元（1993 年 PPP）、1.25 美元（2005 年 PPP）、1.90 美元（2011 年

PPP)，2022年秋季又调整为2.15美元（2017年PPP）。为衡量不同收入水平国家的贫困程度，世界银行还设定了3.65美元/天的贫困线用于衡量中低收入国家的相对贫困程度，设定6.85美元/天的贫困线用于衡量中高收入国家的相对贫困程度。

（2）社会贫困线。世界银行（World Bank，2018）提出了社会贫困线。社会贫困线由绝对贫困线和消费水平共同确定，按照2011年PPP价格计算，为1美元/天加上一国消费水平中位数的一半与国际贫困线的较高值，据此方法计算，低收入国家的社会贫困线为2.2美元/天，中低收入国家为2.9美元/天，中高收入国家为5.8美元/天。自2022年秋季起，社会贫困线按照2017年PPP价格计算，为1.15美元/天加上一国消费水平中位数的一半与国际贫困线的较高值。社会贫困线结合了反映极端贫困的绝对贫困线以及反映福利相对维度的收入（或消费）水平，表明不同国家、不同发展水平下满足个人基本需求需要付出不同的成本，它既反映了绝对贫困，也反映了共享繁荣的相对概念，越富裕的国家，社会贫困线水平就越高（李莹等，2021）。

（3）中国的贫困标准。中国自改革开放以来共采用过三条不同生活水平的贫困标准。分别是"1978年标准"、"2008年标准"和"2010年标准"。"1978年标准"是一条低水平的生存标准，按1978年价格为每人每年100元，该标准基本能保证每人每天2100大卡热量；"2008年标准"是一条基本温饱标准，按2008年价格为每人每年1196元，该标准在"1978年标准"基础上，适当扩展非食物消费支出，基本保证实现"有吃、有穿"；"2010年标准"是一条稳定温饱标准，按2010年价格为每人每年生活水平2300元。该标准与"两不愁三保障"[①]相结合，是农村居民跨入小康的门槛，能满足"吃饱、适当吃好"的稳定温饱需求，还能满足基本衣着、用品、水电、交通通信等非食物需求，并能保障义务教育、基本医疗和住房安全。中国的贫困人口退出标准是综合性多维标准，不仅衡量收入水平，还考量贫困人口生存权、发展权的实现程度，体现了中国经济社会发展实际和全面建成小康社会的基本要求[②]。

3. 贫困程度测度

使用贫困标准（贫困线）对贫困发生率和贫困缺口进行测定，以便说明贫

[①] "两不愁三保障"就是不愁吃、不愁穿和义务教育、基本医疗、住房安全有保障。

[②] 《人类减贫的中国实践》，中华人民共和国国务院新闻办公室，http://www.scio.gov.cn。

困的范围有多大，严重到什么程度，并兼顾到穷人收入低于贫困的程度。

贫困发生率、贫困缺口率和加权贫困缺口率通称为贫困指数（鲜祖德等，2016）。其通用公式如下：

$$P_a = \frac{1}{N} \sum_{i=1}^{q} \left(\frac{Z_p - Y_i}{Z_p} \right)^a \qquad (6\text{-}6)$$

式中：Z_p 为贫困线，Y_i 为第 i 个穷人的支出或收入，N 为总人数，q 为个人支出或收入低于贫困线的人数。

如果 $a=0$，指数 P_a 就成为 $P_0=q/N$，这就是贫困发生率，P_0 是贫困线下人数占总人口的比重。贫困发生率能衡量贫困人口的规模，能够从整体上看出某个地区、某个行业、不同类别家庭的贫困发生面及变动趋势，但不能测算贫困线以下贫困人口收入变异及收入分布情况。

$a=1$，贫困指数 P_a 表示"贫困缺口率"，或者表示贫困深度指数。贫困缺口率能衡量绝对贫困程度与相对贫困程度，但不能反映贫困人口的规模，无法反映贫困人口中贫困差额的分布情况，也不考虑贫困人口在贫困区域所发生的收入转移形成的影响。

$a=2$，贫困指数 P_a 表示"加权贫困缺口率"，表示贫困强度指数。

（二）基于多维标准的贫困度量

主要利用人类发展指数（HDI）、人类贫困指数（HPI）和多维贫困指数（MPI）等非货币标准对贫困状况进行更为全面的度量。

1. 人类发展指数

为了弥补单一收入贫困标准的不足，联合国开发计划署（UNDP，1990）设计了人类发展指数。该指数是对人类发展情况的一种总体衡量，它从人类发展的三个基本维度衡量一国取得的平均成就，分别是健康长寿、知识的获取以及生活水平。健康长寿用出生时预期寿命衡量，反映健康长寿生活的能力；知识的获取用平均受教育年限（一个大于或等于 25 岁的人在学校接受教育的年数）和预期受教育年限（一个 5 岁的儿童一生将要接受教育的年数）共同衡量；生活水平用购买力平价法计算的人均国民总收入（人均 GNI）衡量。人类发展指数是预期寿命指数、教育指数和 GNI 指数的几何平均值。人类发展指数在 0—1，越接近 1，反映人类发展水平越高。人类发展指数小于 0.550 为低人类发展水平；介于 0.550—0.699 为中等人类发展水平；介于 0.700—0.799 为高人类发展水平；大于等于 0.800 为极高人类发展水平[1]。

2. 人类贫困指数

联合国开发计划署（UNDP，1997）从社会生活条件角度出发，设置了反映社会贫困规模的人类贫困指数。该指数主要由寿命长短（40 岁以前死亡的人口比例）、受教育状况（成人文盲率）和基本生活设施（尚未用上安全饮用水的人口比例、缺乏医疗服务保障的人口比例和 5 岁以下儿童体重不足的人口比例）三个方面因素组成。人类贫困指数越高，说明贫困规模越大；反之越小。

3. 多维贫困指数

虽然人类发展指数对收入标准做了重要补充，但仍不足以反映人的基本可行能力被剥夺情况。阿玛蒂亚·森提出能力方法理论，认为贫困是对人的基本可行能力的剥夺，减贫就是要扩展人有理由珍视的真实自由，而基本可行能力包括公平地获得教育、健康、饮用水、住房、卫生设施、市场准入等多个方面（Sen，1992）。为此，基于阿玛蒂亚·森的能力方法理论，有学者构建了多维贫困指数（MPI），以更加全面地反映贫困人口的多维度被剥夺情况（Alkire and Foster，2007）。联合国开发计划署（2010）首次公布了全球 104 个国家和地区的多维贫困状况。MPI 包括健康、教育和生活标准 3 个维度，共 10 个指标。其中，健康维度包括营养和儿童死亡率 2 个指标，教育维度包括受教育年限和入学儿童 2 个指标，生活标准维度包括做饭使用燃料、厕所、饮用水、电、屋内地面、耐用消费品 6 个指标。在多维贫困测量中，首先需要确定每个维度的剥夺情况，然后进行加总，得到多维贫困指数。各维度的剥夺情况需要先测算构成维度的指标的剥夺情况。每个指标的剥夺情况，需要先确定一个阈值，或者贫困线，对于每一个维度，如果观察值低于该维度的阈值，则被认为在这一指标被剥夺或贫困。目前，在 MPI 计算中，健康、教育和生活标准赋予相同的权重，在每个维度内部，各指标的权重也相同。

第四节　农村贫困成因及治理

农村贫困形成原因较为复杂，一个国家甚至是同一个地区往往同时存在多种

---

[1] 《如何编制人类发展指数（HDI）》，国家统计局，http：//www.stats.gov.cn/。

类型的贫困。从全世界的农村贫困治理实践来看，往往是多措并举、多管齐下，采取综合措施来解决贫困问题的。

一 农村贫困成因

除了国家经济发展落后会导致包括农村在内的普遍性贫困，城乡经济社会二元结构、农村资源禀赋不足、贫困文化盛行等都是导致农村贫困产生的重要原因。

(一) 国家经济发展落后

经济发展落后是导致贫困产生的重要原因。首先，经济发展落后会影响劳动力素质，进而影响劳动生产率。瑞典著名经济学家缪尔达尔（Myrdal，1957）提出了促进经济发展与摆脱贫困的"循环累积因果理论"。该理论认为，贫困国家人均收入水平普遍很低，低收入导致人们生活水平低下，从而降低了人口的质量和劳动力的素质；劳动力素质低导致劳动生产率难以提高；较低的劳动生产率又引起了产出增长停滞或下降，最终，低产出又导致低收入，低收入进一步强化了经济贫困，使贫困国家陷入低收入与贫困的累积性循环困境之中。其次，经济发展落后会导致社会缺乏就业机会，农村剩余劳动力大量闲置，还会使收入再分配缺乏必要的财力、物力支持。

与国情不相适应的经济发展模式也会导致农村贫困产生。例如，巴西实施进口替代战略发展资本密集型产业，印度大力发展信息产业等，都在一定程度上影响了大规模吸收缺乏必要劳动技能的农村劳动力。这些国家虽然实现了经济增长，社会财富不断增加，但财富很难分配到最贫困的阶层，农民和最底层民众享受不到社会积累的财富，导致这些国家仍存在较为严重的贫困问题。

经济发展落后的国家和地区，农村贫困发生的可能性更高。根据世界银行数据，2017 年，低收入国家农村人口占比为 67.5%，中低等收入国家为 58.9%，中高等收入国家为 34.9%，高收入国家为 19.3%；同期，按每天 1.90 美元（2011 年 PPP）衡量的贫困人口比例，低收入国家为 44.8%，中低等收入国家为 13%，中高等收入国家为 1.8%，高收入国家为 0.7%[①]。

(二) 城乡经济社会二元结构

发展中国家普遍存在二元经济社会结构，导致农民普遍缺乏与城市居民同等

---

① 世界银行公开数据库，https://data.worldbank.org.cn/，为 2023 年 5 月 10 日更新数据。

的发展机会。一方面，城乡分割的公共服务供给制度、管理服务制度等会剥夺农村居民的经济权利和社会权利，使他们不能根据自身意愿实现自由流动，也不能公平享有国家提供的基本公共服务；另一方面，二元经济结构导致农村居民收入普遍较低。刘易斯（Lewis，1954）提出二元经济模型，认为发展中国家存在传统的农业生产部门和现代工业部门，而且农业生产部门的劳动边际生产力几乎等于零。假定经济是在劳动力供给无限的条件下发展的，在发展中国家，传统农业部门的劳动生产率远低于工业部门的劳动生产率，农业部门劳动者的收入仅能维持自己和家庭日常费用，而农业劳动者的微薄收入也影响到了现代工业部门的工资限额，因为只要现代工业部门扩大生产规模，就可按比生存收入略高一点的工资水平雇用到所需的劳动力。只有当所有的剩余劳动力最终被现代部门所吸收，劳动成为稀缺要素时，总工资水平才能上升，分配不平等才会下降，同时才能消除贫困。

一些发达国家曾经也有较为明显的二元经济结构，是导致当时农村贫困产生的重要原因。例如，1962—1972年，韩国的工业发展速度虽然由7.8%上升至10.5%，农业发展速度却由5.3%下降至2.5%，工农业发展速度之差由2.5个百分点扩大到8个百分点。工业和农业发展差距加大，致使工农业失衡，导致大量农业人口迁入城市，农村青壮年劳动力外流导致农村地区出现"空心化"、老龄化、弱质化现象（王志章等，2020）。

（三）资源禀赋不足

缺乏土地、资金、高素质劳动力等重要生产要素以及自然环境恶劣等都是导致农村贫困产生的重要原因。

土地资源不足。土地是重要的生产要素，少地或缺地是导致农村贫困产生的重要原因。例如，巴西、印度等国家由于土地制度改革条件不成熟或改革不彻底，存在大量少地、缺地的农民，这部分群体收入来源往往不稳定，比较容易陷入贫困。此外，日本、韩国等国家由于人多地少，农业生产经营规模普遍较小，农业生产效益较低。

发展资金缺乏。美国经济学家纳克斯（Nurkse，1953）提出贫困恶性循环理论，认为发展中国家之所以贫困，主要是"贫困恶性循环"，其产生的原因在于资本形成不足。农民收入普遍不高，同时教育、医疗、养老、购房购车等消费支出不断加大，导致资金积累普遍较少。另外，农民普遍缺乏有价值的抵押品，从金融机构获取贷款也存在较大难度。由于缺乏资金难以增加投资，扩大生产经营规模，农民增收难度大，容易产生贫困。

人力资本落后。美国经济学家舒尔茨于 1960 年提出人力资本理论[①]，认为发展中国家之所以陷入贫困境地，是因为这些国家在教育和健康方面的投入严重不足，限制了人力资本的发展，进而制约了生产效率提升，使整个国家处于贫困状态。这一理论也适用于农村贫困。联合国开发计划署（UNDP，1996）认为，贫困不仅仅是缺少收入，更重要的是基本生存与发展能力的匮乏与不足，而疾病、人力资本不足等都是造成人们收入能力丧失的不可忽视的因素。以韩国为例，第二次世界大战后青年人力资源严重短缺，是导致当时韩国农村贫困的重要原因。一方面，受常年战争影响，大量农村青年应征参军在外，造成了农村男性劳动力的流失；另一方面，处于社会中上层的村民日益重视知识教育，积累了一定的经济实力后，便带子女外出接受更好的教育。而处于社会底层的人口，为了生存外出打工，无法接受教育，只能从事体力劳动的工作或是打零工，生活无保障，随时可能陷入贫困（王志章等，2020）。

自然环境恶劣。人类在一定的自然环境和资源约束下开展生产经营活动。恶劣的自然环境不仅严重影响农业生产和农民收入，也严重影响农村居民的生活条件。农村贫困往往发生在水资源短缺、耕地质量较差、地势险峻、自然灾害频发等自然资源比较匮乏、自然环境比较恶劣的地区。这些地区地形比较复杂，交通建设成本高，交通条件常常也比较落后，存在人员流动难以及农业生产资料、农产品和日常生活用品运输难的问题，影响了生产要素的自由流动及市场经营活动的有序开展，影响了农民增收，也是导致贫困产生的重要原因。

（四）贫困文化盛行

贫困文化会影响贫困群体的发展意愿和能力。刘易斯（Lewis，1959）提出贫困文化理论，从社会文化的角度解释贫困现象。该理论认为，在社会中，穷人因为贫困而在居住等方面具有独特性，并形成独特的生活方式。穷人的独特的居住方式促进了穷人间的集体互动，从而致使与其他人在社会生活中相对隔离，这样就产生出一种脱离社会主流文化的贫困亚文化。处于贫困亚文化之中的人有独特的文化观念和生活方式，这种亚文化通过"圈内"交往而得到加强，并且被制度化，进而维持着贫困的生活。在这种环境中长成的下一代会自然地习得贫困

① 舒尔茨（Theodore W. Schultz）于 1960 年在美国经济学年会上以会长身份发表的题为《人力资本投资》（*Investment in Human Capital*）的演说，被认作现代人力资本理论诞生的标志。

文化，于是贫困文化发生世代传递。贫困文化塑造着在贫困中长大的人的基本特点和人格，致使他们即使遇到摆脱贫困的机会也难以利用它走出贫困。

以韩国为例，20世纪50年代农村地区贫困文化盛行，严重影响了韩国农村经济社会发展。主要体现在以下三个方面：一是存在自卑心理。由于长期受自然经济的影响，农村生活水平停滞不前，社会发育程度低，长期的贫困使农民形成了随遇而安的自卑心理，缺乏摆脱贫困的意志和动力。二是农民生活懒散。当时韩国大部分农村居民懒惰不作为、随意消磨时光、无积极心理，这些都极大地加剧了农村的贫穷与落后。三是农民产生宿命观念。20世纪60年代，农民生活条件非常恶劣，韩国农民感觉到绝望和无助，农民失去希望和方向，不少农民甚至认为不断增加的债务全是命中注定的（王志章等，2020）。

二 农村贫困治理

随着社会生产力水平及对反贫困重视程度的不断提高，无论贫困广度还是贫困深度在全世界范围内都显著下降。根据世界银行数据，1981—2019年，按每天1.90美元（2011年PPP）衡量的世界贫困人口比例从43.6%下降到8.5%；按每天1.90美元（2011年PPP）衡量的世界贫困差距由19.2%下降到2.6%；按每天3.65美元（2017年购买力平价）衡量的世界贫困差距，1984年为30.3%，到2019年下降为8.1%[①]。总体上，人类减贫事业取得了显著成就[②]。

贫困主要发生在农村地区。从多维贫困指数看，2022年还有83%的贫困人口生活在农村地区（UNDP and OPHI，2022）。发展中国家和发达国家处于不同的经济社会发展阶段，发展中国家主要解决农村的绝对贫困问题，而发达国家主要解决相对贫困问题，但并没有专属于不同发展阶段的贫困治理路径。总的看，可以将农村治理贫困路径归纳为提高国家经济发展水平、促进二元经济社会结构转化、增加发展资源供给、加强农村文化建设等。

（一）提高国家经济发展水平

提升经济发展水平对促进就业和增强国民收入再分配能力具有重要作用。在实践中，不少国家通过推进落后地区经济开发促进经济发展，进而助推农村贫困问题解决。

[①] 世界银行公开数据库，https：//data. worldbank. org. cn/，为2023年5月10日更新数据。
[②] 需要注意的是，自2020年以来，在新冠疫情、地缘政治冲突、极端异常气候等因素影响下，全球贫困和粮食不安全状况日益严峻，其中低收入国家和最脆弱群体受到的影响最为严重。

　　日本组织进行北海道地区的专门开发。北海道位于日本最北端，由于气候条件恶劣、土地资源贫乏、人口规模小等原因，经济相对落后。1950年，日本颁布《北海道开发法》，建立北海道开发厅和北海道开发局，形成了中央直辖、地方辅助的开发体制。1952—2020年底，日本共实施了七期北海道综合开发计划，形成了完整的规划体系，并与日本的全国性开发规划相配套，保障了北海道综合开发的顺利进行（刘宇琼、余少祥，2020）。日本政府在激活了北海道主要城市经济以后，接着加强对小城镇以及农村的发展力度，很多北海道的小村镇都成了有名的港口或渔村，显著增加了当地农民收入。

　　中国通过实施开发式扶贫解决农村的贫困问题。20世纪80年代中期以来，中国开始改变传统的给线、给物等贫困治理方式，倡导通过实施开发式扶贫增强贫困地区和贫困群体的自我发展能力，并制定《国家八七扶贫攻坚计划（1994—2000年）》《中国农村扶贫开发纲要（2001—2010年）》为农村贫困治理提供指导。随着经济社会的发展，中国不断拓展扶贫开发内涵，主要体现在：更加重视人文资源和人力资源开发；强调自然资源的适度开发和合理利用；更加重视农村第二、第三产业（如旅游服务业等）发展；探索易地开发、搬迁扶贫，以及进城务工经商和迁入小城镇定居就业等扶贫新模式；更加重视贫困地区社会发展和基本公共服务均等化；促进扶贫开发与社会保障制度有效衔接等（范小建，2014）。2013年，中国开始实施精准扶贫政策，针对不同贫困区域环境、不同贫困农户状况，运用科学有效程序对扶贫对象实施精确识别、精确帮扶、精确管理，有效助推了中国绝对贫困问题的解决[1]。

　　巴西在发展极理论指导下推进落后地区经济开发。1967年，巴西在贫困落后的亚马逊马瑙斯建立了一个经济发展极，实行进出口自由贸易政策，并以优惠的税收政策吸引国内外企业投资建厂。随着马瑙斯自由贸易区的建立与发展，亚马逊地区得以迅速发展。在这一发展极的带动下，增长势头通过资本、技术、组织、要素、信息等渠道辐射到周围地区，使亚马逊地区又先后建立了许多规模不等的发展极，形成了带动整个区域经济开发的发展极网络。这一地区的开发增加了大量就业机会，解决了农村剩余劳动力的就业难题，对减少贫困产生了积极的

----

① 精准扶贫工作的对象包括贫困户、贫困村、贫困县和连片特困地区，目标是通过实施精准扶贫，到2020年，贫困户稳定实现《中国农村扶贫开发纲要（2011—2020年）》提出的"两不愁三保障"目标，确保现行标准下农村贫困人口实现脱贫。

作用（尚玥佟，2001）。

（二）促进二元经济社会结构转化

发展中国家以及发达国家经济社会转型阶段都普遍存在二元经济社会结构，造成了显著的城乡发展差距。这些国家通过完善社会保障制度、开展乡村建设行动、促进就业等缩小城乡经济社会发展差距，为农村贫困群体提供更多的社会权利和经济权利。

1. 完善社会保障制度

世界各国主要通过建立和完善社会保障制度为包括农民在内的国民提供较好的生活保障。例如，美国政府在农村建立以户为单位的福利制度，对农村无劳动能力的边缘户提供福利救济以满足基本生活需求，同时针对有工作能力的边缘群体建立以工作帮扶为导向的福利救助体系，提供临时生活补贴（TANF）和临时性公益岗位（赵迪、罗慧娟，2021）。中国自进入 21 世纪以来，更加重视农村发展问题，探索建立了新型农村社会保障体系。2007 年在全国建立了农村最低生活保障制度，2014 年建立统一的城乡居民基本养老保险，2016 年开始建立统一的城乡居民基本医疗保险。同时，为更好地适应经济社会发展形势变化，中国不断完善农村社会保障制度，例如，逐步提高社会保险统筹层次，推进异地就医结算，鼓励惠民保、个人养老金等商业保险发展等。中国建成了具有鲜明中国特色、世界上规模最大、功能完备的社会保障体系，人民群众不分城乡、地域、性别、职业，在面对年老、疾病、失业、工伤、残疾、贫困等风险时都有了相应的制度保障。英国等欧洲国家通过福利国家的建立和完善，使其国民在人生各个阶段的生活都能够维持在一个相对较好的水平。印度通过其卫生保健体系有效降低了人口死亡率，增强了全民的身体素质，防止了"因病致贫"现象的出现（闫坤、孟艳，2017）。

2. 开展乡村建设行动

19 世纪末到 20 世纪初，美国处于从农业社会向城市社会过渡阶段，美国农村存在对土地工作者固有权利漠视、公路交通条件差、土壤退化、农业劳动力缺乏、乡村卫生健康状况不佳等问题，美国通过开展全面的乡村社会调查、改革乡村教育、引导农民组织化合作、改善农民的精神生活等对这些问题进行了相应的改革，在一定程度上促进了美国农村社会经济文化的发展（史磊，2017）。第二次世界大战结束后，联邦德国实施了等值化理念指导的德国村庄更新。通过加强村庄规划、公共服务和基础设施建设，开展土地整治，加强生态环境和历史文化保护，调整农村土地结构和农民就业结构，不断缩小联邦德国城乡经济社会发展差距。日本于1979年开始实施"造村运动"，通过减少村庄数量、加快发展特色农业、引导企业下乡、加强农民培训、发挥农协作用等不断缩小城乡居民收入差距［中国农业银行三农政策与业务创新部课题组（李润平），2018］。韩国于20世纪70年代开展"新村运动"，将加强农村基础设施作为重要内容。政府免费提供水泥、钢筋等物资用于修建乡村公路；对村镇建设进行详细的规划，为农户提供十多种标准住宅设计图纸，推动农房改造；提供补助和低息贷款，帮助农户安装电灯；帮助农民利用井管挖掘机汲取丰富的地下水，改善农村饮水条件。此外，农民还根据当地的地形地貌、基础设施的实际情况完善如公共浴池、洗衣池、新村会馆等设施。韩国政府还根据每个村庄的地形、农业类型和基础设施状况，列出了每个村庄需要优先解决的问题，然后为每个村庄提供必要的物资，以此激发农民建设新农村的热情（王志章等，2020）。2005年，中国在进入以工促农、以城带乡的发展新阶段的背景下，提出推进社会主义新农村建设，此后又陆续实施了美丽乡村建设、乡村振兴战略和乡村建设行动。通过加强农村公共服务和基础设施建设，村庄环境卫生整治以及文明乡风、平安乡村建设等，中国农村的生产生活环境不断改善，农民的获得感、幸福感、安全感不断提升。

3. 促进就业

实现就业是增加收入的重要渠道，发达国家和发展中国家都将促进就业作为解决农村贫困的重要方式。欧美国家通过创造就业机会和鼓励创业解决农民的就业问题。例如，针对农业机械化后出现的隐性失业现象，德国政府针对东部农村推行的"团结计划"，引导农村富余劳动力就近转产转业，并提供就业帮扶指导和资金支持；法国政府则开展了"积极就业行动"，通过为农民提供补助的形式引导其在农村新产业领域谋职。美国则通过税收、信贷、费用减免、职业培训补贴等方式引导和鼓励市场主体在贫困地区投资发展产业，尤其是对农村小微企业制定了专门的优惠政策（赵迪、罗慧娟，2021）。印度于2006年颁布《全国农村就业保障法案》，以立法的形式保障农村劳动力的就业权利。该法案规定，邦政府在本财政年度内为每个家庭中自愿从事体力劳动又无劳动技能的贫民提供至少100天的就业机会，日工资不得低于60卢比，并为距离较远的工作提供交通补贴；申请人提出工作申请15日内安排工作，未安排工作的政府给予一定的补贴。此外，还规定项目受益人中1/3是妇女（李熠煜，2018）。

（三）增加发展资源供给

一些国家通过实施土地改革、加大农村金融支持、人力资本投资等增加农民生产要素，为他们在初次分配环节获得更多收入创造条件。

1. 实施土地改革

一方面，为无地农民分配土地。例如，印度于尼赫鲁时期开展了农村土地改革，政府废除"中间人"柴明达尔制度，并以补偿金的形式购买大地主手中的土地，将其分配给实际耕作者，改革使部分无地农民有了收入保障（李熠煜，2018）。另一方面，积极引导和支持土地适度规模经营。例如，日本出台的《农业基本法》《农促法》《农地法》《农地利用增进法》等引导和支持日本通过培养新型经营主体、促进土地流转等扩大农地经营规模（王志章、郝蕾，2019）。

2. 提供金融服务

为农民提供针对性金融服务，可以增加他们的资本拥有量，帮助他们扩大生产经营规模和实现增收。孟加拉国乡村银行、印度尼西亚乡村信贷部、玻利维亚阳光银行、蒙古国哈斯银行、爱尔兰贷款基金等国外农村金融反贫困服务都取得了较好的效果（刘芳，2017）。其中，最有影响的是孟加拉国小额信贷模式。20世纪70年代初期，孟加拉国针对贫困人口在金融市场上的弱势地位，通过创新联保机制，以市场利率为贫困人口主要是贫困妇女提供无抵押、还款灵活的短期贷款，该种模式不仅满足了贫困人口的小额资金需求，而且实现了贷款银行的可持续发展，该模式在全球100多个国家得到了推广（田莹莹、王宁，2014）。

3. 提高人力资本

人力资本状况包括生产经营技术掌握状况、健康状况等都直接关系到农民参与政治、经济和社会生活的能力。不少国家通过加大人力资本投资增强农民的自我发展能力。美国建立了完善的农村教育培训体系。美国农业部下属的农业研究服务中心、合作研究推广中心、经济研究服务中心和国家农业统计服务中心针对农村弱势群体开展专题培训和信息服务，农学院、农业试验站、农业合作推广站合作开展农业教育、科研和推广工作，"未来农民协会"、4H农村俱乐部、社区互助会等基层组织会定期开展培训、指导和交流活动，特别针对移民、女性和老年人给予技术帮扶服务。英国政府建立了从学前教育到高等教育的农村教育体系，并主张农村和城市应该拥有同等质量的教育资源，强化农村教育机构的基础设施建设。在农民培训上，英国很早就将职业农民培训与正规教育相结合，引导农民掌握创新技术和管理经验；德国广泛普及"双元制"农民培训，开展校企轮训培训模式，保证每个职业农民都接受过 3 年以上的正规职业培训（赵迪、罗慧娟，2021）。韩国在 20 世纪 70 年代通过开展农业技术教育提高农民素质。韩国政府建立健全了农民教育的三大体系，即正规学校农业教育、农村振兴厅四级农业教育、民间组织农业教育，并采取了有针对性和多样性的农业教育培训内容和形式。政府在农民能力教育中担当主导角色，为其提供宏观层面的指导和支援，全国各地纷纷成立村民会馆，举办各种培训班和交流会。此外，政府还通过公务员、大学教师、农业技术员包村包点等举措推广农业科技和文化知识。日本在 1979 年实施的"造村运动"中，通过加强农民培训，推动农村经济长期可持续发展。日本政府在乡村无偿开办各类培训班，建立符合农民学习培训特点的补习中心，传授农业知识和专业技术，提高农民综合素质，为农村经济的长期可持续发展奠定坚实基础。资料显示，日本每个县均设立农业学校，办学经费由国家负担2/3，县里负担 1/3 [中国农业银行三农政策与业务创新部课题组（李润平），2018]。

（四）加强农村文化建设

很多国家通过加强文化建设、思想教育和心理干预等改变农民的精神面貌，增强农民的自身发展意愿。例如，韩国的"新村运动"倡导"勤勉、自助、合作"的精神，鼓励人民积极工作，勤劳致富，依靠自己的力量改变贫穷的现状，在合作中取得共赢，极大地调动了农民的积极性，使农民的自信心得到增加，爱国主义精神得到增强（王志章等，2020）。针对美国农民自杀率高于其他人群的问题，美国联邦农村卫生政策办公室专门建立了"播撒希望的种子"热线电话进行心理干预，并设立了农民幸福感评价体系，定期对贫困农民群体心理状态进行评估。欧盟在相对贫困线设定中，专门将参与娱乐次数、家庭聚会频率、压力排解渠道等作为重要指标，并指出要想让群体摆脱相对贫困状态，必须消除贫困文化，营造积极向上的乐观心态。荷兰贫困农民在长期紧张情绪影响下普遍具有缺乏目标、不守承诺、意志消沉、脾气暴躁、轻言放弃等特点，荷兰政府在农村大范围推广"流动辅导"策略（Mobility Mentoring），对农民进行心理辅导和情绪控制训练，引导农民认识到生活压力的来源，并与农民共同制定减轻压力的途径和措施。法国很多非政府组织专门在农村设有志愿者服务机构，与社区医院联合对农民开展心理疏导和咨询工作，并且会定期组织团契式聚会，鼓励弱势农民群体通过集中讨论的方法解开"心结"，疏通农民表达渠道（赵迪、罗慧娟，2021）。

第七章　农村公共服务供给

公共服务关系到广大居民的根本福祉。农村公共服务主要包括农村基础设施、农村社会服务、农村文化服务和农村社会管理四大类，由政府部门、社会团体及民间组织、农民组织三大主体负责提供。在农村公共服务供给中，应秉承连续性原则、公平性原则和共同需要原则。公共服务的供给效率包括生产效率和配置效率，前者受技术水平、财政分权方式、经济发展水平和人口密度等因素影响，后者受偏好显示程度等多种因素的影响。基本公共服务在城乡间、区域间和不同群体间仍存在差距。为了提高农村公共服务的供给效率、促进基本公共服务均等化，可以借鉴企业家政府理论优化政府职能，借鉴新公共服务理论强化多元协作，借鉴公共选择理论规范投票行为；在实践层面可通过城乡一体化消弭公共服务的城乡二元差异，通过数字化提升农村基本公共服务可及性，通过县乡村一体化和基本公共服务标准化推进基本公共服务均等化。

第一节　农村公共服务的供给体系

公共产品是指在消费使用上具有非竞争性和受益上具有非排他性的产品。本节在明晰公共产品或服务概念以及分类的基础上，将进一步聚焦农村，集中讨论农村公共产品或服务的供给内容、供给原则以及供给体系。

一　公共服务的概念和分类

纯粹的公共产品或服务，是指那些向全体社会成员提供的且在消费上不具有竞争性、受益上不具有排他性的物品或服务[①]。对公共产品或服务进行分类，可以按照供给的内容，将其分为公共产品和公共服务两大类：前者为实体性物品，诸如道路、水利设施、电力设施和垃圾处理设施等；后者则同时包含了实体物品和人力资本投入两部分，诸如医疗卫生服务、教育服务和养老服务等。鉴于本章论述对象大多同时包含了公共产品和公共服务，若无特殊说明，以下将不再对二者进行区分。

在现实中，许多公共产品居于纯粹的公共产品与纯粹的私人物品之间，它们是混合物品或半公共产品。如果一种物品或服务同时具有效用的非可分性和受益的非排他性，但在消费上具有竞争性，则该种物品或服务属于公共资源。如果某种物品或服务随着消费人数的增加而产生拥挤，且减少了每个消费者从中所获得的收益，那么该种物品或服务就是拥挤性公共产品。

拥挤性公共产品与俱乐部产品有相似之处。俱乐部产品有两个特征，一是对外排他性，即俱乐部产品仅由其全体成员消费；二是非竞争性，即单个会员对俱乐部产品的消费不会影响或减少其他会员对同一产品消费。对特定人群开放的学校、电影院等，都是俱乐部产品的例子。

在有些公共产品的供给中存在自然垄断，即由单个企业大规模生产经营比多个企业同时生产经营更有效率，如供水、供电、燃气供应、热力供应、电信、交通运输、环境卫生设施等。自然垄断的产生主要基于规模经济、范围经济及成本的次可加性。首先，在某些固定成本投资较大的企业中，随着总产量的上升，固定成本被逐渐摊薄，单位生产成本和长期平均总成本随着总量的增加而趋于下降，出现了规模经济，那么这个行业往往就是自然垄断的。其次，如果一个企业生产多种产品的成本低于几个企业分别生产它们的成本，即存在范围经济时，也容易产生自然垄断。最后，即使规模经济不存在，或即使平均成本上升，但只要单一企业供应整个市场的成本小于多个企业分别生产的成本之和，则该行业仍然是自然垄断行业。

二 公共服务的供给主体

公共服务的供给由政府而非市场主导，但并不是所有公共服务都由中央一级

[①] 在《经济学》（保罗·萨缪尔森、威廉·诺德豪斯，2013）中，是这样定义并解释公共产品或服务的："公共品是指那种无论个人是否愿意消费，都能使整个社会每一成员获益的物品。私人品恰恰相反，是那些可以分割、以供不同人消费，并且对他人没有外部收益或外部成本的物品"，"公共品是这样一种产品或服务，其向所有的人提供和向某一个人提供的难度是相同的"。

政府单独提供。按照受益范围的大小，可以把公共服务区分为全国性公共服务和地方性公共服务。全国性公共服务指那些与国家整体利益有关、所有社会成员均可享用的产品或服务，其受益范围是全国性的，如国防、外交等。全国性公共服务应当由中央政府负责提供。地方性公共服务指那些只能满足某一特定区域范围内的社会成员需要的产品，受益范围具有地方局限性，如公路、路灯等基础设施。地方性公共服务应当由各级地方政府供给。

除非地方政府无法提供某项公共服务或其供给效率低于中央政府，否则该公共服务应尽量由地方政府或下一级政府组织供给。这主要是基于以下五方面的原因：一是不同地区的居民有不尽相同甚至相去甚远的需求，地方政府对这一情况的了解程度高于中央政府，从而可以因地制宜地为本地区提供质量上乘、数量适当的地方性公共服务。例如，在水资源管理方面，中国南方地区需要的是河流治理，而北方地区需要的是打井或引水。二是不同收入群体对同一类型的公共服务有着不同的质量要求，而统一提供的公共服务不具备这种差异性。例如，在教育方面，高收入群体追求的是高质量的素质教育，而广大农村居民当下最需要的是基础教育。三是地方直接提供公共服务可以避免中央转移支付所导致的效率损失。四是地方政府在公共产品的管护、维修、监督等方面的成本比中央政府更低。五是地方之间在公共服务供给上会互相竞争，进而更有可能出现创新。

三 农村公共服务的供给内容和供给原则

农村公共服务是公共服务在农村范围内的具体体现。农村公共服务是对由政府及其他机构举办的，为农业经济生产、农村社会发展和农民日常生活提供的各种服务的统称（徐小青，2002）。农村公共服务主要包括以下四类。一是农村基础设施及相应服务，主要包括农村的道路交通、饮用水供给、电力供给、燃气供给、互联网服务、道路照明、垃圾和污水的收集与处理等。二是农村社会服务，主要包括农村教育、医疗和公共卫生、社会保障、社会福利、社会救助、养老服务、托育服务、残疾人服务、消防服务等。三是农村文化设施与服务，主要包括农村的图书馆、文化艺术馆、博物馆、表演团体、文物与文化遗产发掘等。四是农村社会管理，主要是指由行政管理机构、公共秩序和公共安全机构等对农村地区所进行的治理。

在农村公共服务的供给中，应秉承连续性原则、公平性原则和共同需要原则。连续性原则是指农村公共服务应保证其连续性，不得无故中断或停止；公平性原则是指全部个体平等获得公共服务以及公共服务平等对待每一个体；共同需要原则是指当农村居民产生新的共同需要时，政府应该并且能够调整公共服务的组织形式和运行方式的原则（王小林、李玉珍，2006）。

四 农村公共服务的供给体系

按照农村公共服务供给主体的不同身份、组织化程度和实现形式，可以将农村公共服务的供给体系划分为政府的分级供给和政府购买、社会团体或民间组织的多元供给以及农民组织的自主供给三大类。

政府部门根据其所管辖的区域，分级提供公共产品，包括全国性公共产品、地方辖区内公共产品和跨地区公共产品。社会团体或民间组织尤其是一些非营利组织，向农村提供公益性的公共产品；农民专业合作社、农业协会等也会自行组织起来，提供收益界限清晰、可以排他性收费的俱乐部公共产品。对于村民及其自组织而言，根据六类村庄组织（见表7-1）的不同参与程度，可以将农民组织的自主供给分为村庄集体供给、村民团队供给和村民自我供给。

表7-1　　　　　　　　　　六类村庄组织

组织名称	主要组成机构
社区党政经组织	村民委员会、村党支部（村党总支），经济合作社（或村股份合作社、经济联社）等
村级准组织	村民会议、党员会议、村民代表会议、党员议事会、村民代表议事会、议事小组、民主议事小组、党员民主议事机构等
村"两委"附属组织	村务公开监事会领导小组、人民调解委员会、治安保卫委员会、公共卫生委员会、环境卫生领导小组、经济指导委员会、外来人口管理办、文教卫生委员会、社会福利委员会、社区卫生服务站、流动人口管理警务室、联防队、村综合治理领导小组等
民主理财与监督组织	村民理财小组、财务监督小组、政务公开监督小组、村务监事会等
村群众性组织	共青团、妇代会、民兵连、老人协会、红白理事会等
民间组织	各种生产合作社、农机专业合作社、文艺演出队、农民乐队、农民技术培训学校等

注：此处将书中相关文字以表格形式呈现。

资料来源：冯兴元等：《中国的村级组织与村庄治理》，中国社会科学出版社2009年版。

这里需要注意的是，社会团体或民间组织可能有农民参与，也可能没有农民参与，也就是说，多元供给和自主供给由于农民参与程度的差异，可能存在不同程度的交叉；农民自主供给的三类划分并非严格意义上的互不重叠，这也是现实中供给模式灵活多样的体现。

（一）政府：公共产品的分级供给和政府购买

在农村，乡镇政府提供适合本辖区范围内的公共产品，这些公共产品大致包括三类（谭秋成，2002）。一是具有外部性的，但收益和成本不外溢本辖区的地方公共产品，如乡镇公共安全、民事纠纷处理、乡村道路建设、防洪、灌溉排水、土地整治等；二是外部收益或成本溢出本辖区，需要与上一级政府或其他辖区进行合作来提供的公共产品或服务，如基础教育、卫生防疫、跨乡镇的公路建设、区域水土治理、环境保护等；三是具有一定规模经济、收益可排他的俱乐部产品，如医疗、文化及其他一些社区福利项目。

（二）社会团体或民间组织：公共产品的多元供给

社会民间组织，如一些慈善组织等，可以按照自己的意愿直接向特定乡村提供公共产品；农村民间组织，如农民专业合作社、农业协会等，也可以自行组织起来，提供收益界限清晰、可排他性收费的俱乐部产品。同时，这些社会团体、民间组织还可以与其他公共产品供给主体开展合作，以更加多元的方式进行生产，共同提供某类公共产品，例如基层政府可以和私人或民间组织混合供给，民间组织和私人也可以混合提供等（冯兴元等，2009）。

以非营利组织为代表的社会团体不以追求利润为目的，而是以社会公益为目的，因此他们可以免于边际成本定价原则的制约，成为公共服务的供给者。非营利组织由相关领域专业人士和关心这些问题的志愿者组成，他们对事业的投入和热心程度在相当范围内超过了政府官员，且行动比较灵活，大多只关注一些较为具体的问题，显示出其专业性与针对性。此外，政府是全社会公共利益的代表，考虑问题往往从全局角度出发，因此其更多的是供给具有整体利益性质的公共产品。相比之下，人们的需求是多样化的，政府无法用统一的政策和行为满足社会各种各样的需要，非营利组织数量众多、范围广泛、规模不等、覆盖面广、渗透性强，能够在政府不愿或无法顾及的地方提供公共产品，起到拾遗补阙的作用。

（三）农民组织：公共产品的自主供给

农村公共产品的自主供给是一种以农民为主，实现供给目标与农民需求、供给过程与农民参与、供给实施与农民监督、供给效果与农民评价紧密结合的供给机制。农村公共产品的自主供给可分为村庄集体供给、村民团队供给和村民自我供给三类。

　　村庄集体供给是指在村庄自治框架下，全体村民参与，服务于集体利益的公共产品供给模式。在村庄集体供给中，村委会作为农村村级事务的主要管理者，在关系全村利益的农村基础设施建设[①]和农业信息、科学技术传播等方面发挥着重要作用，是公共产品供给的重要组织者、发起者、管理者和协调者。同时还要看到的是，村委会作为村民的自治性组织而非政府行政机构，在村庄公共产品的供给中存在一定的局限性。一是村委会的自主决策权力有限。公共产品供给多由地方政府牵头，村委会类似于乡镇政府的执行机构，在其中起上传下达的作用。二是村委会可用于公共产品供给的资源有限。以资金为例，村委会供给公共产品的资金主要来自上级财政拨付资金、村集体资产收益及村民集资。这些资金的数量与村庄经济发展水平密切相关，发展欠佳的村庄的公共产品供给会受到可用资金的限制。

　　村民团队供给指的是具有相同利益偏好或居住地相对集中的村民组成团队，提供有限范围的公共产品（冯兴元等，2009）。在村庄组织的六种类型中，覆盖部分农民且有供给能力的第三类村庄组织如村民小组、村屯环境卫生小组和第五类村群众性组织如妇代会、老人协会和红白理事会等，都是以团队供给的方式，提供满足部分群体或部分区域村民公共需求的公共产品，这里以村民小组为例进行说明。

　　根据《中华人民共和国村民委员会组织法》第三条[②]的相关规定，村民委员会可以在一些村民较多、村庄管辖范围较大、村民居住分散的地方，分设若干村民小组。村民小组作为全体村民的一种组织，负责经营、管理属于村民小组的集体土地和其他财产，并主要负责如本组田间小道的修整、打井、大型农机具的管理和维修、土地的分配、承包与调整等公共服务的供给（冯兴元等，2009）。与村委会相同的是，村民小组并非行政机构，资金和人数有限，无法供给对资金、人力或技术有较高要求的公共产品。

　　与自主供给的两大主体不同，村民在公共产品和服务中的作用并不独立承担

---

　　① 关系全村利益的农村基础设施建设包括但不限于出村道路和村庄主干道的铺设与修垫、村庄灌溉用水渠的清理与维护等。

　　② 《中华人民共和国村民委员会组织法》第三条：村民委员会根据村民居住状况、人口多少，按照便于群众自治，有利于经济发展和社会管理的原则设立。村民委员会的设立、撤销、范围调整，由乡、民族乡、镇的人民政府提出，经村民会议讨论同意，报县级人民政府批准。村民委员会可以根据村民居住状况、集体土地所有权关系等分设若干村民小组。

供给任务，而是作为供给原子出现在具体生产过程中的自我供给，主要包括表达偏好、投工投劳和监督反馈三个方面。首先，偏好的显示是适量生产公共产品的前提和基础，刻意隐藏偏好虽然可以逃避分担成本，但这也可能带来公共产品的缺位或不足，其损失有可能大于成本分摊份额。因此，村民首先要将偏好真实表达。其次，在公共产品的具体生产过程中，村民可以"投工投劳"的方式参与供给，这是解决资金约束的重要途径。最后，村民作为公共产品和服务的使用者，具有对使用效果进行评估的资格和责任，也具备监督生产过程的条件和可能，而这些都是改进公共产品供给质量的重要保障。

随着农村经济的快速发展，一些农民个人如农村里的专业大户也可以提供类似小型水利设施、农用固定资产等公共产品，他们在满足自身需要之后还可以为其他农户提供服务，并适当收取服务费。这也是农民自我供给的一种表现形式。

第二节 农村公共服务的供给效率

效率与公平是经济学研究的核心问题之一，公共服务的供给效率主要包括其生产效率与配置效率。传统农村"熟人社会"的特性可以较为高效地显示个体对公共服务的偏好；农民专业合作社发挥了其俱乐部产品的效率优势，并从效率角度出发确定其规模。

一 公共服务供给效率及影响因素

公共服务的供给效率包括公共服务的生产效率和配置效率。公共服务的生产效率指的是其资金投入与产出之间的比率，通常用数据包络分析法（DEA）衡量。公共服务的配置效率强调的是公共服务供需之间的充分程度和匹配程度，其高低取决于公共服务是否达到林达尔均衡：如果每位社会成员为公共服务的出资量与其所获得的公共服务的边际效益相等，那么公共服务的供给量便可以达到具有效率的最佳水平。

公共服务生产效率的影响因素主要包括技术水平、财政分权方式、经济发展水平和人口密度等。通常情况下，技术水平的提升会提高公共服务的生产效率；中央财政的适度分权能提升公共服务供给效率，但过度分权可能会造成公共服务供给效率的损失；经济发展水平越高、贫困率越低，越有利于公共服务生产效率的提高；适中的人口密度有利于公共服务供给发挥规模效应进而提升其供给效率，但人口密度过高会造成公共服务的"拥挤"，过低则会产生供给成本的增加。

公共服务配置效率的最大化以两个假设为前提（高培勇，2012）：一是每人都愿意准确表达自己可从公共服务消费中获得的边际效益，而不存在隐瞒或低估自己边际效益从而逃避其应分担的成本的动机；二是每个人都清楚地了解其他社会成员的偏好以及收入状况，甚至清楚地掌握任何一种公共服务可给彼此带来的真实边际效益，从而不存在隐瞒个人边际效益的可能。以上两项假设条件只有在人数很少的小团体中才有可能完全满足，或者说人口规模越大，以上条件则越难满足。这就是说，只要有公共服务存在，就会不可避免地出现免费搭车者，公共产品的供给量就可能不足，低于其应当达到的最佳产量水平，林达尔均衡难以实现。

二 影响农村公共服务供给效率的因素

在公共产品的供给中，农村地区至少具备三点特殊性。一是相较于城市，农村居民与当地自然环境以及周围人群的嵌入性更强，村民小组和自然村在一定程度上可视为熟人社会，而行政村的范围也相对较小。二是农村公共产品的供给资金主要源于上级拨款，且农村经济基础相对薄弱，一些成本较高的公共产品供给会受到约束。三是有些农村地区人口密度较低，还有些农村地形地势复杂，这为公共服务高效供给带来了挑战。

（一）影响农村公共服务偏好显示的因素

在中国传统农村社会中，偏好显示会有天然的高效率，这主要是因为传统农村更接近于"熟人社会"。例如，农村供给和使用公共产品的群体往往来自同一自然村的农户。由于共同生活在一个较小的范围，村民常常需要聚在一起协商维修道路、提供家户的安全保障等事宜，农户对邻居的偏好、收入状况、消费公共产品的边际效益等都较为了解，有利于显示其对公共产品的偏好。

在公共服务偏好的显示中，查尔斯·蒂布特的"用脚投票"理论揭示了人们显示自己偏好的机制，即人口的流动（Tiebout，1956）。当人们认为一个地区的公共服务组合能够实现自己效用最大化的目标时，他们就会选择去那个地方居住并工作，以使自己的效用达到最大化。按照蒂布特的"以脚投票"理论，哪个地方有效地提供了人们所偏好的低成本的公共产品，哪里就会有较多的人口流入。这种"用脚投票"的结果最终是实现帕累托最优。

在现阶段的农村中，"用脚投票"作用的发挥仍受到一定的限制。因为"用脚投票"要满足两个前提。一是个人可以自由流动,且流动成本较低。这一点在农村里较难满足,例如户籍制度等制度性约束,以及因为情感、文化等原因而难以甚至不能自由流动的现实情况。二是"用脚投票"理论要求信息对称,即个体知晓不同地区所提供的公共服务的具体情况。这一点在农村中也很难满足,在信息传播方式和农民自身条件的双重约束下,农民常常处于信息劣势。现阶段,中国虽有大批的外出务工人员,但这种人口流动并不是纯粹公共服务意义上的"用脚投票",尤其是对于"第一代"农民工而言,其目的多是增加收入,其子女或父母的随迁更有可能体现"以脚投票"的流动动机。因此,"用脚投票"的偏好显示机制在农村尚没有完备的显示条件,农村公共服务的供给结构和数量有可能产生错配。

(二)影响农村俱乐部产品供给规模的因素

詹姆斯·布坎南(James Buchanan)的俱乐部理论解释的是俱乐部产品供给中的两个核心问题:一是适宜的公共产品产量,二是俱乐部的最佳规模即其成员数量。首先,公共产品的最优供给量需要满足"萨缪尔森条件",即生产最后一单位公共产品的边际成本要等于所有使用者同时消费该产品时所获得的边际利益。其次,确定俱乐部最优成员数所遵循的原则是,增加最后一名会员时,原有会员的边际收益等于其边际成本。在俱乐部的初始阶段会员数较少,此时新增会员的加入会摊薄成本,这种平均成本的降低是吸纳会员的边际收益;随着人数的增多,新会员会增加俱乐部的"拥挤"程度,降低公共产品的使用感受和效果,这是吸纳新会员的边际成本。当边际收益等于边际成本时,俱乐部成员达到均衡,即因人员增加带来的分摊成本下降的收益与因人员增加带来拥挤程度的成本正好相互抵消,边际收益正好等于边际成本。布坎南指出,按照一般均衡原则,此时俱乐部的人数是其最佳规模。

在农村中,农民专业合作社及其服务就是较为典型的俱乐部产品。在农民专业合作社中,由村民身份或缴费凭证而来的社员身份较易识别,排他成本低,产品外溢性较小,容易避免非社员和社员中的未付费者"搭便车"。在农业生产专业合作社中,社员间同质性较强,彼此之间信息也较为对称,排他成本较低,这构成了俱乐部产品的理想状态,能够在很大程度上实现效率。

在确定合作社规模边界的问题中,新社员的加入可能影响合作社稳定的经营状态,合作社经营规模的变动也可能会影响其市场份额及个人收益,这是社员加入的边际成本。理性的合作社为了维持稳定，会对新社员的加入设定"门槛"。也就是说，合作社需要在分摊成本和维持收益之间寻找平衡点，以确定合作社规模的边界。

（三）其他影响农村公共服务供给效率的因素

农村公共服务的生产效率受到地形地势、居住模式与人口密度、技术服务水平、财政分权方式等多类因素的影响。一是在广大农村地区，农民"上楼"的情况虽日渐增多，但并非主流居住模式。农户大多在宅基地上自建房屋，不同地区的农户需要在不同程度上考虑饮用水、电力、燃气、取暖、互联网、生活污水排放等问题。相比此类设备或服务在城市的集中供给，农村这种分散的供给模式自然会降低效率。二是相较于城市，农村的人口密度较低，西部地区的某些村落地势复杂，在村、镇、县哪一范围内统一配置垃圾和生活污水处理设施，设置托幼机构、小学、中学、医疗卫生机构、养老机构、其他福利机构、图书馆等，这都是需要考虑的问题，都会影响公共服务的供给效率。三是农村地区教育、医疗等公共服务的供给效率在很大程度上会受到人才和管理水平的"软约束"，专业技术人才缺乏、管理规范化不足是普遍问题。四是某些地区的财政水平有限，可用于公共服务的经费明显不足，基础公共设施匮乏，医生或教师的收入水平较低，这些都会影响基层公共服务供给的质量和效率。

三　提高农村公共服务供给效率的路径

为了克服上述公共服务在供给中所出现的效率损失问题，旨在政府功能改进的企业家政府理论、强调公众参与的新公共服务理论以及着重分析投票行为的公共选择理论都受到了广泛关注，其在农村的应用也在一定程度上提高了公共服务的供给效率。

（一）政府管理再造，提高公共服务供给效率

目前主流的科层制具有专业化、理性化和规范化的特征，在遵循规章制度、保证组织运转、执行特定任务、实现公共利益方面有一定优势，但也可能会导致公共服务需求传导不畅、供给水平提升缓慢、供给内容柔性不足等问题。基于这些缺陷，美国学者戴维·奥斯本（David Osborne）和特德·盖布勒（Ted Gaebler）在肯定政府作用的基础上，于20世纪90年代提出了企业家政府理论（戴维·奥斯本、特德·盖布勒，2006）。

企业家政府理论认为，政府要按照企业家的理念和方法管理公共事务，用较

为灵活的、以市场为基础的管理模式替代僵化的、以科层为基础的官僚主义管理模式，并以此为出发点提出了政府管理和改革的具体指导原则（付小均，2011）。这些原则强调，政府要做的是"掌舵"而非"划桨"，政府应该集中精力做好决策工作，把具体的服务性工作承包给私营企业和非营利性机构；在具体事务中，政府应注重引入竞争机制，同时积极发挥公众的主动性。企业家政府理论中的政府是"任务驱动的政府"，也是具备"顾客意识"和投资意识的政府，要变管理者为企业家，变花钱政府为赚钱政府。企业家政府理论强调参与协作的分权模式而非层级制的集权模式，提倡政府仿效企业领导者的做法，将集权式的管理权下放，将政府的层级节制模式变为参与协作模式，实行参与式管理。

在农村的基层治理和公共产品供给中，村"两委"常常被组织内部规定和上级政府的具体要求所限制，陷入"规章驱动的组织"而不能自拔。实际上，在公共服务的供给中，一定的规章制度是必要的；但如果这种规定过繁过细，就会形成政策落实当中的形式主义和文牍主义（谭秋成，2019），也会压抑组织成员的创造性，降低供给效率。为了克服这一问题，政府应该创新管理体制，培育公民自治组织，提升公民自治意识，更好地利用市场机制和赋予公民选择权解决公共问题。

沿着企业家政府理论的思路，中国在农村公共产品的供给中已广泛采用了政府购买模式（PPP）。PPP 是指政府公共部门与私营企业或民营资本合作，并让非公共部门所掌握的资源参与提供公共产品和服务，从而实现合作各方达到比预期单独行动更为有利的结果。PPP 是以市场竞争的方式提供服务，主要集中在纯公共领域和准公共领域，在农村包括但不限于道路建养、污水垃圾处理、人居环境治理、河道改造、农田水利、产业园区配套设施建设、高标准农田建设等领域。

中国内地在 20 世纪 80 年代利用港资启动了第一个 PPP 项目——深圳沙角 B 电厂（贾康等，2022）。2017 年《中共中央 国务院关于深入推进农业供给侧结构性改革 加快培育农业农村发展新动能的若干意见》明确提出，推广政府和社会资本合作，撬动金融和社会资本更多地投向农业农村。根据《全国 PPP 综合信息平台管理库项目 2021 年半年报》，截至 2021 年上半年，中国已有 527 个脱贫县探索运用 PPP 模式支持脱贫攻坚和乡村振兴，占脱贫县总数的 63.3%，在库项目 1624 个，脱贫县累计投资已经达到 1.2 万亿元。在实践中，PPP 有效支持了贫困地区的脱贫攻坚和乡村振兴，在一定程度上缓解了农村基础设施及公共服务供给侧的财政压力，并发挥了扩大内需、优化结构、改善民生、提升政府绩效、增强发展后劲等多方面的正面效应（贾康等，2022）。

（二）多元协作，重视农民在公共产品供给中的能动性

在农村公共服务供给中，中央政府、地方政府、村民团体和社会组织的经济能力和资源调动能力依次递减，故而在有些观念中，并没有很重视农民和社会组织在公共服务供给中的作用。这种理念不仅不利于公共服务供给效率的提高，还容易湮没来自农民的、真正符合基层需要的公共服务诉求，以致在有些地区出现了农家书屋无人问津、养老机构寥寥数人的场景。在提升农村公共服务供给效率方面，首先要明确的就是农民的供给能动性和其实际生活生产需求。

以美国公共管理学家罗伯特·B. 登哈特（Robert B. Denhardt）为代表的新公共服务理论，强调的正是公共管理者在其管理公共组织和执行公共政策时应该集中于承担为公民服务和向公民放权的职责，即把权力交给农民个体，重视其主体地位。按照新公共服务理论，基层管理者应该建立一些具有完善整合力和回应力的公共机构，政府应把追求公共利益视为主要目标（珍妮特·V. 登哈特、罗伯特·B. 登哈特，2014）。具体到公共服务的供给中，新公共服务理论认为社会事务需要政府和公民共同管理，社会管理应该是双向度的，政府和公民应该通力协作，政府要注重民主治理和公民参与，充分尊重民意。同时，公民应该培养"理性参与"意识，积极且理性地参与社会事务，实现社会公共事务的合作管理。

在中国农村，村"两委"的民主选举、村规民约的制定、村级公共事务的"一事一议"制度等都体现了村民积极参与公共事务的商讨和公共产品的供给，基层也涌现出了形式多样的村民自我服务组织。例如，广西玉林市"村务商议团"将涉及村民切身利益的重大事项纳入议事范围，并通过"四议—执行—监督"① 的方式讨论决定村级重大事项，增强了村级事务决策的科学性；广西贵港

---

① "四议—执行—监督"即提出议题、征求意见建议、村务商议团商议、村"两委"审议、村"两委"执行、村务监督委员会监督。

市覃塘区"一组两会"① 通过协商自治实践，规范工作流程，夯实运行基础，有效实现和保障了村民对公共事务的参与权、知情权、决策权和监督权；广西柳州市融水苗族自治县"五会治屯"② 的管理模式有效解决了自然村或村民小组公共事务无人管、公益事业难办理的问题；广西壮族自治区百色市田阳区"屯事联理"③、河池市宜州区实行"党领民办"、崇左市扶绥县探索"一部三会"④ 等多种形式的村民自治形式也得到了广泛实践，促进了农民群众自我管理和自我服务。

（三）治理投票交易，减少公共服务供给效率的损失

在实践中，有很多公共服务的供给决策是通过投票决定的，这就涉及了公共选择的问题。公共选择理论运用经济学方法，解释了个人偏好与政府公共选择之间的关系，研究投票者如何对公共服务的决定表达意愿。投票者最偏好的均衡是政府所提供的公共产品的数量达到这样的水平：他所承担的税收份额或成本与该种公共服务的边际效益恰好相等。

在具体投票中，由于个体偏好结构有单峰形和多峰形之别，"多数规则"下所取得的均衡有时并不是唯一的：单峰形偏好意味着人们最理想的结果只有一个，在所有投票者的偏好均呈单峰形的条件下，"多数规则"可以保证投票结果的唯一性；而多峰形偏好则意味着人们最理想的结果不止一个，在所有投票者中只要有一个人的偏好是多峰形，"多数规则"下的投票结果便可能出现循环现象。此外，即当两个或两个以上的提案同时交付投票者表决时，两项本来在分别投票下肯定不会获得通过的提案，可能双双获得通过，即可能出现"互投赞成票"现象。

投票交易虽然在某些情况下可以促成资源配置效率目标的实现，但其更容易

① "一组两会"即自然村（屯）党小组提议、户主（代）会协商议决、理事会执行落实。
② "五会"即屯党支部委员会、公共事务理事会、公共事务监事会、综治调解委员会、产业发展协会。
③ "屯事联理"是指村屯事务由"屯级理事会"共同举手表决，并按章程开展"屯务联议""产业联兴""矛盾联调"等民主议事。"屯级理事会"以屯级党支部为领导核心，由德高望重、热心屯务的村干、党员、村民代表组成，已在广西壮族自治区百色市田阳区的152个行政村实现全覆盖。
④ "一部三会"是指在党支部（"一部"）的领导下，成立屯级理事会、合作社理事会和治安调解理事会（"三会"）。"三会"人员交叉任职，按照职责管理屯内事务。屯级理事会主要负责屯内的清洁、环境、基础设施建设、文化、民俗、公益、集体经济、救助对象的确定等工作。合作社理事会以产业富村为工作目标，主要负责开展土地流转，组织社员参与现代农业，协调用工和发展种养产业，提高村民经济收入。治安调解理事会在村级综治办的指导下开展工作，负责调解矛盾纠纷，开展法治宣传，组织护村队维护屯内治安，与驻村民警共同开展爱民固边活动等。

造成资源配置效率的损失。一方面，管理者在投票中并不以营利为目的，而以权力最大化为追求目标，这就有可能导致其预算规模和公共服务供给量高于最佳状态的水平；另一方面，一些利益集团往往通过对投票者施加压力或影响谋求对其成员的支持，其活动常常左右公共选择的结果（高培勇，2012）。

例如，在有些农村地区，其村卫生室甚至乡镇卫生院常常出现廉价的基本药物缺货或配送不畅的问题。这是因为在基药招标中，有些药厂或是恶意压低价格以提高中标概率，或是进行寻租，或是以与其他药厂串标这种隐形的"互投赞成票"的形式提高自身中标概率，中标后又因价格低廉的基药利润空间有限而不产或少产。因此在涉及民众福祉的公共选择中，要防止投票交易，以减少公共服务供给效率的损失。

第三节　推进农村基本公共服务均等化

基本公共服务是公民的基本权利，保障人人享有基本公共服务是政府的重要职责，到 2035 年中国要实现基本公共服务的均等化。本节聚焦基本公共服务均等化这一重要议题，首先梳理其相关理论；其次从城乡间、区域间以及不同群体间刻画了中国基本公共服务均等化的现状，并解释其产生的原因；最后提出了推进农村公共服务均等化的路径。

一　基本公共服务均等化及相关理论

（一）基本公共服务均等化的内涵

公共服务内容众多、外延广阔，也有多种分类方法。根据不同公共服务在公平性、重要性上的差异，可将其中最核心最基础的部分划归为基本公共服务。基本公共服务是由政府主导、保障全体公民生存和发展基本需要、与经济社会发展水平相适应的公共服务。根据《国家基本公共服务标准（2021 年版）》（发改社会〔2021〕443 号），中国的基本公共服务包括"幼有所育、学有所教、劳有所得、病有所医、老有所养、住有所居、弱有所扶、优军服务保障、文体服务保障"九个方面、22 大类、80 个服务项目，涵盖了生存权、健康权、居住权、受教育权、工作权和资产形成权等公民的基本权利（见表 7-2）。

表 7-2 基本公共服务项目

	一、幼有所育		五、老有所养
1	优孕优生服务	13	养老助老服务
2	儿童健康服务	14	养老保险服务
3	儿童关爱服务		六、住有所居
	二、学有所教	15	公租房服务
4	学前教育助学服务	16	住房改造服务
5	义务教育服务		七、弱有所扶
6	普通高中助学服务	17	社会救助服务
7	中等职业教育助学服务	18	公共法律服务
	三、劳有所得	19	扶残助残服务
8	就业创业服务		八、优军服务保障
9	工伤失业保险服务	20	优军优抚服务
	四、病有所医		九、文体服务保障
10	公共卫生服务	21	公共文化服务
11	医疗保险服务	22	公共体育服务
12	计划生育扶助服务		

注：表中基本公共服务类目来源于《国家基本公共服务标准（2021年版）》（发改社会〔2021〕443号）。

基本公共服务是最核心、最基础的公共服务，事关每一个体尤其是弱势群体的基本权利，故而基本公共服务的均等是重要的政策目标之一。基本公共服务均等化是指全体公民都能公平可及地获得大致均等的基本公共服务，其核心是促进机会均等，重点是保障人民群众得到基本公共服务的机会，而不是简单地平均化。享有基本公共服务是公民的基本权利，保障人人享有基本公共服务是政府的重要职责。推进基本公共服务均等化对于促进社会公平正义、增进人民福祉具有十分重要的意义。

基本公共服务的均等化主要包括其在城乡之间、群体之间和地区之间的均等化，其中城乡基本公共服务的均等化具有重要意义。一是因为这符合中国特色社会主义共同富裕的本质；二是中国农村面积广大、农民占比很高，他们的生产生活状况至关重要；三是中国目前确实存在较为明显的城乡基本公共服务差距，推进城乡基本公共服务均等化也是现实需要。

城乡基本公共服务均等化的实现有四个重要标志（魏后凯、杜志雄，2021）。

一是农村基本公共服务设施现代化。"工欲善其事，必先利其器"，服务设施的现代化可以显著提高医疗、教育、养老、文化等服务质量，实现均等化要体现在各类公共服务机构都配备了提供相应服务所必需的服务设施和装备。二是农村基本公共服务人力资源配置科学化。基本公共服务项目要由各类专业人才具体去实施，专业、性别、年龄结构合理、素质较高的人才队伍是保障公共服务质量的关键，实现均等化要保证农村基本公共服务机构配有提供服务所必需的人力资源。三是城乡基本公共服务政策统一化。在城乡人口频繁流动的背景下，统一城乡基本公共服务政策有助于衔接相关公共服务项目，使流动人口能方便快捷地获得基本公共服务。四是城乡基本公共服务供给精准化。均等化要保障各类居民能获得针对性服务，其前提是政府要提供多样化、多层次、高质量的服务，供居民根据自己的需求自由选择。

（二）基本公共服务均等化的理论基础

基本公共服务均等化是基于对公平、正义的追求，有着广泛的理论基础。马克思主义公平正义观以每一个人的全面而自由的发展为核心价值，在解构资本主义生产方式的基础上，主张社会主义不仅要强调按劳分配，而且要强调分配正义和生产正义的有机统一（冯颜利，2017）。马克思主义的正义思想涵盖了马克思经济理论分析的生产、分配、交换、消费各个环节。马克思（2009）在《资本论》第3卷中指出："生产当事人之间进行的交易的正义性在于：这种交易是从生产关系中作为自然结果产生出来的。这种经济交易作为当事人的意志行为，作为他们的共同意志的表示，作为可以由国家强加给立约双方的契约，表现在法律形式上，这些法律形式作为单纯的形式，是不能决定这个内容本身的。这些形式只是表示这个内容。这个内容，只要与生产方式相适应、相一致，就是正义的；只要与生产方式相矛盾，就是非正义的。"

在18世纪末和19世纪初发展起来的古典自由主义则强调了个人经济自由和法治下的公民自由。古典自由主义者借鉴亚当·斯密《国富论》中的经济思想，认为自由竞争的目的并不是竞争，而是以竞争的方式最终实现整个社会分配的公平。本质上，古典自由主义主张经济自由，他们认为在自由市场运作下的结果就是公平的（亚当·斯密，2015）。

区别于古典自由主义，功利主义提倡追求"最大幸福"，主要代表人物有约翰·穆勒（John Stuart Mill）和杰瑞米·边沁（Jeremy Bentham）。功利主义认为，人应该做出能"达到最大善"的行为，而最大善的计算必须依靠此行为所涉及的每个个体之苦乐感觉的总和，其中每个个体都被视为具有相同分量，且快乐与痛苦是能够换算的。功利主义大致分为情境功利主义、普遍功利主义和规则功利主义三种，其中情境功利主义认为，只要是惠及多数人的就是公平。情境功利主义强调的是"在此时此刻这个情境下，该怎么做才能促进全体快乐值"，而不是问若将此道德律推广到每个人身上会对全体快乐值造成什么影响（约翰·斯图亚特·穆勒，2009）。

"正义即公平"来源于约翰·罗尔斯（John Bordley Rawls）的《正义论》。罗尔斯认为，公平正义应当遵循以下两项基本原则（约翰·罗尔斯，2009）。一是每一个人都拥有对于最广泛的同等基本自由体系的平等权利，这种自由体系和其他所有人享有的类似体系具有相容性。二是社会和经济的不平等，应被这样安排，以使权利能使处于最不利地位的人最大限度地获得，又合乎第一项正义原则；在机会公正平等的条件下，使职务和岗位向所有人开放。这种使局中人能够获得的最小收益最大化的原则被称为最大化最小值原则，要求机会和财富对公众开放，且要保证社会尽可能地照顾弱势群体的利益（屈群苹、许佃兵，2018），这在诸如最低生活保障、义务教育、基本卫生和医疗服务等基本公共服务供给中被广泛应用，确保了弱势群体获得有保障的公共服务。

程序正义的思想以詹姆斯·布坎南为代表。布坎南假定决策人对自身的情形以及未来决策结果中自己所处的位置是已知的，但对其他决策人的情况并不知晓。在这一"极端无知"假定下，只有那种大家一致同意的、共同遵循的、决定实体规则的程序，才是正义，称为"过程正义"。与罗尔斯不同，布坎南强调的不是实体正义，而是程序上的公正。

阿玛蒂亚·森提出了以可行能力为核心的平等观念。可行能力平等观包含能力、自由与可能的生活内容三个重要概念，涵盖了免予饥饿、接受基础教育、享受社会救济、参与政治表达等权利（阿玛蒂亚·森，2012）。森认为，人们应该享有平等的自由发展机会和条件，每个人都可以通过自身的努力实现其自身潜能。实现每个人可行能力的平等，就是要打破制度性、机会性的不平等。公共服务均等化一方面要求社会应当不偏不倚地对个体提供均等的社会机会，满足其维持最低限度体面生活的需要；另一方面应当使人们参与到公共服务均等化的公共决策中，进而将公共服务是福利的"施舍"这一认知改变为公众自发选择的结果（屈群苹、许佃兵，2018）。

二 中国农村基本公共服务均等化现状

中国在基本公共服务均等化方面已经取得长足进步。尤其在农村，基本公共服务资源增加，服务设施改善，人才队伍优化，城乡共享资源增加，农村居民卫生健康水平提升，受教育机会得到更有效的保障，社会保障水平不断提升。但需要注意的是，中国依旧存在城乡间、区域间和群体间三个方面的基本公共服务不均等。

（一）城乡间基本公共服务差距明显

第一，城乡教育服务水平差距依然较大。虽然 2020 年国家财政性教育经费投入已增至 42908.15 亿元，比 2019 年增长了 7.15%，但中国城乡教育服务水平的差距仍然较大。一是农村办学条件较差，有一些乡村学校没有食堂，部分寄宿学校床位紧张，宿舍拥挤，安全隐患巨大。二是农村学校师资力量薄弱、教育资源不足，英语、音乐、体育、美术、信息技术、科学等专业老师缺口较大。三是乡村教师老龄化现象高于城市。在全国小学专任教师年龄分布中，乡村教师 30—49 岁所占比重低于城区，50 岁及以上占比却显著高于城区，乡村教师年龄结构老化现象明显。

第二，城乡医疗卫生资源差距仍然较大。《中国统计年鉴》数据显示，政府卫生支出从 2003 年的 387.34 亿元增加到 2019 年的 18016.95 亿元，年均增长率 17.34%。但长期以来，中国公共医疗卫生资源主要是向城镇倾斜的，导致农村公共医疗卫生资源严重不足。根据《中国卫生健康统计年鉴》，城乡每千人拥有卫生技术人员数比例从 2000 年到 2019 年始终大于 2∶1，2019 年城乡每千人拥有执业（助理）医师数和注册护士数比例分别为 2.09∶1 和 2.62∶1；从 2000 年至 2019 年，农村 5 岁以下儿童死亡率保持在城市的 2 倍以上，农村孕产妇死亡率也一直高于城市。

第三，城乡养老服务体系差距较大。从全国层面来看，农村居民领取的养老金水平要远低于城市，且养老服务业发展滞后。在现阶段，农村以家庭养老为主的养老模式已不适应城镇化推进带来的留守老人、空巢老人、失能老人日益增多的现实需求，农村出现养老资源供不应求、服务错位等问题，在一定程度上影响了农民从事农业生产的积极性。相较于城市的养老服务，农村居家养老服务职业培训制度不健全，其工作人员一般由下岗再就业或闲置的劳动力承担，他们普遍缺乏专业化培训，难以提供除助餐、助洁外的专业化护理保健服务。此外，农村养老机构也欠缺规范化、标准化的管理；甚至部分养老场所只提供场地，不提供服务，不能有效满足农村老年人急迫的、多样化的、多层次的需求，形成了农村养老服务严重滞后的局面。

（二）区域间基本公共服务差距明显

第一，农村公共设施在区域间差距明显。根据 2020 年发布的《中国城乡建设统计年鉴》，现阶段中国大部分建制镇的供水普及率已经超过 70%，区域间水平较为接近；然而建制镇的燃气普及率、排水管道暗渠密度、生活垃圾处理率、无害化处理率等均为东部地区最高。比如建制镇燃气普及率，2019 年该比率最低的三个省份分别为西藏、甘肃和云南，均属于西部地区，低于比率最高的江苏、海南、广东至少 68 个百分点；又如建制镇生活垃圾处理率，2019 年最低的是内蒙古（38.21%）、黑龙江（43.74%）、山西（54.82%）这三个中部地区省份，而江苏（99.61%）、福建（98.87%）和山东（98.78%）等东部地区省份的建制镇生活垃圾处理率已经达到了 98%。

第二，县域内农村公共服务也存在差距。公共服务设施空间分布与人口规模结构密切相关。人口越多、人均收入越高、越靠近县驻地的行政村，公共服务供给及设施配置越完善。与之相反，人口密度较低、人均收入较低、距离县城和乡镇驻地较远的村庄，公共服务供给及设施配置不足，当地居民较难享受到均等的基本公共服务。教育方面，相比县直小学，城乡接合部的街道小学在校舍、教学设施设备、图书、多功能教室等设施设备上均存在明显不足，教学设备不完善、没有多媒体教室、教育信息化处于劣势等问题十分突出（茅锐等，2018）。这种公共教育资源在县域内的校际配置不均衡会导致义务教育阶段同类型学校产生实质性质量差别，影响地方义务教育均衡发展目标的实现。再以医疗为例，根据《中国卫生健康统计年鉴》，2019 年中国东部地区每千人口有卫生技术人员 7.6 人，分别是中部地区及西部地区的 1.15 倍和 1.03 倍。具体到农村，东部地区的每千人口卫生技术人员、执业医师、注册护士分别是中部地区的 1.23 倍、1.31 倍和 1.17 倍。

（三）不同群体间公共服务异质化明显

受历史和文化传统的影响，中国许多基本公共服务项目与社会成员个人身份和社会地位相联系。目前，基本公共服务权益在群体之间还存在显著差异，与共同富裕的要求不相适应。

第一，基本公共服务部分项目须以户籍为基础。义务教育和社会救助项目及特殊群体公共福利中的多数项目，如最低生活保障制度、特困人员救助、医疗救助、住房救助、教育救助、就业救助、临时救助，以及老年人福利、儿童福利、残疾人福利、殡葬服务等，需要有本地户籍才能享受，而且面向非就业群体的城乡居民基本医疗保险和基本养老保险，大多数地区也规定具有本地户籍者才能参加。

第二，基本公共服务某些项目因身份不同而有差异。例如，生育保障、养老金和医疗保障等项目的保障水平，工薪劳动者大大优于其他社会成员。

第三，劳动者基本公共服务因是否存在劳动关系而有显著差异。例如，正规就业者有明确的劳动关系，可以得到职工社会保险5个项目的保障，但其他劳动者（如农业劳动者、灵活就业人员、新业态从业人员等非正规就业者和部分进城务工的农民工）参加职工社会保险时会遇到诸多障碍，典型的表现是参加工伤保险难（何文炯，2022）。

第四，一些公共服务对弱势群体的可及性较差。比如，农村老年人群体大多行动不便，再加上青年劳动力外出务工所造成的陪伴就医者缺乏的现实约束，距离稍远的医疗服务对农村老年人来讲可及性很低，只能选择就近就医。又如，农村失能失智群体，因为受到相关机构数量和专业服务人员素质的限制，这部分群体基本处于照护公共服务的"洼地"。

（四）公共服务分布不均的原因分析

公共服务在城乡间、区域间以及群体间的分布差异有其复杂的历史和现实原因。

第一，在政策沿革方面，中华人民共和国成立初期，"重城轻乡""重工抑农"体制占据主导地位，在公共服务领域也形成了城乡分割的二元体制。通过改革开放，农村的经济活力虽然得以释放，但并未改变城乡间公共服务供给模式的差异性，农村地区的基本公共服务水平依旧低于城镇。

第二，在经济支撑方面，公共服务的自然垄断、规模经济、范围经济以及成本次可加性的属性，都决定了其供给数量和质量在很大程度上由经济发展水平决定。东部地区和城镇地区相较于中西部地区和农村，其所能提供的用于支持公共服务的财政资金和社会资本等，都明显偏高，区域间和城乡间的公共服务差异也随之产生。

第三，在效率与公平的权衡方面，人口密度大、交通等基础设施便利的地区会便于公共服务发挥更大的单位效果，也能更好地摊薄成本，因此在发展初期，通常会优先布局这类地区的公共服务。

三 促进中国城乡基本公共服务均等化

从理论上讲，衡量社会治理成功的基本标准包括效率、平等与稳定（党国英，2020）。成功的社会治理的基本要求是，确保经济效率和公共服务效率不断提升；努力使社会成员获得发展机会上的完全平等、底线生存方面的充分保障以及工作报酬水平差异上的不失公平；通过健全法治、弘扬德治维护社会秩序，实现社会稳定（党国英，2020）。当代政治学将效率、平等与稳定看作社会公正的三个基本要素（约翰·罗尔斯，2009）。具体来讲，基本公共服务尤其是城乡间基本公共服务的均等化是社会公正三要素的重要体现。没有城乡间基本公共服务的均等化，则难以实现城乡居民基本权利的平等，二元割裂发展的鸿沟也容易产生社会发展的不稳定因素，使社会生产出现巨大的效率损失。有鉴于此，应从基本公共服务的城乡一体化、县乡村一体化、标准化及数字化等角度推进公共服务均等化水平的提升（魏后凯、杜志雄，2022）。

（一）以城乡一体化消弭公共服务的二元差异

第一，城乡公共服务一体化可以减少未来农村发展的成本。受城乡二元经济的影响，农村在基础设施上已经远远落后于城市；加上过往对农村的规划多存在随意性大、规范性差、兼容性弱的问题，很多农村地区在基础设施优化上需要较高的成本。城乡公共服务的一体化发展，正为避免此类问题、统筹城乡、追求整体效益最大化发展提供了思路。可以通过"一张蓝图绘到底"的方式，使农村最大限度地共享城市基础设施，降低农村未来发展中公共设施的固定成本和转换成本。

第二，城乡一体化发展也是阻断数字鸿沟的必然选择。第四次技术革命极大地提高了社会的运作效率，也正深刻形塑着新的经济增长方式和人际交往模式。在这方面，城市比农村表现出了更好的包容性和更高的利用度。在新技术的外生冲击下，城市已经再一次先行一步，"数字鸿沟"初现端倪。因此，为了阻断城乡间"数字鸿沟"的进一步拉大，需要采用城乡一体化发展策略，在城乡统筹布局"新基建"。

需要十分注意的是，城乡公共服务的一体化并非将城市建设所取得的经验和做法"均等"地移植到农村，而是在充分了解不同地区农村具体情况后的科学施策、因地施策。以农房现代化这一农村生活现代化的重要内容为例，目前中国农房建设缺乏整体规划设计，建筑质量低，寿命短，特色和文化内涵缺失，因此提高农房建设质量和设计水平是当务之急。在这一过程中，就要处理好传统与现代、发展与保护的关系，防止盲目大拆大建，保护乡村风貌和乡村记忆，尤其要保护好传统村落、民族村寨、古建筑、古树木等，充分发掘和弘扬乡村风土民情、乡规民约、农耕文化、传统技艺等优秀传统乡土文化，使其成为乡村振兴的重要动力支撑，同时也使农村居民享受到现代化住房（魏后凯，2021）。

（二）以县乡村一体化推动农村基本公共服务均等化

县乡村一体化中的"县"为县城，"乡"为乡镇政府驻地，"村"为村庄，三者虽然功能不同，但具有以县域为基本单位推进公共服务城乡一体化的可能性。

一方面，中国幅员辽阔，区域间差异显著，这不仅表现为东部、中部、西部地区的差异，还表现为省际乃至县际的差异。故而城乡一体化的过程绝不是全国层面所有城乡的一体化，也不是各个省份内部所有城乡的一体化，而应主要是以县（市）为单位的公共服务一体化。只有确定了县域这个一体化的范围和参照对象，才能将公共服务一体化的具体工作由框架布局推进到水平提升，才能将城乡公共服务一体化真正落地。

另一方面，唯有县一级，既包含了城乡两种公共服务模式，又在一定程度上具备较大的财税统一性和经济社会相似性；既有推开公共服务一体化的必要性，又具备了推动公共服务一体化提质增效这项工作的行政主体资格，能够落实城乡公共服务一体化工作。因此，以县域为单位的县乡村公共服务一体化是解决城乡公共服务一体化现实问题的必然选择。县乡村公共服务一体化是在县域内的城市和乡村实现公共服务一体化，县乡村公共服务一体化的核心是县域内所有人民都能均等化地享受到应有的公共服务，这是一种在县域内城乡基本公共服务没有差异的状态，是在基本公共服务层面实现了共同富裕的状态。

（三）以标准化推动农村基本公共服务均等化

均等化包括项目类别的均等化和服务水平的均等化，二者都需要划定一个最低标准以实现全国、省域、县域大致水平上的对齐。标准化正是通过制定最低标准、用最大的努力和最"刚"的要求提升后进地区的基本公共服务水平。标准化是均等化的先期步骤，也是实现均等化的重要路径。没有标准化，均等化很有可能停留在口号上，难以刚性推开、快速推开、方向明确地推开。

《国家基本公共服务标准（2021年版）》（发改社会〔2021〕443号）按照兜住民生底线、保障基本民生的总体要求，明确了现阶段政府兜底保障的基本公共服务范围与标准。在具体实践中，各地也结合实际，进一步细化了不同领域基本公共服务项目的设施建设、功能布局、施工规范、设备配置、人员配备、服务流程、管理规范等软硬件标准要求，制定出了地区基本公共服务具体实施标准。通过基本公共服务的标准化，各地对有国家统一标准的基本公共服务项目，都按照不低于国家统一要求执行，这就保证了基本公共服务在全国范围内标准有底线、内容无缺项、人群全覆盖、财力有保障、服务可持续。即使公共服务在县与县之间、省与省之间有所差异，也都是底线之上的差异；且在县或省的内部，已经实现了一定水平上的均等化。也就是说，基本公共服务的标准化，是实现公共服务大范围、高水平均等化进而推动实现农民农村共同富裕的重要阶段和必要步骤。

（四）以数字化提升农村基本公共服务可及性

第一，在公共服务的数字化供给范围上，要从点到线，由线及面。目前，在农村的很大一部分公共服务中已经运用了数字化手段。例如，医疗保险、养老保险可在手机终端上完成交费，村级政务服务站一站式服务让"数据多跑路，群众少跑腿"，提高了公共服务可及性，一部分农村学校也用上了"智慧黑板"和网络教学。然而这只是数字化、智慧化在公共服务中一些离散的"点"，未来的方向是在更大范围内和更深层次上的运用，是对公共服务各个领域、各个环节的数字化改造，从点到线。例如，为了提高优质医疗资源的可及性，可把电话及网络预约挂号、智能排号叫号、电子化病例、手机终端缴费、药品配送等环节串联起来，提高整个服务链条的数字化水平。在从点到线的基础之上，要逐步打破不同项目之间的"各自为政"，实现民政、教育、医疗、财政、城建、司法等部门间数据信息的互联共享，建立公共服务大数据系统，使公共服务数字化由线及面。

第二，在公共服务的数字化供给主体上，要从政府供给转为多元供给。可将现有的以政府单主体供给为主的模式，数字化升级为多主体协同供给，鼓励农民、企业、社会组织等利用社交媒体、问政平台等，共同参与公共服务供给，表达多元化诉求、提出多样化措施，以达到提升公共服务可及性的政策目的。

第三，在公共服务的数字化使用主体上，要从"数字优势"群体拓展到全部农村居民。在现阶段的农村中，还存在相当多的以老年人为代表的尚未熟练掌握数字技能的群体。公共服务数字化所带来的可及性增量对于他们来讲，恰恰是难以逾越的"数字鸿沟"。在对公共服务进行数字化升级时，要将该群体考虑在内，开发配套的适老化便利措施，从而使全民共享发展成果。

第八章　农村可持续发展

人类社会发展取得巨大经济增长成就的同时，付出了沉重的生态与环境代价；在谋求和谐发展的进程中，遇到了如何破解经济增长带来生态环境压力的难题，20 世纪 80 年代提出的可持续发展议题成为有影响力和持久力的理论。农村可持续发展，是农村社会经济与生态环境协调的发展，重点关注农产品产量增长与污染物排放和生态承载力制约，强调农村发展中生态保护的公平性原则和考虑贴现率因素。本章阐述农村可持续发展的概念和理论基础，分析农村社会经济与生态环境协调关系，讨论农村生态系统服务价值实现问题。

第一节　农村可持续发展概述

可持续发展，是追求社会经济与生态环境协调的发展。在发展目标和方式中，突出对生态环境约束和代际生态环境影响的关注，既要考虑获取产出的资源配置效率，更要强调产出的分配公平性与对减缓贫困的影响。

一　可持续发展的概念

可持续发展，以 1987 年由世界环境与发展委员会编著的《我们共同的未来》给出的定义为经典，其表述是，可持续发展是既满足当代人的需要，又不对后代人满足其需要的能力构成危害的发展（世界环境与发展委员会，1989）。它包括两个重要概念："需要"的概念，尤其是世界上贫困人口基本需要，应将此放在特别优先的地位考虑；"限制"的概念，技术状况和社会组织对环境满足眼前和将来需要的能力施加限制。这一定义将"环境"和"发展"两者从割裂状态转变为相互联系的状态，认识到贫穷、环境退化和人口增长三者之间的相互联系，而这些基本的问题不可能在隔绝状态中成功地加以解决。可持续发展定义中的两个要点是代际公平和可持续性。

（一）代际公平

代际公平是可持续发展概念中的第一个要点。可持续发展是一个特殊的公平性问题，即如何对待后代的问题。给出代际公平的定义和代际公平的应用是两个难点。

第一，代际公平定义的难点在于，与我们希望保证公平对待的群体形成对照的是后代不能将他们的愿望明确地表达出来，也就是说，后代人无法与当代人协商。约翰·罗尔斯（2009）在《正义论》中给出了代际公平的起点。罗尔斯提出了推断正义的一般原则的一种方式是，想象将所有人放到一个"无知面纱"后面的初始状态。一旦位于"无知面纱"之后，人们就要决定按照原则管理社会，一旦按这些原则做出决策，他们就必须在这个社会里生活。判断资源在代际之间分配的一个原则是可持续性准则，该准则认为，后代人的福利不能比当代更差；如果前代人随意地利用资源，后代人则不可接受，一般要求任何一代人使用的资源应不超过会使后代人无法获得同等福利程度的使用水平。

第二，代际公平应用的难点在于，利用可持续性准则衡量代际间配置公平时，如果要预测出后代人的福利比当代人差，这就要求我们知道如何按时间配置资源，而且要知道后代人的偏好，这是几乎不可能完成的目标，具有可操作性的可持续性准则是"哈特维克准则"（Hartwick Rule）。1977年，约翰·哈特维克提出，如果所有的稀缺性租金都投入资本，则可永久性地维持一个恒定的消费水平，且投资的水平将足以保证总资本存量的价值不会下降。这一准则对可持续发展度量有两点含义，一是可通过总资本存量是否下降，判断某种配置方式的可持续性；在不了解未来配置或偏好的情况下，每年都可以做这种检验。二是这种分析可以提出具体的分配比例，这种分配比例是产生可持续的结果所必需的，也就是说，所有稀缺性租金必须用于投资。哈特维克准则用于环境问题分析时认为，当代人已经获得了某种禀赋，包括自然资本（又称环境和自然资源）和人造资本（例如建筑物、设备、学校、道路等），我们需要保证能够维持总资本存量的价值，而不是将它耗尽。可持续性评价的关键，取决于两种形式资本的可替代性，如果人造资本很容易替代自然资本，那么维持二者的价值之和就是有效率的；如果人造资本不能完全替代自然资本，那么在人造资本上的投资就不足以保证可持续性（汤姆·蒂坦伯格、琳恩·刘易斯，2016）。

（二）可持续性

可持续性是指保持经济和环境系统长期地满足人类需求和欲望的能力，是可持续发展的测度和评判准则。

对新古典经济学家而言，可持续性是指人类福利在时间尺度上发生的变化，其可持续性的表述是，当代人对资源的利用程度不应该超过某个水平，否则就会阻碍后代人达到至少同等的福利水平（迈克尔·康芒、斯塔格尔，2012）。可持续性的含义是自然资本和人造资本的价值不应该下降，只要通过投资的方式使一些个体的价值增加从而保证总体价值不变，总体的某些个体的价值就可以下降，这也被称为弱可持续性或者经济可持续性。新古典经济学中可持续性的假设是，所有资源都有其替代品，人类可以通过自身的聪明才智找到替代品。在消费规模不变的条件下，可持续性在如下情况下是可能的：一是人造资本或者可再生资源可以替代生产中利用到的资源。二是资源在生产中的作用微不足道。三是资源存量在代际间有效使用和枯竭。

对生态学家而言，可持续性是指对资源的利用应该允许生态系统不确定性的存在。生态学家是从生态系统的角度看待可持续性，研究有限资源对动植物种群的调控，认为在一定的范围内可以维持生态系统的现行结构和功能，即如果生态系统在受到干扰之后能够维持其功能的完整性，那么这个生态系统就具有恢复能力和可持续性。生态学家经常面对两个难题，一是对可持续发展有关因素尚不确切了解，甚至根本不知道。这种知识的不完全性，包括对各种变量、变量之间的定量参数以及有关生态系统外部发生事件之间相互关系的基本形式尚不清楚。二是生物物理系统是非常复杂的系统，它们始终处于变化之中。一般的变化是指复杂系统当中的正常过程，在这个过程中系统的组成部分会不断变化以适应复杂系统的发展。例如，由于工业化学品在农业领域的广泛应用，或农民对有关有机农业法规变化的响应，以及物种的分布也会产生变化。知识的不完全性以及处理复杂系统高难度，需要我们采取较为审慎的做法，需有时间允许我们加深理解和逐步发展，而并非要求我们对所有当前和未来的影响都完全理解和认识。

对生态经济学家而言，可持续性是指自然资本现有存量价值不下降。生态经济学家的假设是，自然资本和人造资本相互替代的可能性是有限的，强调自然资本的保护而不是总资本的保护，即不仅要保持总价值不减少，而且要保持每种单一资源的实物流量不减少。这个定义又称为强可持续性或环境可持续性或生态可持续性。赫尔曼·戴利（Herman Daly）提出的可持续发展的三个条件是，可再生资源消耗的速度不能超过它们再生的速度、不可再生资源消耗的速度不能超过可持续再生的替代资源的发展速度、污染排放的速度不能超过环境的吸收速度（Daly，1991）。根据可持续性的条件得出两个决策原则，对于可再生资源而言的原则是，限制资源消费在可持续收获水平上；对于不可再生资源而言的原则是，开发利用向可再生自然资本转变的技术和制度给予投资。这些原则建立在自然资本和人力资本是互补品而不是替代品的假设基础之上。

二　可持续发展目标的演进

随着社会经济技术进步，学界和政界对可持续发展认知从科学问题拓展到经济政策和全球治理问题，在这一进程中，可持续发展的目标在不断地演进。

第一阶段，20 世纪 50 年代到 80 年代初期，环境问题被学界和政界识别为单独的科学问题，未明确提出可持续发展的目标。这一阶段，经历了第二次世界大战后全球经济恢复和增长，对经济理论的需求而产生的发展经济学，认识到经济快速增长带来环境污染，"罗马俱乐部"在其发表的研究报告《增长的极限》（德内拉·梅多斯等，2013）中对人类未来的不可持续性发展做出了悲观预测。

第二阶段，20 世纪 80 年代中期到 21 世纪初期，随着全球海洋污染、臭氧层破坏、森林退化、卫生饮用水的缺乏以及气候变化、化学污染的出现，环境问题被学界和政界识别为与社会经济政策相互联系的系统性问题。1987 年首次提出可持续发展的概念，将环境问题的讨论从科学问题拓展为社会经济政策问题。这一时期，开始关注到农业农村可持续性。1987 年世界与发展委员会在《我们共同的未来》中提出了"2000 年粮食：转向持续农业的全球政策"；1988 年联合国粮农组织提出发展中国家"可持续农业和农村发展"战略；1992 年在里约热内卢召开的联合国"环境与发展"大会上，提出将农业和农村的可持续发展作为可持续发展的根本保证和优先领域，推动可持续农业从战略构想逐步转向世界各国具体的实践。2010 年召开的联合国千年首脑峰会通过了《千年宣言》，2015 年最终确定的千年发展目标 8 项，其中目标 1 是消除极端贫穷和饥饿，目标 7 是确保环境的可持续能力，但尚未聚焦到农村和农业可持续发展。

第三阶段，21 世纪 10 年代中期以来，为可持续发展的全球治理阶段。2015 年联合国举行的发展峰会通过了 2015 年后发展议程《改变我们的世界：2030 年可持续发展议程》（以下简称《2030 年可持续发展议程》），这个纲领性文件提出 2030 年或 2020 年实现的 17 个目标和 169 个具体指标，一套新的可持续发展目标（SDGs）成为全球议程的中心。农村和农业成为 SDGs 的重要议题，由三个目标构成（见下一部分）。SDGs 再次关注到环境科学、经济增长、社会发展三大支柱的平衡协调推动可持续发展的重要性，认为互利共赢的原则、建立全球合作机制、全球治理是实现可持续发展的关键。

三　农村可持续发展的目标

农村可持续发展的目标是不断演进的，与各地区和不同时期的社会经济发展水平相联系。

在联合国《2030 年可持续发展议程》中与农村可持续发展相关联的具体目标有三个，分别是消除饥饿、实现粮食安全、改善营养和促进可持续农业（目标 2）；为所有人提供水和环境卫生并对其进行可持续管理（目标 6）；保护、恢复和促进可持续利用陆地生态系统，可持续地管理森林，防治荒漠化，制止和扭转土地退化，阻止生物多样性的丧失（目标 11）。欧盟提出的农村可持续发展目标是，2020 年后的欧盟共同农业政策必须符合《巴黎协定》和《生物多样性公约》等国际协议，同时针对农业发展所引发的生物多样性下降、气候变化、水污染等生态安全问题，制定生态安全缓解战略，以确保长期粮食安全。具体是农业从业者有义务遵守以下与生态安全相关的措施：一是生态多样化。生态多样化措施旨在通过多品种种植改善土壤质量，具体而言，要求农民在其耕地上至少种植三种作物，并且其中任何一种作物不能超过农场面积的 75%，任何两种作物种植面积的总和不能超过总面积的 95%。二是生态重点区。为了保护和改善农场的生物多样性，每个农场至少要把 5% 的耕地作为半自然栖息地。三是维护现有的永久性草原。此措施要求每个成员国以 2015 年的永久性草原面积作为基准，其占农业总面积的下降幅度不得超过 5%（张鹏、梅杰，2022）。

中国农村可持续发展目标是在生态承载力约束下满足人口粮食需求和提升生态系统服务供给，可分解为农业生产可持续性和农村生态可持续性，一是通过提高资源配置效率保障粮食安全，二是降低生态环境压力，三是完善农村环境卫生基础设施，四是提升农村生态系统服务价值实现水平。提高资源配置效率保障粮食安全，旨在满足人口的粮食需要和改善人类福利，实现农业生产的可持续性。

绿色发展是可持续发展概念框架中的一个行动方案，可持续性是绿色发展的首要原则（威廉·诺德豪斯，2022）。农业绿色发展（或称绿色农业）是农村可持续发展的一个方面，在 OECD 国家和中国受到重视和不断推进。其内涵是具备安全性、高效性和持续性特征的农业生产体系和绿色食品体系，涉及公平性和福祉（李周、孙若梅，2012）。具体来讲，依靠科技进步和物质投入等提高农产品的生产能力，确保粮食安全；通过资源的优化配置，提高植物、动物和微生物之间的能量转换效率，确保农业生产的高效性；通过合理利用和有效保护农业资源与生态环境，以及化学品投入的有效控制，确保农业的生态安全和提高农业生产的可持续性。

第二节 农村可持续发展的理论基础

农村可持续发展的学科基础主要是生态学、发展经济学、环境经济学和生态经济学，重要的概念范畴包括生态系统、外部性和公共物品、环境库兹涅茨曲线假说、生态承载力和生态足迹、农业多功能性。本节简要介绍这些概念和基本原理。

一 生态系统

生态学家奥德姆（Odum）于 1971 年给出的生态系统定义是，生态系统指生命有机体和无机体相互作用并且相互之间产生物质交换的一个自然区域，或者在一个给定区域内的所有生物个体（群落）与其生存环境之间的相互作用，并伴随能量流动而产生鲜明的能量结构和生物多样性与物质循环的一个单元（戴星翼等，2005）。生态系统可分为自然生态系统和人工生态系统、农业生态系统和工业生态系统、农村生态系统和城市生态系统，每种生态系统占据着各自的区域，平衡整体和景观的投入与产出。生态系统功能是指环境为经济提供多方面的服务。

（一）农业生态系统

农业生态系统是指依靠土地、光照、温度、水分等自然要素以及人为投入如种子、化肥、农药、灌溉、机械等，利用农田生物与非生物环境之间及农田生物种群之间的关系来生产食物、纤维和其他农产品的生态系统。农业生态系统呈现不同的结构，起因是一定空间的地理环境、气候、农业生物种类以及人类经营目标等存在差异。农业生态系统包括自然生物群落和人类行动，例如动物和微生物保持农场土壤肥力，通过施用化肥提高作物需要的肥力，传统农业和现代农业遵循的策略不同。

第一，传统农业的基本策略是通过农业与生态演替的自然循环相协调限制对密集投入的需要。例如，轮作农业在土壤不适合永久耕种的热带地区是很普遍的。一块土地休耕，很多植物和动物就从周边的森林入侵，衍生出一系列生物群落，按照通常的生态演替序列从草地和灌木丛演变到树木，自然生长的植物和树叶覆盖层保护土壤不被侵蚀。由于深根系的树木将植物营养输送到树叶上，而叶子最终会落在地上，土壤肥力最终被森林"营养泵"重新抽取到了土壤层。害虫由于失去了作为食物的农作物而不能在自然生态系统中生存，于是害虫消失了。这样，在休耕约十年后农民又可以回到同一块地方，重复砍伐和焚烧树木和灌木丛并种植农作物的过程。当人口数量足够少，农民可以在必要的长时间内休耕土地时，轮耕农业是一种高效和生态可持续地利用贫瘠土地的方式。不幸的是，轮耕农业在人口数量大量增加后就不起作用了，发展中国家的人口激增已经使很多地方的轮耕农业从生态可持续转变为不可持续。

第二，现代农业的基本策略是抵抗自然生态系统演替的力量。现代农业是以原材料、能源和信息等形式，采用强烈的人类投入阻止生态演替以改变传统农业生态系统的。人们使农业生态系统简单化，因为简单的生态系统才能引导生物生产量的大部分供人类使用。现代农业生态系统，如农场和牧场，与成熟的自然生态系统相比包含的植物和动物种类很少。

（二）有机农业

有机农业遵循尽量减少外部投入品引入并避免化肥、农药使用的原则，首要目标是维持土壤、动植物和人类共同体的健康与活力并达到最优生产力水平。这里给出几种定义，一是国际有机农业运动联盟（IFOAM）的定义，有机农业注重自然生态规律、生物多样性与内部物质循环，而非依赖外部生产投入品，是一种维护土壤、生态、环境和人类整体健康的生产系统，其倡导并遵循"健康、生态、公平和关爱"的原则（焦翔，2022）。二是美国农业部（USDA）的定义，有机农业是以一种最低限度使用非农业来源投入品，并注重生态平衡的生产方式提高生物多样性和土壤活力水平的生态产品生产管理体系。三是欧盟（EU）的定义，有机农业是通过施用有机肥料并采用适宜的种养殖措施，维持并提高土壤肥力的农业生产系统。中国于 2005 年发布实施的《有机产品》国家标准

（GB/T19630.1—2005）的定义是，有机农业是遵照特定的农业生产原则，在生产中不采用基因工程获得的生物及其产物，不使用化学合成的农药、化肥、生长调节剂、饲料添加剂等物质，遵循自然规律和生态学原理，协调种植业和养殖业的平衡，采用一系列可持续的农业技术以维持持续稳定的农业生产体系的一种农业生产方式。

二　外部性和公共物品

农业的外部性明显。一是因为外部的水系，农业施用的化肥变成了非点源污染物，造成湖泊的富营养化。二是农药过度使用的危害。一些农药含有重金属和生物不可降解的污染物，如汞、砷、镉和聚氯联二苯，这些物质不溶于生物体几乎不变地保留在生态系统中，食用后它们可能会储存在体内，如果不断累积，就会达到有毒的水平。三是农业对生物多样性的影响。英国在洛桑地区进行了一项施肥和未施肥草地上的生物多样性实验，该实验持续追踪了 93 年。结果是，在未施肥地区物种多样性没有变化，但是在施肥地区物种多样性的下降非常显著（马克·布什，2007）。近期一项研究证明了由于杀虫剂、除草剂以及肥料在农业生产中的广泛使用，在过去的十年中陆生节肢动物的生物种类和数量分别下降了67% 和 78%（Seibold et al.，2019）。

农村生态环境基础设施的公共物品属性，使其具有消费非竞争性和受益非排他性的特征，在使用过程中容易产生"公地的悲剧"和"搭便车"现象，导致环境污染，生态承载能力下降，农村环境基础设施供给不足和管护不可持续。这种公共物品属性是政府财政支持农村生态环境基础设施建设的理论依据。

三　环境库兹涅茨曲线假说

20 世纪 90 年代初，一些经济学家提出环境损害和人均收入的关系类似于倒"U"形，被称为环境库兹涅茨曲线假说（以下简称 EKC 假说）。1991 年美国经济学家格罗斯曼和克鲁格利用城市大气质量数据的分析发现，二氧化硫（SO_2）和烟尘符合倒"U"形曲线关系（Grossman and Krueger，1991）；1992 年世界银行经济学家沙菲克用世界银行的数据，使用线性对数、对数平方和对数立方三种方程形式去拟合各项环境指标与人均 GDP 的关系（Shafik and Bandyopadhyay，1992）；1993 年潘纳约托（Panayotou，1993）借用库兹涅茨界定的人均收入水平与收入不均等之间的倒"U"形曲线，首次将这种环境质量与人均收入水平间的关系称为环境库兹涅茨曲线（钟茂初、张学刚，2010）。其一般表述是，随着经济的增长，人们对环境的破坏开始增加，随后呈平稳状态，然后下降。倒"U"形曲线源于以下二次方程：

$$I = (\alpha \times \gamma) - (\beta \times \gamma^2) \tag{8-1}$$

式中：I 为环境损害；γ 为人均国民收入；α、β 为系数。在 γ 范围内，环境损害指标 I 等于或大于零，即 I 为负值无意义。

这个关系式具有以下三点含义。一是这是一个在不同经济增长阶段存在的结构性问题。一方面，在人均收入水平较低的时候，经济增长涉及工业化，因此会从环境中攫取更多能源和其他原材料，从而导致向环境排放的废物增加；另一方面，高收入的经济合作与发展组织国家经验表明，经济结构随着经济增长会发生改变，制造业规模相对缩小，而服务业规模相对扩大。由于服务业资源密度更低，它以制造业缩小为代价，因此它的扩张便意味着经济从环境中攫取得更少，排入环境的废物也相应减少。二是当人们生活变得富裕，他们愿意花费更多收入来改善环境质量。三是当制造业相对转移到服务业时，制造业内部也出现了转移，即由基本的原料加工转向要求更多训练有素的劳动力和更先进技术的加工设备活动。该过程受到了这样一个事实的推动，即基本原材料加工比高科技工程对环境的损害更大。为了证明 EKC 假说是否真实，近年来学术界已经对大量的环境破坏指标进行了观察。结果显示，EKC 假说只对其中一些并非所有形式的环境破坏成立。

四　生态承载力与生态足迹

承载力是描述发展限制的最常用概念，生态承载力是承载力的一个范畴，其思想渊源可追溯到 1798 年英国学者马尔萨斯提出的人口论，之后的科学研究中相关联的名词有"饱和水平""上限""最大种群数量"等，用来表示生物在环境约束下的最大种群数量的"S"形曲线渐近线。1922 年，霍登和帕尔默（Hawden and Palmer）在观察阿拉斯加州引入驯鹿种群的生态影响时首次引入生态承载力的概念，其含义是在不损害牧场的情况下，一个牧场所能供养牲畜的最大数量（谢高地等，2011）。1953 年，奥德姆首次将生态承载力概念与逻辑斯蒂增长模型方程中的常数 K 值关联起来，赋予了生态承载力的数学表述（谢高地等，2011）。自然生态学视角下生态承载力通常是指某一特定环境条件下（主要指生存空间、营养物质、阳光等生态因子的组合），某种生物种群存在数量的最高极限。生态承载力常常也被称为资源环境承载力、生态环境承载力、生态系统承载力。当度量污染物的环境承载力时，又称为环境容量，它是指在某一时期、某种状态或条件下、某地区的自然环境所能承受的人类排放污染物的阈值。生态承载力的度量，早期采用自然种群和人口规模，即在一定的生态限制条件下生态系统最多能支持的种群规模，生态足迹方法是生态承载力测度的新探索。

如何判断地球在可持续发展的基础上到底能承载多少人，如何判断粮食是足够还是短缺，如何判断环境压力下粮食生产合意水平，一直是科学家和经济学家研究的前沿。早期的承载力研究，以人口承载力的自然限制因子研究为重点；20世纪80年代，伴随着快速工业化而引发的自然资源耗竭和环境恶化，对地球承载力的讨论广泛展开，《增长的极限》首次系统地将生态承载力与发展相联系，研究内容由先期的以种群增长规律为主转向以资源环境制约下的人类经济社会发展问题为主，关注到人类社会的技术、制度、价值和消费模式等社会经济因素，将承载力的研究从自然科学命题扩展为社会经济发展议题。在《增长的极限》中 World3 模型试图回答的问题是，未来数十年日益扩张的世界人口与物质经济如何相互作用以适应地球有限的承载能力。模型结果是，一个增长的社会可以出现四种普通方式运用其承载能力。一是它能够以不中断的方式增长，只要它的极限还很远或者它的承载力增长比人口增长得更快。二是它可以在承载能力之下平滑地实现某种均衡，以生态学家称为逻辑斯蒂型增长的行为来表现，这两种选择是处于其可持续极限之内，是可持续增长。三是增长的社会呈现超越其承载能力而没有大规模和持久的破坏，在这种情形下生态足迹在达到平衡之前将围绕着极限振荡。四是出现超越极限并且对资源基础形成了严重而持久的破坏，如果这种情形发生的话，那么人口与经济将会被迫迅速下降以达到一个新的平衡，而迅速降低的承载能力处于一个更低的水平。

20世纪90年代，加拿大生态经济学家马西斯·瓦科纳格尔等提出了"生态足迹"的概念。其定义是，一个国家范围内给定人口的消费负荷，是在一定的物质生活水平条件下，供养一定数量的人口所消费的资源和吸纳废弃物所需要的生物生产性陆地和水域的总面积。由于自然资本总是与一定的地球表面相联系，因此用生物生产性土地面积来表示生态资本，既反映了人类对自然资本的占用，又反映了人类消费对生态产生的影响，是一种可以将全球关于人口、收入、资源利用和资源有效性汇总为一个简单、通用的进行国家间比较的简便手段的账户工具（Wackernagel and Rees，1996）。生态足迹概念包含 6 个关键因子：生态足迹土地、均衡因子、产量因子、人类负荷、生态承载力、生态赤字与生态盈余。

第一，生态足迹土地。生态足迹土地是生态足迹分析方法为各类自然资源提供的统一度量基础。根据生产力大小的差异，地球表面的生态生产性土地分为耕地、牧草地、森林、建筑用地、水域和化石能源用地六大类。

第二，均衡因子。某类生物生产面积的均衡因子等于全球该类生物生产面积的平均生态生产力除以全球所有各类生物生产面积的平均生态生产力。上述六大类生物生产面积的生态生产力是不同的，要将这些生态生产力不同的生物生产面积转化为具有可比性和可加性的生态生产力的面积，需要对各类生物生产面积乘以一个均衡因子。

第三，产量因子。某个国家或地区某类土地的产量因子是其平均生产力与世界同类土地平均生产力的比率。在不同的国家和地区，单位面积同类生物生产面积的生态生产力存在很大差异，不能直接进行比较，需要用产量因子进行调整。

第四，人类负荷。人类负荷是指人类对环境的影响规模，它由人口规模和人均对环境的影响规模共同决定。生态足迹分析方法用生态足迹衡量人类负荷。

第五，生态承载力。生态容量是指在不损坏有关生态系统的生产力和功能完整性的前提下，可持续利用的最大资源量和废物产生率。

第六，生态赤字与生态盈余。一个地区的生态承载力小于生态足迹时，出现生态赤字，其大小等于生态承载力减去生态足迹的差数；生态承载力大于生态足迹时，则产生生态盈余，其大小等于生态承载力减去生态足迹的余数。

生态足迹是从生物生产性空间角度度量生态承载力，可以作为生态承载力测度的一种方法。该方法通过估算维持人类的自然资源消费量和降解人类产生的废弃物所需要的生物生产性面积的大小，并与给定区域的生态承载力进行比较，可衡量区域的可持续发展状况（Wackernagel，1999）。

五　农业多功能性

1992 年联合国环境与发展大会通过了《21 世纪议程》，其中将可持续农业和乡村发展界定为"基于农业多功能特性考虑的农业政策、规划和综合计划"。1996 年世界粮食首脑会议通过的《罗马宣言和行动计划》承诺提出，将考虑农业的多功能特点和实施农业与乡村可持续发展政策。近年来，农业多功能性概念逐渐成为政策和研究的热点，其定义为农业除提供粮食产品外还提供就业机会、生态环境调节、景观休闲、教育科研和文化等多种收益的能力（Huang et al.，

2015）。农业多功能性是与生态系统服务相联系又有区别的概念。农业多功能性从横向丰富农业的功能，包括食物安全、环境保护和农村在社会经济发展中的重要性，并研究如何共同实现农业的多种功能；生态系统服务从纵向将生态系统功能概念拓展到"生态系统价值"，并将生态系统服务价值纳入经济体系和激励机制的创新战略。

第三节　农村经济社会发展与生态环境的协调

农村经济社会发展与生态环境的协调是农村可持续发展的核心内容，其含义是在生态环境约束下有足够的食物、消费品和服务以保证每个人都生活得舒适。本节的基本逻辑是，农村中的"农"指包括种植业、畜禽养殖业和水产养殖业的农业生产；不包括自然生态系统（森林、草原、湿地、荒漠）；"村"是村庄，主要包括村庄的基础设施；乡村旅游业建立在农业生产和农村基础设施可持续基础之上，是生态系统服务价值的实现。本节不涉及布局在农村区域的工业产业，因为工业主要属于国家或区域工业化战略范畴，应布局在工业园区，实现达标排放和循环利用。基于此，探讨农村经济社会发展与生态环境的协调应从三个方面展开，即农业生产与生态环境的协调分析、农村环境基础设施建设或称农村人居环境整治，以及农村生态系统服务功能和价值的实现和气候变化影响。本节将阐述前两个议题，农村生态系统服务价值实现安排到第四节中。

一　农业生产与生态环境协调分析

农业生产决定着全社会的粮食保障和农产品供给，这是农村可持续发展的首要目标，决定着地球的人口承载能力。粮食保障水平的提升，不仅取决于包括未来技术在内的各种进步，还取决于人类活动对生态系统的影响。农业生产与生态环境协调分析的重点是人口数量、粮食与环境质量之间的相互联系，分解为三个问题。一是人口增长与粮食产量供给水平的对比，其中粮食价格是粮食供给的关键。二是人均粮食产量与人口增长的对比，其中粮食生产率是关键。三是农业生产中化学投入品的增长和废弃物的排放与农产品供给的对比。

（一）种植业生产与生态协调分析

种植业与生态环境协调，是农产品产出和环境约束程度之间的联系，是在控制粮食安全风险和环境压力中选择合意的发展水平，粮食为全社会共享，是满足全人类不断增长的物质需求与生态期望的基础，粮食安全在中国始终处于非常重要的战略地位。种植业与生态环境协调水平判断，可以用农产品产量与化学投入品和污染物排放量的比较进行测度。具体来讲，一是用人均粮食占有量和人口增长与农产品总产量的比较，判断粮食安全保障水平。二是用单位耕地面积化肥用量和化肥用量与粮食总产量的比较，判断化学投入品的压力。

中国粮食安全保障水平提高。2000—2021 年，粮食单产水平不断提高，以 8.45% 的粮食播种面积增长支撑了 44.86% 的粮食产量增长和 11.45% 的人口增长[①]。同期，粮食总产量和人均占有量不断增加，粮食产量由 46218 万吨增加到 68285 万吨，增长了 48%，人均粮食产量由 365 公斤增加到 483 公斤，增长了 32.56%。与此同时，化学投入品的环境压力增大。2000—2021 年，化肥用量从 4146 万吨增加到 5191.3 万吨，增加了 25.2%，峰值为 2015 年的 6022.60 万吨，较 2000 年增长了 45.25%；同期单位耕地化肥用量从每公顷 306 公斤增加到 383 公斤，峰值为 2015 年的 446 公斤。观察《中国统计年鉴》化肥用量的时间序列数据可以发现，化肥用量呈现出从先增长后下降的倒"U"形变化。2000—2020 年农药用量从 127.95 万吨增加到 139.17 万吨，峰值为 2015 年的 180.7 万吨；单位耕地农药用量从每公顷 9.45 公斤增加到 10.28 公斤，峰值为 2015 年的 13.46 公斤，2020 年相比 2015 年有较大幅度下降。

环境成本已经是农产品生产成本的重要部分。化肥的粮食稳产贡献和其环境负面影响已经得到重视，但化肥减量的微观机制仍待完善；肥料安全是粮食安全的基础，建立和完善现代化肥料体系、实现化学技术投入品到生物技术投入品的进步，是现代农业生产与生态环境协调的重要途径。

（二）养殖业生产与生态协调分析

1. 养殖业状况

2021 年，中国人均肉类 63.64 公斤，其中猪肉 37.49 公斤、牛肉 4.94 公斤、羊肉 3.64 公斤、禽蛋 24.13 公斤；2000—2021 年，中国人均肉类增长 34.12%，其中人均猪肉增长 19.81%、人均牛肉增长 21.97%、人均羊肉增长 76.66%、人均禽蛋增长 23.97%[②]；2000—2021 年，人均猪出栏下降 27.97%，人均猪存栏下降 39.56%。概括地说，人均猪肉产量、人均猪出栏和人均猪存栏波动大，猪肉

---

① 根据国家统计局数据计算得到。

② 根据国家统计局数据计算得到。

占肉类比重高，人均牛肉和羊肉产量增长快，但水平低。

2021年，中国水产品总产量和人均产量分别为6690.3万吨和47.35公斤，其中人均海水产品产量和人均淡水产品产量分别为23.98公斤和23.38公斤。在海水产品产量中，天然生产和人工养殖海水产品产量分别为8.33公斤和15.65公斤。2000—2021年，水产品总产量和人均产量分别增长80.52%和61.97%，其中人均海水产品产量和人均淡水产品产量分别增长37.90%和97.27%。在海水产品中，人均天然生产海水产品产量下降17.29%，人均人工养殖海水产品产量增长113.78%。

2. 养殖污染排放量

全国第二次污染源普查数据显示，养殖源化学需氧量（COD）排放量是中国水体污染的重要来源。2017年，全国COD排放量为2143.98万吨，其中农业源COD排放量占总排放量的比重为49.77%，畜禽养殖源COD排放量和水产养殖源COD排放量占总排放量的比重分别为46.67%和3.11%。此外，养殖源的总氮和总磷排放量占全国总氮和总磷排放量的比重也比较高，分别为22.86%和43.06%（生态环境部、国家统计局、农业农村部，2020）。

3. 养殖业生产与环境的协调分析

在中国，畜禽养殖生产快速增长并已成为重要的污染源。究其原因，一是集约型养殖快速增长，这种养殖方式的粪污排放量大且集中，而与此同时，既没有配套集约化的粪污处理设施，也没有配套消纳废弃物的土地。当集约化粪污处理和生态承载力跟不上废弃物排放时，环境压力凸显。二是从传统农业到现代农业的转型过程中，产业链再循环与区域链再循环的生态系统构建尚未完成，不能及时施用于农田，使其得到合理利用。

人均水产品产量增长高于人口增长，对粮食安全有重要贡献，水产养殖是把一种形式的食物转化成另一种形式而已。水产养殖的增长是技术与市场解决问题能力提升的结果，水产养殖业通常是服务于高利润的市场，在解决人类温饱和食品供给的同时造成环境影响，政策上需要引起重视。

二 农村人居环境整治

中国经济社会发展过程中，出现了农村居民生活方式的城乡一体化先于环境基础设施建设的情况，农村居民的生活垃圾和生活废水成为制约农村可持续发展的重要因素。这一部分介绍农村人居环境概念和政策脉络、农村人居环境整治的机制和运行模式以及进展。

（一）农村人居环境的概念和政策

"人居环境"是指人类聚居生活的地方，是与人类生存活动密切相关的地表空间，是人类在大自然中赖以生存的基地，也是人类利用自然、改造自然的主要场所（吴良镛，2001）。农村人居环境是人类聚居环境的重要组成部分，在农村人居环境概念中，"农村居民"是主体，"生活聚集"是核心。目前阶段，农村人居环境整治的内容是生活垃圾、生活废水处理和村庄道路的路灯、保洁、绿化美化等村庄公共品的供给等。

农村人居环境整治是 21 世纪以来中国乡村建设的一项重要工作。2003 年，浙江启动"千村示范、万村整治"工程，重点开展垃圾处理、污水治理、卫生改厕、道路硬化、绿化亮化等整治。2005 年，全国开展社会主义新农村建设，推动更多村庄开展环境整治行动。2008 年起，中央财政设立农村环境综合整治专项资金，支持开展农村生活垃圾和生活污水治理在内的环境综合整治。2014年，国务院办公厅出台农村人居环境整治首个国家级文件《关于改善农村人居环境的指导意见》。2018 年，中共中央、国务院印发了《乡村振兴战略规划（2018—2022 年）》，指出要"以建设美丽宜居村庄为导向，以农村垃圾、污水治理和村容村貌提升为主攻方向，开展农村人居环境整治行动，全面提升农村人居环境质量"；同年，中共中央办公厅、国务院办公厅印发了《农村人居环境整治三年行动方案》，提出"到 2020 年实现农村人居环境明显改善，村庄环境基本干净整洁有序"。2021 年，中共中央办公厅、国务院办公厅印发了《农村人居环境整治提升五年行动方案（2021—2025 年）》，总结了 2018 年农村人居环境整治三年行动实施以来的成效和存在的问题，提出到 2025 年的目标是，农村人居环境显著改善，生态宜居美丽乡村建设取得新进步；农村卫生厕所普及率稳步提高，厕所粪污基本得到有效处理；农村生活污水治理率不断提升，乱倒乱排得到管控；农村生活垃圾无害化处理水平明显提升，有条件的村庄实现生活垃圾分类、源头减量；农村人居环境治理水平显著提升，长效管护机制基本建立。

（二）农村人居环境整治的机制和模式

国家政策和项目是中国农村人居环境整治的推动力，这决定着资金供给、监管机制和运作模式的特征。不难发现，中国农村生活垃圾模式被概括为"户分类、村收集、乡转运、县处理"模式，充分体现出各级政府和农户的作用。从环境保护和基础设施维护的视角，农村人居环境整治中最重要的是废弃物的减量化、无害化和运营可持续。其中，"户分类"的目的是减量化（包括垃圾费），可增进每个家庭保护环境的责任感；"县处理"是无害化，技术分为卫生填埋和焚烧发电两类，垃圾规模和当地经济水平决定着技术选择；"村收集、乡转运"则是运营方式，涉及垃圾规模和运输半径等影响可持续运营的因素。

农村生活污水处理管护模式由运营和技术构成。一是运营模式区分为村运营、乡运营、县运营和第三方运营。东部经济发展水平较高的地区，有第三方可持续运营的良好实践，其他地区以村运营为主。二是中国农村生活污水处理技术模式可分为管网模式和生态处理两大类。对于离城市较近的村镇，且城市污水处理厂有足够处理能力可以接纳的，通过建设污水收集管网，将村镇污水并入城市生活污水处理厂进行处理；对于污水排放量较大的村镇，新建污水处理厂。在生态处理中，目前多为利用湿地进行集中处理，达到农灌标准后进行回用或达到排放标准后排放。此外，对于居住分散、污水产生量较小的村庄仍为传统沼气池或沤肥模式。农村生活污水基础设施的运行维护，需要专门技术人员和对水质监测的专业设备，需要运行资金，一般村庄和村民难以胜任，导致一些污水处理设施"建而不用"，农村生活污水治理设施正常运行率低下仍较普遍。

（三）中国农村人居环境整治的进展

2021年，中国城市、县城、建制镇、乡村地区生活垃圾无害化处理率分别为99.9%、98.5%、75.8%、56.6%[①]，建制镇、乡村地区生活垃圾收运及处置体系有待进一步完善。

2004—2021年，全国生活垃圾清运量从15509.3万吨增加到24869.2万吨，增加了60.35%，全国生活垃圾无害化处理量从8088.7万吨增加到24839.3万吨，增加了207.09%；2004—2021年全国总人口增长8.67%，2004年和2021年乡村人口占总人口的比例分别为58.24%和35.28%，2021年较2004年乡村人口下降34.17%、城镇人口增长68.42%。由这组数据可以做出两点推测，一是全国垃圾清运量增长快于乡村人口增长，意味着更多的乡村生活垃圾得到集中处理。二是生活垃圾无害化处理量增长快于城镇人口增长，城镇生活垃圾得到集中处理的同时，越来越多的农村生活垃圾得到无害化处理。

---

① 《2021年城乡建设统计年鉴》，https://www.mohurd.gov.cn。

2021 年，中国城市、县城、建制镇、乡村地区污水处理率分别为 97.9%、96.1%、62.0%、27.0%①，相较于城市和县城，建制镇和乡村地区污水处理率仍较低。这表明，截至 2021 年底中国农村生活污水处理仍在探索中。2023 年 1 月，国家发展改革委、住建部、生态环境部联合发布《关于推进建制镇生活污水垃圾处理设施建设和管理的实施方案》，确定的目标是，到 2025 年，建制镇建成区生活污水垃圾处理能力明显提升；到 2035 年，基本实现建制镇建成区生活污水收集处理能力全覆盖和生活垃圾全收集、全处理。

第四节　农村生态系统服务功能和价值实现

农村生态系统服务功能可分为农业生产功能、农村生态功能和生活功能。农业生产功能是其首要功能，即直接提供食物、水或药用植物；生态功能包括水土保持、蓄水防洪、净化空气、维持生物多样性，生活功能是指为人们提供旅游观光、休闲娱乐、文化教育等功能。随着气候变化从科学问题日益成为一个国际政治议题和经济学家关注的一个焦点，农业生态系统的碳汇功能得到重视。本节内容包括生态系统服务概念、农业生态系统服务、农村生态系统服务和气候变化。

一　生态系统服务

理解农村生态系统服务价值实现，需要理解生态系统服务和生态资本的概念及评估方法。20 世纪 90 年代中期以来，生态系统服务理论受到经济学家的关注。经济学家认为，生态系统服务是指自然生态系统及其组成物种得以维持和满足人类生命的环境条件和过程，或者说是生态系统可以维持生物多样性和各种生态系统产品的生产（李周，2015）。生态学家认为，生态系统的产品和服务是指人类直接或间接地从生态系统的功能中获得的各种惠益（Costanza et al.，1997）。

理解生态系统服务价值的逻辑是，随着生态系统的重要性凸显，提供生态环境产品和服务的生态系统具备了生产要素价值和多功能性的综合价值，因此也具有了资本属性，可称其为生态资本；或者说，当讨论生态系统服务价值的资本属性时，便提出了生态资本概念。生态资本是一种"能够为未来产生有用商品和服务流的存量"（Costanza and Daly，1992），它是存在于自然界、能够给人类带来

---

① 《2022 年城乡建设统计年鉴》，https：//www.mohurd.gov.cn。

持续收益的自然资产，是自然资本存量和人为改造过的资本存量的总和。从这样的定义和解释可以看出，生态资本不过是生态系统服务的资产属性表述，为生态系统服务价值评估的一个理论依据。

如何实现生态系统服务价值？这由生态系统服务功能和市场结构与制度安排的相关因素所决定。生态系统服务功能的分类有不同的方式，基本类型可分为四项（Pearce et al.，1989）。一是提供生产的资源和可以生产食物、燃料、金属等的原材料。二是吸收和处理生产和消费过程中的废弃物。三是基本的生命支持功能。四是提供愉快的服务以提高人们的福利。第三项和第四项包括调节气候、保持水土、支持生物多样性、美学和精神层面。生态学家（Costanza et al.，1997）进一步将生态系统服务分为17种，包括大气调节、气候调节、扰动调节、水调节、水供应、侵蚀控制、土壤形成、营养物循环、废物处理、花粉传授、生物控制、栖息地、食物生产、原材料、遗传资源、娱乐和文化服务。中国学者如谢高地等（2011）将其分为11种服务功能，包括食物生产、原料生产、水资源供给、气体调节、气候调节、净化环境、水文调节、土壤保持、维持养分循环、生物多样性、美学景观。生态系统服务价值评估思路和方法，依据生态系统服务与生态资本的市场化程度可分为三类。一是市场评估方法。此方法应用于具有市场的生态产品和服务，以市场价格作为生态系统服务的经济价值，如粮食、木材等。二是替代市场评估方法。此种方法用于没有直接市场交易与市场价格，但具有这些服务的替代品的市场与价格的生态服务，可以通过技术手段间接估算生态系统服务价值。三是模拟市场评估方法。对没有市场交易和实际市场价格的生态系统产品和服务，通过人为地构造假想市场衡量生态系统服务价值。事实上，生态系统服务价值评估往往并不采用单一的方法，而是综合采用多种方法进行评估。

二 农业生态系统服务与生态补偿

农业生态系统服务功能主要包括六个方面：农产品生产功能、气候调节功能、水土保持功能、环境净化功能、水资源消耗功能、环境污染与平衡功能。

生态系统服务功能的一个重要特征是，当高强度的使用导致其提供服务的能力遭到破坏时，生态系统的服务功能将衰退甚至消失，即过度开发会耗尽生态系统的自然资本，这在农业生产中有若干案例。第一个案例是捕鱼，在特定的水生生态系统中，如果捕捞强度（水中渔网和鱼钩的数量）处在最低值，那么增大捕捞强度会获得更多的鱼；但是如果捕捞强度超过了最适宜的界限，则捕捞越多，收获越少。这是因为鱼类数量已经减少到一定程度，导致没有足够多的成年鱼类能够繁衍出足以维系现有捕捞量的下一代。第二个案例是现代生产方式对农田生态系统的影响，为了获得高产量而过量施用化肥和杀虫剂会污染土壤，也会降低产量，大剂量的化肥和杀虫剂对植物本身也是有毒的，杀虫剂还会杀死土壤中保持土壤肥沃的动物和微生物。

生态补偿又称生态系统服务付费（PES），是一种基于生态系统服务的管理政策设计，是以保护和持续利用生态系统服务功能为目的，以经济手段为主要方式，调节相关者利益关系的制度安排。农业生态补偿属于生态系统服务功能的补偿，是针对农业生态环境污染、农产品质量安全和人类健康等问题展开的，通过建立补偿机制以激励个人或组织积极参与到农业生态环境保护中，不断改善和保护农业生态环境。近年来，中国已经开展了多种的农业生态补偿实践，包括有机农业认证补贴和绿色农产品品牌补贴、有机肥替代化肥的补贴、畜禽废弃物资源化处理与利用的补贴、对绿色休闲农业进行补贴、对开发农业生态系统文化服务功能的市场价值的补贴等。

三　农村生态系统服务功能和价值

（一）农村生态系统服务功能

农村生态系统服务功能可分为调节服务功能、文化服务功能和支持服务功能。

第一，农村生态系统调节服务功能是指气候调节、水资源调节和净化水质、疾病调节和有害生物控制。例如，绿色植物通过光合作用，不断吸收二氧化碳，释放氧气，而异养生物不断消耗氧气，产生二氧化碳，两者之间相互平衡，使地球大气成分维持稳定状态；在植被生长过程中，从土壤中汲取水分，通过叶面蒸腾，把水蒸气释放到大气中，从而改变了当地的温度和降雨，增加了水循环；同时，自然生态系统具有控制有害生物的能力。

第二，农村生态系统文化服务功能是指通过精神满足、发展认知、思考、消遣和体验美感而使人类从生态系统获得的非物质惠益，包括文化多元性、精神和宗教价值、传统的和正规的知识系统服务价值、教育价值、灵感培育价值、美学价值、社会关系、地方感、文化遗产价值、消遣与生态旅游服务等（谢高地等，2011）。其中，社会关系服务是指生态系统可能影响建立于特定文化氛围之中的各种社会关系的类型。例如，渔业社会的社会关系在许多方面不同于游牧社会或者农业社会；地方感是指许多人珍惜"地方感"的价值，这种情结与他们对生活环境的特征认知，以及对生态系统的不同方面的感觉密切相连，这正是农村生态系统文化服务价值的体现。乡村环境提供的舒适性可以直接消费，而不必通过生产活动的转换。比如，在一个天气晴好的傍晚，在乡村小山坡上散步并欣赏日落所带给你的舒适感。乡村旅游、果菜采摘、农家餐饮等都是目前中国农村生态系统文化服务的实现方式。

第三，农村生态系统的支持服务功能是指对于生态系统服务的生产所必需的那些服务，支持服务在一个很长的时间尺度上才会对人类产生影响。这些服务包括土壤形成、光合作用、养分循环、水循环。提供生态系统支持服务功能的一个重要特征是，它的范围往往是全球的，国际协议和全球治理成为重要的约束机制，否则它们一般为开放使用的资源。一个典型的例子是，日益增强的温室气体引起的气候变化。

(二) 农村生态系统服务价值

目前，生态系统服务价值评估可选择的重要方法包括：一是成本—效益分析，评估保持并恢复生态系统服务。二是损失评价，即生态系统服务的丧失，评价人类活动引起的生态系统破坏的程度已经成为生态系统的量化评估的另一个领域。三是揭示偏好法，通过观察或测量人们在需要估值的产品和服务上的支出进行估值。四是陈述偏好法，采取调查确定支付意愿。五是其他评价生态系统服务的常用方法，如市场价格调整法、避免成本法、生产函数法、损害成本法。迄今为止，估计生态系统服务价值仍是挑战，难点在于准确地界定非市场产品和服务以及创造的价值。

生态系统服务价值研究的重要进展是康斯坦扎团队的尝试性对全球生态系统进行货币化估值（Costanza et al.，1997），初步计算，16 种生物群落提供的 17 种生态系统服务的经济价值为每年 16 万—54 万亿美元，平均每年为 33 万亿美元，其中，农业生态系统可提供的生态服务功能价值为 0.1 万亿美元，单位面积的农业生态系统每年可提供的生态系统服务功能价值为每公顷 92 美元。

中国的一项研究中，将生态系统服务功能与价值分为八项，具体是农产品产量与产值、农田担当的社会保障功能与价值、气候调节功能的价值、水土保持功能的价值、水源涵养功能的价值、废物净化功能的价值、水源消耗的损失估计、化肥农药使用的损失估计。结果显示，2003 年中国农田生态系统提供的总服务价值为 19121.8 亿元（2003 年现价），其中，正面服务价值为 22334.1 亿元；由于灌溉、化肥及农药的使用，给人类福利造成的损失为 3212.3 亿元。单位面积农田提供的服务价值为 18960.6 元/公顷，其中，农产品生产的价值为 14788.7 元/公顷，其他服务价值为 4171.9 元/公顷；而灌溉等给人类福利造成的损失为 3185.2 元/公顷（孙新章等，2007）。中国生态系统服务价值研究的最新进展是生态系统生产总值核算（Gross Ecosystem Product，GEP）。GEP 是指一定区域一定时间内，生态系统为人类福祉和经济社会可持续发展提供的最终物质产品与服务的经济价值总和。目的是将无形的生态算出其价值，为生态保护与绿色发展提供可评价、可考核的量化依据。

四　气候变化与生态系统服务功能

气候变化是可持续发展的一个核心问题。作为科学问题，温室气体排放过程中人类经济活动的作用影响着地球自然资源基础；作为经济学问题，如果我们将环境算作一种公共资源，在一个更广的范围内可把地球的整个生态系统看作受温室气体排放负外部性影响的公共产品，进而导致全球气候变化。应对气候变化的核心，是减缓人为活动的温室气体排放。农业和化石燃料的使用成为碳源重要贡献者，而陆地生态系统具有碳汇功能。

（一）气候变化的科学识别和政治共识

在过去的 100 年间，研究气候变化的自然科学家发出警告，在 21 世纪二氧化碳和其他温室气体的积累，可能会引起全球变暖和其他重要的气候变化。20 世纪 90 年代以来，气候变化成为一个全球科学识别、国际政治共识、地区经济战略和全球治理问题。努力达成国际政治共识的重要进程是，1992 年在巴西里约热内卢召开的第二届全球环境与发展大会上，政治家们达成《联合国气候变化框架公约》，确立了共同但有区别的责任原则、公平原则和各自能力原则。1997 年 12 月在日本京都召开的联合国气候变化框架公约大会通过了《京都议定书》，旨在限制发达国家温室气体排放量以抑制全球气候变暖。2015 年 12 月联合国气候变化大会通过《巴黎气候协定》，并于 2016 年 11 月起正式实施，《巴黎气候协定》坚持"共同但有区别的责任原则"，是适用于所有国家的新的制度安排，并且提出到 21 世纪末，力争将全球温升控制在工业革命前水平的 2℃ 以内，并努力控制在 1.5℃ 以内。

1992 年，中国成为《联合国气候变化框架公约》的缔约方，开始履行应对气候变化的国际义务。1997 年《京都议定书》通过，中国虽不承担强制减排义务，但仍积极开展温室气体自愿减排行动。2015 年通过《巴黎气候协定》以来，中国实施积极应对气候变化的国家战略，把绿色低碳发展作为生态文明建设的重要内容。习近平主席于 2020 年 9 月在第七十五届联合国大会一般性辩论上宣布了中国二氧化碳排放力争在 2030 年前达峰、努力争取 2060 年前实现碳中和目标，在 2020 年 12 月联合国气候雄心峰会上承诺中国说话算数。2020 年 12 月，中央经济工作会议对制订碳排放达峰行动方案做出部署，碳中和成为中国的研究热点问题和重要政策导向。

（二）农业农村与气候变化

农业农村与气候变化可分为农业的温室气体排放、气候变化对农业生产的影响、对农村贫困的影响和农业生态系统的碳汇服务功能四个方面的问题。

第一，农业的温室气体排放。在全球气候变化中，农业是非二氧化碳（CO_2）温室气体最大的排放源，农业排放的甲烷（CH_4）和氧化亚氮（N_2O）分别占全球排放的 40% 和 60%。一项研究显示，农业温室气体排放占全球温室气体排放的 10%—12%，包括二氧化碳约为 20%—35%（郭朝先，2021）。清华大学的第四次气候变化国家评估报告的结论是，从农业温室气体排放的来源看，动物肠道发酵、动物粪便管理、水稻种植和农用地温室气体排放分别占 24%、16%、19% 和 40%（第四次气候变化国家评估报告编写委员会，2022）。一项中国的研究显示，2009 年中国农业总计排放温室气体 158557.3 万吨二氧化碳当量，其中，甲烷排放 1864.97 万吨，相当于 39164.32 万吨二氧化碳，占总排放的 25%；氧化亚氮排放 266.68 万吨，相当于 82670.24 万吨二氧化碳，占总排放的 52%；二氧化碳排放 36722.74 万吨，占总排放的 23%。按来源分析，在 2009 年排放的温室气体中，水稻种植排放 14264.45 万吨，占 9%；畜牧生产排放 42709.94 万吨，占 26.94%；土壤排放 47457.81 万吨，占 29.93%；化肥、能源、农药、农膜等投入排放 54125.11 万吨，占 34.14%（谭秋成，2011）。

第二，气候变化对农业生产的影响。水热资源是农业可持续发展的重要基础，其数量与配置决定一个地区的农业生产基本情况。在全球气候变暖的背景下，农业水热资源发生显著变化，气候变暖和降雨模式变化会改变粮食适宜种植区域，而干旱、极端气象灾害会减少粮食产量。气温升高提高了高纬度地区部分作物（玉米、棉花、小麦、甜菜）的产量，却降低了低纬度地区部分作物（玉米、小麦、大麦）的产量（韩婉瑞等，2021）。一项整合边际损害得出农业和温度之间关系的模型的总体结果是，初始气温比11.5℃低的国家将受益，而气温较高的这些国家将受损（威廉·诺德豪斯、约瑟夫·博耶，2021）。

第三，气候变化对农村贫困的影响。农村贫困社区和贫困人口是受气候变化影响最大的群体之一。贫困社区大多属于生态脆弱区，贫困人口主要的收入来源于农牧业，而这也正是最容易受气候变化影响的行业。贫困社区缺乏基本的医疗服务和基础设施，贫困人口缺少资金去应对灾害或疾病、缺少进入社会安全网络的途径，这些都将会导致贫困人口更难以应对气候变化的影响。

第四，农业生态系统的碳汇服务功能。近期中国农业生态系统碳汇研究的两项重要发现（方精云等，2015），一是中国陆地生态系统在过去几十年一直扮演着重要的碳汇角色。2001—2010年，陆地生态系统年均固碳2.01亿吨，相当于抵消了同期中国化石燃料碳排放量的14.1%；其中，森林生态系统是固碳主体，贡献了约80%的固碳量，而农田和灌丛生态系统分别贡献了12%和8%的固碳量，草地生态系统的碳收支基本处于平衡状态。二是在国家尺度上证明人类有效干预能提高陆地生态系统的固碳能力，包括天然林保护工程、退耕还林工程、退耕还草工程、长江和珠江防护林工程等在内的中国重大生态工程和秸秆还田农田管理措施的实施，分别贡献了中国陆地生态系统固碳总量的36.8%（7.4千万吨）和9.9%（2.0千万吨）。

第五节　中国农村可持续发展的未来

综观可持续发展的概念逻辑，由初期的极限与约束演进到当今的和谐与共享，从生产角度可概括为效率提升与环境承载力的和谐，从分配角度可概括为人类福祉的提升与收益的共享。理解增长的极限阈值、增长的环境约束、增长与环境和谐之间的数量联系，是从物理模型逐步抽象到数学模型的进步。人类历史已经见证了多个结构变革，农业革命和工业革命是其中最深刻的例子，它们都是从发现种植粮食、利用能源和组织生产的思想开始的。正是过去那些成功的变革为世界下一场变革创造了必要条件，下一场变革可称为可持续革命。

展望农村可持续发展的未来，关键议题与实现路径包括：明确预期粮食产量目标，合理设计农村生活污水处理策略，追求科学技术进步和模式创新，提升农村生态系统服务价值的实现水平。

一 预期目标引领农村可持续发展

农村可持续发展的预期目标，决定着实施的政策和实现的路径，预期粮食产量是重中之重的目标，农村生活污水处理设施建设和持续运营是最具挑战性目标。预期粮食产量目标，本质上是一项确保国家粮食安全的战略，是宏观经济政策制定的一个起点，是支撑全社会不断增长的需求的可接受风险的粮食自给水平。重要的具体指标是粮食总产量和人均粮食产量，中国提出"十四五"时期粮食年总产量达到13万亿斤的水平，耕地面积稳定。同时，强调建立农业可持续发展长效机制，减少化肥农药施用量，实现农业绿色发展，农村可持续发展与乡村振兴和绿色发展之间联系更加紧密。

在中国乡村振兴进程中，乡村人口的季节性就业和节日经济特征，决定着农村生活污水废水排放具有季节性和峰值性；农村居住和生活方式与城市趋同化进程加快，由此农村环境基础设施需求同样与城镇趋同。农村生活污水基础设施建设和运营战略需要顶层设计，明确提出中国2035年和2050年目标和路径，逐步缩小农村环境公共品供给与城市的差距。以改善农村人居环境为目标的农村环境基础设施建设是增进农村居民福祉、提升农村生态系统服务价值的重要实现路径。

二 科技进步和模式创新推动农业绿色发展

第一，科学技术进步。技术进步包括：用能源和人力资源替代大自然过去的职能，如污水处理、洪涝控制和保持土壤肥力；化学投入品的生物化学技术进步，减少化肥、杀虫剂和除草剂的用量，提高绿色生产水平；使用生物质能、太阳能、潮汐能、风能等可再生能源，减少二氧化碳排放量。在技术进步的选择中，当耕地充裕时，重点是开发利用互补耕地的技术进步，如可通过休耕恢复地力，可通过耕地消纳畜禽粪污制成有机肥，可种植生物质能源补充化学能源；当耕地不足时，重点是开发利用替代耕地的技术进步，如投入品替代耕地、水资源密集型替代耕地、劳动和能源替代耕地。科学进步包括：进一步识别和解释生态系统服务功能，进一步发挥数据和信息科学进步在农村可持续发展中的作用。如农业中的"生物防治"本质是利用生态系统服务原理，通过人为干扰恢复自然生态系统控制有害生物的方法，从而降低对自然的伤害。

第二，生态农业模式创新。生态农业是适合耕地资源少、水资源紧张、人口众多的农业禀赋的模式创新，是实现农村可持续发展的重要途径。中国生态农业是一个把农业生产、农村经济发展、保护环境、高效利用资源融为一体的新型综合农业体系。实现生态经济的良性循环是生态农业的本质特征，它特别强调种养业的结构优化，通过产业链接发挥各个环节的作用，同时也强调不同层次、不同专业和不同产业部门之间的全面协作。中国传统生态农业中的桑基鱼塘、稻田养鱼、稻鱼鸭复合系统以及农林复合经营系统等发展模式，已经较好地体现了可持续发展的思想。近年来，生态农业与工业产业融合，以农产品加工为纽带，实行产供销一体化的产业网络链条，构建产业化的种养加及废弃物还田的食物链网结构，有效利用资源、信息、设施和劳力，形成了良性循环的经济结构。中国生态农业不仅要发扬传统农业的精华，而且要汲取现代科学技术，与规模化经营和标准化生产对接，实现农业可持续发展。

三　农村生态系统的价值实现

农村生态系统不仅提供农产品和得到市场收益，而且具有生态系统服务功能并得到了生态产品的非市场回报。生态系统服务正在进入农村可持续发展视野并成为重要的议题，包括识别农村生态系统服务功能的类型、评估生态产品的市场和非市场化回报。对于非市场产品和服务，精确地界定服务和其创造的价值，具有挑战性。市场产品拥有基于实际购买的定义明确的单位价值，而非市场产品和服务可能具有一系列不同的属性，每一种属性都可能产生价值。在农村生态系统服务价值的实现中，需要开展农业碳源和碳汇的基础研究，为制定实现农业生态系统碳汇服务价值的政策提供依据；通过持续投资于应对气候变化的技术和行动，提高农业的适应性、减少气候变化对农业的影响。

第九章　劳动力转移与城镇化

农业在经济发展进入一定阶段后，其创造的收入在国内生产总值中的比例是不断降低的。当农业劳动力规模达到甚至超过农业需要的上限，农业劳动力的边际产出接近或等于零。农业剩余劳动力将从土地分离出来，向非农产业转移，实现劳动力资源的再配置。农业劳动力转移在各个历史时期及各个国家和地区都曾经或正在发生。对于正在经历迅速的经济增长和产业结构变化的发展中国家，劳动力从农业转向非农产业，从农村转移进入城镇，是必然发生的过程。围绕这一过程，本章介绍了农业劳动力转移的基本原理、农业转移人口的市民化，以及城镇化和农村发展的关系三个方面的内容。

第一节　农业劳动力转移

一　农业劳动力转移概要

（一）农业劳动力的供给与需求

农业劳动力供给是指在给定其他条件的情况下，于给定工资水平下愿意从事农业生产活动的劳动力数量。在其他条件不变时，工资水平提高，农业劳动力供给量增加；工资水平下降，农业劳动力供给量减少。以上的供给概念对应雇佣农业工人的情形。在家庭经营情形下，农业劳动力属于自我雇佣，影响其供给行为的不是工资水平，而是家庭从事农业经营的预期收入。预期收入提高，家庭劳动力供给量增加；反之减少。农业劳动力供给曲线是反映农业劳动力供给量随工资或预期收益变动的曲线。如图 9-1 所示，劳动力供给曲线为向右上方倾斜的曲线 SL。在工资水平为 w_0 时，农业劳动力供给量为 LS_0，如果工资水平提高到 w_1，则农业劳动力供给会增加到LS_1。

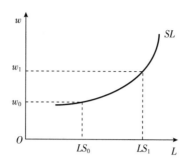

图9-1　农业劳动力供给曲线

　　农业劳动力供给的变化是指在工资水平不变时，农业劳动供给曲线位置向左或向右的移动。如图9-2所示，初始条件下，农业劳动力供给曲线为SL_1。在工资水平为w_0时，劳动力供给量为LS_1。由于某些其他因素的变化，劳动供给曲线从SL_1向右移动到SL_2。即在工资水平没有变化的情况下，劳动力供给量从LS_1增加为LS_2。很多因素会引起农业劳动力供给的变动，包括人口规模变动、人力资本结构变动、非农产业就业机会变动以及制度和政策因素等。

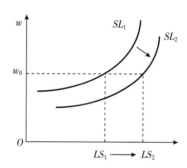

图9-2　农业劳动力供给的变化

　　农业劳动力需求是指在给定其他条件下，农业经营主体在给定工资水平下所愿意雇佣或使用的农业劳动力数量。在其他条件不变时，农业工资水平提高，农业劳动力需求量减少；农业工资水平下降，农业劳动力需求量增加。与农业劳动力供给一样，农业劳动力需求概念对应雇佣工人的情况。在家庭经营情形下，农业劳动属于自我雇佣，影响其需求行为的不是工资水平，而是家庭从事农业经营的预期收益。农户家庭经营的劳动力供给者和需求者是一体的，预期收益的提高首先增加家庭农业劳动力的需求，与此同时也就增加了家庭农业劳动力供给，在家庭供给不足的情况下可以从市场雇佣农业工人予以补充。农业劳动需求曲线是反映农业劳动力需求随工资或预期收益变化的曲线。如图 9-3 所示，劳动力需求曲线为向右下方倾斜的 DL 曲线。在工资水平为 w_0 时，农业劳动力需求量为 LD_0；如果工资水平提高到 w_1，则农业劳动力需求量会减少到 LD_1。

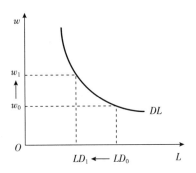

图 9-3　农业劳动力需求曲线

农业劳动力需求的变化是指在工资水平不变时，农业劳动力需求曲线位置向左或向右的移动。如图 9-4 所示，初始条件下，农业劳动力需求曲线为 DL_1。在工资水平为 w_0 时，劳动力需求量为 LD_1。由于某些其他因素的变化，劳动供给曲线从 DL_1 向左移动到 DL_2。即在工资水平没有变化的情况下，劳动力需求量从 LD_1 减少为 LD_2。很多因素会引起农业劳动力需求的变动，主要有农业经济发展形势、其他要素价格变动、农业生产基础变革以及制度和政策因素等。农业是国民经济的基础产业，所以农业不会成为夕阳产业，但农业劳动力需求并不是持续强盛和增长的。农业发展可能通过技术变革和要素替代的方式引起农业劳动力需求的下降。此外，在国际和国家层面也有可能发生农业主产区的转移，从而引起农业劳动力需求的区域变化。

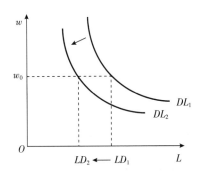

图 9-4　农业劳动力需求的变化

（二）农业剩余劳动力的概念及类型

农业剩余劳动力指在一定的生产力水平下，农业劳动力的供给大于农业生产经营合理需求的那一部分劳动力，这部分劳动力投入农业生产经营的边际产量接近或等于零。即使这部分劳动力分离出来，原有的有效劳动时间和产出量也不会减少和影响农业的发展。农业剩余劳动力是一个相对的概念，随着农业生产力、生产资料、生产结构等条件的变化而变动。农业剩余劳动力也可以说是农村劳动力剩余。农村劳动力通常是指潜在农业劳动力，除了法定劳动年龄人口，还包括可能投入农业生产的老年人和未成年人。此外，也包括愿意投入农业生产的城镇劳动力，如在城郊农场里工作的城镇居民。农村劳动力剩余即潜在农业劳动力规模大于农业所需要的劳动力规模。

农业劳动力剩余可分为两种类型：一种为农业中的冗余就业，即农业劳动力规模超过了农业生产的需要，也称为"隐性失业"。造成这种现象的原因，包括农业人口和农业劳动力增长过快，以及对农业投入大量的农业机械、技术和能源，从而置换出农业劳动力，使农业劳动力过剩等；另一种为就业不充分或失业。在个人层面，农业劳动力剩余可以表现为在农业生产季节投入的农业劳动时间过多，在非生产季节无事可做，形成劳动资源的浪费。

（三）农业劳动力转移的内涵

配第—克拉克定理表明，农业部门创造的收入在国内生产总值中的比例是不断降低的。农业部门不断缩小的一个重要原因是农产品需求弹性低这一特性。随着收入增长，居民花费在食物上的开支比例逐渐降低，因为需求的限制，农业在经济发展进入一定阶段后必然受到限制。

农业生产函数的一般属性要求生产过程中劳动力、土地和生产资料有适当的比例。如果土地和生产资料的数量有限而劳动力过多，那么必然发生农村劳动力需求不足或隐性剩余，即农业劳动力边际产品为零或非常低的状态，农村劳动力资源利用不足。如果还有大量的劳动力滞留在农业部门，则只能追逐越来越少的农业部门收入，他们的劳动回报必然落后于城市工业和服务业的劳动回报。

经典的关于小农经济的舒尔茨模型或恰亚诺夫模型都假设不存在能为从事家庭经营的农业劳动力提供可参照的机会成本的非农就业市场。一旦这样的非农就业市场出现并扩张，一部分农业劳动力将脱离农业并转移到非农产业，因为非农就业的工资至少等于或高于农业部门的生存工资。因此，农业劳动力转移是农村劳动力从土地上分离出来，向非农业劳动力转化的劳动力资源再配置、实现劳动力充分就业的过程。

二 农业劳动力转移模型

农业劳动力转移模型大致可分为宏观层面的农业劳动力转移与经济发展模型，以及微观层面的劳动力迁移家庭模型和劳动力迁移个人模型等。中国等发展中国家展现出了典型的二元经济发展特征（蔡昉，2018），本部分重点介绍刘易斯模型、拉尼斯—费模型等特殊形式。

（一）刘易斯模型

1954 年，阿瑟·刘易斯在英国曼彻斯特大学学报上发表了《劳动力无限供给条件下的经济发展》一文，提出了二元经济结构理论模型。其将国民经济分为以农业为主的传统部门和以工业为主的现代部门。现代部门的劳动生产率和工资水平要高于传统部门。传统部门最大的特点是剩余劳动力的存在。由于工农业收入水平存在显著差异，农业剩余劳动力必然有向工业部门流动的趋势。工业部门吸收农业剩余劳动力的结果是扩大了生产，积累的利润被转化为资本，从而吸收更多的农业剩余劳动力，如此往复循环，直至传统部门的剩余劳动力全部被现代部门吸收。在这一过程中，农业剩余劳动力不断向工业部门转移，从而实现了工业化和城市化。在传统部门中，随着农业剩余劳动力流出，劳动边际生产率逐步提高，农业劳动力的报酬水平逐渐与工业工资水平接近，如图 9-5 所示。

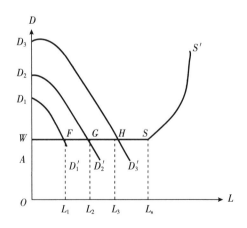

图 9-5 刘易斯劳动力转移模型

图 9-5 中，横轴 OL 代表农业劳动力数量，纵轴 OD 代表劳动边际产品和工资水平。OA 表示传统农业部门的工资水平，OW 表示现代工业部门的工资水平，并且 $OA<OW$。由于假设现代工业部门劳动供给无限，因此劳动供给曲线 WS 是一条水平线。D_1D_1'、D_2D_2'、D_3D_3' 分别代表不同阶段工业部门的劳动边际生产率曲线，也即劳动需求曲线。刘易斯假定工业部门追求利润最大化目标，其均衡条件为工资等于劳动的边际生产率，并由此决定雇佣的劳动力人数。在图 9-5 中，当劳动边际生产率曲线为 D_1D_1' 时，工业部门将雇佣 OL_1 数量的劳动力。此时工业部门中劳动力创造的价值为 OL_1FD_1，OL_1FW 为工人工资，WFD_1 为企业利润。当资本家把所得的全部或部分利润用于再生产，工业部门资本总量增加，劳动力需求也随之增加，劳动边际生产率曲线上升到 D_2D_2'，现代工业部门对劳动雇佣量扩大到 OL_2，同时总产量和资本家利润也扩大。资本家把扩大后的利润进一步用于再生产，劳动边际生产力曲线上升到 D_3D_3'，现代工业部门对劳动雇佣量扩大到 OL_3，同时总产量和资本家利润又随之扩大。这个过程持续进行，直到农业部门剩余劳动力全部被吸收到现代工业部门。之后，由于农村剩余劳动力已经吸收完毕，如果现代工业部门继续扩张，那么它就需要提高工资以得到劳动力，劳动力供给曲线就由水平部分 WS 转变为 SS'。即劳动力由无限供给变为有限供给，二元经济就逐渐转变为现代一元经济。

刘易斯的二元经济发展模型对分析发展中国家劳动力转移问题和经济增长产生了重大影响，但也存在一些不足。例如，无限劳动供给在现实中不可能存在，即使农业劳动边际生产率可能会比较低，但也不会在较大范围内都接近零。并且，刘易斯模型只强调现代工业部门的扩张，忽视了传统农业部门在促进工业增长中的作用。

（二）拉尼斯—费模型

1961 年和 1964 年，拉尼斯和费景汉对刘易斯理论的不足之处进行了改进，在说明农业剩余劳动力转移的同时，着重表明了农业生产率提高、农业贡献对于工业发展以及加快劳动力转移过程的原理。如图 9-6 所示，其中图 9-6（a）表示工业部门的劳动力供给和需求，图 9-6（b）表示农业部门的平均产品（$SYZO$）、边际产品（$ADUV$）和工资水平（$SYUV$），图 9-6（c）表示农业部门的总产量曲线。这三幅图的横坐标都是劳动力规模，终端代表农业劳动力总量，上面的任何一点的左侧代表从农业向工业转移的劳动力数量，右侧代表仍然从事农业的劳动力数量。在图 9-6（c）中，$ORCX$ 是农产品总产量曲线。农产品总产量随着农业劳动力规模的增加而增加，在农业劳动力规模达到 OD 时，农业总产量达到最大值 OB。如果农业劳动力从 OD 增加到 OA，农业总产量维持最大产量不变。但是如果农业劳动力在 C 处继续减少，那么农业总产量将下降，图 9-6（b）中的边际农产品曲线将由零转变为正值。

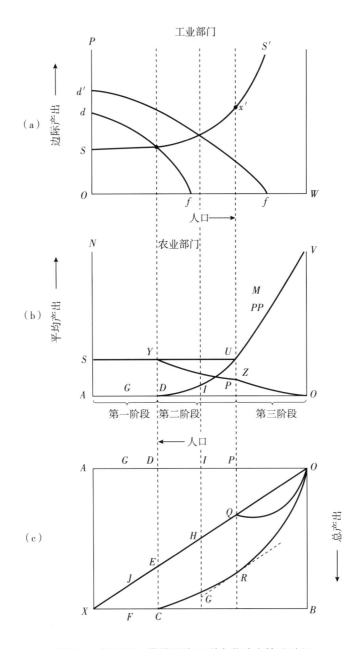

图 9-6　拉尼斯—费模型农业剩余劳动力转移过程

拉尼斯—费模型将经济发展过程划分为三个阶段。第一个阶段是农业剩余劳动力无限供给阶段，第二个阶段是农业剩余劳动力持续转移以及农业转型阶段，第三个阶段是农业与工业的市场一体化和农业商业化阶段。

第一个阶段就是刘易斯模型描绘的典型情景，对应图9-6（b）中的AD段。在第一阶段，农业劳动力边际生产率等于零，农业劳动力人口外流并不会减少农业部门的农业总产量。只要工业工资不低于农业部门的生存工资，便会有农业劳动力转移进入工业部门，其工资等于不变的生存工资AS（OS）。边际农产品在D点以前为零，在D点以后从零转变为正值，所以D点被称为刘易斯转折点，AD被称为农业剩余劳动力。

第二阶段对应图9-6（b）中的DP段。第二阶段农业部门中劳动边际生产率虽然转变为正值，但是仍然低于农业生存工资，因此农业工资仍然维持在生存工资水平。由于边际农产品为正，农业劳动力的减少引起农业总产量的减少，所以工业部门必须提高工资才有可能吸引农业劳动力转移。第二阶段将一直延续到P点，在这一点上边际农产品达到农业工资水平，超过P点后农业工资水平将沿着边际农产品曲线增加。因为在农业劳动力超过OP后边际农产品低于制度性工资，所以将AP称为隐性失业劳动力；P点被称为商业化转折点，农业进入市场经济发展阶段，农业经营者需要在竞争性劳动力市场上雇用工人。

以上简化分析是建立在农业劳动生产率不变的假设基础上的。如果在劳动力转移过程中对农业进行投资，使农业劳动生产率提高，同等农业劳动力规模的农业总产量增加，那么推理将显示：图9-6（b）中的边际农产品曲线将向上移动，农业工资曲线的水平部分缩短，农业商业化转折点向左移动；与此同时，农业生产率提高将引起转移劳动力的平均农业剩余增加，刘易斯短缺转折点向右移动。随着农业劳动生产率的持续提高，刘易斯短缺转折点和农业商业化转折点将在某一点重合，成为一个单一的转折点。这样，农业劳动生产率的提高将使经济起飞前的准备阶段得以延长，原先就业不足的农业劳动力可以得到充分利用；而起飞阶段的结束和直接进入商业化阶段意味着工业和农业将面临共同的竞争性劳动力市场。因此，在发展中国家农业剩余劳动力转移过程中，提高农业生产率具有重要的推进意义，可以缩短从传统二元经济结构向一元经济结构转型的过程。

（三）托达罗模型

在微观上，农业剩余劳动力转移表现为农户家庭中一部分或全部劳动力进行就业迁移的过程。20 世纪 60—70 年代，美国发展经济学家托达罗阐述了其劳动力流动模型（Todaro，1969）。模型指出个人对外部的经济或非经济激励做出反应，是否迁移取决于对迁移的收益和成本的贴现值的比较。如果迁移预期收益大于预期成本，那么迁移将有可能发生。迁移收益可以是迁移目的地更高的预期收入，也可以是迁移目的地更好的自然或社会环境。迁移成本包括直接成本和间接成本。迁移的直接成本包括用于迁移过程的费用以及心理成本，迁移的间接成本是指迁移的机会成本，即迁移引起的收入损失。式（9-1）是一个典型的劳动力迁移成本收益公式：

$$\sum_{t=0}^{T} \frac{Y_{2t} - Y_{1t}}{(1 + r)^t} - \sum_{t=0}^{T} \frac{C_t}{(1 + r)^t} > 0 \tag{9-1}$$

式中：Y 为收入，下标 1 和 2 分别代表迁移前和迁移后；t 为时间；C 为迁移成本；r 为贴现率。公式左侧前一部分代表着迁移后和迁移前的预期收入差异，即迁移的预期收益。如果迁移的预期收益大于预期成本，那么个人迁移将有可能发生。

在发展中国家，城市中劳动力工资虽然比较高，但是存在失业风险，因此不能用城市的实际工资率作为迁移预期收益的依据，而是要为其添加一个就业概率以便获得对预期收益的估计。虽然托达罗模型强调了城市非正规部门失业对农村劳动力迁移的影响，他所强调的失业因素可以和其他因素一起纳入上述迁移成本收益公式。迁移后的收益是预期值而不是确定值，存在一定概率的风险。目的地的平均收入为 Y_m，则预期收入 Y_2 的风险存在于两个方面：一方面，未来实际收入可能低于平均收入，假设获得平均收入的概率为 p_1；另一方面，因为城市失业的存在，迁移劳动力未必能马上找到工作，假设马上找到工作的概率为 p_2，相当于托达罗模型中的就业概率 $p_{(t)}$。心理成本通常被当作迁移成本的一类。但是鉴于心理成本并不消耗资源，所以将其视为心理损失比心理成本可能更为恰当，也就是迁移造成的一类负收益。迁移的心理损失是心理压力的函数，受个人性格特质和家庭结构的影响，如果心理脆弱，或者家庭中有儿童，那么心理压力将加大。心理损失难以估值，但是可以假设它是收入水平的函数。同等心理压力，在收入水平低时其心理损失较小，在收入水平提高时其心理损失增大（檀学文，2013）。另外，迁移引起的心理压力为 M，心理损失为 v，从而，迁移公式中目的地的预期收入为

$$Y_2 = Y_m p_1 p_2 - v(M, Y) \tag{9-2}$$

式（9-1）左侧后一部分代表着迁移的预期成本。迁移成本中比较明确的是迁移的直接费用，如交通费用、食宿费用等。迁移的机会成本主要依赖寻找工作的时间，即受马上找到工作的概率 p_2 的影响。p_2 越高，机会成本越低。

如果经济形势稳定，劳动力市场繁荣，那么 p_1 和 p_2 都比较高。城市平均收入与当前个人实际收入只需要较小差距便有利于劳动力迁移。在农业劳动力剩余条件下，迁移前的收入 Y 较低，迁移期间的机会成本也比较低。由于收入水平偏低，个人和家庭对迁移的心理成本的估值也比较低。所以总体上只要迁移目的地的平均收入稍微高于 Y，迁移便有可能发生。到了剩余劳动力转移的后期，随着 Y 的增加以及心理成本的提高，迁移的动力减弱，迁移将在存在收入差异但是差异小于或等于迁移成本时停止，从而地区间的收入差异的存在是必然的。

三　农业劳动力转移模式

从世界各个国家和地区的经验来看，农业劳动力转移的模式和途径是多元化的。根据土地、人口政策的引导方向，可分为强制性转移、自由式转移模式；依据农业劳动力转移进入非农部门的先后顺序，可划分为递进式转移、跳跃式转移模式；而根据农业劳动力转移进入的地区和城市特征，可划分为主要涌向大城市的集中性转移模式，以及向大中小城市分散转移的分散化转移模式等。本节以工农关系特征为划分依据，对农业劳动力转移模式进行梳理（王春雷、王辉，2008）。

（一）以农业的充分发展为前提的劳动力转移模式

这种转移模式以英国为代表。英国之所以能够首先爆发工业革命，率先启动现代农业劳动力转移的历史进程，与其农业生产率的大幅度提高密切联系。18世纪至19世纪初，英国展开了大规模驱赶小农的圈地运动，农业人口被迫涌入城市转向非农生产，大批耕地转化为牧场（李仙娥、王春艳，2004）。18世纪60年代，英国的农产品不仅能够自给，而且大量出口。农村剩余劳动力在经历了资本积累初期的困苦后，其转移逐渐步入正轨。农业为工业的发展积累了资金，提供了原材料。当工业开始大发展后，作为"世界工厂"的英国又以自己廉价的工业品换取他国的粮食，农业又处于产业结构的次要地位。

（二）工农业同步发展、相互争夺劳动力的转移模式

这种模式以美国为代表。早期，美国是人少地广的国家，在工业化的过程

中，始终存在城市部门与农业部门争夺劳动力资源的竞争。争夺的结果是工业依靠其强大的优势，将农村劳动力吸引到城市中，由此填补了城市劳动力的短缺，进而推动了城市化。同时，人力资源的紧张迫使农业机械的广泛使用及革新，工业化为农业机械的发明、推广准备了物质条件，美国的农业在工业化的过程中实现了自身的现代化。农业劳动生产率的提高又开辟了大量农业的产前、产后部门，创造了大量的非农就业机会。美国的工业化、农业现代化、城市化和农业劳动力的转移几乎是同步进行的。

（三）依靠农产品进口进行工业化的劳动力转移模式

韩国是在农业发展严重不足的情况下，依靠从美国大量进口粮食支持农业劳动力快速向非农产业转移的。由于农业无法为工业化发展提供资金支持，韩国国内的资金动员能力又很低，为了克服工业化发展资本不足的"瓶颈"，从 20 世纪 60 年代起韩国开始大量引进外资。1962—1981 年，外资占投资总额的 26.4%。1967—1982 年韩国的就业人数年平均增加 37.5 万人，其中靠外资增加的就业人数年均为 13.5 万人。此外，60 年代初期韩国还实施了以劳动密集型产品为主体的外向型工业化战略，由此使韩国在 20 世纪 70 年代中期就基本完成了农业剩余劳动力的转移。

（四）优先发展服务业的劳动力转移模式

这种模式以巴西为代表。1950—1980 年，巴西农业劳动力份额下降 30.6 个百分点，工业劳动力份额提高 11 个百分点，而服务业的劳动力份额则增加 19.6 个百分点。1980 年，巴西服务业劳动力份额达到 46%，城市服务业部门成为农业过剩劳动力的"蓄水池"。"进口替代战略"的实施和工业体系不完善导致巴西工业化受挫，政府每年提供的就业岗位与持续增加的青年劳动力供给严重不匹配，进入城市的移民长期处于失业和半失业状态。2019 年，拉美地区的城市化率已经达到 78%，是仅次于北美的世界城市化率第二高的地区。然而，由于政府无力承担如此快速的城市化带来的压力，导致城市人口严重超载，失业率居高不下，贫富差距巨大，人民的生活质量普遍较低，被称为"拉美城市化陷阱"。

（五）渐进式、候鸟式劳动力转移模式

中国农村劳动力转移顺应国家转型趋势，呈现渐进式特征。由于和农业领域千丝万缕的联系，农业转移劳动力的根基依旧在农村，进入城市的农村劳动力，地域性彻底转移不足，"离土不离乡""离乡不离土""进厂不进城"等现象在农业剩余劳动力转移中普遍存在。

从 20 世纪 50 年代初期到 1984 年《国务院关于农民进入集镇落户问题的通知》出台前，中国农村劳动力转移被各种政策和制度限制，这一时期被看作农业劳动力转移禁锢时期（苏红键、魏后凯，2018）。严格的户籍制度是人为限制农村人口进入城市的主要手段。1958 年颁布的《中华人民共和国户口登记条例》，将中国居民户口分为农业户口和非农业户口。为了精减城市人口和限制农村人口流入城市，公安部门加强了对农转非的管理。1961 年起，政府在户籍制度的基础上制定了粮食供应制度、就业制度、住房分配制度、教育制度等一系列隔离城市和农村的配套制度，这些制度在农村劳动力向城市转移的道路上竖起了森严的壁垒。1978 年农村经济体制改革以后，限制农村劳动力转移的部分条件发生了变化。与此同时，乡镇企业方兴未艾，更多的农业劳动力选择进入乡镇企业，以就地转移的方式从事非农生产活动。伴随 1985 年中央一号文件提出"进一步扩大城乡经济交往，加强对小城镇建设的指导"，整个 20 世纪 80 年代到 90 年代中期进入农业劳动力向乡镇企业转移的时期。1997 年之后，受到亚洲金融危机影响，中国乡镇企业进入结构调整时期。90 年代中期以来，农业劳动力转移以进城务工为主要特点。1992 年邓小平同志"南方谈话"之后，中国新一轮经济热潮开始，城市经济开始活跃，尤其是东部沿海地区，吸引了成千上万的农民工。国家政策也发生很大变化，以积极态度疏导民工潮。党的十四届三中全会正式提出鼓励农村剩余劳动力向城市转移。到 2000 年全国外出农民工达到 7849 万人。在党的十六大和党的十六届三中全会关于完善社会主义市场经济体制方针的指导下，更加强调市场在资源配置中的作用。国家"十五"计划决定"取消对农村劳动力进入城镇就业的不合理限制，引导农村富余劳动力在城乡、地区间的有序流动"，各部门陆续出台了一系列支持农村富余劳动力外出务工的政策。在这些政策的支持下，从 2002 年开始外出务工人口规模快速增长，以年均 600 万人的增速提高至 2012 年的 16336 万人。以 2014 年《国家新型城镇化规划（2014—2020 年）》以及《国务院关于进一步推进户籍制度改革的意见》为标志，中国农业劳动力转移进入"以人为本"的新阶段。

第二节　农业转移人口市民化

早期西方发达国家的农民市民化是在市场经济条件下通过人口迁移完成的，

即农村劳动力转移与市民化基本上是同一个过程。而中国的城镇化过程在计划经济与市场经济双轨体制条件下推进，受市场分割的影响，农业转移人口从农村流动到城市和在城市长期定居下来两个过程无法同步完成（蔡昉，2001）。快速的工业化、城市化加速了城乡关系的变动，数以万计的农业转移人口开始跨越城乡边界，带动了人口的空间再分布和身份的再定位。

一 农业转移人口市民化的界定与内涵

（一）农业转移人口界定

早些年，各类研究中将进入城镇的农村劳动者称为"农民工"，这是中国在特殊的历史时期出现的一个特殊的社会群体。农民工是指户籍仍在农村，进入城市务工经商和在当地或异地从事非农产业劳动6个月及以上的劳动者。根据从业的地点分为两类，在户籍所在乡镇地域内从业的农民工为本地农民工，在户籍所在乡镇地域外从业的农民工为外出农民工。若年末居住在城镇地域内，则被统计为进城农民工。

党的十八大报告首次用"农业转移人口"替代了农民工，并明确指出"让农业转移人口共享城市化利益"。从广义来看，农业转移人口具有两个方面的含义：一是指从农村转移到城镇的人口。二是指从农业转移到非农产业的人口。这两方面的含义既密切相关，又有所不同，二者都以进城务工经商人员为主体。其中，农村转移到城镇的人口除了进城务工经商人员，还包括其随迁家属、城郊失地农民以及因教育、婚嫁等其他原因进入城镇的农村人口；从农业转移到非农产业的人口除了进城务工经商人员，还包括经过其他途径进入城镇就业和在农村从事非农产业的人员。

可以看出，农业转移人口概念的内涵比农民工概念的内涵更加丰富。农业转移人口概念强调了农业人口从农村转移向城镇，在城镇居住、生活和就业，逐步成为城市居民的过程；农民工则是一个劳动力概念，重点关注进城务工经商人员的身份和职业，只代表了农业转移人口群体的一部分。

（二）农业转移人口市民化内涵及标志

改革开放以来，大量农村人口从农业生产中转移出来，进入城镇工作、学习、生活和居住，使中国的城镇化水平快速提高。然而，由于户籍制度改革严重滞后，加上城乡分割的社会保障和公共服务制度，进入城镇的农业转移人口虽然被统计为城镇人口，但并没有与城镇居民享受同等的就业和福利待遇，整体市民化程度较低，全面实现农业转移人口市民化将是一个漫长的历史过程。

农业转移人口市民化是农业转移人口转变为市民的过程，也即农民变市民的过程。具体而言，是指从农村转移到城镇的人口，在经历城乡迁移和职业转变的同时，获得城镇永久居住身份、平等享受城镇居民各项社会福利和政治权利成为城镇居民的过程。农业转移人口市民化并不仅仅意味着将农业户口改为城镇户口，而是包含着多方面的丰富内涵，是农业转移人口在取得城镇户籍的基础上，在政治权利、劳动就业、社会保障、公共服务等方面享受城镇居民同等待遇，并在思想观念、社会认同、生活方式等方面逐步融入城市的过程。

农业转移人口市民化的标志可概括为四个方面（魏后凯、苏红键，2013）：一是社会身份的转变。2014年国务院印发《关于进一步推进户籍制度改革的意见》，提出建立城乡统一的户口登记制度。大部分地区取消了农业户口和非农业户口的区别，统一登记为居民户口。然而，"农民"的身份并没有改变，即使他们已经在城镇就业、居住，但仍然以"农民工"相称，带有明显的歧视性质。二是大致相当的收入水平和就业机会。农业转移人口要在城市长期生活或定居，需要具备对城市的各类生产生活资料较为稳定的支付能力，这远高于其在农村生活的标准（熊景维、张冠兰，2022）。三是公共服务均等。进城农业转移人口往往不能与本地城镇居民享有平等的公共服务和社会保障权益。四是广泛的社会认同。进城农业转移人口对城市缺乏归属感，往往并没有将自己视为城市居民的一部分，部分城镇居民对他们也存有偏见。

二　农业转移人口市民化成本及分担机制

（一）农业转移人口市民化成本的概念

农业转移人口市民化成本是指农业转移人口到城镇定居生活并获得相应福利待遇和公共服务等所需进行的各种经济投入，其产生有历史和制度原因。从投入来源上看，农民工市民化的成本一般可以分为政府成本、个人成本和企业成本三部分。其中，政府成本主要表现为政府为市民化的农业转移人口提供各项公共服务、社会保障和基础设施新扩建等而需增加的财政支出；个人成本主要指农业转移人口个人及其家庭在城镇定居需要支付的高于若仍在农村会发生的生活和发展费用；而在企业方面，根据国家新劳动合同法规定，企业必须为所聘员工提供必要的劳动条件、劳动保护、福利报酬，并依法为劳动者缴纳社会保险等（单菁菁，2015）。

（二）农业转移人口市民化成本分担机制

数亿农业转移人口实现市民化，需要支付数万亿元计的成本支出，仅依靠农业转移人口个人、企业或政府任何一方均无力承担（简新华、黄锟，2007）。拉美地区出现的贫民窟现象背后折射出的就是发展中国家难以支付快速城镇化所需成本的问题。对于中国这样的发展中人口大国，这一任务显然更为艰巨，关键在于建立中央政府和地方政府之间、政府和企业之间、企业和个人之间的成本合理分担机制（谌新民、周文良，2013）。

1. 政府的主导作用

推进市民化是各级政府义不容辞的重要责任，要明确中央、省和地市县政府的职责分工。就业扶持、权益维护、子女义务教育、计划生育、公共卫生、社会救助、保障性住房等方面的投入，主要由市县政府承担；中央和省级政府通过加大转移支付力度，设立专项转移支付，加大对农业转移人口集中流入地区的支持，并在技能培训、义务教育、公共卫生、社会保障等方面给予相应补助。

2. 企业和社会的广泛参与

在政府的引导和资助下，鼓励企业、中间组织和居民广泛参与，分担农业转移人口市民化的成本。尤其要调动企业的积极性，参与分担就业培训、权益维护、社会保障和住房条件改善等方面的成本。引导企业参与公租房、廉租房建设，集中建立农民工宿舍或公寓，改善农业转移人口居住社区环境。同时，要强化企业的社会责任，加强农业转移人口的劳动保护，及时足额为农业转移人口缴纳相关保险费用，提高农业转移人口参与城镇社会保险的比例。

3. 农民"带资进城"

农民进城实现市民化，不能以放弃农村土地和集体资产权益为前提，而应把农业转移人口市民化与农村产权制度改革有机联系起来，通过对承包地、宅基地、林地等的确权颁证和集体资产处置，建立完善农村产权交易体系，将农民在农村占有和支配的各种资源转变为资产，并将这些资产变现为可交易、能抵押的资本，使离开农村进入城镇的农业转移人口成为有产者，让农民带着资产进城，从而跨越市民化的成本门槛。

三 农业转移人口市民化面临的障碍及实现路径

人口城镇化长期滞后，这是在中国特殊的发展战略下形成的，除了具有一定的历史必然性，还有深刻的制度性、社会性原因（魏后凯，2014）。加快完成农业转移人口市民化是未来一段时间内中国城镇化的重点和难点（魏后凯等，2020）。

（一）农业转移人口市民化面临的障碍

1. 成本障碍

较高的市民化成本不仅给政府带来一定的财政压力，而且给大部分农业转移人口带来难以承受的经济压力，严重阻碍了市民化进程。对政府来说，虽然一次性投入的人均成本并不算高，但考虑到农业转移人口总量大，再加上持续性投入问题，必然降低地方政府推进市民化的积极性，尤其是在一些大城市地区。据相关研究测算，约2.4亿存量农业转移人口市民化，政府共需集中投入约6.2万亿元（未考虑市民化意愿等因素），除此之外每年还需支付约0.6万亿元的持续性投入（魏后凯，2014）。考虑到巨大的公共成本总量，市民化问题对政府而言只能长期谋划、逐步解决。

2. 制度障碍

城乡二元的户籍制度及其附属的社会福利制度，是阻隔在农业转移人口和市民身份之间的根本性制度障碍。2014年以来，国家出台了一系列推进户籍制度改革的政策，取得重大进展。但户籍制度改革推进中仍然面临诸多障碍，如落户存在"隐形门槛"，部分城市通过"落户指标+积分"的制度设置，使低学历、低技能的农业转移人口落户难度加大（欧阳慧、李智，2021）。户籍制度改革之所以举步维艰，主要是户籍背后隐含着各种公共服务和社会福利。原城乡人口在子女义务教育阶段就学门槛、保障性住房、社会保险等方面的待遇差别依然存在。

3. 能力障碍

农业转移人口市民化的能力障碍主要体现在农业转移人口往往缺乏职业技能培训，工作技能相对不足，限制了他们所能从事的职业和工种，工资收入较低难以负担在城镇定居的成本。农业转移人口综合能力较低主要有两个方面原因：一是受教育程度低。2021年，在外出农民工中初中及以下学历占比达到70.5%。二是缺乏工作技能培训。长期以来，农业转移人口就业主要集中在制造业、建筑业和传统服务业中的无技术或半技术工种，这些工种的技术要求较低、工作岗位培训不足，从而导致农业转移人口在职业选择、职业技能提升等方面面临障碍。

4. 文化障碍

城乡割裂的文化，形成了农业转移人口市民化的文化障碍（李贵成，2013）。一是农业转移人口缺乏对城市生活的适应性与归属感。农业转移人口在农村出生、成长，形成了农民特有且稳固的生活方式和价值观念，这种文化影响的持久性使农民进城后往往会产生不适，导致农业转移人口与城市原有居民两大群体之间存在隔阂、疏离。二是城镇居民对新进入者的社会排斥。社会排斥概念源于20世纪70年代法国对贫困问题和社会不平等的研究。城镇对农业转移人口的社会排斥主要表现为显性的制度排斥和隐性的观念排斥，前者主要体现在户籍、就业、教育、医疗、社会保障等方面对农业转移人口的歧视，后者则表现为在思想观念、社会认同等方面对农业转移人口的偏见和不公。

（二）农业转移人口市民化的实现路径

1. 明确户籍制度改革的方向

城乡二元户籍制度是造成城乡二元结构的重要制度基础。近年来，按照中共中央、国务院的统一部署，各地加快了户籍制度改革的步伐，300万人口规模以下的中小城市落户门槛全面取消，大城市、特大城市持续放宽落户限制，超大城市建立起积分落户制度，绝大部分省份都建立了居住证制度和城乡统一的户籍登记制度。但是，户籍制度改革的关键是户籍内含的各种权利和福利制度的综合配套改革，户籍制度改革只是"标"，而其内含的各种权利和福利制度的改革才是"本"。户籍制度改革必须标本兼治，其目标不是消除户籍制度，而是剥离户籍内含的各种权利和福利，取消城乡居民的身份差别，建立城乡统一的户籍登记制度，实现公民身份和权利的平等（魏后凯，2016）。

2. 提高保障性住房供给水平和覆盖面

农业转移人口在城市生活的能力和稳定性，决定了微观主体生活和整个社会的稳定性。目前，保障性住房的目标对象是城市户籍居民，为推进农业转移人口安居落户，需要加快并全面提高保障性住房供给水平，推进保障性住房覆盖全体人口。有学者在广州和北京的城市实践中，探索提出了"将非户籍常住人口可支付健康住房纳入城中村改造规划，极大降低特大城市非户籍常住人口市民化成本"的建议（叶裕民，2015）。一方面，在农业转移人口退出农村宅基地的同时，可以将腾退的建设用地指标优先供给城市保障性住房用地，以此提高保障性住房供给水平；另一方面，要加快构建城市建设用地与常住人口挂钩的机制，全面提高农业转移人口大规模流入地的城市建设用地指标,科学规划、提高保障性住房用地供给水平。

3. 完善农业转移人口多元化"三权"退出机制

当前,进城农民"三权"退出的市场化机制尚未全面建立,农业转移人口不愿意在几乎没有任何市场收益的情况下放弃宅基地使用权、土地承包权和集体收益分配权等权益。未来要以赋权赋能为核心,逐步构建进城农民"三权"多元化退出机制。进城农民的"三权"既可以整户单项退出,也可以整户三项全部退出,其价格既可由退出方与符合条件的受让方自愿协商确定,也可以在试点基础上通过市场交易的办法解决。此外,对于农民自愿退出的合规宅基地,可以通过相关的制度安排和政策措施,积极打通宅基地退出与集体经营性建设用地入市的连接渠道。在集体经营性建设用地有偿出让转让制度全面建立后,允许符合条件且自愿退出的宅基地有条件地转换为集体经营性建设用地,并在其入市后纳入集体经营性建设用地予以管理(魏后凯等,2020)。

第三节 城镇化与农村发展

一 城镇化的定义与度量

(一)城镇化的定义

城镇化是指人口向城镇聚集、城镇规模扩大以及由此引起一系列经济社会变化的过程,其实质是经济结构、社会结构和空间结构的变迁。从经济结构变迁来看,城镇化过程也就是农业活动逐步向非农业活动转化和产业结构升级的过程;从社会结构变迁来看,城镇化是农村人口逐步转变为城镇人口以及城镇文化、生活方式和价值观念向农村扩散的过程;从空间结构变迁来看,城镇化是各种生产要素和产业活动向城镇地区聚集以及聚集后的再分散过程。城镇化通常要经历一个漫长的历史过程,涉及较大规模的人口迁移和社会变迁,对人口迁入地和人口迁出地都会带来经济、社会、文化乃至生态环境的影响。城镇化是人类社会发展的必然趋势,是实现人类文明进步和国家现代化的必然途径(魏后凯,2014)。

(二)城镇化的度量

城镇化率是国际上衡量城镇化水平的通用指标。城镇化的本质是人口向城镇集中的过程,因此通常使用人口向城镇的集聚程度,即城镇人口占该地区总人口的比重衡量城镇化的水平，称为城镇化率。

中国城镇化率的度量主要采用常住人口城镇化率与户籍人口城镇化率两项指标。对于全国而言，两项指标的计算分别为在城镇地区居住半年以上的常住人口以及具有城镇户籍的人口占总人口的比重；对于地区而言，则分别为该地区在城镇地区居住半年以上的常住人口以及具有城镇户籍的人口占该地区常住人口的比重。长期以来，中国户籍人口城镇化率低于常住人口城镇化率水平。2015—2020年，中国户籍人口城镇化率与常住人口城镇化率的差距逐年扩大，从 17.4 个百分点扩大至 18.5 个百分点。2021 年两率差距有所减小，为 18.02 个百分点（见图 9-7）。

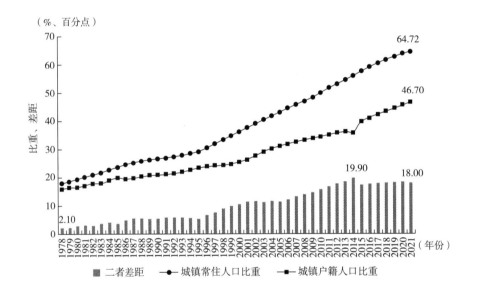

图 9-7　1978—2021 年中国城镇常住人口和户籍人口占总人口比重变化

资料来源：城镇常住人口数据来源于《中国统计年鉴》。1978—2013 年城镇户籍人口数据来源于《中国人口和就业统计年鉴》，2014—2021 年城镇户籍人口数据来源于国家统计局。

需要注意的是，由于各国城乡划分标准不同，因此城市化率并不完全可比。为促进国际的统计比较，2021 年欧盟、联合国粮农组织、联合国人居署、国际劳工组织、经济合作与发展组织以及世界银行等国际机构发布了《城市化水平判定——国际比较中定义城市、市镇和农村的方法手册》，提出了一种新的"城市化水平"（Degree of Urbanisation）划分方法（European Commission et al.，2021）。

"城市化水平"是将一个国家的整个领土，按每一平方千米面积划分为连续的单元，并根据单个单元的人口规模和人口密度阈值区分为三类地区：城市、城镇及人口半稠密区、农村地区，其中城市地区被定义为城市加上城镇和人口半稠密区。不同国家之间每一类别的统计指标具有一定可比性。使用该方法进行城镇化率计算，则为城市及城镇和人口半稠密区的人口占总人口的比重。

二　城镇化的演变及规律

（一）城镇化的阶段划分

城镇化演进基本阶段的划分一般采用诺瑟姆（Northam，1975）的观点。其在对英、美等西方国家工业化进程中城镇化率变化趋势进行分析的基础上，提出了城镇化演进的一般阶段规律，揭示了城镇化水平同发展阶段的基本对应关系。根据诺瑟姆曲线，城镇化演进一般可分为三个阶段（见图9-8）。

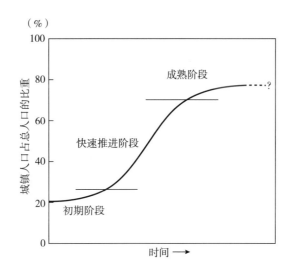

图9-8　城市化曲线及其阶段划分

1. 初期阶段

城镇化率在30%以下是其初期阶段，对应经济学家罗斯托划分的传统社会这一阶段，即农业占国民经济的绝大部分比重且人口分散分布，城镇人口只占很小的比重。

2. 快速推进阶段

城镇化快速推进阶段，城镇人口比重从30%提高到70%左右。这一阶段经济社会活动快速集中，第二、第三产业增速超过农业且占GDP的比重越来越高，制造业和服务业的劳动力数量和所占比重持续快速增长。在这一阶段中，50%左右存在一个从加速推进到减速推进的拐点，即30%—50%区间为城镇化加速推进期，而50%—70%区间则为减速推进期（魏后凯，2014）。例如，分别对发达国家、高收入国家1950—2019年的城镇化水平变化进行分析，结果表明，大多数发达国家城镇化率增速在55%—60%区间开始明显放缓（见图9-9）。中国城镇化进程已从加速推进时期进入减速推进时期，根据国际城镇化经验，未来一段时期内中国的城镇化将继续推进，但推进速度会进一步放缓。

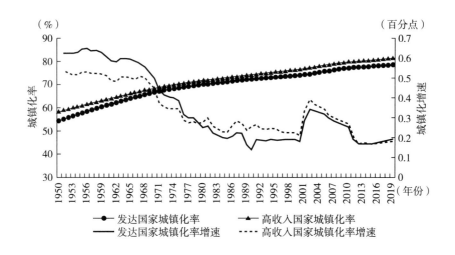

图9-9 1950—2019年发达国家和高收入国家城镇化水平及增速

注：城镇化率为年中值。

资料来源：United Nations，"World Urbanization Prospects：The 2018 Revision"，线上数据库。

3. 成熟阶段

成熟阶段，城镇人口比重超过70%，但仍需要乡村从事农业生产和休闲旅游等非农产业满足城市居民的需求；当城镇化率达到80%时城镇化进程则趋于稳定。对于中国城镇化水平的"天花板"，大部分学者认为中国城镇化水平最终的饱和状态将在75%—80%（陈彦光、罗静，2006；顾朝林等，2017），也有学者认为将会超过80%，达到约85%（韩本毅，2011）。

诺瑟姆关于城镇化阶段的划分，根据各个国家的具体发展情况不同，实际的时间节点也不一样。例如，作为第一次工业革命的发源地，英国是最早进入城镇化稳定阶段的国家，其城镇化三个阶段的时间节点分别在1800年、1850年和

1900 年左右；美国城镇化三个阶段的时间节点则分别在 1880 年、1920 年和 1960 年左右（见表 9-1）。此外，诺瑟姆同时认为历史上存在与上述一般模式有出入的状况，比如进入成熟阶段，城市人口可能下降；或者由于城市中心人口的外迁，乡村地区的人口增长可能会超过城市地区，从而使城市化曲线颠倒过来（陈明星等，2011）。

表 9-1　　　　　　　　中、英、美、日城镇化阶段与诺瑟姆阶段的对应

阶段分类	初期阶段	快速阶段		成熟阶段	2019 年城镇化率
		加速阶段	减速阶段		
诺瑟姆阶段	<30%	30%—50%	50%—70%	>70%	55.7%（世界）
中国城镇化阶段	1995 年30%左右	1995—2010 年50%左右	2010—2035 年72%左右	2035 年前后	60.6%
英国城镇化阶段	1800 年24%左右	1800—1850 年50%左右	1850—1900 年近80%	1900 年前后	83.7%
美国城镇化阶段	1880 年28%左右	1880—1920 年51.2%	1920—1960 年69.9%	1960 年前后	82.5%
日本城镇化阶段	1920 年18%左右	1920—1955 年56.1%	1955—1975 年75.9%	1975 年前后	91.7%

注：世界和各国 2019 年数据来自世界银行数据中心。

（二）城镇化的动力机制

从世界各国城镇化的经验来看，城镇化动力大体可分为政府动力与市场动力（李强等，2012）。城镇化的政府动力，是通过行政手段和政策引导等政府行为对城市发展的各方面进行调控，从而推进城镇化的发展。城镇化的市场动力，则是市场机制在城市发展过程中发挥作用，通过市场的力量配置资源、调节供需，促进产业发展升级。

1. 市场主导机制

从欧美国家的城市化发展历程来看，城市化经历了人口和产业向城市先集中后分散的过程，虽然发展过程比较复杂，但都有一个共同的背景，即强势的市场环境。例如，英国的城市化动力源于国内社会生产力的发展，工业革命改变了产业结构，从而推动小城市迅速发展成为大城市，交通运输业的发展又进一步促进城市扩张、郊区化和城市集群的形成；美国的城市化是典型的市场主导型，农村

人口向城市聚集引发城市蔓延，郊区化现象十分突出，进而形成由都市区构成的城市带。在以往对城市化发展模式的研究中，无论是工业化初期阶段以中央商务区（CBD）为核心的扇形模式，还是郊区化阶段的多中心模式，都是基于地租理论的分析，可以看出，市场经济是影响欧美城市化发展的主导因素。

2. 政府主导机制

政府主导就是从中央到地方的各级政府的相应部门对于城镇、城市的设置、规划、建设选址、土地使用的审批、土地功能的改变、规划许可证、工程许可证、基础设施的建设、改造拆迁等事务有着严格的审批和直接决定的权力。在20世纪90年代以来的中国城镇化高速发展期，突出体现了这一特征：开发区的大规模建设、新城的设置、大规模城市改造等都由政府直接运作，包括投资和资金的运作。在中国推进城镇化的进程中，政府占据主导地位。

（三）城镇化的推进模式

国际经验表明，各国国情不同，要从实际出发，选择符合实际的城镇化道路与推进模式。

1. 以大城市群建设为主体，构建多层次城镇体系

在城镇化进程中，美国打破行政界限，整体统筹区域资源利用、环境保护、产业布局和重大项目建设，重点发展"都市圈"和"城市带"，依托大中城市，充分发挥中心城市的辐射带动作用。美国区域规划联合会（RPA）从环境系统与地势、设施系统、经济联系、居住格局与土地利用以及文化历史共享等角度，基于人口和就业等描述性分析，确定了美国11个巨型城市区域，在其辐射带动下，大量的小城市（镇）获得了快速的发展。美国在城市空间布局上形成了全球城市、国际性大都市、全国性中心城市、区域性中心城市、地方小城市和中心镇等层次分明、定位明确、功能互补的城镇体系。

2. 以中小城镇建设为重点，实现城镇的均衡发展

德国除了依托市场化力量，政府也在城镇化过程中实施有效引导措施，最终推动并实现了"小而美"的德国小城镇群发展特色。德国城镇的布局特点是中小城市有序发展，小城镇星罗棋布，两者互为依托、和谐共生。"多中心、主题化、组团式、共生型"是德国城镇化的四大典型特点，通过多中心带动周边区域发展，组团布局实现区域性功能共享，主题化实现一镇一品特色，和谐构筑大小适宜的主题特色城镇群，建立起充满活力、具备可持续发展的有机体城镇体系。

3. 大中小城市和小城镇协调发展

中国人多地广，地域差异性大，不可能采取单一模式解决城市化问题（温铁军，2000）。国家"十五"计划提出要"走符合我国国情、大中小城市和小城镇协调发展"的基本方针，并一直延续至今。从城镇体系的角度来看，不同规模等级的城镇保持协调发展，这是世界城镇化演变的一般规律，也是走中国特色城镇化道路的根本要求。促进大中小城市与小城镇协调发展，核心就是新增城镇人口必须依靠大中小城市和小城镇吸纳（魏后凯，2014）。根据资源环境承载能力、城镇公共设施容量、就业岗位吸纳能力以及进城农民的迁移意愿，合理引导农业转移人口流向，推动形成以城市群为主体形态，大中小城市和小城镇合理分工、协调发展、等级有序的中国城镇化规模格局。

三　以人为核心的新型城镇化

中国是拥有 14 亿多人口的发展中大国，由于发展基础、自然条件和社会历史条件不同，中国的城镇化不可能照搬西方国家模式，必须走符合自身实际的道路（魏后凯，2023）。中华人民共和国成立后特别是改革开放以来，政府积极探索符合中国国情的城镇化道路。党的十六大明确提出"走中国特色的城镇化道路"，党的十七大进一步明确了走中国特色城镇化道路要坚持的原则。2012 年中央经济工作会议明确提出"走集约、智能、绿色、低碳的新型城镇化道路"。党的十八届三中全会把"中国特色城镇化"和"新型城镇化"有机结合起来，创造性地提出了"坚持走中国特色新型城镇化道路，推进以人为核心的城镇化"。标志着中国城镇化的重大转型（陆大道、陈明星，2015）。

（一）新型城镇化的提出

中国经历了世界历史上规模最大、速度最快的城镇化进程，取得了举世瞩目的成就，但在城镇化推进过程中也积累了不少突出矛盾和问题。中国社会科学院通过系统的综合评估，认为中国虽然从城镇化水平、空间形态来看进入了初级城市型社会阶段，但从生活方式、社会形态和城乡协调标准来看，距离城市型社会标准仍然差距较大，城镇化质量并没有与城镇化水平同步提高（魏后凯等，2013）。中国城镇化面临市民化严重滞后于城镇化（魏后凯，2014），土地城镇化的"冒进式"发展，经济增长、产业支撑与高速城镇化不相适应（陆大道、陈明星，2015），城镇化地区差异大、发展不平衡（简新华等，2013），人口与资源、环境的矛盾加剧，以及城乡关系不协调（张占斌，2013）等问题。

总体来看，中国传统城镇化推进过程中伴随着高消耗、高排放、高扩张，导致资源环境代价大，综合效益低（魏后凯等，2014），存在以下"重物轻人"的倾向（魏后凯，2016）：一是"见物不见人"。把城镇化等同于城市建设，注重形象工程，而忽视了围绕人的城镇化这一核心。二是"要地不要人"。城市建设资金来源渠道单一，高度依赖土地出让转让收入。不少城市规划面积过大，建设用地盲目扩张，导致城镇建设用地快速增长，土地城镇化快于人口城镇化。三是市民化严重滞后。农业转移人口市民化进程缓慢，农业转移人口在社会保障、公共服务等方面还不能完全享受与城镇居民的同等待遇。四是对农民权益保障不力。城镇建设用地仍然通过征用农村集体土地取得。同时，农民在农村拥有的各种资源难以资本化，阻塞了农村财富变现和升值的渠道，制约了农民财产性收入的增长。

城镇化面临的挑战日益严峻，传统城镇化存在的问题与弊端引起政府的高度重视。2013 年 12 月，首次中央城镇化工作会议召开，明确指出"粗放扩张、人地失衡、举债度日、破坏环境的老路不能再走了，也走不通了"，并强调"推动中国城镇化沿着正确方向发展""正确的方向就是新型城镇化"（魏后凯，2023）。

（二）新型城镇化的内涵

学术界对中国城镇化道路的探讨，经历了从中国特色的城镇化道路到新型城镇化道路，再到中国特色的新型城镇化道路的转变。中国特色的城镇化与新型城镇化并不是相互分割的，而是一个有机联系的整体，必须把二者有机结合起来，积极探索具有中国特色的新型城镇化。

"中国特色的城镇化"早在 20 世纪 80 年代中期就已提出，是指既符合城镇化的普遍规律，又符合人多地少的基本国情和文化传统，从中国发展的特殊阶段和大国特征出发的城镇化，至少具有以下五个方面的内涵（简新华，2003；肖金成等，2008；牛凤瑞，2009；伍江，2010；高新才等，2010）：一是从中国人多地少、人均资源相对不足这一特定国情出发，城镇化应走土地集约利用和城镇高密度、高效益的集约化之路。二是从中国显著的自然条件差异、区域发展不平衡以及资源禀赋不均衡特点出发，不同地区的城镇化应该走差异化之路。三是从中国人口基数大、城镇化率每提高 1 个百分点就需要解决 1000 多万人口就业的难题出发，城镇化应该快慢适度，积极稳妥推进，并着力解决农业转移人口市民化问题，走渐进式的城镇化之路。四是从中国的大国特征和初级阶段特点出发，城镇化的推进应强调多元并举，逐步形成大中小城市和小城镇协调发展的合理格局，走多元化之路。五是从社会主义的本质要求出发，要达到"消除两极分化，实现共同富裕"的目标，应该走城乡融合型的城镇化之路，使城乡居民共享城镇化的成果。

新型城镇化是针对传统城镇化存在的问题与弊端提出的，学术界对"新型城镇化"展开了大量研究。倪鹏飞（2013）认为新型城镇化的基本内涵是坚持"全面、协调、可持续推进"的原则，以人口城镇化为核心内容，以信息化、农业产业化和新型工业化为动力，以"内涵增长"为发展方式，走可持续发展道路。张占斌（2013）提出新型城镇化道路的内涵和特征包括四个方面：一是"四化"协调互动。二是人口、经济、资源和环境相协调。三是构建与区域经济发展和产业布局紧密衔接的城市格局。四是实现人的全面发展。新型城镇化是从中国的国情出发，多元、渐进、集约、和谐、可持续的城镇化道路，不仅具有中国特色，而且是以人为本、集约智能、绿色低碳、城乡一体、四化同步的新型城镇化，是中国特色社会主义道路的重要组成部分（魏后凯、关兴良，2014）。

总体而言，中国特色的新型城镇化内涵可以归纳为以人为本、优化布局、生态文明、传承文化四个方面（魏后凯，2023）。其中，以人为本是根本，重点是推进以人为核心的城镇化，提高城镇人口素质和居民生活质量，把促进有能力在城镇稳定就业和生活的常住人口有序实现市民化作为城镇化的首要任务；优化布局是路径，重点是根据资源环境承载能力构建科学合理的城镇化宏观布局，把城市群作为主体形态，促进大中小城市和小城镇合理分工、功能互补、协同发展；生态文明是理念，重点是推进绿色发展、循环发展、低碳发展，尽可能减少对自然的干扰和损害，节约集约利用土地、水、能源等资源；传承文化是使命，重点是发展有历史记忆、地域特色、民族特点的美丽城镇。

（三）新型城镇化的特征

中国特色的新型城镇化的基本特征可以概括为以人为核心，人与自然和谐共生，城乡融合以及大中小城市和小城镇协调发展。

1. 以人为核心

以人为核心是新型城镇化的本质特征。针对传统城镇化中存在的"重物轻人""要地不要人"等倾向，解决好人的问题是推进中国特色的新型城镇化的关键。中国有大量农业转移人口常住在城镇，但尚未在城镇落户定居，处于"半市民化"状态。推进以人为核心的新型城镇化，一是促进常住人口有序实现市民化，解决已经转移到城镇就业的农业转移人口落户问题。二是以人为核心优化配置公共资源，稳步推进城镇基本公共服务常住人口全覆盖。三是维护好进城农民在农村的原有各项权益，确保其权益不受损害和剥夺。新型城镇化不是抛弃和遗弃农村，而是以农村繁荣为前提条件，与农业现代化相辅相成，最终实现"人的无差别"发展。

2. 人与自然和谐共生

绿色低碳是新型城镇化的基本特征和内在要求。中国城镇化的推进绝不能走"先污染、后治理"的老路，要突出生态文明建设在城镇化进程中的重要地位。一是秉持尊重自然、顺应自然、天人合一的理念，强调山水林田湖草是城市生命体的有机组成部分，让城市融入自然，让居民望得见山、看得见水、记得住乡愁。二是将环境容量和城市综合承载能力作为确定城市定位和规模的基本依据，推动城市向低碳、绿色、智慧、生态、宜居的方向发展。三是坚持最严格的耕地保护制度，保证耕地数量与质量不下降，促进城镇化与耕地保护、农业现代化相协调。

3. 城乡融合

城镇化是城乡协调发展的过程，处理好城乡关系是新型城镇化的核心议题。一是建立健全城乡融合发展的体制机制和政策体系，推动城乡要素有序流动、平等交换和公共资源均衡配置，坚持以工补农、以城带乡，推动形成工农互促、城乡互补、协调发展、共同繁荣的新型工农城乡关系。二是把县域作为城乡融合发展的重要切入点，县城是中国城镇体系的重要组成部分，是城乡融合发展的关键支撑，要满足农民日益增加的到县城就业安家的需求。

4. 大中小城市和小城镇协调发展

优化城镇布局是新型城镇化的重要任务。中国是一个民族多元、文化多元、发展条件和水平多元的国家，应因地制宜走多元的城镇化道路。一是根据资源环境承载能力构建科学合理的城镇化格局，把城市群作为主体形态，促进大中小城市和小城镇合理分工、功能互补、协同发展。二是强化大城市对中小城市的辐射和带动作用，弱化虹吸挤压效应，加强大中小城市和小城镇产业协作协同，逐步形成横向错位发展、纵向分工协作的发展格局。三是加强中小城市和小城镇对城镇化的支撑作用，提高小城市（镇）产业支撑能力和公共服务品质。

四　城镇化对农村发展的影响

从国际现象和经验可知，一个国家和地区的农业发达程度和农民生活的富裕程度，与农业人口在总人口的比例高低是成反比的。在农业人口高比例发展阶段，要根本改变农业和农民的状况是不可能的，只有农业人口比例不断向低位运动，才可能开始有根本性的改变（胡培兆，2003）。农业农村现代化并不与城镇化等同，但两者密切相关。在城镇化的推进过程中，城镇发展的成果、先进的科技文明及诸多的惠民措施将共享于农村社会，对农业农村发展的带动作用不断增强。

（一）城镇化促进农村劳动力向城市转移，有效提高农民收入水平

受耕地等农业资源的稀缺性限制，农民依靠农业收入增长潜力不大，并且很不稳定。而农民在城镇从事第二、第三产业工作，收入明显高于从事农业生产劳动。城镇化给农民带来大量就业机会，吸纳更多的农村剩余劳动力，许多农民就地就近进入企业务工获得更多的收益。与此同时，城镇化带动农村地区的第二、第三产业发展，农村居民可获得更多非农就业机会。当前，中国农民收入主要依赖工资性收入，2020 年工资性收入占农村居民人均可支配收入的 40.7%，要保障农民收入的稳定增长，就必须发展非农产业和提高城镇化，加快农村劳动力的转移。

（二）城镇化促进农村土地集中经营，提高农业现代化水平

从国际发展经验来看，推进城镇化有利于实现耕地的规模经营和集约经营，这也是农业走向现代化的必然要求。目前，中国农业整体竞争力不强，农业劳动力要素投入回报率低，具体表现为中国农业从业人员占比较高，单位农业劳动产出水平远低于发达国家。2020 年，中国农业从业人员占比为 23.6%，而多数高收入国家这一比例已低于 3%（魏后凯、崔凯，2022）。要突破农村社会发展这一"瓶颈"，就必须坚持走城镇化之路，将越来越多的农业富余人口解放出来，逐渐向"中心村"和城镇集中，并引导各种生产要素向城镇集中，实现农村土地的规模经营和集约经营，从而促进农村产业结构的调整和资源的优化配置，提高农业的科技水平，增强农业的综合产出能力。

（三）城镇化促进城市的基础设施和公共服务向农村延伸

城镇化不仅是农村人口向城镇转移的过程，也是城市文明、城市的基础设施和公共服务向农村延伸的过程。中国自 1998 年以来实施的"村村通"工程，是迄今为止世界上规模最大的农村社会改造工程，改变了农村封闭落后的状况，促进了城乡生产要素的交流，在改善农村居民生活水平和生活质量方面发挥了重要作用。在推进城镇化和促进城乡融合发展过程中，越来越多的城市基础设施和公共服务向农村社会延伸，也有越来越多的农业转移人口被逐步纳入城市公共服务体系，农村居民的教育水平、健康水平和生活质量等不断提高，生产和生活方式都发生了极大的改变。

第十章　农村区域协调发展

农村区域协调发展是指农村区域之间通过分工与合作，促进经济、社会等领域相互联系、相互促进，以实现区域发展差距的不断缩小。农村区域协调发展作为国家区域协调发展战略的重要组成部分，侧重于实现各农村区域之间、区域内部各村庄之间等经济发展水平差距的缩小，人民生活水平的共同提高，社会发展的共同进步，人口、资源与环境之间均衡。本章从介绍农村区域差异与协调的概念和内涵出发，并阐释城乡关系与城乡融合发展、特殊类型村庄及其治理、国家粮食主产区发展等领域。

第一节　农村区域差异与协调发展

长期以来，学者重点关注国家、区域、城市以及城乡之间的发展差异与协调发展问题，而忽视了农村区域之间的发展差异。本节介绍了农村区域发展差异与协调发展的概念和内涵、农村区域发展差异的主要衡量方法以及中国农村区域之间发展差异的现状。

一　农村区域差异与协调发展的内涵

（一）什么是农村区域发展差异

理解农村区域差异的内涵，首先要了解什么是区域差异？所谓区域差异，是指区域之间在自然禀赋、经济社会、文化习俗以及制度等方面的差别。区域差异是比较优势、H-O 要素禀赋等经济学理论的前提和基础，也是造成全球各区域之间发展差异多样化的重要原因。农村作为一种特殊类型的区域，是社会经济赖以生存和发展的基础，在国民经济中占有重要地位，尤其是作为农村主要产业的农业，一直以来都被各国政府视为安邦定国的首要产业。农村区域发展差异则重点聚焦农村区域在经济、社会方面的发展差异及其内在原因。从空间单元来看，农村区域发展差异包括农村区域内部的村庄分异[①]、农村区域之间的发展差异[②]等。

（二）农村区域协调发展的内涵

农村区域协调发展是指农村区域之间通过分工与合作，促进经济、社会等领域相互联系、相互促进，以实现区域发展差距不断缩小。农村区域协调发展作为国家区域协调发展战略的重要组成部分，侧重于实现各农村区域之间经济发展水平差距的缩小、人民生活水平的共同提高、社会发展的共同进步以及人与自然的可持续发展。具体来看，农村区域协调发展的内涵应至少包括以下三个方面。

第一，形成分工合理、优势互补的农村区域经济布局。依托本地资源禀赋、自然条件、地理区位、文化历史等特点，在充分发挥各农村区域比较优势的基础上，促进分工与合作，形成分工合理、优势互补的农村区域经济布局，可以避免同质化竞争造成的资源浪费和区际关系恶化。

第二，逐步缩小农村区域经济发展差距。缩小经济发展差距是农村区域协调发展实现的首要目标。当前，缩小中国农村区域经济发展差距的重点是缩小农村居民收入和生活水平差距，以实现全体人民共同富裕的发展目标。

第三，促进农村区域实现基本公共服务均等化。基本公共服务涵盖领域较广，包括基本公共教育、社会保险、医疗卫生、社会服务、住房保障、就业及公共文化体育等领域。促进农村区域之间基本公共服务均等化，是共享经济发展成果、实现公平与正义的最基本要求和直接体现。

二 农村区域差异衡量方法

农村区域发展差异的衡量方法可分为衡量单个变量和比较两个变量两大类。一般来说，反映农村区域经济社会发展水平的指标有农村居民人均可支配收入、农村居民人均消费支出、农村医疗卫生床位数、农村人均医疗保险支出、农村人均卫生费用以及农村人均市政公用设施建设投入等。

（一）单个变量区域发展差异衡量方法

单个变量区域发展差异衡量方法也可大致分为两类，即分析单变量的极值差

---

① 例如，一个区域内部近郊村与远郊村之间的差异。
② 例如，发达地区与落后地区之间农村的差异。

异和离散趋势（Molle et al.，1980）。

1. 极值差异衡量方法

常用的方法主要如下。

（1）极值差幅（I_v）。是指某项指标最大值与最小值之间的差额，反映地区间绝对差异变动的最大幅度。计算公式为

$$I_v = X_{max} - X_{min} \tag{10-1}$$

（2）极值差率（I_r）。是指某项指标最大值与最小值之间的比率，反映地区相对差异变动的最大幅度。计算公式为

$$I_r = X_{max} / X_{min} \tag{10-2}$$

（3）相对差距系数（I_{vr}）。反映地区间某项指标相对差距的重要指标。计算公式为

$$I_{vr} = \frac{X_{max} - X_{min}}{X_{max}} \tag{10-3}$$

I_{vr} 值在 0—1 变动，越接近于 0，表示地区间差距越小；越接近于 1，表示地区间差距越大。

2. 离散趋势衡量方法

常用的方法主要如下。

（1）离差。分为相对平均离差（D_r）和加权平均离差（D_w）。计算公式分别为

$$D_r = 1/n \sum_{i=1}^{n} \left| (x_i - \bar{x})/\bar{x} \right| \tag{10-4}$$

$$D_w = \frac{p_i}{p} \sum_{i=1}^{n} \left| (x_i - \bar{x})/\bar{x} \right| \tag{10-5}$$

式中：x_i 为 i 地区某项指标值；$\bar{x}$ 为所有地区该指标的平均值；n 为地区个数；p_i/p 为加权数，即 i 地区某项指标（如人口规模等）占全部地区的比重。

（2）变异系数（CV）。可分为平均变异系数（CV_r）和加权变异系数 CV_w。平均变异系数计算公式为

$$CV_r = \sigma / \bar{x} = \frac{1}{\bar{x}} \sqrt{\sum_{i=1}^{n} (x_i - \bar{x})^2 / n} \tag{10-6}$$

加权变异系数最早由美国经济学家威廉姆森（Williamson，1965）提出，一般采用人口数进行加权。加权变异系数计算公式为

$$CV_w = \frac{1}{\bar{x}} \sqrt{\left(\sum_{i=1}^{n} \frac{(x_i - \bar{x})^2}{n} \right) \times \frac{p_i}{p}} \tag{10-7}$$

（3）基尼系数。基尼系数是在洛伦兹曲线基础上发展起来的，常用计算公式为

$$G = \frac{\sum_{i=1}^{n} (2i - n - 1)x_i}{n \sum_{i=1}^{n} x_i} \tag{10-8}$$

式中：n 为地区数量；x_i 为该项指标占全部区域的比重。

（4）广义熵和泰尔指数。根据 Shorrocks（1984）的研究，广义熵指数计算公式如下：

$$I_c = \frac{1}{n} \frac{1}{\theta(\theta - 1)} \sum_{i=1}^{n} \left[(x_i/\bar{x})^2 - 1 \right], \ c \neq 0, \ 1 \tag{10-9}$$

式中：x_i 为 i 地区某项指标值；$\bar{x}$ 为所有地区该指标的平均值；θ 为常数，表示厌恶不平等的程度，θ 值越小，表示厌恶不平等的程度越大。

当 $\theta \to 1$ 时，广义熵指数转化为平均对数差，称为泰尔第一指数或泰尔-T 指数，即

$$T_T = \frac{1}{n} \frac{1}{\theta(\theta - 1)} \sum_{i=1}^{n} \frac{x_i}{\bar{x}} \ln\left(\frac{x_i}{\bar{x}} \right) \tag{10-10}$$

当 $\theta \to 0$ 时，称为泰尔第二指数或泰尔-L 指数，即

$$T_L = \frac{1}{n} \frac{1}{\theta(\theta - 1)} \sum_{i=1}^{n} \ln\left(\frac{x_i}{\bar{x}} \right) \tag{10-11}$$

（二）双变量区域差异衡量方法

双变量区域差异衡量方法，即比较两个变量的区域差异情况。

（1）地理联系率（F）。地区联系率也称弗罗伦斯系数（coefficient of Florence），计算公式为

$$F = 1 - \frac{1}{2} \sum_{i=1}^{n} \left| x_i^* - y_i^* \right| \tag{10-12}$$

式中：x_i^* 和 y_i^* 为 i 地区各指标占该指标所有地区总和的比重。$F \in [0, 1]$，值越大表示越平等，等于零表示极不平等，等于 1 表示完全平等。

（2）基尼系数（G）和泰尔 U 系数。基尼系数（G）计算公式为

$$G = \frac{1}{2} \sum_{i=1}^{n} \sum_{j=1}^{n} x_i x_j \left| \frac{y_i}{x_i} - \frac{y_j}{x_j} \right| \tag{10-13}$$

泰尔 U 系数由泰尔（Theil，1958）提出，计算公式为

$$U = \frac{\sqrt{\dfrac{\sum (x_i - y_i)^2}{n}}}{\sqrt{\dfrac{\sum x_i^2}{n}} + \sqrt{\dfrac{\sum y_i^2}{n}}} \tag{10-14}$$

其中，G、$U \in [0,1]$，值越大表示越不平等，等于零表示完全平等，等于 1 表示完全不平等。

三 中国农村区域之间发展差异

从不同空间尺度来看，中国农村区域发展差异表现为四大区域之间、省域之间、县域之间、村庄之间等发展差异。如图 10-1 所示，尽管从时间趋势来看，各省份农村之间发展差异呈下降趋势，但从绝对值来看，各省份农村之间发展差异依然较大。以最高和最低省份农村居民人均可支配收入之比为例：1996 年最高的上海为 4846 元，最低的甘肃仅为 1101 元，前者为后者的 4.401 倍；至 2020 年，最高和最低的依然为上海和甘肃，分别达到 34911 元和 10344 元，尽管甘肃农村居民可支配收入增速快于上海，但由于基数较低，前者仍为后者的 3.375 倍，显著高于全国层面的城乡居民收入比。

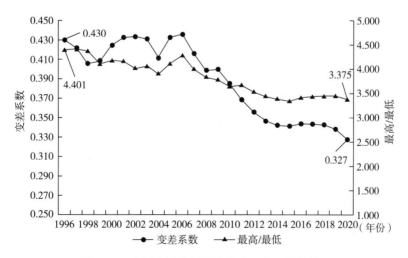

图 10-1　中国省域农村居民人均可支配收入差异

资料来源：国家统计局数据库，http://data.stats.gov.cn。

从四大区域之间农村居民收入差异来看（见图 10-2），1996—2020 年，东北地区与东部地区之间农村居民收入差异呈扩大趋势，而同期中西部地区与东部地区之间农村居民收入差异呈缩小趋势；但从绝对值来看，尽管同期东北地区与东部地区农村居民人均可支配收入比由 0.731 下降至 0.692，差异呈扩大态势，但东北地区农村居民可支配收入绝对量仍显著高于中西部地区。

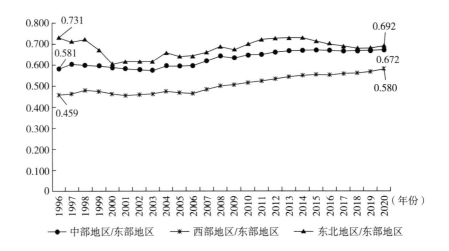

图 10-2　中国四大区域农村居民之间收入差异

注：东部地区标准化为 1；四大区域数据以各省农村居民人均可支配收入进行简单平均。

资料来源：国家统计局数据库，http：//data.stats.gov.cn。

第二节　城乡关系与城乡融合发展

城市与农村是一个不可分割的统一体。从世界各国发展历程来看，随着工业化和城镇化的推进，农村地区相对落后成为普遍现象，与不断繁荣的城市形成明显反差，城乡之间呈割裂状态。城乡发展差距过大，既不利于社会稳定，也影响一国的食品供给和安全，如何处理城乡关系是一个国家在发展过程中需要重点关注的核心问题之一。

一　城乡关系的概念与演变规律

城市与乡村是人类文明产生以来的两类空间实体，是一定地域中互相依存、互相促进的有机体中的两个方面。一般来说，城乡关系是广泛存在于城市和乡村的相互作用、相互影响、相互制约的普遍联系与互动关系，是一定社会条件下政治关系、经济关系等在城市和乡村之间关系的集中反映。城乡关系中的"城"与"乡"不仅是地理概念，更是经济概念和社会概念，二者由不同人群构成。因此，城乡关系的内涵包括地理学意义上的城市与乡村区位关系、经济学意义上的工业与农业关系、社会学意义上的市民与农民关系。自城市产生后，城乡关系便随之产生，城乡关系演变的进程大致分为以下三个阶段。

第一阶段，以农村为主的城乡分立阶段。这一阶段主要发生在以农业生产为主导的社会。伴随着农业生产率的大幅提高，出现大量农产品剩余，大量手工业者、商人等非农从业者从农业生产中分离就成为可能，而非农从业者聚集之地就成为城市的雏形。随着社会分工的进一步发展，城乡之间的界限也越来越清晰，城乡开始"分立"。由于这一时期农村在经济社会发展中处于主导地位，城市发展取决于农产品剩余，城乡"分立"但不"对立"。

第二阶段，以城市为核心的城乡分割阶段。这一阶段主要发生在工业革命之后，在工业化和城镇化的驱动下，工业逐渐取代农业、城市逐渐取代农村成为经济发展的主体，除农副产品供给外农村逐步处于城市的从属地位。随着城乡发展差距的不断扩大，城乡之间开始对立，城乡关系进入二元分割状态。

第三阶段，城乡融合发展阶段。这一阶段主要发生在后工业化时期，随着城镇化进程进入后期阶段，城乡要素由单向流动开始转向双向流动，城市与乡村之间的依存度不断加强，农村地区的生态和文化等价值也开始凸显，城乡关系逐步走向融合。

二 中国城乡关系的变迁

中华人民共和国成立以来，中国城乡关系随着国家重大发展战略的调整而不断发生演变。总体来看，城乡关系大致可以分为城乡二元体制分割阶段、城乡二元体制逐步打破和城乡收入差距波动扩大阶段、城乡关系重塑阶段三个阶段，如图 10-3 所示。

第一阶段，城乡二元体制分割阶段（1949—1978 年）。中华人民共和国成立至 1978 年改革开放前夕，是中国城乡二元分割体制的形成和巩固时期，城乡关系是"农业支持工业、农村支持城市"。中华人民共和国成立初期，鉴于当时不利的国际环境和迅速实现工业化强国目标，在借鉴苏联经验的基础上中国政府开始实施重工业优先发展战略。为更好地服务城市重工业部门优先发展，一方面，

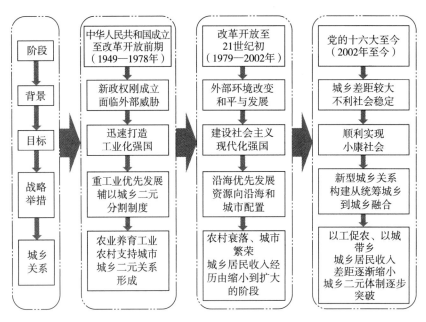

图 10-3　中华人民共和国成立以来城乡关系的演变

资料来源：年猛：《中国城乡关系演变历程、融合障碍与支持政策》，《经济学家》2020 年第 8 期。

中国政府通过工农产品价格剪刀差、主要农产品统购统销和农业集体经营三大基本制度来集中获取农业剩余；另一方面，由于发展重工业对劳动力就业吸纳有限，避免农村人口过多涌入城市而造成各种负面影响，1958 年中国开始实施《中华人民共和国户口登记条例》，严格限制城乡之间人口自由流动，并逐步将户籍管理与居民教育、医疗等权益挂钩，形成城乡分割的二元户籍制度，城乡彼此处于隔绝状态。

第二阶段，城乡二元体制逐步打破和城乡收入差距波动扩大阶段（1979—2002 年）。这一时期既是城乡二元制度逐步"破冰"阶段，也是城乡发展差距经历由缩小到波动扩大时期。1979—1983 年，中国改革的重心在农村，农民被不断赋权，农村家庭经济得到重新确立，乡镇企业开始兴起，农村经济活力不断被释放，这一时期城乡居民可支配收入比也由 2.57：1 下降至 1.82：1。但随着对外开放不断深化、市场化机制不断完善，改革的重心开始转向城市，要素资源在政府和市场的双重作用下逐步向城市和沿海地区配置，农村经济发展速度慢于城镇。1984—2002 年，城乡居民收入比由 1.84：1 上升至 3.11：1，城乡发展差距开始受到各界关注。

第三阶段，城乡关系重塑阶段（2002 年至今）。党的十六大以来，中国政府开始着力解决城乡发展不平衡问题，城乡发展战略方针经历"城乡统筹"到"城乡一体化"再到"城乡融合"的转变。为促进城乡协调发展，党的十六大报告提出"统筹城乡发展"，2003 年，党的十六届三中全会将"统筹城乡发展"列为"五个统筹"之首。为落实统筹城乡发展战略方针，2004 年中国政府开始构建"以工促农、以城带乡"的"三农"政策体系。2005 年，党的十六届五中全会提出"建设社会主义新农村"和推进"城乡发展一体化"。2012 年，党的十八大报告指出"城乡发展一体化是解决'三农'问题的根本途径"。2013 年，党的十八届三中全会提出"形成以工促农、以城带乡、工农互惠、城乡一体的新型工农城乡关系"。2017 年，党的十九大报告提出"城乡融合发展"，要"建立健全城乡融合发展的体制机制和政策体系"。

从党的十六大到党的十九大，从"统筹城乡"到"城乡融合"，这一时期是中国城乡协调发展政策密集出台期，也是扶持"三农"政策力度逐年加大的时期。2002—2012 年，城乡居民收入比始终保持在 3.1∶1 以上。到 2021 年，城乡居民收入比下降至 2.50∶1，城乡二元体制改革取得了一些突破性进展，例如，农产品市场机制的建立、劳动力市场一体化程度的提高，以中小城市为突破口的户籍制度改革力度加大，以及中央财政对农村教育、医疗等基本公共服务投入的大幅增加等。1949—2021 年中国城乡居民收入变动情况如图 10-4 所示。

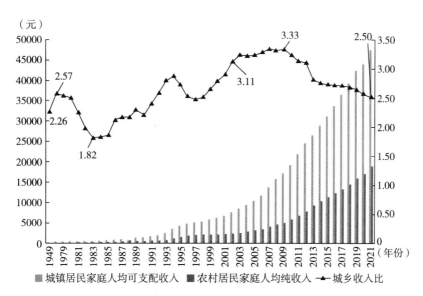

图 10-4　1949—2021 年中国城乡居民收入变动情况

资料来源：国家统计局数据库，http：//data.stats.gov.cn。

三 城乡融合发展的内涵

理解城乡融合发展，关键是要准确把握"融合"。城乡融合是在将城市与农村视为一个有机整体的基础上，实现经济互动、社会交流、空间衔接，同时也要保留城乡各自特色。

第一，"城乡融合"与"统筹城乡""城乡一体化"等概念一脉相承。城乡融合发展的提出，既是对"统筹城乡"和"城乡一体化"发展的继承，也体现了新时代的特征和要求。统筹城乡发展、城乡发展一体化和城乡融合发展三个概念并非一种相互替代而是可以并存的关系，三者既有区别又有联系。从区别上看，统筹城乡发展强调要发挥政府的统筹作用，城乡一体化强调城乡发展的一体化目标，而城乡融合强调双向融合互动和共建共享，是实现城乡共荣和一体化的重要途径，是对统筹城乡发展和城乡发展一体化思想的继承和升华。从某种程度上讲，城乡统筹是重要手段，城乡融合是一种状态和过程，城乡一体化是最终目标。从三者的联系来看，在理念上，三者均把城市与乡村看成一个有机的整体，强调二者不可分割；在目标上，三者都强调通过共建共享，促进城乡要素自由流动、平等交换和均衡配置，形成城乡良性互动、深度融合、协调发展、共同繁荣的新格局。因此，这三个概念都是针对如何破除城乡分割的二元经济结构而提出来的，目的都是构建具有时代特色的新型城乡关系。

第二，城乡融合是一个多层次、多领域、全方位的全面融合概念。城乡融合包括城乡要素融合、产业融合、制度融合、治理融合和空间融合等方面的内容。城乡要素融合，即劳动、资本等生产要素在城市与农村之间自由流动和组合。城乡产业融合是城市与农村之间的产业相互渗透和交融互动，并最终融为一体的动态过程，它包含两个层面的内容：一是三次产业间的融合，主要是农村第一产业与城市第二、第三产业之间的融合。二是产业内的融合，包括城市与农村之间在第二产业或第三产业内部的融合。城乡制度融合需要消除当前隐含在户籍中的城乡居民在教育、医疗、就业、养老等方面的制度性差别，提高农村居民分享地区发展收益的话语权，实现按常住人口配置公共资源和实现基本公共服务均等化。城乡治理融合应牢牢树立共建共治共享的社会治理理念，城市与农村居民共同参与社会建设，具有同等权利共享治理成果。城乡空间融合不是城市与农村在空间上均质化、雷同化，而是在保留各自特色的基础上实现功能的延伸、分工与互补。城乡空间融合至少涵盖以下两个方面：一方面是基础设施融合，通过将城市中优质的公共交通、通信、供水供气、污水处理等交通基础设施和市政设施向邻近农村地区延伸；另一方面是生态融合，农村地区为城市提供生态供给，缓解城市建设和环境压力。

第三，城乡融合发展的本质就是通过城乡开放和融合，推动形成共建共享共荣的城乡生命共同体。城乡生命共同体是命运共同体、利益共同体和责任共同体的有机整体。其一，它是一个命运共同体。尽管城市还是乡村承担的功能不同，但其命运是紧密相连、息息相关的。特别是随着农业多维功能的充分挖掘，乡村地区不仅承担着保障粮食安全和农产品供应的重任，还承担着提供生态服务的功能，其旅游、康养等功能也日益凸显。其二，它是一个利益共同体。城市的发展和繁荣离不开乡村的保障，乡村的振兴也离不开城市的带动。城市与乡村只有形成了利益共同体，才有可能最终实现城乡互促共荣。当前，在推进现代化的进程中，农业农村依然是突出的短板，为此，要从形成利益共同体的全局战略高度，合理调节工农城乡利益分配关系，建立以工促农、以城带乡的利益连接机制，让城乡居民共享发展成果，尤其要让农村居民更多分享发展成果。其三，它是一个责任共同体。实现城乡共建共享共荣，这是区域内每一位居民应尽的责任。对政府而言，要肩负起统筹城乡发展的责任，实行全域治理和全域保护，坚决摒弃重城轻乡的传统思维。无论城市居民还是农村居民，都应该共同承担起城乡建设、维护、保护和治理的责任（魏后凯，2020）。

第三节　特殊类型村庄及其治理

在工业化和城镇化发展过程中，村庄往往会因为自身所处的区位因素变化而演化为不同的形态，形成各种特殊类型村庄。这些类型包括由于自然环境恶化、兴建水利工程设施等原因而在政府主导下整体迁移的移民村，因为农村人口大量外流形成的空心村，由快速城镇化和城乡二元土地管理制度共同作用下形成的城中村，因自然条件恶劣、基础设施薄弱等原因形成的贫困村。特殊类型村庄发展面临诸多问题，对特殊村庄的治理不仅将有助于城乡融合发展，还能为促进农村协调发展，进而达到共同富裕目标发挥关键作用。

一　移民村

移民村一般是为了保护某个地区特殊的生态，或因该地区自然环境条件恶劣、不具备人类生存条件，抑或由于兴建水库、水电站等水利工程设施要淹没或影响的该地区而将当地人口搬迁至另外的地方聚居形成的村庄。

移民村的移民可分为自发性移民和政府主导移民两种类型。自发性移民是因为生态环境恶劣造成当地居民生产生活困难而不得不离开原居住地，前往外地谋生的一种迁移活动。这类移民的结果是使村庄逐渐空心化，进而形成空心村。政府主导移民则是政府有组织、有目的、有计划地将生态环境恶劣地区、自然保护区、库区的人口迁移出来。这类移民客观上要求当地居民整体搬迁。因此，移民村通常是指政府主导的、居民整体性迁移而形成的村庄。

移民村的建设是促进农村区域协调发展的重要抓手。移民村建设不但要保障居民基本生活条件，还要着眼于缩小发达地区村庄与落后地区村庄之间公共服务供给差距，统筹考虑就业、教育、医疗等问题，让移民"迁得出、稳得下、富得起"。

第一，要对移民人数进行计算。移民人数是指原居住地村民失去土地搬迁后需要安排生产出路的人口，包括就业人口和供养人口。同时还要考虑到人口的自然增长，通常以12‰年增长率计算。

第二，移民村选址要考虑周全。移民村要选择有安置容量的地区，这里的农业土地资源应比较丰富，水管、电网和道路设施较为齐全，可为移民提供可持续发展的基本生活条件。为了更好地解决就业问题，最好能选择距离有就业安置容量或潜力的中小集镇不远的地区。

第三，移民村产业发展要积极引导。要给予移民从事农业生产的条件，可采取征用、租用、调剂土地等方式，将土地以家庭承包经营方式承包给生态移民经营；鼓励涉农企业以"公司+合作组+农户""公司+基地+农户"的模式引导移民参与发展农业产业化经营。对有一定文化程度的移民进行职业培训或技能培训，引导其进入工矿企业、商贸、旅游、餐饮等第二、第三产业。

第四，移民村建设要有高标准。移民村可以根据当地不同的自然环境、建筑风貌、地理特点、社区形态，按照"一村一景"的风格进行特色塑造和规范管理；充分利用各村的资源优势，推进第一、第二、第三产业融合发展。

二 空心村

空心村是指受工业化、城镇化的影响，农村劳动力大量外流，农村常住人口显著减少，农民住宅大量空置的村庄。空心村可分为以下两种类型。

第一类空心村可称为住宅空心村。住宅空心村是从地理空间维度定义"空心村"的方法，它是指村庄内部建设用地闲置的一种聚落空间形态的异化现象。衡量住宅空心村的空心化程度的指标为住宅空心化率。

住宅空心化率=（未建设宅基地的宗数+空置宅基地宗数+

废弃宅基地宗数+空宅宅基地宗数）/村庄宅基地宗数

第二类空心村可称为人口空心村。人口空心村概念晚于但独立于住宅空心村概念（李玉红、王皓，2020）。为了更好地显示人口空心村的空心化程度，学术界一般用人口空心化率这一指标进行度量。

人口空心化率=（户籍人口−常住人口）/户籍人口

根据不同的人口空心化率，人口空心村可分为广义人口空心村和狭义人口空心村。广义人口空心村指户籍人口多于常住人口的人口净流出村庄。狭义人口空心村是指人口空心化率不低于5%的行政村（陈有川等，2018）。

改革开放以来，快速的工业化和城镇化推动农村劳动力向城镇转移，根据《2022年全国农民工监测调查报告》，2022年中国农民工数量高达2.95亿人，其中外出农民工达到1.72亿人。大量外出的农村劳动力致使农村常住人口显著减少，农村无论旧房还是新房大多处于无人居住状态。根据2016年第三次全国农业普查行政村普查抽样数据，人口净流出行政村数量占比为79.01%，其中空心化率不低于5%的空心村比例为57.50%，其空心化率为23.98%。

无论是住宅空心村还是人口空心村，其表征都体现在农村房屋空置率上。根据中国社会科学院农村发展研究所发布的报告，2018年，在调研的140个样本村庄的76446宗宅基地中，农村宅基地空置率达到10.7%，空置率最高的样本村庄宅基地空置率高达71.5%。空心村是许多后发国家在现代化进程中都会出现的现象（魏后凯、黄秉信，2020）。例如，日本在20世纪60年代中期出现了空心化，且随着工业化和城市化发展农村人口流失越发严重。2017年，日本农业劳动力就业比重下降到3.49%，农村大量住宅空置。

空心村的存在不仅浪费了宝贵的土地资源，影响农村风貌，还对农业生产造成了不利的影响。

一是浪费了土地资源。农民"建新不拆旧"，占用了大量土地，而农村人口外流使土地上的住宅未能有效利用，浪费了宝贵的土地资源。二是影响了农村风貌。空心村房屋无人居住，以致年久失修，造成了安全隐患；村内垃圾无人清理，环境卫生状况堪忧。三是对农业生产产生不利的影响。由于缺乏农业劳动力，耕地抛荒、撂荒现象突出，如果在农业生产经营形式上未能及时变革，农业生产特别是粮食安全将面临威胁。

空心村是在经济集聚效应影响下人口从区位劣势的村庄向更发达的村庄或城镇迁移的必然产物。随着工业化和城镇化的持续推进，空心村的数量会越来越多，空心化程度也将进一步加深，一些空心村甚至会逐步"消亡"。如何进一步治理空心村，进而促进农村区域协调发展，是实现乡村振兴无法回避的难题。

第一，顺应发展趋势拆村并居。"空心村"的产生和发展是市场经济环境下经济集聚效应作用于边缘地区农村场域的必然结果。对于人口大幅下降且没有明显区位优势的村庄，应该顺应人口转移的趋势，在尊重农民意愿的基础上，通过行政的办法和经济激励措施撤并村庄，引导剩余人口向中心村和附近城镇转移。

第二，大力推行农村土地整治。按照村民自愿、市场引导、政府帮助的原则，对空心村配置不当、利用不合理，以及分散、闲置、未被充分利用的农村居民点用地和细碎化、抛荒、撂荒的农用地进行整治，引导剩余人口集中居住，实现农用地规模化利用，提高土地集约利用率和产出率，改善生产、生活条件和生态环境。

第三，发展农业适度规模经营。大量农村人口外流客观上将改善当地的土地要素禀赋，为农业适度规模经营提供了条件。可以通过农村土地整治实现农地集中连片规模经营，通过市场化方式引导农地向当地专业大户、家庭农场、农民合作社、农业产业化龙头企业集中，进而提升当地农业现代化水平。

第四，构建农业社会化服务体系。空心村往往与老龄化、兼业化现象相伴，大量老龄化、兼业化的农业劳动者难以担负起农业现代化生产经营的重任，进而会对农业生产产生不利的影响。通过构建农业社会化服务体系，为当地农户提供生产、销售、加工、信息、保险和金融等服务，有助于减轻当地农业劳动者的负担，提高农业生产效率。

三　城中村

城中村是指在城市建成区范围内失去或基本失去耕地，仍然实行村民自治和农村集体所有制的村庄；或全部或大部分耕地被征用，农民转为居民后仍在原村庄居住而演变成的居民区。

城中村作为城市中特殊的"飞地"，存在人口杂、建设乱、环境差、权属不清等一系列问题。

一是人口杂。城中村的房租相对低廉，常常混居了村民、市民和外来流动人口，人员管理难度大，治安形势严峻。二是建设乱。由于缺乏规划，违法违章建筑多，"一线天""握手楼"大量存在。三是环境差。街巷拥挤，管线杂乱无章，排水排污不畅，垃圾肆意堆放，存在消防隐患。四是权属不清。由于农村宅基地、工业用地、商业用地相互交织，非法租赁土地、用集体土地抵押贷款、非法进行房地产开发和经营等现象屡禁不止。

城中村具有城市和农村双重特征，是中国快速城镇化和二元城乡管理体制作用下的特殊产物。城镇的快速扩张需要通过对周边农村土地进行征收。许多城镇在这一过程中将耕地征收了，但保留了一部分宅基地供仍居住在原地的村民居住，于是形成了"城市包围农村"的城中村。同时，中国城乡二元土地管理制度使农村土地转为城市土地面临着征地拆迁、财产补偿、村民安置等一系列问题。特别是近年来农民产权意识和维权意识提高，这些问题的解决难度越来越大，于是逐渐在城镇内部形成了城市与农村"二元所有制"并存的城中村。

根据土地产权结构、人员管理方式和基层治理方式变更程度，可将中国城中村分为以下三种类型。

第一类是有待改造的城中村。这类村庄土地全部或大部分仍然属于集体所有，但当地国有建设用地已经基本将村庄包围，该村居民也未转为城镇居民的村庄。村建制仍然存在，甚至还有不少村民集体财产和村办企业。由于这类城中村已经纳入了城市框架范围，只是因种种原因迟迟未能完成改造，属于典型的城中村。

第二类是已被改造的城中村。这类村庄土地全部转为国有建设用地，也没有了农民户口，农民集体财产和宅基地产权也不存在。乡、村行政建制被撤销，改为街道办事处、居委会进行城镇管理。这类城中村产权改造已经完成，但之所以仍然称为"城中村"，主要是因为存在大量过去农村遗留下来的不符合规划和相关要求的住房。

第三类是正在改造的城中村。这类村庄土地全部转为国有建设用地，农村居民已经转为城镇居民，农村居民委员会也改成了城市居民委员会，但大量宅基地尚未被国家征收，宅基地和房屋的产权仍然属于原有农户。

城中村地处城市建成区范围内，严格来说属于地处发达地区的村庄。对城中村的有效治理能提高当地农民收入水平，极大改善城乡关系，为促进农村区域协调发展提供经验。要对城中村进行有效治理，根据不同类型城中村的特点"对症下药"。

就有待改造的城中村而言，要进一步推进土地产权结构、人员管理方式和基层治理方式转变，但不应采用强制的方法将村内土地转为国有土地；可采用货币化安置、新建住房安置等多种办法解决农民居住问题；农民集体财产可仍归农民所有，将村办企业改组为集体所有制企业。

就已经改造的城中村而言，治理重点是将过去农村遗留下来的不符合规划和相关要求的住房进行改造，使其符合城市规划和风貌，这类治理等同于城市危旧房改造，可以适用于城市危旧房改造和棚户区改造政策。就正在改造的城中村而言，治理重点是对农民宅基地和房屋拆迁改造给予农民足够的补偿，可以结合城镇危旧房改造和农民货币化安置、新建住房安置的政策，妥善安置农民。

四 贫困村

贫困村是政府按照特定指标和程序划定的处于贫困线以下的贫困人口占比超过一定户籍总人口比例的村庄。一般认为，贫困线以下的贫困人口占比超过3%的户籍总人口比例即为贫困村。而中国划分的贫困线随着经济社会发展逐步提高。1986年，中国第一次制定国家扶贫标准，为年农民人均纯收入206元，到2000年现价是625元。2001年提高到865元。按照物价指数调整，2010年提高到2300元，到2019年底现价是3218元。

自然环境差、经济发展困难、村民生活水平低下、社会发展落后是贫困村的显著特征。一是自然环境差。贫困村所处地区自然条件差，地形复杂，水资源匮乏，农作物生长困难，常常受到自然灾害的威胁。二是经济条件差让经济发展面临困难。贫困村的经济发展水平低，人均收入较低，农业基础薄弱，缺乏投资和资金支持。此外，贫困村的非农业经济也相对落后。三是基础设施和教育医疗卫生条件落后导致村民生活水平低下。贫困村的基础设施建设水平低，道路、电力、通信等基础设施缺乏，给村庄发展带来诸多不便，其教育、卫生等基本社会服务水平低，学校、医院等公共服务设施不足，学生和病人得不到及时有效的教育和医疗。四是社会文化发展水平低。贫困村的文化发展水平低，文化生活单调，知识普及率低，社会道德风气相对落后，社会文化氛围不浓厚。这些特征相互交织，在循环累积因果关系效应的作用下，使贫困村陷入低水平均衡之中。

贫困村是农村区域不协调发展的集中体现，是落后地区村庄的典型代表。贫困村的有效治理对于能否缩小发达地区村庄与落后地区村庄的差异，进而促进共同富裕目标如期实现有着极为关键的作用。2020年，中国如期完成了全面建成小康社会的历史任务。在这一过程中，中国已经积累了丰富的贫困村治理经验，包括政府主导扶贫、扶贫体制机制创新、加大基础设施建设、发展农村产业、改善农村教育和医疗卫生条件等。

国内外在贫困村治理方面有着丰富的经验，包括：因地制宜采用移民搬迁；加强公共产品供给；控制人口数量，提高人口质量；建立与非政府组织协同机制，健全社会保障体系等措施。

第一，对于因自然环境恶劣、生态环境遭到破坏而导致贫困的村庄，可以实施移民搬迁办法，将人口搬迁至自然环境和经济发展条件更好的地区。泰国政府为了帮助居住在泰北山区的少数民族摆脱贫困，制订了《国王计划》，在泰国中部、南部建立了"山民自助居住区"。苏丹为了应对达尔富尔北部地区环境承载力下降问题，将当地农民迁移到了生态环境更好的达尔富尔南部地区。安置方法有两种：一是在南部地区已经建成的农村社区扩大已有规模进行安置，二是重新选择安置点新建社区（王红彦等，2014）。

第二，加强公共产品供给，包括加强基础设施建设和教育、医疗等公共服务的投入。泰国在实施《国王计划》的过程中，大力提高贫困村乡村公路通达性，解决饮用水安全问题，完善水电、新能源等能源基础设施建设，改善农田水利基础设施条件，加强信息化设施设备建设，改善能促进教育、医疗等公共服务水平提升的软硬件设施建设。

第三，控制人口数量、提高人口质量。贫困人口相对于非贫困人口更有强烈的生育愿望，然而世界银行认为，人口的快速增长稀释了经济增长的效果（Beegle and Christiaensen，2019）。减贫成果显著的国家的一个特征是人口规模没有明显的上升。然而，发展中国家对"有关人口政策在农业发展与减贫关系中的作用被大大忽视"（李小云、季岚岚，2020）。中国减贫经验表明，加大计划生育执行力度，对新婚夫妇进行婚前教育、身体检查、遗传病筛查；积极完善当地医疗卫生体系和医疗保障机制建设，加大对地方病检查力度，重点向贫困妇女传授基础的卫生、保健和育婴常识，有效改善人体素质，对贫困村发展有着重要的作用。

第四，建立与非政府组织协同机制，健全社会保障体系。社会保障体系是所有现代化国家解决贫困问题不可或缺的一部分。埃塞俄比亚政府在现代化进程中，与非政府组织协同，建立了非洲最大的安全网络——生产安全网项目（PSNP），主要通过以工代赈的方式向农村人口提供社会保障。在经济持续增长的情况下，埃塞俄比亚的协同机制得到了广泛的社会支持，减贫效果显著（郑宇，2022）。

第四节　国家粮食主产区发展

受到来自气候变化、资源退化、环境恶化以及疫情、战争等突发状况的影响，全球粮食供应长期处于"紧平衡"状态。目前，全球只有 33 个国家实现了粮食自给，其中仅有 6 个国家有粮食对外援助能力。作为拥有 14 亿多人口的发展中大国，粮食安全问题事关国计民生和社会稳定。中国粮食安全面临"价格困境"、"补贴困境"和"全球化困境"等多重困境（罗浩轩、郑晔，2019），切实抓好粮食安全这个"国之大者"，是党和国家工作的重中之重。

一　粮食主产区概念与功能

受自然因素的制约，使粮食生产在空间上呈现明显的集聚趋势，由此形成了粮食主产区。所谓粮食主产区，是指地理、土壤、气候、技术等条件适合种植某些粮食作物并具有一定的资源优势、技术优势和经济效益等比较优势的粮食重点生产区。2003 年，财政部印发了《关于改革和完善农业综合开发若干政策措施的意见》，确定了 13 个省份作为粮食主产区，包括辽宁、河北、山东、吉林、内蒙古、江西、湖南、四川、河南、湖北、江苏、安徽和黑龙江。2022 年，13 个粮食主产区共播种粮食作物 8902.9 万公顷，占全国的 75.23%；粮食总产量达 53718 万吨，占全国的 78.25%。[①] 可以说，粮食主产区对保障中国的粮食安全，进而缓解全球粮食安全态势具有举足轻重的作用。

粮食主产区概念与粮食主销区概念相对应。所谓粮食主销区，是指经济相对发达，但由于耕地资源紧张，粮食自给率低，需要从外地调入大量粮食以满足当地粮食需求的地区。粮食主销区主要集中在东部沿海发达地区，包括北京、天

---

① 《国家统计局关于 2022 年粮食产量数据的公告》，《中国信息报》2022 年 12 月 13 日第 1 版。

津、上海、浙江、福建、广东、海南 7 个省份。粮食产销平衡区是指对全国粮食产量贡献有限，但基本能保持粮食自给自足的地区，包括山西、宁夏、青海、甘肃、西藏、云南、贵州、重庆、广西、陕西和新疆 11 个省份。

粮食主产区在保障国家粮食安全、优化农业产业结构、推动农村经济发展和促进农村现代化建设等方面都具有重要的功能。

粮食主产区主要位于中国北方和东北地区，这些地区气候适宜、土地肥沃，可以大量种植小麦、玉米、大豆等主要粮食作物。因此，粮食主产区是中国粮食安全的重要保障，生产的粮食能够满足国家和人民的需求。

同时，中国的粮食主产区大多数是传统的农业区，种植传统的粮食作物，如小麦、玉米、大豆等，这些农作物的产量很高。粮食主产区的农业产业结构比较单一，但在满足国家粮食需求的同时，也提供了大量的粮食原料，为粮食加工、食品生产等行业提供了坚实的基础。

粮食主产区有着广阔的耕地和适宜的气候条件，适合大规模农业生产，也促进了当地农村经济的发展。农业产业的发展带动了农村的非农业产业和服务业的发展，提高了当地农民的收入水平和生活质量。

随着科技的不断发展，粮食主产区也在不断推进农业现代化建设，采用先进的种植技术、设备和管理模式，提高了粮食的品质和产量，同时也提高了农民的生产效率和经济效益，为农村现代化建设提供了重要的支撑。

二　粮食主产区的特征和趋势

粮食主产区是保障中国粮食安全的"压舱石"，对确保国家主要农产品有效供给具有决定性作用。农业发展水平较好、粮食产量和质量较高、农民收入相对较高、农业产业结构单一、农业生产环境压力较大是粮食主产区的主要特征。

一是粮食主产区具有较高的农业生产技术和管理水平，其农作物种植方式和农业机械化程度较高，农业科技创新成果能得到较好的应用和推广。二是相比其他地区，粮食主产区的耕地质量、生产环境、气候条件等有利于粮食生产，粮食产量和质量相对较高。三是粮食主产区具有的农业劳动力、生产技术和管理水平等优势使农业经营主体获得了相对较高的收益，粮食产业链上的多个环节都提供了就业机会，促进了农民收入的增加。四是农业产业结构相对单一，粮食种植仍是主要经济来源，产业链上的农产品加工、销售等环节较为薄弱。五是粮食主产区经济社会发展速度快，农业生产方式、经营模式等变革较快，农业生态环境压力较大，需要加强环保和生态建设。

随着中国迈向高质量发展阶段，中国粮食主产区未来将在粮食生产方式、粮食流通体系和粮食保障能力等方面向高质量发展转型。

一是粮食生产方式的转变。未来粮食主产区将推进粮食生产方式的转变，以推动高质量发展和生态保护为目标，逐步实现由传统的高耗能、高排放、低效益的生产方式向绿色、低碳、高效的生产方式转变。同时，还将推进粮食生产机械化、信息化和智能化发展，提高粮食生产的效率和质量。二是粮食流通体系优化。未来粮食主产区将进一步优化粮食流通体系，构建统一开放、竞争有序、高效安全的现代粮食流通体系，提高粮食市场化程度，增强粮食流通的透明度和规范性。三是粮食安全保障能力提升。未来粮食主产区将进一步提高粮食安全保障能力，加强农业科技创新和粮食储备建设，完善粮食风险防控机制，确保粮食生产、流通和储备的安全可靠。

然而，粮食主产区发展还面临劳动力、自然资源和区域经济发展等困境。第一，粮食主产区人口老龄化高于全国平均水平，农业劳动力保障不足。人口老龄化对现代农业的影响巨大，它不仅造成农业劳动力不足，还限制了农业资本的投入，加剧了农业土地资源的浪费，严重阻碍了现代农业的发展。主产区省份的人口老龄化情况相较于全国和主销区面临着更加严峻的形势，主产区人口老龄化率在2006—2016年始终高于全国的平均水平，且呈现不断扩大的趋势，加上主产区多数省份为劳动力输出大省，这势必造成主产区内农业劳动力的紧张，影响主产区的粮食生产（王一杰等，2018）。

第二，粮食主产区已经北移，加剧了资源约束和自然灾害威胁。被誉为"鱼米之乡"资源禀赋优异的南方，已经由粮食生产区转为粮食主销区，致使粮食生产重心不断北移。2015年，北方地区人均水资源仅为 $1.51×10^3$ 立方米，为全国人均水资源量的 74.2%，为南方地区人均水资源量的 15.3%（王一杰等，2018）。北方产区水资源的严重匮乏，加上农村水利、灌溉等基础配套设施建设的相对滞后，将在很大程度上制约中国粮食综合生产能力的提高。受全球变暖及气候变化异常的影响，中国主产区面临的自然灾害形势严峻，也已成为影响粮食生产安全的主要制约因素之一。尤其是成灾面积指数较高的水旱灾害，在主产区中呈现高、中风险发生，周期短、频率高的特点。

第三，发展粮食生产的包袱沉重，农民种粮积极性不高。国家粮食安全的重担主要由粮食主产区承担。国家粮食补贴政策存在不足。在资金筹措方面，中国粮食风险基金是中央和地方政府按一定比例负责配套。粮食主产区自身财力本就有限，每年还要承担一部分粮食风险基金，就出现了"越补越穷"的现象。在补贴方式方面，粮食调出省份将粮食调往粮食主销区时，通过工农产品"剪刀差"等形式，实际上将粮食风险基金的一部分补给了粮食调入省份，这样就形成了"穷省"补贴"富省"的现象。这种反常的补贴严重打击了粮食主产区发展粮食生产的积极性。此外，种粮效益比较低，农民种粮积极性也受到影响。

三 粮食主产区利益补偿机制

粮食主产区利益补偿机制是指为了弥补粮食主产区因确保国家粮食安全在城镇化、工业化发展等方面付出的代价，进而更好地促进粮食主产区经济发展和粮食生产的一种经济补偿机制。由于粮食生产需要占用大面积的耕地，客观上要求粮食主产区控制城镇发展规模；同时，相比第二、第三产业，第一产业在经济发展过程中的产值比重不断下降，也制约了粮食主产区经济发展。换句话说，粮食主产区为保障国家粮食安全，在经济发展方面做出了一定程度牺牲，进而影响了当地经济发展和居民收入水平提升，因此需要对粮食主产区进行利益补偿。

现行的粮食主产区利益补偿机制是由国家和地方政府出台的一系列相关政策构成的。自2005年起，国家开始实施产粮大县奖励政策。该政策设立的目的是缓解产粮大县财政困难，调动地方抓好粮食生产的积极性。其奖励原则是"测算到县、拨付到县"，即中央财政直接对产粮大县（含县级市、区）进行奖励。2005年认定的入围产粮大县标准（财预〔2005〕5号）是，"1998年至2002年5年平均粮食产量大于4亿斤，且粮食商品量大于1000万斤"的县，这一标准可称为"产量标准"。如果达不到这一标准，但是"对区域内的粮食安全起着重要作用，对粮食供求产生重大影响的县"，在相关部门的认定下，"也可以纳入奖励范围"，这一标准可称为"例外标准"。产量标准一直沿用至今，但例外标准在后来的文件中改变为"未达到上述标准，但在主产区粮食产量或商品量列前15位，非主产区列前5位的县级行政单位"也可以入围常规产粮大县。除此之外，还增加了"超级产粮大县"这一评价。中央财政会在常规产粮大县奖励的基础上，对其予以重点奖励。具体入围标准为"近五年平均粮食产量或商品量分别位于全国前100名的县"（财建〔2018〕413号）。除了产粮大县奖励，还设有产油大县、商品粮大省、制种大县、"优质粮食工程"等奖励项目。

2005—2021 年，产粮大县奖励资金逐年增加，从 2005 年最初的 55 亿元增加到 2021 年的 482 亿元，[①] 有效地缓解了粮食主产区内的产粮大县财政困难，部分弥补了因发展粮食生产形成的机会成本。同时，为了争取财政奖励，地方政府的种粮积极性得到较大调动，这无疑对粮食增产起到了促进作用。

总体而言，中国粮食主产区利益补偿机制属于一种转移支付，由中央政府向粮食主产区提供资金补偿，以促进粮食生产和保障国家粮食安全。这种补偿机制是以中央政府为主导，各级政府协同合作，向主产区提供补贴、奖励、项目资金、技术培训等方式进行的转移支付。通过这种方式，可以提高主产区的农民收入，改善当地农业生产环境，促进粮食生产能力的提高，从而保障国家的粮食安全。

从构成现行的粮食主产区利益补偿机制来看，粮食主产区利益补偿机制是由中央政府和地方政府共同实施的，主要包括财政支持和补贴以及粮食收购价补贴两个方面。

第一，财政支持和补贴。2005 年税费改革前，为了鼓励粮食主产区继续增产，保障粮食生产者的利益，国家对粮食主产区的农业生产给予一定程度的财政支持和补贴。例如，国家对粮食主产区的农业生产实行"两免三减半"政策，即粮食主产区的农民可以享受农业税和农业特产税的免除，以及农村土地使用税、农业机械车辆购置税和农产品流通税费的减半优惠。

第二，提高粮食收购价。为保证粮食主产区的粮食生产者有足够的收益，国家对粮食主产区的小麦、稻谷的最低收购价进行适当提高，并对粮食收购环节的收购费用和流通费用进行适当减免。

---

① 《对十三届全国人大三次会议第 8256 号建议的答复》（农办议〔2021〕124 号），2021 年 7 月 13 日，中华人民共和国农业农村部网站，http：//www.moa.gov.cn/govpublic/FZJHS/202107/t20210713_6371690.htm。

第十一章　农村财政与金融

　　财政是国家治理的基础和重要支柱，财政体制是国家治理体系和治理能力现代化建设的重要内容。农村财政是维护县乡级政府运行、开办农村公共事业和推动农村经济建设的重要资金保障。农村金融则为"三农"发展提供资金融通、风险管理、清算和支付结算、分割股权和激励安排等服务；而农村投融资体制推动财政、金融、社会资本等各类资金投入，支持"三农"发展。本章分三节来介绍和探讨农村财政、农村金融与农村投融资。

第一节　农村财政

　　本节聚焦介绍和探讨农村财政的概念与特征，县乡财政管理体制，农村财政事权、支出责任和收入权的划分，农村财政收支，农村基层政府债务。

一　农村财政的概念与特征

　　农村财政的概念与农村和财政这两个概念密不可分。财政是以政府为主体、出于公共事务管理的需要而进行的资金筹措、管理与支出活动，它不仅涉及各级政府之间、同级政府不同部门之间在这些活动中的相互关系，而且涉及政府与各企业、组织、居民和非居民之间在其中的相互关系。农村财政就是以政府为主体、出于农村地区公共事务管理的需要而进行的资金筹措、管理与支出活动。一些发达的欧美国家，一般不提"农村财政"的概念，也没有"农村财政"或"农村财政学"的学科，但有农业农村政策，也有与之对应的财政支农政策。

　　中国属于多级政府，包括中央、省、地市（地区、自治州、盟）、县（县级市、区、旗）和乡（镇、街道）级政府①。根据《预算法》，中国实行一级政府一级预算（财政）的制度。"一级政府，一级预算（财政）"也是国际上通行的财政原则。对应行政区划，中国存在中央、省、地市、县和乡镇级财政。农村财政也往往被称为县乡财政。这是因为从财政的行政级次看，农村财政被视为县、乡（镇）级财政的统称。这里值得注意的是，绝大多数市辖区和所有县级市，一般都下辖有农村地区，这部分农村地区的财政也属于农村财政。建制县里则有城关镇和一般建制镇，这些县辖镇的财政也属于农村财政或者县乡财政的组成部分。与后者相关的那部分财政是农村财政的组成部分。

在中国，一般把农村财政作为专门的研究领域加以研究，这与城乡一体化程度还较低，甚至还存在众多法规制度政策障碍有关。中国农业农村社会经济的法规政策环境、具体结构、运作及发展特点，与城市的总体状况差距巨大，农业农村社会经济发展水平总体上还远远落后于城市。

科学的财税体制是优化资源配置、维护市场统一、促进社会公平、实现国家长治久安的制度保障。农村财政在全面推进乡村振兴和加快推进农业农村现代化方面发挥着不可或缺的作用。为了实现农业农村优先发展的目标，中央财政对农业农村的投入日益增大，其他各级政府也同样。目前，县乡两级政府的最大的几类财政支出是教育支出、农林水支出、社会保障和就业支出、一般公共服务支出和卫生健康支出。除了一般公共服务支出和农林水支出，其他主要支出都可视为民生支出。农林水支出则属于支援农业农村生产支出。由于对于县乡政府，这些民生支出和支援农业农村生产支出责任过大，中央政府把其中的一些支出责任项所对应的财政事权从模糊的多级政府财政事权或地方基层财政事权提升为共同财政事权，从而规定中央和有关各级地方政府共同承担相应的支出责任。

二 农村财政体制与财政收支

农村财政体制也称县乡财政体制。农村公共事务管理尤其涉及县乡财政管理体制，不同级次政府之间的事权、支出权与收入权划分，以及具体的财政收支。

（一）县乡财政管理体制

农村财政体制即县乡财政体制，是国家公共财政体制的一个重要组成部分，

---

① 根据《中华人民共和国宪法》，直辖市和较大的市分为区、县，自治州分为县、自治县、市。截至2021年，中国共有333个地级或地市级行政区，包括293个地级市、7个地区、30个自治州以及3个盟。这里"较大的市"不是国务院批准的"较大的市"，而是自然形态上"较大的市"。

它涉及划分和落实国家规定的各级政府以及主管部门农村财政事权、收入权和支出责任的体制。农村财政体制也是农村财政体系，管理体制，管理形式、方法与程序的总称。农村财政体制的主要内容包括建立县乡两级财政管理体制与管理制度，明确上级政府和县乡两级政府在管理县乡公共事务中的财政事权、收入权和支出责任，确立县乡两级财政管理形式、方法与程序等。建立和维持农村财政体制的目的在于从财政上维护县乡两级政府权力的稳定运行，保障政府对县乡两级公共事务的有效管理，推动农村公共事业发展和农村经济建设。

总体上看，鉴于中国属于单一制国家，在对下级政府财政管理体制的管理方面，中国采取"下管一级"的做法。这与美国和德国这样的联邦制国家中的分权式地方财政管理体制不一样。在美国和德国，市和镇均实行自治，各有四种自主治理模式。联邦和州依法确立各自的事权之后，其他公共事务的管理都是各市镇的自主事权。联邦和州根据辅助性原则依法对市镇提供辅助性支持。

在中国，中央于1994年推行分税制财政管理体制改革，主要是对省实行分税制财政管理体制，规定各省自行规定对省以下辖区的分税制财政管理体制。这样，省又对地市、地市又对县市实行分税制财政管理体制，县市又确立对乡镇的财政管理体制。在实现财政"省直管县"的省（如浙江省），省或计划单列市直接规定县财政管理体制。上述多级分税制财政管理体制经过了多次调整。这些"下管一级"（由上一级政府来管理下一级政府）的财政管理体制，总体上都呈行政权力集中体制前提下的分权模式（或称"放权模式"）。

中国对县财政管理体制模式的基本特点：一是根据《中华人民共和国预算法》（以下简称《预算法》），中央预算与地方预算有关收入和支出项目的划分、地方向中央上解收入、中央对地方税收返还或者转移支付的具体办法，由国务院规定，报全国人民代表大会常务委员会备案。也就是说，中央在这些事项上有主导权。二是在收入划分方面，虽然上级政府主导上下级间一般公共预算收入划分，但下级政府（包括县级政府）会在总体上接受上级政府决定，同时会采取一些战略性对策行为。他们会在谋求其他收入，比如可能的制度外收入、债务收入或收入替代（如摊派修路任务等）等方面拥有一定余地，或者提出各种理由与上级政府讨价还价，比如通过强调地方需要而申请一些重点项目或强调财政困难寻求上级政府的一般或者专项转移支付。这种做法也可以为可能的下一轮收入划分中争取到较为有利的条件。也就是说，上级政府虽然在决定收入划分上有主导权，但在作出决定前仍然需要有所考虑下级政府的诉求。三是中央政府主导确立部分财政事权为共同财政事权，并确定对行使共同财政事权的各级政府（包括县级政府）的支出责任划分。其他财政事权主要沿袭已经形成的格局，不作明确划分，同时上级政府仍然有改变财政事权或支出责任的主导权。四是在所有县市，包括经济实力特别强的县市，中央划走属于它的财税收入部分，而这些县市在向中央贡献一部分财政收入的同时，也获得大量的上级财政转移支付，主要是中央财政转移支付。2022年，中央的一般预算收入占全国一般预算收入总额的46.6%，但中央本级一般预算支出只占中央一般预算支出的13.6%，大部分的中央一般公共预算收入用于对全国各地的转移支付①。五是对于县乡级财政事权，县乡级政府承担了多数的财政支出责任。六是绝大多数县级政府的负债较为严重，而且在纳入上报上级财政部门的债务余额之外，一般还存在进一步的隐性负债和或有债务。

根据"下管一级"体制，由县级政府确定对乡财政体制，包括划定其收入，明确其履行支出责任的其他资金来源。根据财政部的统一要求，除财政收支规模大，并且具有一定管理水平的乡镇外，原则上推行"乡财县管"②。在多数县（县级市、区、旗），县级政府已推行"乡财县管"，实行预算共编、账户统设、集中收付、采购统办、票据统管和县乡联网。在推行"乡财县管"的乡镇，乡镇政府管理财政的法律主体地位不变，财政资金的所有权和使用权不变，乡镇政府享有的债权和承担的债务不变。

（二）财政事权、收入权与支出责任的划分

与一般财政一样，农村财政涉及各级政府尤其是县乡政府管理有关农村地区公共事务的事权、收入权和支出责任。这里管理有关农村地区公共事务的事权，即管理执行权，是指管理具体公共事务的权力，是狭义的事权。它实际上更是一种政府的履职责任。从广义角度来看，可以把事权分为决策权和管理执行权。决策权涉及决定管理执行权、收入权和支出责任归属哪一级政府的权力。收入权是根据国家的法规政策获得一级政府收入以保障该级政府能够履行其事权和承担相

---

① 财政部：《关于2022年中央和地方预算执行情况与2023年中央和地方预算草案的报告》，http：//www.mof.gov.cn/gkml/caizhengshuju/202303/t20230316_3872867.htm。

② 《财政部关于进一步推进乡财县管工作的通知》（财预〔2006〕402号），2006年7月28日，http：//yss.mof.gov.cn/zhengceguizhang/200805/t20080522_33747.htm。

应支出责任的权力。支出责任是指一级政府为了履行其事权而承担相应的支出的责任。

区别于上述的一般事权概念，还存在"财政事权"的概念。所谓财政事权，是指一级政府应承担的运用财政资金提供基本公共服务或管理其他公共事务的任务和职责。财政事权可以分为共享财政事权和其他财政事权。其他财政事权往往是沿袭下来的本级政府其他财政事权，它们可能是未明确的共享财政事权，也可能是未明确的专有财政事权。

在多级财政体制中，不同公共产品与服务的提供责任（财政事权）和支出责任是在各级政府之间正式划分或者根据沿袭下来的行政惯例抑或历史性因素非正式划定的（Bailey，1999）。这也适用于中国的情况。在中国，大多数地方公共产品与服务提供和支出责任落在地方政府层面，在农村地区则落在县乡级政府层面。这也是因为大多数的公共产品与服务就其性质而言，本就属于地方性公共产品与服务。

从规范视角来看，无论在国内还是在国外，不同公共产品与服务的提供责任（财政事权）和支出责任在各级政府之间的划分有一些规则可循。根据奥茨（Oates，1972；1977）的财政分权定理，在一般情况下，与中央政府相比，地方政府更贴近地方居民和企业，更能了解地方的具体状况，更适合于提供地方公共产品与服务，也更有能力满足本地居民和企业对地方公共产品和服务的偏好和需求。

政府财政履行四类经济职能：配置、分配、稳定与规制职能（Bailey，1999）。这里的规制职能，由中央和地方在其财政事权范围内各自履行。其中地方政府的规制职能涉及地方规划、执行商业标准、环保标准等。此外，在很多国家，政府财政的经济职能实际上还涉及促进经济发展的职能（从规范角度看，在政府财政是否、如何承担此一职能方面仍然存在很多争议）。从更广义的视角来看，政府的各种事权和支出责任均需要财政的支持，而且除了配置、分配、规制与稳定这些经济职能，还有国防、外交、文化体育、经济发展、环保等多种职能。无论如何，从规范的立宪经济学角度来看，政府的种种事权、支出权和收入权均需要受制于诸多基本规则约束（Brennan and Buchanan，1980；1985）。

在中国，中央政府主要承担本级的公共资源配置、再分配、规制和促进全国总体经济发展的经济职能，基本上独立承担维护宏观经济稳定的经济职能。地方政府财政主要履行地方公共资源配置职能、地方收入再分配、地方规制和促进地方经济发展的经济职能，一般不承担维护宏观经济稳定的经济职能。与此相应，县乡两级政府财政主要履行县域内地方公共资源配置职能、地方收入再分配、地方规制和促进地方经济发展的经济职能，也一般不承担维护宏观经济稳定的经济职能。中央政府在主要由地方承担再分配职能和促进经济发展的职能的过程中承担一些共同财政事权。辖内再分配职能主要由地方政府自行承担和中央政府承担一些共同财政事权，这一点不同于马斯格雷夫（Musgrave and Musgrave，1999）的财政事权划分理论所提出的规范性的财政事权划分要求。

一方面，财政收入权总体上高度集中在中央，但是县乡两级政府实际上集中承担了大部分公共事务管理职能或事权（管理责任）。这是因为在本质上大部分的政府公共事务属于地方事务，或者需要地方配合完成。与此相应，地方本级支出责任较大，收支缺口也较大。在这种情况下，中央虽然从各省（包括了其中的各地市和各县市区）获得了较大的税收分成，但其本级支出比重并不大，更大的部分中央收入用于支付财政转移支付。此外，大部分县乡政府负债较多，债务管理在过去不规范，漏洞较多。2014 年以来，中央财政部门对县乡基层债务的管理越来越规范，县乡基层债务透明度也越来越高。

中国各级政府主要涉农事权和支出责任如表 11-1 所示。可以看到，当前各级政府主要涉农事权和主要支出责任的划分非常复杂。

表 11-1　　　　　　　　　　中国各级政府主要涉农事权和支出责任

级别	分类	主要事权划分	主要支出责任划分
全国	中央	1. 9 项基本公共服务（共同财政事权） 2. 支援农业农村生产（共同财政事权部分）	国家基础标准由中央制定和调整，中央与地方按比例分担 部分财政事权的支出责任由中央独立承担，部分由中央和地方分担
省级	省、自治区、直辖市	1. 9 项基本公共服务（共同财政事权） 2. 支援农业农村生产（共同财政事权部分）	国家基础标准由中央制定和调整，中央与地方按比例分担 由中央和地方分担
地市级	地区、地级市	1. 9 项基本公共服务（共同财政事权） 2. 支援农业农村生产（共同事权）	国家基础标准由中央制定和调整，中央与地方按比例分担 由中央和地方分担

续表

级别	分类	主要事权划分	主要支出责任划分
县级	县	1. 本级政权运转 2. 教育和医疗卫生 3. 县城内基础建设和城镇建设 4. 计划生育 5. 失业和救济 6. 9项基本公共服务（共同财政事权） 7. 支援农业农村生产（共同财政事权） 8. 支援农业农村生产（其他财政事权） 9. 指导和支持村庄治理	县级 县级主要负责，其他各级政府配合支持 县级主要负责，其他各级政府配合支持 县级主要负责，其他各级政府配合支持 县级主要负责，其他各级政府配合支持 国家基础标准由中央制定和调整，中央与地方按比例分担 由中央和地方各级政府分担 县级主要负责，其他各级政府配合支持 县级主要负责，其他各级政府配合支持
	县级市	1. 本级政权运转 2. 教育和医疗卫生 3. 城市建设和区内建设 4. 计划生育 5. 失业和救济 6. 9项基本公共服务（共同财政事权） 7. 支援农业农村生产（共同财政事权） 8. 支援农业农村生产（其他财政事权） 9. 指导和支持村庄治理	县级 县级主要负责，其他各级政府配合支持 县级主要负责，其他各级政府配合支持 县级主要负责，其他各级政府配合支持 县级主要负责，其他各级政府配合支持 国家基础标准由中央制定和调整，中央与地方按比例分担 由中央和地方各级政府分担 县级主要负责，其他各级政府配合支持 县级主要负责，其他各级政府配合支持
乡级	乡镇	1. 本级政权运转 2. 农村教育 3. 计划生育 4. 协助县级政府处理农业农村事务，包括协助指导和支持村庄治理	县乡共同负责 县级主要负责，其他各级政府配合支持 县级主要负责，其他各级政府配合支持 本级政府配合支持县级政府

注：1. 根据国务院办公厅 2018 年 1 月 27 日印发的《基本公共服务领域中央与地方共同财政事权和支出责任划分改革方案》，9 项基本公共服务作为中央和地方的共同事权，它们包括义务教育公用经费保障、免费提供教科书、家庭经济困难学生生活补助、贫困地区学生营养膳食补助、中等职业教育国家助学金、城乡居民基本养老保险补助、城乡居民基本医疗保险补助、基本公共卫生服务、计划生育扶助保障。2. 支援农业农村生产共同事权。

资料来源：主要参照财政部网站《2020 年中央对地方转移支付决算表》。

　　如上文所述，中国属于单一制国家，与美国与德国的联邦制不同。美国和德国均推行四种市镇自治模式，自治范围均为地方事务。中国的县乡政府与上级政府的事权划分主要依据上级政府的行政规定，并遵循一些历年沿袭下来的惯例。

上级政府通过划分税收收入、允许县乡政府获得一些收费、行使一些经营权和根据财政部的要求举债，并提供各种转移支付以确保县乡政府能够履行其本级事权和支出责任。在县乡政府支出压力较大的支出项，中央政府将相关事权确定为共同财政事权，以分担一部分支出。值得注意的是，在财政事权、收入权与支出责任的划分和落实方面，中国的县乡政府和美国与德国的市镇自治机关的制度安排差别较大。在美国和德国，首先依法界定市场和政府的运作范围，再确定各级政府（包括联邦政府、州政府和市镇自治机关）的事权（也可理解为财政事权）、支出权和收入权，再根据市镇自治机关的本级事权和支出权通过地方民主决策程序（包括参与性财政程序）确定市镇年度和中期预算支出计划，由此确定市镇自治机关的支出需要，市镇自治机关又根据预算支出需要行使其收入权，获得相应的财政收入。经常预算收入不足部分不能通过举债补足，资本预算收入即建设性预算收入不足部分，通过举债来补足。联邦和州政府对市镇政府履行其本级事权和支出权（支出责任）方面提供辅助性支持。为了缓解财政压力、弥补基础设施建设的资金缺口，提升基础设施项目的运营和管理效率，美国和德国推行PPP模式，即"公私合作伙伴"模式，吸纳私人资本参与。中国的县乡政府也在推行PPP模式，在具体运行中被称为"政府与社会资本合作模式"。

（三）县乡财政收支

县级政府由四种预算组成，即一般公共预算、政府性基金预算、国有资本经营预算与社保基金预算。县市级政府的财政收入包括一般公共预算收入、政府性基金收入、国有资本经营预算收入与社保基金收入。县级政府的财政支出包括一般公共预算支出、政府性基金支出、国有资本经营预算支出与社会保险基金支出。其中，一般公共预算收支最受政府与社会各界关注。一般公共预算收入是对以税收为主体的财政收入，其支出用来保障和改善民生、推动经济社会发展、维护国家安全、维持国家机构正常运转等方面。但实际上，其他三种预算也需要重视，而且县乡政府的运作和公共事务管理还有赖于大量中央转移支付和政府性债务的支撑。

中国县乡政府的收入权在总体上非常有限，其收入也相应有限。县级政府的收入权（含乡级收入权）和收入（含乡级收入）的特点在于：一是在一般公共预算收入划分方面，中央首先决定其与各省的分税制财政管理体制。在中央与各省的分税当中，包含了对各地县市的主要税种收入的划分。省再决定对地市级政府和县级政府确立收入划分方案，主要是确定对省的分成上解额。地市级政府再决定对县级政府确立收入划分方案（实行省直管县体制和财政上的"扩权强县"体制的县市除外）。二是包括省以及省以下地方政府没有税收立法权，政府性基金实行中央一级审批制度，收费的立项权也由中央、省及一些较大的市确定，重要收费项目的立项均要求由中央审批或者在中央备案。县级政府没有根据自己的需要在本地筹集收费的权力。三是政府性基金预算收入是另一重要的政府收入来源，其中的国有土地使用权出让收入被视为县级政府的"第二财政"。四是国有资产经营预算收入比较有限，这是因为本地国有企业的小部分收入被收归县级政府财政。五是随着城乡融合的推进，社会保险预算收入越来越重要，但是资金属于专款专用，不足部分需要县级政府补足。六是根据 2014 年的《预算法》，地方各级预算按照量入为出、收支平衡的原则编制，不列赤字，但是可以在一般公共预算年度执行中出现短收，通过调入预算稳定调节基金、减少支出等方式仍不能实现收支平衡的，各省可以按程序增列赤字。

在县乡收入划分方面，一般做法包括：一是对于一些种类的较主要的收入，确定乡级政府的分成比例；二是另一些种类的收入划归县级政府，还有少数种类的较次要收入则划归乡级政府；三是划定乡级收入基数并保障乡级政府获得基数收入，超过基数部分则对乡级政府实行新的分成甚至奖补，或收归县级政府，同时由后者对乡级政府实行奖补；四是县级政府对收入薄弱乡镇提供转移支付。

在一般的地方财政研究中，往往主要讨论一般公共预算收支情况，但不深入讨论其他预算。这也反映在各种统计年鉴之中。从《中国县域统计年鉴（2021）》可以看到，2020 年，所有不同财力组别的县域行政区划单位的地方一般公共预算收入均远远低于地方一般公共预算支出（见表 11-2）。其原因是县级政府的一般公共预算支出严重依赖上级税收返还、财政转移支付和一部分增列赤字，尤其是中央的财政转移支付。

表 11-2　　全国县级行政区划单位一般公共预算收支情况（2020 年）

项目	1亿元以下	1亿—5亿元	5亿—10亿元	10亿元以上	合计
县级行政区划单位个数（个）	120	639	498	830	2087
一般公共预算收入（亿元）	63.40	1889.70	3620.74	25917.82	31491.66
一般公共预算支出（亿元）	1869.37	18448.03	19089.58	54465.24	93872.22

项目	1亿元以下	1亿—5亿元	5亿—10亿元	10亿元以上	合计
收支差额（亿元）	−1805.97	−16558.33	−15468.84	−28547.42	−62380.56

注：县级行政区划单位包括全部县、县级市和上报完整统计数字的区，其一般公共预算收支包括县乡两级一般公共预算收支。

资料来源：《中国县域统计年鉴（2021）》。

以浙江省温岭市（东部地区）、安徽省涡阳县（中部地区）和四川省安岳县（西部地区）为例说明县市级政府四种预算收支决算总体情况，如表11-3所示。

表11-3　　　　　温岭市、涡阳县与安岳县本级2020年合并预算收支决算　　单位：万元

收入项目	收入决算数			支出项目	支出决算数		
	温岭市	涡阳县	安岳县		温岭市	涡阳县	安岳县
地方一般公共预算收入合计	721157	182161	110213	地方一般公共预算支出合计	1074370	703153	612062
中央及省级补助收入	320999	504297	466815	体制结算上解	202926	6298	27901
地方一般公共预算收入总计	1442259	799381	683371	地方一般公共预算支出总计	1442259	799381	683371
政府性基金收入合计	1141166	597772	201117	政府性基金预算支出合计	1145648	897387	246444
政府性基金收入总计	1451489	977209	317244	政府性基金支出总计	1451489		317244
国有资本经营收入合计	3368	3000	51	国有资本经营支出合计	1173		
国有资本经营收入总计	3368	3000		国有资本经营支出总计	3368	3000	
社会保险基金收入合计	889098	285036	54441	社会保险基金支出合计	1147167	310934	35991

资料来源：温岭市、涡阳县与安岳县人民政府网站。

在一般公共预算收入的划分方面，根据中央对省、省对地市、地市对县的分税制财政体制，需要从各县上划或上解属于中央、省和地市的税收份额，中央、省和地市对各县支付税收返还和转移支付收入。省直管县和推行财政上的扩权强

县改革的县在财政关系上省去了与地市一级的体制和支付关联。多数县虽然从其地方一般公共预算总收入中上划中央财政一个较大份额，但是也从中央和省财政中获得较大一笔中央和省补助收入，具体包括税收返还和转移支付收入。例如，四川省安岳县 2020 年地方一般公共预算收入合计 11.02 亿元，中央及省级补助收入 46.7 亿元，为前者的 4.2 倍。县市级政府的一般公共预算支出体现在对各种地方公共事务的支出。其中最大的四项支出为教育支出、社会保障和就业支出、农林水支出以及一般公共服务支出。

县市级政府的政府性基金预算收入属于政府的第二个收入来源。政府性基金是对依照法律、行政法规的规定在一定期限内向特定对象征收、收取或者以其他方式筹集的资金，专项用于特定公共事业的发展。这与税收收入不同。税收收入是指政府为了维持政府的运转和管理公共事务的需要，按照法律的规定强制、无偿取得财政收入的一种规范形式。税收收入一般也不规定用于特定的公共事业，受益税除外[①]。县市级政府的政府性基金预算收入规模可以十分庞大，在一些县市可以超出其地方一般公共预算收入总计。其中的国有土地使用权出让收入因其规模庞大、重要性突出而被称为"第二财政"。例如，根据统计，温岭市 2020 年国有土地使用权出让收入高达 93.1 亿元，为地方一般公共预算收入合计金额的 1.29 倍。

县市政府的第三个预算是国有资本经营预算，它是对国有资本收益作出支出安排的收支预算。国有资本经营预算收入是指各级人民政府及其部门、机构履行出资人职责的企业（一级企业）上交政府的国有资本收益。国有资本经营预算支出范围依据国家宏观经济政策以及不同时期国有企业改革和发展的任务，统筹安排确定。

县市政府的第四个预算是社会保险基金预算。社会保险基金预算是对社会保险缴款、一般公共预算安排和其他方式筹集的资金，专项用于社会保险的收支预算。

三 农村基层政府债务

农村基层政府债务即县乡政府债务，分为直接债务和或有债务，或显性债务和隐性债务。农村基层政府债务有着多种多样的成因，包括体制原因和管理

---

① 受益税涉及事先明确规定使用范围和方向的个别税种，其税款的缴纳与受益直接联系在一起。城市维护建设税专款专用，用来保证城市的公共事业和公共设施的维护和建设。

原因。

（一）农村基层政府债务的概念与类型

县乡级政府所属部门、事业单位需要根据法规政策获得财政收入，履行法规政策所规定的，甚至根据已有的惯例所沿袭下来的事权，承担因法规政策、合同义务、公众预期和政治道义等原因形成的多种支出责任。县乡级政府在履行上述事权和支出责任过程中形成的各类负债则共同构成了农村基层政府债务，或县乡政府债务。

如果根据债务的确定性标准划分，县乡政府债务可以划分为直接债务和或有债务。直接债务是指不依附任何事件，在任何条件下都必然发生的、可预先确定的债务。例如，一个县政府所属投融资平台公司从银行获得的贷款，就是直接债务。或有债务是只有在一定条件被触发才有可能产生的债务，其发生具有不确定性。例如，县级投融资平台公司对某家公司或者某个项目的贷款所提供的担保，属于政府有担保责任的债务，就是或有债务。

如果根据法律规制标准，县乡债务可以区分为显性债务和隐性债务。显性债务是指县乡政府负有法律责任、按照约定需还本付息的债务，主要通过法律或合同形式确认。例如，县政府所属投融资平台公司对银行的贷款债务就是显性债务。隐性债务是指源于公众预期、政治压力和政府道义责任等因素造成的地方政府需要承担的负债，也就是县乡政府承担的非法律和非合同义务的债务（Hana、马骏，2003）。例如，一个县内社保资金缴纳不足所形成的在养老支出、医疗花费等方面的债务，是县级政府有救助责任的债务，就是县级政府的隐性债务。县级政府所属国有企业债务的清偿或财务紧急援助等，也是县政府的隐性债务。

中国区分狭义和广义的县乡政府债务。狭义的县乡政府债务涉及县乡政府负有偿还责任的直接债务，广义的县乡政府债务包含直接、或有和隐性债务在内的县乡政府性债务。

根据举债主体和举债方式的不同，县乡政府负有偿还责任的债务可以进一步细分为以下三种（钟晓敏，2017）：一是地方政府债券、国债转贷、外债转贷、农业综合开发借款、其他财政转贷债务中确定由财政资金偿还的债务。二是政府所属投融资平台公司、政府部门和机构、经费补助事业单位、公用事业单位及其他单位举借、拖欠或以回购等方式形成的债务中，确定由财政资金（不含车辆通行费、学费等收入）偿还的债务。三是政府粮食企业和供销企业政策性挂账。

（二）农村基层政府债务的范围与成因

从 2015 年 1 月 1 日起，县乡政府债务的范围包括：一是依法发行的地方政府债券。二是清理甄别认定的 2014 年末非政府债券形式的存量政府债务。2014 年新修订的《预算法》规定，除发行地方政府债券外，包括县乡级政府在内的所有各级地方政府及其所属部门不得以任何方式举借债务，而此前形成的以非政府债券形式存在的存量政府债务则以 2014 年末清理甄别认定的数据为准。根据《预算法》，各省在国务院确定的限额内，通过发行地方政府债券举借债务的方式筹措。举借的债务应当有偿还计划和稳定的偿还资金来源，只能用于公益性资本支出，不得用于经常性支出。

农村基层政府债务的形成原因多种多样。可分为体制原因和管理原因，具体包括：一是权责不对称原因，即农村基层政府的实际管理事权（责任）多，支出责任大，相对于其实际管理事权和支出责任，其收入权有限。而且随着实施新农村建设与乡村振兴战略和加快农业农村现代化，县乡政府的财政事权在加大，支出责任在加重。二是职能"越位"原因，即直接或间接地参与经济活动，或者承担所属企业的债务偿还责任，造成经济损失而形成负债。三是政绩考核原因，即政绩考核和任命制本身需要县乡政府官员出各种政绩，驱使其通过负债来支撑其相应的政绩工程，或者努力完成上级的各项指令和任务，包括大量达标任务和法定支出任务。四是问责制不到位原因：①政府及政府官员问责制度不健全，民众民主参与基层公共事务决策、管理和监督不足，县乡政府可以不负责任地举债（目前有债务限额和债券形式限制，但是隐性和或有债务难以控制），债务问题对政府官员离任约束不大。②政府间事权不明晰与事权错位，导致地方政府预算软约束，认为上级政府最终会为下级政府负债兜底埋单，举债不慎重、偿债意识淡薄。③县乡政府通过为政府项目或其所属企事业单位提供隐性的担保等间接支持形式回避和取代政府的直接财政支出，构成或有债务，一旦出现风险，即成显性直接债务。④一些县市的社会保险基金收入还没有充实，存在空转，部分资金被挪用，需要用政府性债务来充实社保基金专户，维持社保的运转。⑤历史包袱原因，即一部分债务与 2005 年及之前的农村税费改革有关。农村税费改革导致县乡政府收入减少，包括作为农业税附加征收的一些非税收入（过去称为预算外收入）减少，而政府职能没有多大变化，并且很多地方所获得的中央政府补偿性转移支付不足以补偿县乡税费损失，这导致县乡政府债务增加。事实上这部分债务通过新债还旧债的形式沉积下来。

　　以温岭市、涡阳县和安岳县为例观察一下县级政府的公开负债情况。据统计，截至 2020 年底，温岭市、涡阳县和安岳县政府公布的政府债务余额分别为176.24 亿元、138.41 亿元和 95.2 亿元，分别是其地方一般公共预算收入的 2.4 倍、7.6 倍和 8.6 倍。而且这里不包括这些县市的隐性负债，其中最主要的是地方投融资平台公司的负债。比如据中诚信的统计，温岭市 2020 年隐性负债达到155.26 亿元，其中多数属于该市地方投融资平台公司的负债。2020 年温岭市、涡阳县与安岳县地方政府债务决算如表 11-4 所示。

表 11-4　　　　　2020 年温岭市、涡阳县与安岳县地方政府债务决算　　　单位：亿元

项目		温岭市	涡阳县	安岳县
一	2020 年末地方政府债务余额决算数	176.2387	151.5992	95.2186
	其中：一般债务	111.4853	44.0762	40.5770
	专项债务	64.7534	107.5230	54.6416
二	2020 年地方政府债务限额	177.2500	151.5992	110.2406
	其中：一般债务	111.6300	44.0762	41.8817
	专项债务	65.6200	107.5230	68.3589

资料来源：温岭市、涡阳县与安岳县人民政府网站。

　　这里，政府债务收支分为一般债务收支和专项债务收支。一般债务收支纳入一般公共预算管理，用于弥补赤字，主要以一般公共预算收入偿还；专项债务收支纳入政府性基金预算管理，主要是为公益性项目建设筹集资金，通过政府性基金收入、项目收益形成的专项收入偿还。

第二节　农村金融

　　无论在发达国家还是在发展中国家，农村金融都是国家金融体系的重要组成部分。由于农业农村生产消费市场化程度相对低，经营和投资行为具有高度分散性，资金需求规模小，投资回报周期长且往往风险较高，加上农村信用信息体系不健全，农业经营主体大多缺少担保，因而商业性农村金融供给普遍不足。特别是发展中国家农村金融体制和风险收益结构特征导致金融服务下沉农村常常受

阻，"三农"领域融资难、融资贵问题相对突出。

一　农村金融的内涵与农村金融系统

金融是货币流通、信用活动及与之相关的经济行为的总称，包括货币的发行和流通、存款的吸收和提取、贷款的发放和收回、国内外汇兑往来、有价证券的发行和流通、保险、信托、抵押、典当以及各种金融衍生工具交易等（兹维·博迪等，2010）。农村金融的范畴涵盖所有农村经济主体的资金融通行为和涉农金融组织的资金运作活动。农业信贷和农业保险是农村金融市场的重要组成部分，也是政策性金融支农惠农的重要工具。

（一）农村金融的概念与特征

农村金融是一切与农村货币流通和信用活动有关的各种经济活动的总称，是指所有与农村、农业、农民相关的跨时期和跨区域的价值交易活动。这些交易活动体现为一系列农村金融产品和服务，如储蓄、信贷、支付、结算、保险、投资、理财、信托、证券、期货、汇兑等。农村经济主体是农村金融的服务对象，包括农户、各类农民合作组织、农村中小微企业以及农村基层组织。在涉农基础设施建设中，各级政府所有的投融资平台也可能成为融通资金的行为主体。涉农金融组织包括正规金融机构、准正规金融机构及非正规金融组织。正规金融机构是指经国家有关部门批准的有资格从事金融业务的金融机构，包括银行、农村信用社、保险公司等；准正规金融机构是指由地方金融监管部门批准成立、在地方政府部门登记管理的小额贷款公司、资金互助组织等；非正规金融组织是指游离于国家金融监管当局有效监管范围之外，由市场主体自发创造，为难以通过正规金融渠道满足金融需求的市场主体提供金融服务的民间金融组织，包括合会、农民合作社内部资金互助和保险互助组织、私人放贷者等。

相较于城市金融，农村金融具有以下特点。第一，农村金融市场需求具有分散性。农村金融服务的对象往往分布分散，大多涉农产业规模较小，单笔金融服务需求额度小，正规金融机构开展这类业务难以实现规模经济；同时，服务对象的分散还导致信用信息收集困难，涉农经营主体往往缺乏征信记录，因而农村金融市场存在比城市金融市场更为严重的信息不对称，这进一步增加了农村金融服务的成本。此外，农村金融服务的需求者在地理分布上的分散性也导致他们只能就近选择金融机构，从而致使农村金融机构往往具有一定的区域主导性。

第二，农村金融市场具有高度不确定性。涉农产业投资回报周期长，收益率相对低，且易受自然风险、市场风险、技术风险、政策风险等多重风险影响，这些风险往往具有关联性和区域性，导致涉农经营主体的资金需求普遍具有周期性和不均衡性。特别是随着农业产业规模的扩张，围绕农业供应链的金融行为的区域系统性风险和行业系统性风险也随之增加。此外，发展中国家农村财产权能不足，农村财产难以作为抵押品有效发挥弥补风险的作用。这些因素都加剧了农村金融市场的不确定性。

第三，农村金融市场受到较强的政策干预。农村金融市场存在大量与信息不对称、不完全市场等问题相关的市场失败和市场缺失，这给予了政府部门对农村金融市场进行政策干预的理由。政府进行金融市场干预的主要手段是设立金融机构，比如设立专门为农村居民和农业经营主体提供金融服务的政策性银行，以弥补商业性金融机构不愿进入导致的农村金融市场缺失。同时，政府常常采取一定的金融管制和激励措施对金融机构的涉农业务加以引导，如规定贷款额度和利率上限、对农业信贷和农业保险提供补贴。在现实中，发展中国家普遍存在的阶段性二元经济结构体制导致农村经济和金融市场发育缓慢，相应的农村金融改革政策大多显现出较强的金融控制特征，比如通过法律或行政手段设置市场准入壁垒，这限制了金融资源在不同的金融市场之间自由流动，导致了农村金融市场分割。

（二）农村金融系统

广义的农村金融系统是指一切为农村经济服务的金融制度、金融机构、金融工具及金融活动的总和，包括农村货币流通与信用活动的协同与相互渗透及向证券、信托、保险等领域的延伸。狭义的农村金融系统仅指农业信贷系统。农村金融系统运行需满足农村经济主体的正常金融需求，促进农村经济的持续发展和农民收入的稳定增长，维护国民经济的平稳有序运转。农村金融系统由微观层面、中观层面及宏观层面构成。

1. 农村金融系统的微观层面

农村金融系统的微观层面包括农村金融服务的需求者和提供者。

农村金融服务的需求者是指具有储蓄、支付、结算、贷款、保险、期货、租赁、证券投资、股权投资、涉农企业并购与资产重组、信用卡业务、外汇兑换、典当、保理、贴现、信用评级、理财、担保、公司金融咨询等服务需求的农户、新型农业经营主体、农村集体经济组织、农村工商企业及县乡级政府有关单位等涉农经营主体。

农村金融服务的提供者是指能够提供各种金融服务零售业务的自然人和机构，它们共同组成农村金融服务体系。对农村地区的经济主体提供金融服务的所有机构均可视为农村金融机构。农村金融机构包括政策性金融机构、商业性金融机构和合作金融机构三大类。

政策性金融机构是政府为实现服务于社会经济发展战略的特定政策目标而设立的金融机构，它可以利用特殊的融资机制将政府和社会资金引导到重点部门、行业和机构，弥补财政单一政府导向和商业性金融单一市场导向的不足。农业政策性金融机构是指由政府或政府机构发起、出资创立、参股或信用背书，在法律限定的业务领域内，直接或间接地从事某种特殊政策性融资活动，如为农业农村领域提供中长期低利息贷款，从而充当政府宏观经济调节管理工具的金融机构，例如中国农业发展银行。

农村商业性金融机构是指根据市场法则，按照现代企业制度改造和组建的以营利为目的的银行和非银行金融机构。其中，银行主要包括承担涉农信贷业务的部分国有商业银行、部分股份制商业银行、地方性农村商业银行和村镇银行等；非银行金融机构则包括除银行以外的所有涉农金融机构，如从事涉农基金、信托、证券、保险、融资租赁和小额贷款等业务的各类公司。农村商业性金融机构须基于商业准则，恰当合理地安排其资产负债结构，以求在流动性和安全性允许的前提下实现盈利的最大化。

合作金融机构是指建立在自愿互利基础上、由成员按照国际通行的合作原则组成的金融机构，也是一种合作经济组织。资金互助社、信用合作社、合作银行、民间合作基金会、保险互助社等都是合作金融机构的形式。合作金融机构的重要特征是自愿性、互助性、民主性和利益相关性，即成员可以自愿加入和自由退出组织，组织经营不以营利为目的，而是以利用团体互助为成员提供信用支持从而抵御经济和生活风险为目的，所有成员都能通过一定的治理形式参与组织管理决策。

2. 农村金融系统的中观层面

农村金融系统的中观层面包括基本的农村金融基础设施和一系列有利于降低金融服务交易成本、扩大覆盖面、提升服务质量和促进服务透明化的社会化服务。基本的农村金融基础设施包括转账支付系统、信用信息系统和金融体系运行所需的技术及其应用。农村金融系统的中观层面存在各种各样的服务于农村金融的社会化服务提供者，他们包括审计师、评级机构、行业协会、技术服务提供商、培训机构、农村助贷机构和保险中介等。

3. 农村金融系统的宏观层面

农村金融系统的宏观层面包括农村金融法规政策与监督管理体系。农村金融服务供给需要恰当的农村金融法规政策框架尤其是农村金融监管框架的支撑。相关负责机构包括中央银行、金融监管部门、财政部门、税务部门、各级地方政府的金融监督管理部门、承担部分行业管理职能的农村信用联社等。

二 农业信贷

农业生产经营需要投入大量农业资金。农业资金是周转循环于农业生产经营活动中的以货币资金、实物资本和无形资产等形式存在的各种资产的总和，包括国家、社会各部门和农户等主体通过财政、信贷与合作等方式投入农业领域，用于满足农业再生产各项需要的财物和资源的总和。农业信贷是投放农业资金最重要的渠道之一，也是农村金融最重要的组成部分。

(一) 农业信贷的概念与一般理论

农业信贷是金融组织通过吸收农业农村领域存款，动员和分配暂时闲置的货币资金，并通过发放贷款满足农业再生产过程中资金周转需求的信用活动的总称。

农业信贷市场长期存在信贷约束。一方面，由于农业产业的投资回报周期长，收益不确定性高，农户的借贷意愿不强烈，信贷需求不足，即存在需求型金融抑制；另一方面，由于农业信贷的高成本和高风险性，正规金融机构缺乏提供农业信贷的激励，导致农业信贷供给不足，即存在供给型金融抑制。

政府行为在解决农村金融抑制时应扮演何种角色，这一直是农村金融发展研究领域的核心问题。当前的全球金融主导范式是金融市场范式，这一范式的核心观点是通过发展金融市场来发挥金融的作用，金融首先应该符合市场原则。然而，从第二次世界大战后到20世纪70年代末，主流的农村金融范式是信贷补贴范式。到80年代初，由于70年代中期以来尤努斯所创设的孟加拉国乡村银行大力推行商业小额信贷模式，以及其他一些机构积极提倡金融发展与金融深化模式，主流农村金融范式转向农村金融市场范式。21世纪以来，随着普惠金融理论与实践的发展，普惠金融范式逐渐成为主流的农村金融范式。

1. 信贷补贴范式

20 世纪 80 年代之前，很多发展中国家在资金严重短缺的情形下，为了实现重工业优先发展的经济赶超战略目标而采取了严格金融准入、利率管制、信贷配给、汇率管制等金融抑制政策，大量农村金融剩余向城市和工业部门转移，严重抑制了农村经济的发展。在这种背景下，信贷补贴范式成为主流农村金融范式。信贷补贴范式认为，农村居民，特别是贫困农户储蓄能力低下，不足以支撑其农业经营投资需求；同时，由于农村信贷需求具有小额分散、周期长、不确定性强等特点，以营利为目的的商业性金融机构缺乏进入农村金融市场的激励，而以高利率为特征的非正规金融使农户更加穷困，阻碍了农村产业发展。因此，政府有必要主导供给先行的农村金融市场，向农村注入政策性资金并建立非营利性的专门金融机构进行资金分配，降低农业信贷利率，给贫困农户发放低息专项贷款，并对非正规金融发展予以严格限制（Yaron et al.，1997）。

在信贷补贴范式的指导下，20 世纪 80 年代之前，部分发展中国家的农村经济在遭受金融抑制政策导致的衰退后曾出现短期恢复性增长，但也暴露出以下问题。

第一，从长期来看，单纯依靠外部向农村注入资金不具有可持续性。农户持续得到廉价资金的预期和缺乏有效的储蓄动员机制，抑制了农村内部资金筹集能力，导致了农村资金长期供给不足的局面。

第二，对利率的管制加剧了农村信贷配给。信贷配给是指正规金融机构通过非价格措施向农户分配信贷。由于金融管制和可能存在的逆向选择，正规金融机构不会将利率提升至农村金融市场出清水平，而是会维持低利率水平但提高对借款者信用的要求。甄别借款者信用的信息成本非常高昂，正规金融机构通常偏好贷款给拥有较多财富和合格抵押品的大型农场主或富裕农民，而排斥贫穷农户，从而抑制了农村金融需求。实践表明，由于信贷配给和贷款用途的可替换性，低息贷款政策很难实现促进特定农业生产和向穷人倾斜的收入再分配目标（Beason and James，1999；王曙光、乔郁，2008）。

第三，政府主导的农村金融机构由于不需要直接为经营结果负责，缺少提升风险管理水平的激励，难以应对诸如借款者故意违约等道德风险和逆向选择问题，这导致农业信贷回收率低，政策性金融机构自我发展能力不足。

2. 农村金融市场范式

20世纪80年代以来，随着金融抑制对经济发展的负面影响逐渐显现，以"麦金农—肖"学派（Shaw，1973；McKinnon，1973）为代表的金融深化论兴起，农村金融市场范式逐渐成为主流（Yaron et al.，1997）。农村金融市场范式的核心观点是，利率管制政策会极大破坏发展中国家的储蓄动员能力，应由市场机制决定真实利率水平；只要有效发挥市场机制提升资金回收率，农村金融市场就具有自我可持续性；非正规金融是有效的金融形式，具有合理性，而政策性金融是低效的。因此，农村金融市场范式反对政府过度干预农村金融市场，反对外部资金注入农村、专项贷款补贴和对金融机构实施保护管制措施。它主张推动利率市场化和金融机构竞争，认为利率市场化可以使农村金融中介机构维持正常运营并获得适当的利润；同时，利率市场化还可以鼓励金融中介机构有效动员农村储蓄，使其不必依赖外部资金注入，从而激励其负责任地管理自己的资金，提升其自我发展能力（Shaw，1973；McKinnon，1973）。值得注意的是，农村金融市场范式强调消除农村金融市场的扭曲，使私人产权和竞争发挥主导地位，让商业金融和合作金融发挥基础性作用，但并不排斥政策性金融，而是主张政府对金融市场提供辅助性支持。

3. 普惠金融范式

普惠金融的英文对应术语为"inclusive finance"，直译为"包容性金融"。该术语源于2005年5月国际劳工组织召开的"建设包容性金融部门"（inclusive financial sector）全球会议。在同年9月举行的联合国峰会上，各国首脑提出存在"获得金融服务的需求，包括通过微型金融和微型信贷提供的金融服务，尤其是对于贫困者"。普惠金融的第一层含义是，一个金融体系应满足所有需求者的有效金融服务需求，无论他们是高收入者还是低收入者，生活在城市还是农村，属于大中企业还是小微企业，位于中心地带还是偏远地区。普惠金融的第二层含义是，应该"接纳"和"包容"边远地区群体、小农户、小微企业和社会低收入群体，以快捷便利、价格可负担的方式向他们提供金融服务，满足其有效金融服务需求。

普惠金融范式并没有改变20世纪80年代以来的农村金融市场范式的核心原则。普惠金融本身属于金融深化。因此，在农村地区推行普惠金融也深化了农村金融市场范式。普惠金融范式倡导以下原则。一是包容原则，即普惠金融的服务对象应包容特殊群体。二是公平原则，即各类金融服务需求主体获得普惠金融服务资源的机会应是公平的。三是商业可持续原则，即普惠金融应是商业可持续的，推行普惠金融的机构也应实现机构商业可持续发展。四是快捷、安全原则，即普惠金融服务的提供和获取应是快捷和安全的。五是成本可负担原则，即使被排斥于传统正规金融服务之外的弱势群体，也能以可负担的成本获得金融服务。值得注意的是，成本可负担原则不排斥金融服务提供者采用商业信贷利率，但鼓励其降低利率。六是广度和深度覆盖并重原则，即普惠金融服务应兼顾在广度和深度上覆盖其服务对象的需求（冯兴元等，2019）。

（二）农业信贷支持政策

无论在发达国家还是在发展中国家，农村金融支持政策都是被普遍采用的政策工具。根据不同金融服务类别，农村金融支持政策可以分为农业信贷支持政策、农业保险支持政策、农业融资担保支持政策等。农业信贷支持政策是农村金融政策体系中最重要的组成部分，它包括构建促进农村金融服务体系发展的政策框架，也包括配套的货币工具政策和税收优惠政策等。下面以中国为例，介绍三类常见的农业信贷支持政策。

1. 促进农村金融服务体系发展的框架性政策法规

为了应对市场内外部环境变化，提升农村金融市场效率，维持金融市场稳定，确保实现既定政策目标，政府会出台促进农村金融服务体系发展的框架性政策法规。比如，中国政府将发展普惠金融确立为国家战略以来，连续数年出台相关政策，逐步建立了较为系统的普惠金融政策框架，并以自上而下的方式在金融部门推行。2013年《中共中央关于全面深化改革若干重大问题的决定》正式提出"发展普惠金融"；2015年国务院印发《推进普惠金融发展规划（2016—2020年）》；2016年在二十国集团第十一次峰会上通过了《G20数字普惠金融高级原则》；2018年中共中央、国务院印发的《乡村振兴战略规划（2018—2022年）》中提出"发展乡村普惠金融"；此后数年中央"一号文件"中均提到发展农村数字普惠金融；2021年国家"十四五"规划纲要进一步强调健全农村金融服务体系，健全具有高度适应性、竞争力、普惠性的现代金融体系。2024年中共中央第二十届三中全通过的《关于进一步全面深化改革　推进中国式现代化的决定》再次提出积极发展普惠金融。

2. 支农再贷款与支小再贷款

再贷款是由中央银行贷款给商业银行，再由商业银行贷款给普通客户的货币政策工具。支农再贷款是中国人民银行向各类农村金融机构发放的再贷款，旨在为农村金融机构扩大涉农信贷投放提供流动性支持。支农再贷款执行优惠利率，但农村金融机构对农户贷款的条件、方式、期限、金额和利率，由其按照市场原则自主确定并自担风险，因而支农再贷款不算政策性贷款。

支小再贷款是中国人民银行专门支持小型城市商业银行、农村商业银行和村镇银行等地方性法人银行发放小微企业贷款的货币政策工具，旨在调动其增加支小贷款发放的积极性。支小再贷款也执行优惠利率，其利率在央行公布的贷款基准利率基础上减点确定。

3. 定向降准政策

存款准备金制度是中央银行进行宏观调控的重要政策工具。降准政策是指中央银行调低法定存款准备金率，从而释放准备金，为商业银行提供新增的可用于偿还借入款或进行放款的超额准备，以扩大信用规模，刺激经济发展。定向降准政策是针对某一特定金融领域额外下调存款准备金率的政策。中国人民银行自2014年以来多次对涉农贷款、小微企业贷款、个体工商户和小微企业主经营性贷款等多个领域下调人民币存款准备金率，逐步建立了对中小银行实行较低存款准备金率的政策框架，通过信号作用和银行信贷结构调整扶持小微企业、涉农主体发展。

三 农业保险

农业保险是国家为应对自然灾害、保障农民恢复再生产和维护国家粮食安全而建立的一项公共保险制度。农业保险属于财产保险范畴，但不同于一般的财产保险，农业保险不仅是经营个体防范农业风险的金融市场工具，而且是体现国家公共政策意图的政策性工具。

（一）农业保险的概念与性质

农业保险是针对农业产业进行风险管理的一种金融工具，随着不同时期不同国家农业产业内涵外延的变化，农业保险的概念也不断变化。广义的农业保险涉及农业产业领域的一切物质财产、责任和人身的保险，包括农林牧渔业作物、饲养动物、建筑物、农机具等财产保险，以及农户和农业经营从业者人身保险。狭义的农业保险在各国的定义不同，一般涉及种植业保险和养殖业保险。在中国，于 2013 年开始执行的《农业保险条例》写明，农业保险是指保险机构根据农业保险合同，对被保险人在种植业、林业、畜牧业和渔业生产中，因保险标的遭受约定的自然灾害、意外事故、疫病、疾病等保险事故所造成的财产损失，承担赔偿保险金责任的保险活动。

农业保险的根本性质是运用互助共济原则和大数法则，通过融通资金和补偿损失的方式，分散和转移农业经营者在生产经营中遭受财产损失的风险。农业保险可保风险的重要前提条件是存在大量具有同质风险的保险标的，这样可在农户缴纳少量保费的情形下积累足够的保险基金，使受险单位在发生灾害损失时获得补偿，将不可预见的风险转嫁出去，形成一种互助性的风险保障。根据"大数法则"，大量的同质保险标的会保证风险发生的次数及损失值以较高的概率集中在较小的波动幅度内。保险公司承保一组风险的前提是预测保险标的总体上必然遭受损失，但遭受损失的保险标的所占总数的比例是很小的。正是基于这种预测，保险才可能以每个投保人所缴纳的、相对很小额的保费来弥补损失。保险公司通过收取保险费集结保险基金，用于准备随时支付少数出险的被保险人的经济损失赔偿，保险公司还可以使用一部分闲置的保险基金进行投融资活动，以便提升自身经营能力。

值得注意的是，农业保险并不能消除农业风险，但在实践中，遵循市场化运行的保险公司为了提升收益需要努力控制风险，降低赔付率，这激励了保险公司采取"防赔结合"的风险管理理念，即在承保和保险存续期间对保险标的的风险状况进行评估和监督，并实施必要的防灾减损措施，这有助于提升全社会的农业风险管理水平。

（二）农业保险的特点

农业保险市场除了存在一般保险市场常见的逆向选择和道德风险问题，还存在特有的相关性风险和费率定价难题。

第一，农业保险市场存在严重的逆向选择问题。在保险市场上，投保前具有信息优势的投保人会选择有利于自己但不利于保险公司的保险合同，从而导致想要为某一特定损失投保的人实际上是遭受损失风险最大的人，即发生逆向选择。在农业保险领域，由于农业保险涉及农业生产的多个阶段，作为保险标的的农作物或饲养动物具有生命性和鲜活性，在一定生长期内受到损害后又具有自我恢复能力，这导致农业保险标的的价值始终处于变化之中，从而极大地增加了保险公司进行风险判断、核保、定损和理赔的难度，投保人具有较大信息优势，容易出现严重的逆向选择（Quiggin，1994）。

第二，农业保险市场存在严重的道德风险倾向。在风险管理中，损失是指非故意的、非预期的、非计划的经济价值的减少。在保险市场中，在信息不对称条件下，由于保险公司难以观测或监督投保人的行动，原本负有履约责任的投保人受到不确定或不完全保险合同的保障，产生不承担其行动的全部后果的倾向，在最大化自身效用的同时，做出不利于保险公司的行动，即发生道德风险（Arrow，1970）。在农业保险领域，由于有生命的保险标的生长周期较长，不同保险标的抵御自然风险和市场风险的能力差异较大，且受损现场易灭失，投保人或被保险人有可能为了多索赔而在防损减损等方面减少或放弃原来行之有效的风险管理措施，或故意采取行动骗保索赔。这时，损失就变为故意的、可预期的、有计划的。由于观测监督成本过高，保险公司对此也难以进行有效控制，从而加剧了道德风险，极大增加了农业保险的风险积累。

第三，农业保险面临相关性风险难题。尽管保险的功能是在遭受损失时提供经济补偿，但保险公司并非所有风险都能承保。只有当风险事件是相互独立的随机事件，保险才能通过各种组合分散风险。而农业风险往往具有高度相关性，比如一定区域内的投保人可能同时遭受自然灾害损失，特别是台风、洪水、干旱等自然灾害成灾面积往往很大，这样就导致农业保险按照"大数法则"分散风险的能力被削弱，面临高赔付率。因此，保险公司提供商业性农业保险往往需要收取非常高额的保险费，即便如此也容易因大灾理赔而陷入经营困难。这也是农业保险领域商业性保险供给不足的重要原因之一。

第四，农业保险费率定价难题是商业性农业保险供给不足的另一重要原因。农业保险的费率一般由纯费率、安全费率、营业费率和预定节余率四部分决定。纯费率是保险费率的主要部分，它以长期平均保额损失率为基础，其确定的保险费对应赔付符合大数法则的稳定的社会正常损失部分。安全费率是纯费率乘以一定的安全系数后的费率，其确定的保险费对应赔付超过正常损失的异常损失部分。营业费率是纯费率乘以一定的营业费用系数后的费率，其确定的保险费对应保险公司经营险种的营业费用。预定节余率是指按照商业性原则经营农业保险时，为实现农业保险业务收支平衡，在厘定费率时按照纯保费的一定比例确定的利润率（庹国柱、李军，2005）。由于农业产业的高成灾率和高受灾率，农业保险面临高赔付率，这决定了农业保险的高纯费率。同时，农业保险在核保、定损和理赔等方面的难度和工作量远高于一般财产保险，农业保险的营业费用系数也高于一般的财产保险。这导致农业保险费率定价面临难题，即以高损失风险和高费用为基础确定的高费率是大多数农户无法负担的，而农户可负担的费率又不足以让保险公司维持农业保险业务的正常经营。

（三）农业保险支持政策

相对一般的财产保险，农业保险在直接消费上有竞争性，具有私人产品特性；但农业保险的效用不可分割，受益有非排他性，因而具有准公共物品特性。从国际经验来看，很多国家都进行过纯商业性农业保险探索，但在实践中都遇到了困难，后期选择了对农业保险采取不同程度的政策支持。美国农业保险由联邦农作物保险公司（Federal Crop Insurance Corporation，FCIC）和全国农业保险公司等国家专业保险机构主导，政府提供大量财政拨款支持农业保险，并对政策性农业保险进行宏观管理和直接或间接经营（张团园、郭洪渊，2013）。日本采取民间互助合作为主导的农业保险模式，政府对主要农作物和饲养动物实行强制保险，并引导民间建立"共济农业协同组合联合会"。德国的农业保险是市场主导，主要由商业性保险公司、农业互助保险组织等提供，政府不直接干预农业保险市场，也不向商业性保险公司提供补贴，但是颁布了《保险企业监督法》《保险契约法》《德国保险合同法》等法律规范农业保险行业发展（冯文丽，2019；林乐芬，2022）。中国农业保险经历了商业性运作和政策性主导等一系列实践探索。自2007年开始，按照"政府引导、市场运作、自主自愿、协同推进"的原则实施农业保险保费补贴政策，即在农户和地方自愿参加的基础上，中央财政为投保农户提供一定的保费补贴，保障水平仍以直接物化成本为主。2013年《农业保险条例》施行以来，政策性农业保险进入快速发展阶段。到2020年，中国成为全球农业保险保费规模最大的国家[1]。

对农业保险提供政策支持的依据是，由于农业保险具有准公共物品的性质，单纯的商业性保险不愿进入农业保险领域，因此，政府有必要通过实施农业保险立法、保费补贴、建立大灾风险分散机制等政策支持农业保险发展。但政策性农业保险仍应采用市场化运作的经营形式。这是因为市场化的保险运作符合保险市

---

[1] 《815亿元！2020年我国农业保险保费规模全球最大》，2021年6月29日，https：//news.cctv.com/2021/06/29/ARTIjl6Dv4MdZty1Qx1G0zU3210629.shtml。

场规律，能在产品定价、承保管理、理赔服务和经营管理等方面提高效率。此外，政策性农业保险可以在世贸组织规则允许的范围内代替直接补贴对农业实施合理有效的保护，从而起到稳定农民收入、促进农业和农村经济发展的作用。

（四）农业大灾风险分散制度

按照经济合作与发展组织对农业风险等级的分类，普通风险（Normal Risk）是指出现频率高，损失程度小，可通过财税补贴应对轻微减产和价格波动的风险；中度风险（Intermediate Risk）是指出现频率中等，破坏程度较强，可通过市场化方式良好应对减产和价格波动的风险，如雹灾等；大灾风险（Catastrophic Risk）是指较为罕见但破坏性极大，会造成市场失灵的风险，如特大洪涝灾害、严重干旱、台风等（OECD，2011）。不同于一般的农业风险，农业大灾风险发生的概率很小，几乎不具有规律性；具有突发性，灾害发生时无法实施及时有效的防灾减损措施；会造成巨大的社会经济损失，如农作物大量减产或绝收。农业大灾的发生还往往具有广泛相关性，比如夏季发生洪涝灾害后，高温高湿的环境还易诱发农作物病虫害，灾害在时间和空间上的连锁反应导致损失进一步扩大。国际通用的农业大灾界定标准是，一次性直接灾害损失超过当年国家国内生产总值的万分之一的自然风险。

从严格意义上讲，农业大灾风险对于商业性保险公司而言是不具可保性的风险。农业大灾风险的偶发性意味着缺乏大量同质的、独立分布的风险，不符合"大数法则"的条件，其造成的损失又特别巨大，一般的保险公司难以正常赔付。因此，纯商业性农业大灾保险的保费将是非常昂贵的，远远超出普通民众的负担能力。为了应对农业大灾风险，各国都积极探索建立符合本国国情的大灾风险分散制度。

美国的农业保险大灾风险分散制度是政府主导的，由直接保险公司、农业再保险体系、农业保险大灾专项基金和紧急预案组成。其中，直接保险公司主要承担普通风险，并按照《标准再保险协议》和《牲畜价格再保险协议》的内容通过再保险的形式将绝大部分风险转移给联邦农作物保险公司。此外，美国财政部每年会专门列出农业保险大灾专项基金预算，用于补偿大灾发生时超过再保险体系赔付能力部分的损失。《联邦农作物保险法》还规定，当联邦农作物保险公司保障基金赔付能力不足时，可启动紧急预案，联邦农作物保险公司可申请贷款或发行专门票据、债券等募集资金。

日本的农业保险大灾风险分散制度主要由农业共济组合、农业共济组合联合会、国家农业共济再保险和紧急预案组成。处于基层的农业共济组合主要承担普通风险。都道府县一级设立农业共济组合联合会，为农业共济组合提供再保险。政府设立国家层面的农业共济再保险，为农业共济组合联合会提供再保险。此外，日本政府和农业共济组合联合会共同出资设立农业共济基金，可在农业共济组合联合会支付大灾高额赔款时为其提供贷款。再保险资金严重不足时，国库会提供紧急资金。

德国的农业保险大灾风险分散制度主要由商业性直接保险公司、再保险机制和巨灾证券组成。商业性保险公司对大多数农业大灾设定固定保险费率和责任限额，对低于限额的大灾损失不予赔偿。得不到补贴和激烈的业务竞争推动商业性保险公司创新出种类繁多的农业巨灾保险险种和丰富的配套服务，比如商业性保险公司会参与建设防灾减损设施，对公众进行防灾防险宣传教育，灵活定制农业保险产品等。德国保险业还长期跟踪自然灾害数据，并开放共享研究资料。对农业巨灾保险，直接保险公司会向再保险公司分保。慕尼黑再保险公司是世界上最大的再保险公司，在历次巨灾中平均承担的总赔付额比例约达到60%。此外，德国保险业成立了特殊目的机构（Special Purpose Vehicle，SPV），负责在再保险合同范围内发行巨灾债券，将大灾风险转移到资本市场。

中国的农业保险大灾风险分散制度起步较晚，由政府主导，目前仍在建设完善中。中国《农业保险条例》指出"国家建立财政支持的农业保险大灾风险分散机制"。2013年财政部出台了《农业保险大灾风险准备金管理办法》，规定保险公司需按一定比例提取农业保险大灾风险准备金。2014年，原中国保监会引导支持中国再保险集团牵头联合23家保险公司共同发起成立了中国农业保险共同体，承保农业保险的再保险业务。2017年，中国再保险巨灾研究中心成立，主要负责建设巨灾数据库、开发巨灾模型和产品、搭建信息共享平台。2020年，中国农业再保险股份有限公司成立，可以为农业大灾或巨灾风险提供再保险服务。到目前，中国巨灾保险体系初步发挥了积累灾前资金储备、实现巨灾风险跨期分散、应对重大灾害的作用。

第三节　农村投融资

农村发展要求存在持续有效的投融资支撑。农村投融资类型和模式众多，投融资主体与资金来源均呈多元化，在资金规模、周期、回报率、门槛等方面也有其自身的特点。

一 农村投融资的概念及特征

投融资包含投资和融资两个方面。根据《新帕尔格雷夫经济学大辞典》，投资是指资本形成——获得或创造用于生产的资源。根据萨缪尔森和诺德豪斯（2022）的解释，投资的意义是实际的资本形成，及拥有存货的生产，或者新工厂、房屋和工具的生产，只有当物质资本形成生产时，才有投资。与此相应，农村投资是指农村投资主体在农业生产过程中投入物质和人力资源，最终形成农业资产或资本的经济活动过程。

根据《新帕尔格雷夫经济学大辞典》，融资是指为支付超过现金的购货款而采取的货币交易手段或为取得资产而集资或采取的货币手段。一般而言，融资涉及不同经济主体之间相互融通资金的信用活动，具体表现为需要融入资金的一方与可融出资金的一方通过直接协议或者金融中介进行货币资金的转移。融资可分为直接融资和间接融资。直接融资是指在没有金融中介介入的情况下实现的资金融通，间接融资是指借助金融中介实现的资金融通。因此，农村融资是指通过各种方式融通资金的经济活动，分为直接融资和间接融资两种形式。

综合来看，农村投融资包含投资和融资两个方面，农村投融资是指农村投融资主体投入资源、融入资金，通过一定的运作方式，形成资产或资本的经济活动过程。

农村投融资在资金规模、周期、回报率、门槛、参与主体与模式等方面均有其自身的特点。

（一）资金需求量普遍较大，且投资周期较长

农村投融资涉及基础设施、产业发展、生态环境建设等多个领域，投资规模普遍较大，再加上农业农村长期以来发展相对滞后，欠账较多，这就导致资金需求量普遍较大。同时，农业领域作物、牲畜等都有不同生长周期，从资金投入到产生效益通常需要较长周期，因而农业农村投资周期较长。

（二）农村投资回报率低，且具有较大自然和市场风险

相较于非农业产业和城市，农业农村投资回报低，比较收益和劳动生产率相对低下，且农产品等产出需求弹性较小，导致农业农村投资回报率低。同时，传统农业行业呈周期性波动，易受自然条件及动植物本身生物学特征等因素影响，

具有较大自然风险。农产品大多具有易腐性，不耐储存，储存费用高，且农业农村市场不完善，农产品市场波动大且不好预测，农村投融资面临较大市场风险。

（三）农村投融资有一定准入门槛，具有复杂性和系统性

农业具有与工商业完全不一样的运作规律，农村也有不同于城市的熟人社会、礼治秩序、差序格局等特征，再加上农村产权改革和要素市场发育相对滞后，导致农村投融资面临的外部环境较为复杂，具有一定的准入门槛。农村投融资成效与农村土地制度、乡土伦理、村庄人口构成及特征等因素紧密相连，具有复杂性和系统性。农业农村投融资主体如果对农业农村特征及规律把握不清，很容易影响投资效益，甚至导致投资失败。

（四）参与主体、投资领域及投融资模式日渐多元化

改革开放以后，特别是 21 世纪以来，中国农村投融资主体越来越多，从政府、集体、农户投入向多元投入主体转变，各种新型农业经营主体不断涌现；投资领域日渐丰富，从初始的生产性基础设施向社会化服务、生态环保、公共服务等领域扩展；投融资模式也从单纯的政府无偿投入、集体和个人依靠自身积累投入向市场化的投融资转变，投融资模式越来越多元化。

二　农村投融资的分类

农村投融资分类较为复杂，按照不同的分类标准有不同的分类方法。按照投融资主体，农村投融资包含政府投融资、农户投融资、农村集体投融资、新型农业经营主体投融资、社会资本投融资、金融机构投融资等。按照投融资客体，农村投融资包含实物资产、无形资产和金融资产三类。其中，实物资产包括固定资产和实物类流动资产；无形资产包括专利技术、特许经营权、企业商誉等，还包括营销关系网络、企业形象、信息技术、人力资本等；金融资产包括股票、债券、基金及金融衍生工具等。按照资金来源，可划分为财政资金、信贷资金、农户资金、社会资本资金、资本市场融资等。按照投资领域和服务对象，农村投融资可分为农村生产领域投融资、农村生活领域投融资、农村生态环境领域投融资、农村社会发展领域投融资四个大类。其中，农村生产性领域主要指现代化农业基地及农田水利等，农村生活领域主要包含饮水安全、农村沼气、农村道路、农村电力等，农村生态环境领域主要包含天然林资源保护、防护林体系、种苗工程建设、自然保护区生态保护和建设、湿地保护和建设等，农村社会发展领域包括农村义务教育、农村卫生、农村文化等。从融资方式看，农村投融资分为直接

融资和间接融资。直接融资是指资金需求者与资金供给者不通过任何金融中介机构，而通过一定的金融工具直接形成债权债务关系的金融行为，如企业债券、股票等。间接融资是指资金供给者与资金需求者通过金融中介机构进行的融资活动，如银行信贷、融资租赁、项目融资贷款等。从融资资金来源看，农村投融资可分为内源融资和外源融资。内源融资指将自己的储蓄（留存盈利和折旧）转化为投资，外源融资是指吸收其他经济主体资金，将其转化为自己投资，外源融资又包含股权融资、债券融资和融资租赁三类。

三　农村投融资原则

农村投融资原则是指导投融资的一套准则，农村投融资要遵循辅助性原则、多元协同原则、可预期原则、权责匹配原则以及效率原则等。

（一）辅助性原则

辅助性原则是指在农村投融资过程中，市场或社会可以解决的事务，由其自身承担；若不能解决，则由政府承担；下级政府不能独立承担时，由上级政府提供辅助；上级政府的辅助行为不能替代下级政府的自助行为（Barber，2016）。辅助性原则针对两个层面的关系：一是处理市场、政府和社会的关系，即在农村投融资中，市场及社会发挥主体作用，政府只有在市场或社会难以解决的事务中承担责任。二是处理中央与地方政府关系，即在农村投融资中，中央政府要充分赋权地方政府，保证其在农村投融资中的监管管理权，同时，中央要加强农村投融资体制顶层设计，强化属地责任。

（二）多元协同原则

农村投融资涉及多个主体，包含政府、金融机构、农户、新型农业经营主体和社会资本等。多元协同原则是由政府部门、市场主体、农户、村集体等多元主体，采用政银保、产业链金融、特许经营等多种合作形式，以协同合作的方式进行农村投融资活动。其中，协同合作是指对多元主体进行有效整合，通过有效的分工和协作，形成合作伙伴关系。

（三）可预期原则

频繁变动的农村投融资政策或改革会因缺乏预期性而必然过早失效，有损政府权威，同时也不利于政策落实和执行，造成资源浪费。农村投融资应在充分考虑主客观条件的情况下，保持政策与改革环境的相对稳定，推动参与主体建立稳定的预期。同时，农业政策要有适当弹性，能够根据经济社会发展适当调试，但要防止政策朝令夕改。

（四）权责匹配原则

农村投融资面临很多风险，包括市场风险、法律风险、政策风险等。不同农村投融资主体的专业能力和投融资能力不同，对投资收益的偏好不同，对投融资风险的管控和承受能力不同。因此，农村投融资要遵循权责匹配原则，允许对不同农村投融资项目的项目收益、风险和相关权益进行结构化设计，从而实现不同投融资主体收益、风险及权力的匹配，发挥不同主体合力，更好地推动农村投融资发展。

（五）效率原则

农村投融资要追求投资效率，其包含两个层面的考虑：一是投融资是需要一定成本的，因而农村投融资必须综合考虑各种融资模式的成本、风险等，尽可能优化资金来源及资金结构，有效降低投融资成本。二是农村投融资要尽可能提高资金使用效率，追求更高的收益，从而实现更好的投入产出比。

四　农村投融资主体及资金来源

（一）农村投融资主体

投融资主体是具有独立投资决策权，并对投资负有责任的经济法人和自然人。中国农村投融资主体包括政府、金融机构、农户、农村集体经济组织以及新型农业经营主体等。

1. 政府

政府主要通过财政资金对农村生产经营活动提供支持，财政资金是指国家财政预算中用于农业农村的各项支出，包括中央政府和地方政府两个层次，地方政府又分为省级政府、地级市政府和县乡级政府。政府部门投资也即公共投资。

政府是重要的农村投融资主体，政府投融资的目标是多重的：一是保障农产品有效供给。二是保障农民收入稳步增长。三是实现农业农村可持续发展。四是实现农业农村现代化。随着现代财政体制逐步完善，政府投资逐步退出竞争性领域，更多地向公共事业等领域倾斜。

2. 金融机构

金融机构是农村投融资的重要主体，其本身并不直接从事农业农村建设和经营，而是农村投融资的资金提供者。中国金融机构围绕着粮食生产和重要农产品供给、现代农业基础、乡村产业可持续发展、乡村建设、巩固拓展脱贫攻坚成果等重点领域，制定差异化信贷支持措施，持续加大信贷投入，不断创新金融产品和服务模式。

3. 农户

改革开放以来，农户成为具有完整功能的经济组织，是农村经济社会发展中最重要的经营决策单位，其一直是农业投资的主体之一，也是重要的融资需求主体。农户是市场经济条件下的理性经济主体，其投融资决策取决于投资收益和成本的权衡，这就需要农户在农村投融资和非农村投融资、内源融资和外源融资间合理分配，实现自身效用最大化和资金最优分配。

但同时，农户投资存在一些问题：一是农户经营规模较小，积累能力和资金规模有限，难以进行大规模基本建设；二是农户收益不稳定，不同年份是否投资和投资规模都存在不确定性，影响农业农村的稳定增长。

4. 农村集体经济组织

中国农村集体经济组织，在农业资本积累和农村发展方面发挥了巨大作用。改革开放后，农村集体经济组织在资本积累等方面的能力弱化，但仍然是农业农村投融资的主体之一。目前，国家大力发展壮大村级集体经济，提升村级集体经济自我发展能力，农村集体经济组织的资产和收入都得到了大幅提升。根据中国社会科学院农村发展研究所 2020 年和 2022 年开展的两次全国 10 个省份 50 个县的"乡村振兴综合调查及中国农村调查数据库项目"调查结果，所有调研村庄的平均村集体资产总额从 2019 年的 353.99 万元增加到 2021 年的 372.51 万元，增长显著。目前，各地方都在探索村级集体经济有效实现形式和发展模式，推动村庄特色产业发展，不少村庄还组建了村级投资公司。随着改革的推进和农村集体经济组织实力的增强，未来农村集体经济组织的投融资作用会进一步得到凸显和强化。

5. 新型农业经营主体

新型农业经营主体是近十几年新出现的农业产业经营主体，其生产规模、专业性都远超小规模的、自给半自给的传统农户。新型农业经营主体是实现农业农村现代化的主力军，也是实施乡村振兴战略的重要力量。新型农业经营主体近些年不断发展壮大，截至 2022 年底，家庭农场、农民合作社分别达到 390 万家、

222 万个①。同时，新型农业经营主体发展质量效益稳步提升，截至 2022 年 4 月底，全国县级及以上国家农民合作社示范社达 16.7 万家、示范家庭农场超过 11 万个，县级及以上龙头企业 9 万多家，新型农业经营主体发展进入数量和质量同步提高的阶段②。未来随着新型农业经营主体数量进一步增加和实力进一步增强，新型农业经营主体越来越成为农村投融资的主体之一。

6. 社会资本方

无论是政府还是学术界，都缺乏对社会资本的权威定义，概括来讲，社会资本是指农业农村经营主体的自有资本投入和金融财政部门投入之外的外部资金投入，即非农领域以外的工商业资本。目前，社会资本方主要包括返乡商人，非农领域房地产、互联网等大中型企业等。社会资本是全面推进乡村振兴的重要支撑力量，也是农业农村投融资的主要主体之一。当前，社会资本进入农业农村的积极性较高，非农领域大中型企业逐步进入乡村振兴领域，房地产、互联网等大中型企业纷纷涉足布局农业产业。社会资本参与农业农村的领域不断拓展，由种养业向加工流通、农业社会化服务和休闲观光农业等延伸，进而向农村资产盘活、生态修复、基础设施建设等领域拓展，农业产业链不断延伸。

（二）农村投融资资金来源

改革开放后，随着市场经济体制的逐步确立，中国实现了农村投融资资金来源的多元化，包括财政资金、信贷资金、资本市场融资、农村集体资金、农户自有资金、新型农业经营主体资金、社会资本等。

1. 财政资金

这项资金是指国家财政预算中用于农业农村的各项财政资金，包括农林水项目资金、农村教育项目资金、农村社会保障项目资金、农村卫生健康项目资金、农业科技投入以及政府性基金有关农业农村的资金等。近些年，部分国债及地方政府性债务资金也用于农业基础设施建设及改造更新、农村水电设施建设、卫生、教育以及相关社会保障等领域。以农业支出为例，财政农林水支出从 2011 年的 9938 亿元增加到 2020 年的 23948 亿元，相应的农林水支出占一般公共预算

① 《国新办举行 2022 年农业农村经济运行情况新闻发布会》，http：//www.scio.gov.cn/xwfbh/xwbf-bh/wqfbh/49421/49494/index.htm。
② 《对十三届全国人大五次会议第 3921 号建议的答复》，http：//www.moa.gov.cn/govpublic/NCJJTZ/202206/t20220621_6402922.htm。

支出的比重则从 9.1% 增加到 9.73%①。财政资金是农村投融资的基础，更多投向基础设施和公共服务等市场失灵领域。

2. 信贷资本

用于农业农村的信贷资金包括农业发展银行等政策性信贷资金、国有银行贷款、农村信用社贷款、民间借贷资金等。信贷资金规模不断增加，金融支持力度不断增强。根据中国人民银行的统计，2007—2021 年，全口径涉农贷款从 6.12 万亿元增加到 43.21 万亿元，农林牧渔业贷款本期余额从 1.51 万亿元增加到 4.57 万亿元，农户贷款本期余额从 1.34 万亿元增加到 14.47 万亿元；在同期，全口径涉农贷款占各项贷款比重从 2007 年的 22% 逐步上升到 2014 年的 28.1%，后逐步下降，到 2021 年为 22.4%②。金融机构是以营利为目的参与农村投融资的，其信贷资金是农村投融资最重要的资金来源之一。随着农村要素市场的逐步完善，信贷资金所占比重会更高。

3. 资本市场融资

资本市场是一种直接融资，是农村投融资主体借助资本市场工具，如债券、股票等，进行的筹资活动，其资金来源于社会公众。《乡村振兴战略规划（2018—2022 年）》明确提出"提高直接融资比重，支持农业企业依托多层次资本市场发展壮大"，政府各部门也出台了一系列政策，鼓励符合条件的农业企业上市融资，发行债券。根据《中国农业产业投资报告（2021）》，2011—2020 年，中国农业领域成功上市的首次公开募股（Initial Public Offering，IPO）案例达到 141 起，累计融资金额达到 274.09 亿美元，资本市场对农村投融资的支持作用逐步体现。虽然由于农业企业经营稳定性相对较差、持续盈利能力不强等原因，目前涉农企业登陆资本市场相对较难，但随着农业农村发展及政策支持力度的不断加强，资本市场融资的重要性会愈加凸显。

4. 农村集体资金

农村集体资金是指农村经济体经济组织为支持农业农村发展所投入的固定资产和流动资金。农村集体资金主要投资于本社区范围内的农业农村基础设施等，其规模很大程度依赖村集体经济的资金实力。总体来看，当前村集体经济仍然较

---

① 资料来源于《中国统计年鉴（2012）》和《中国统计年鉴（2021）》。
② 笔者根据《中国农村金融服务报告（2018）》及历年《金融机构贷款投向统计报告》整理计算得到。

为薄弱，村集体经济收入普遍不高。根据中国社会科学院农村发展研究所 2022 年开展的全国 10 个省份 50 个县的"乡村振兴综合调查及中国农村调查数据库项目"，2021 年村集体经济收入在 10 万元以下的村庄仍占全部调研村庄的 28%。农村集体资金规模相对有限。但随着村级集体经济发展以及部分村庄组建村级投资公司等改革的推进，未来农村集体经济组织的融资能力会得到进一步加强。

5. 农户自有资金

在改革开放后相当长的一段时间，农户都是农业农村资金的主要来源之一。但 2014 年以后，农户固定资产投资规模存在下降的趋势。农户固定资产投资从 2011 年的 9089.07 万元逐步增加到 2014 年的 19755.78 亿元，而后开始下降，到 2021 年为 8337.97 万元[①]。未来随着新型农业经营主体逐渐成为农业产业经营主体以及城镇化进程的不断推进，农户在农村投融资方面的地位会逐步下降，但农户自有资金仍然是农村投融资的重要资金来源。

6. 新型农业经营主体资金

新型农业经营主体是农业农村投融资的主体之一。相对于传统农户，新型农业经营主体拥有更加雄厚的资金实力，其投资更加稳定持续且能够将先进的技术和现代经营管理理念等要素引入农业，延长产业链条，提高农业附加值和比较效益，推动现代农业产业体系的构建。同时，新型农业经营主体生产经营规模大、投入高，具有经常性、多样性的贷款需求，但易受自然灾害和市场因素影响，且风险抵御能力较弱，普遍面临"融资难""融资贵"等问题。

7. 社会资本资金

近些年，中国不断出台政策鼓励社会资本参与农业农村建设和发展。随着政策环境逐步优化及农业农村的发展，社会资本进入农业农村的积极性较高，投资规模不断扩大，投资领域不断拓宽。这里，社会资本资金还包括外资。社会资本参与带动了农业农村投资快速增长，2013—2020 年，全国农林牧渔业民间固定资产投资累计规模从 0.8 万亿元增长到近 2.5 万亿元，增长显著[②]。政府和社会资本合作（Public-Private Partnership，PPP）是社会资本参与农业农村发展的重要模式，根据《全国 PPP 综合信息平台管理库项目 2021 年年报》，截至 2021 年

① 笔者根据《中国统计年鉴》（2012—2022 年）数据整理计算得到。
② 笔者根据《中国统计年鉴》（2014—2021 年）数据整理计算得到。

末，乡村振兴 PPP 项目达到 3125 个，投资额为 4.0 万亿元①。

五　农村投融资模式

农业农村是投资的"蓝海"，近些年，中国农业农村投融资规模不断扩大，投融资模式不断创新，逐步形成多元化投融资体制。根据参与主体间的关系，农村投融资模式可分为财政投融资、市场化投融资及混合投融资模式三种。

其中，财政投融资是指政府为实现一定的国家经济社会发展战略目标，依靠国家信用，以有偿方式筹集资金并加以运用的投融资活动（温来成，2018）。财政投融资的目标是服务国家经济社会发展战略，推动实现国家经济社会发展战略目标，资金更多用于提供基础设施和公共服务等市场失灵领域，一般不以经济效益最大化为最主要目标，而是注重经济效益、社会效益、生态效益等的平衡，追求长期效益和宏观效益最大化，具有鲜明的政策性和公共性。财政投融资的主体是政府以及政府授权的公司等，以政府提供的信用为基础。财政投融资的优点是具有较强的杠杆作用，能够引导全社会资金投向农业农村领域，弥补农业农村发展资金缺口，但缺点是对政府投融资能力和管理水平提出更高的要求，不恰当的财政投融资活动会导致投资无效和资金浪费，加大政府还本付息压力，进而导致政府债务风险增大。典型的财政投融资模式包括专项债、政银担、农业产业基金等。

市场化投融资是指以非政府主体为主的投融资活动，通常以营利为目的，依据主体信用或项目收益，以市场化融资手段筹集资金并加以运用的投融资活动。市场化投融资的主体通常是农户、新型农业经营主体、项目公司、社会资本等，其一般以营利为目标，追求经济效益。市场化投融资主要依托主体信用或者实施项目的收益，融资资金来源包括资本市场、银行等。市场化投融资的优点是有利于增强参与主体的内生发展能力，激发农业农村内生动力，缺点是资金规模受主体信用程度、项目现金流或收益情况的制约，且面临较高的市场、管理运营等风险。典型的市场化投融资模式包括农业产业链金融、"互联网+农村金融"、两权抵押贷款、农村信用社小额信贷、农机融资租赁、双基联动合作贷款、资产证券化（ABS）等。

---

① 《有效发挥稳增长惠民生补短板作用——2021 年 PPP 事业发展稳中有进》，https：//www.cpp-pc.org/PPPyw/1001772.jhtml。

混合投融资介于上述两者之间，是政府和非政府主体相互合作、多元参与的投融资活动，通常出现在农村基础设施和公共服务提供中。混合投融资的主体是政府、新型农业经营主体和社会资本等，其核心在于明确各参与主体的职责、分担的风险和相应的收益。混合投融资的优点是以金融社会资金弥补政府投入不足，引入先进的技术和管理经验，提高投资管理效率，也有利于改善市场投资环境，推进政府职能转变。混合投融资的缺点是参与主体较多，管理协调难度大，操作程序较为复杂，项目周期普遍较长，且可能需要政府大量的政策支持，对政府管理服务能力提出较高挑战。典型的混合投融资模式包括农业领域PPP、私人主动融资（PFI）、建设—经营—转让（BOT）等。

上述典型农村投融资模式如表11-5所示。

表 11-5　　　　　　　　　　　　典型农村投融资模式

分类	典型模式	主要参与者	定义
财政投融资	专项债	政府	省、自治区、直辖市政府（含经省级政府批准自办债券发行的计划单列市政府）为有一定收益的公益性项目发行的、约定一定期限内以公益性项目对应的政府性基金或专项收入还本付息的政府债券
财政投融资	政银担	政府、银行、担保公司	政府、银行、担保机构充分发挥各自优势，密切分工协作，政府扶持或直接出资设立担保公司，对符合条件的农业信贷项目予以担保，银行再发放贷款
	农业产业基金	政府、基金公司、基金管理委员会等	政府通过预算安排，以单独出资或者与社会资本共同出资的形式，采用股权投资等市场化形式，引导社会各类社会资本投资农业农村发展的重点领域或薄弱环节，支持农业农村发展的基金
市场化投融资	两权抵押贷款	银行、农户或农业经营主体	包括农村承包土地的经营权抵押贷款和农民住房财产权抵押贷款。其中，农村承包土地的经营权抵押贷款，是以承包土地的经营权做抵押，由银行向农户或农业经营主体发放贷款；农民住房财产权抵押贷款，是在不改变宅基地所有权性质的前提下，以农民住房所有权及所占宅基地使用权作为抵押，由银行向住房所有人发放贷款
	农村信用社小额信贷	农村信用社、农户	农村信用社以农户的信誉为基础，在核定的额度和期限内向农户发放的无须抵押、担保的贷款
	农机融资租赁	融资（金融）租赁公司、农户或农业经营主体等	融资（金融）租赁公司以租赁综合服务商的角色将承租人、银行、经销商以及政府的各种资源实施链接和整合，承租人（农机大户、农机合作社）交纳一定的首付金（一般为总金额的30%）就可独立使用机械设备，剩余租金与利息分期偿付，全款付清后，农机具所有权再转移到承租人

续表

分类	典型模式	主要参与者	定义
市场化投融资	双基联动合作贷款	基层银行业机构、基层党组织、农户	基层银行业机构与农牧社区基层党组织发挥各自优势，加强合作，共同完成对农牧户和城镇居民的信用评级、贷款发放及贷款管理
	互联网+农村金融	金融机构、产业资本、农户或农业经营主体等	金融机构、产业资本等以互联网为载体，利用大数据、云计算、物联网等新技术，打破传统金融模式的时间、空间与成本约束，提升农户信贷可得性
	农业产业链金融	农业核心企业、农业产业链上下游企业、农户或农业经营主体等	依托核心企业良好商业信誉及强大的履约能力，为农业产业链上下游各环节的客户提供多元化的金融产品与服务，满足各类农业经营主体的融资需求
	资产证券化（ABS）	金融机构、社会资本等	以基础资产的现金流为还款来源发行结构化融资工具的过程，发行的产品叫作资产支持证券
混合模式	农业领域PPP	政府、社会资本、金融机构	政府与社会资本合作，发挥财政杠杆作用，引导社会资本积极参与农业农村公共服务项目的投资、建设、运营
	私人主动融资（PFI）	政府、金融机构、社会资本、信用中介机构等	私人部门负责基础设施项目开发、建设和运营，并向能够从政府或者最终接受服务的对象收取费用，在项目完成后将其出售给政府或相关部门
	建设—经营—转让（BOT）	政府、社会资本、金融机构等	在政府授予的特许权下，社会资本可以为基础设施建设融资并建设、拥有和经营这些基础设施。在特定的经营期限内，其有权向用户收取费用。等期限结束后，基础设施的所有权要转让给有关的政府部门

第十二章　农村发展战略与政策

本章以乡村发展的效率、平等及开放稳定为目标，以在资源配置中市场发挥决定性作用与政府发挥辅助性作用为要求，探讨乡村发展的基本问题。发展中国家的实践表明，城乡关系是乡村发展的核心问题，也是政府制定和实施乡村发展战略涉及的重大问题。本章以城乡关系研究中的理论进展为依据，分析中国及其他发展中国家制定与实施乡村发展战略的主要经验，揭示均衡城市化对乡村发展的积极意义。

第一节　农村发展战略与政策概述

发展战略的制定与实施应否是政府行为，这一问题多年来在经济学术界存在争议。本章的主要观点是，政府制定与实施经济发展战略是必要的，但政府战略的失败的确具有普遍性。本节的讨论旨在确定政府经济发展战略成功的基本约束条件。

一　发展战略及其兴起

发展战略是政府为实现其辖区内经济发展的中长期目标而提出的行动方案。发展战略涉及人们关于政府干预社会经济活动的必要性与可能性的认识，这历来在理论上颇有争议。因为发展战略体现出政府对经济发展的理解，也反映了政府对经济发展目标的意愿，战略制定与实施被认为政府对市场经济运行采取主动的、有目的的干预。政府对经济活动实施干预的历史很短，其实施发展战略而主动干预经济的历史更短。欧洲人"发现新大陆"后到工业革命鼎盛之前，政府对经济活动的干预本质上是与私商瓜分和争夺国际贸易的利益，政府智囊信奉的经济理论是重商主义。这个时候尚谈不上成熟的政府发展战略。现代意义上的政府发展战略出现在第一次工业革命完成以后，其产生与下述历史条件的出现有关。

（一）国家权力与政府职能世俗化

政府功能完成世俗化转变，是国家制定发展战略的合法性基础。国家权力还在借助宗教教义与宗教教阶系统行使职能时，不可能产生超越教义的经济发展目标。西欧诸国在基督教框架下形成民族国家以后，国家间的竞争不再需要宗教资源，宗教对经济活动的干预甚至成为经济发展的桎梏。

（二）现代经济思想体系的建立

发展战略的理论支持的形成依赖现代经济思想体系的缓慢建立过程。经院哲学被启蒙哲学替代，古典主义经济学进一步从启蒙哲学中分化出来，国家权力系统伴生了研究经济问题的专家队伍，并建立了经济学的语言体系与价值准则，由此产生了国家制定发展战略的理性考量基础。但这个基础的建立充满了理论纷争。从笛卡尔、霍布斯提出理性主义基本主张开始，到凯恩斯的宏观经济学以及弗利希、丁伯根等建立计量经济学，形成了支持政府制定经济发展战略的理论体系。马克思等社会主义经典作家对市场经济制度的某些批评，则形成 20 世纪一些国家建立计划经济制度的理论依据。但是，理性主义从一开始就受到休谟等思想家坚持的不可知论的抵触。深受休谟影响的亚当·斯密提出竞争性市场配置资源的理论，对政府干预经济活动的效果提出怀疑。而后期以哈耶克为代表的自由主义经济学基于新的认知理论提出了反对笛卡尔一脉理性主义的思想，并创造出"理性建构主义"（rationalist constructivism）这一词语，以区别古希腊哲学家建立的以固守道德为核心的古代理性主义，意在表达新理性主义过于夸大人的认知能力的特性，试图否定政府官员及知识界顾问团队全面把握经济发展规律、预测经济发展趋势的可能性。

尽管政府干预经济的必要性始终是经济学争论的焦点话题，但经济学发展的主流理论总体上肯定了政府干预经济的必要性，从而为政府制定经济发展战略提供了理论支持。古典主义经济学虽然突出强调市场机制配置资源的作用，但在诸如人口增长与经济发展的关系等具体问题上，古典经济学未能形成反对政府干预经济的理论自洽。新古典经济学建立的"外部性"概念，更让人们看到了市场在公共品供需均衡建立中的难题，在理论上为政府干预经济提供了支持。凯恩斯主义经济学关于总供给与总需求均衡的理论，为政府干预经济提供了新的理论基础。第二次世界大战之后，被称为新古典综合派的经济学理论崛起，至少在形式上实现了微观经济学与宏观经济学的统一，肯定了市场机制对资源配置的决定性作用，同时又为政府解决"市场失灵"难题发挥作用提供了理论解释。在这一理论发展过程中，即使在充分体现自由主义经济学偏好的"撒切尔经济学"与"里根经济学"占上风的时期，也不能完全否定政府干预经济的必要性。

对政府干预经济发展心存戒备的哈耶克，对完全否定政府干预经济的现实合理性也常常游移不定。哈耶克在晚年已经注意到技术进步对政府能力的影响。他指出："相信我们能够对未来的技术进步会给已经高度发达的国家形成的结构加以预测和控制，这尽管很不正确，却未必全属无稽之谈。"哈耶克是通过高度发达国家与低度发展国家的比较而提出这一看法的。他认为，后一类国家有很多社会资源没有被充分利用，有经济快速增长的巨大潜力；只要这类国家能利用私有产权和全部自由竞争的法律制度，就可实现经济的高速增长（哈耶克，2019）。按照哈耶克的理论逻辑，发达国家比之发展中国家，更有理由对经济活动实行适当干预。

发展经济学的兴起为解释发展中国家制定发展战略的得失提供了更为丰富的思想。一度在某些发展中国家推进的进口替代战略得到早期发展经济学的结构主义理论的支持。进口替代战略在发展中国家未出现真正成功的样板，使结构主义发展理论遭受批评，新自由主义发展理论由此崛起。美国经济学家萨克斯根据玻利维亚经济危机问题，提出了以经济自由化、经济私有化、金融和财政政策紧缩为主要纲领的"休克疗法"，是新自由主义发展经济学的典型代表。新自由主义经济理论的批评者主要来自中国，他们认为这个理论不能解释东亚国家经济发展成功的原因（林毅夫，2018）。

（三）经济运行方式发生变化

从经济发展实践来看，并非任何国家都可以通过战略计划影响经济发展趋势。且不说战略的有效性如何，单论战略推进的操作效率，也需要经济运行方式能够有足够的承接政府经济杠杆影响作用的可塑性。一是一个国家的市场要有统一性，商品与要素流动不能有行政区划或传统部落社会产生的壁垒。当今世界上很多国家很难被嵌入现代性要素，主要原因之一是部落化社会产生的社会割裂与现代性要素之间的冲突。二是国家经济要对世界市场开放。在发达国家主导技术进步的世界分工格局下，只要发展战略是为了谋求经济成长与社会进步，就必须在资源配置中考虑世界分工与国际贸易因素。发展中国家在封闭条件下不可能产生成功的经济发展战略。三是国家要建立有利于发展战略推进的公共财政制度。税收制度设计要有利于企业建立稳定的经营预期；财政支出要公开透明，避免寻租现象广泛发生，使真正有活力的企业获得政府转移支付的支持。四是国家要建立有效的观察经济运行的概念系统与计量工具体系，使发展战略从制定、实施到效果检验都表现为可观察的数量表达与变化，实现政府对经济活动的所谓"数目字管理"。

二 战略目标与评价

政府的发展战略目标通常因发展战略的综合性程度高低而不同，但无论什么类型的发展战略都会涉及经济增速提高、平等增进、社会稳定与生态环境改善四个方面的要求。成功的发展战略应该会兼顾这几项目标。战略实施的效果评价，也要看农村发展在多大程度上实现了这些目标。鉴于本书第八章农村可持续发展已涉及生态环境改善，本节主要讨论上述前三个目标的意义与评价。

（一）提高效率

微观经济学的进步使有利于经济增长的基本制度越来越明晰。保持社会共同体的有效运行，主要是使共同体的合作效率提高，扩大共同体成员及共同体自身的物质财富，提升个人与共同体的生存质量。满足这个要求的制度特征包括：一是经济活动中个人收益与社会收益尽可能相等，实现个人投入与报酬的最大相关度，减少个体的"搭便车"行为。产权制度明晰有利于这个原则的实现。二是个人结成共同体，或者小共同体结成大共同体，需要有一个均衡点，使新共同体的管理成本小于未结成共同体或未合并成新共同体时的交易成本，实现交易成本的节约。这是在科斯企业理论基础上产生的一个认识。这意味着，个人的合作，或小共同体之间的合作，能用市场交易实现时，不应由超越市场的力量按照"少数服从多数"原则做出安排。三是共同体的管理权配置应遵守效率原则，尽可能消除共同体结构的各种不对称性导致的特权寻租。

农村发展战略的效率评价主要看农村地区经济增长率、农业增长率、农场利润率以及政府农业补贴对提升农业水平的作用。农场利润率的计量涉及农业投资额、农业经营成本以及销售利润等多种因素，比土地单产指标更能反映农业竞争力。

（二）增进平等

这里说的平等，不是指"机会平等"，而是不问个体能力大小的最终可支配收入差距的缩小。在一般经济理论中强调平等，不是追求平均主义，而是主张将居民收入差距保持在合理范围内。但在农村发展战略分析中，因为要素自由流动有利于要素收入均等，故通常将城乡居民收入差别看作资源错配的结果，即认为城乡收入差距缩小甚至趋于均等与效率目标之间没有冲突。

但是，劳动者的个体差异引起的收入差异不能通过直接干预要素市场而消除。人类个体之间普遍存在生存与发展能力的差异，且随着技术进步会有所放大。在合作关系中，不同个体所处地位也不同。个体差异是个"双刃剑"：一方面，它有利于建立复杂的共同体内部的分工体系，借以提高共同体效率；另一方面，它在一定条件下会使共同体内部产生强制和奴役；当这种强制过头时，共同体活动的效率可能下降。

关于分配的一个浪漫想法，是要消除个体差异对利益分配的影响，即希望无论个体差异有多大，大家都有相同的地位和利益收获。各种乌托邦主义、无政府主义，都属于这个思想范畴。这个想法不合逻辑。如果个体差异与利益没有联系，就不会有改善共同体效率的创新活动，不会有冒险行动，因此也就不会有共同体的进步；进一步地说，人类社会也不会发生演化。

由于个人差异的普遍性，如果仅仅依靠效率优先原则确定利益分配，在共同体中认知能力处于末端的人群，以及由于其他因素导致能力低下的阶层，其收入可能不足以维持家庭劳动力的简单再生产，还可能产生贫困的代际传承，导致社会阶层凝固。这种固定淘汰穷人的机制，不利于共同体的存续、发展。

国家可以确立消除贫富差别过大的收入分配调节目标。在理论上，国家权力介入利益再分配不是市场行为，难以确立一个均衡点。通过收入所得税低税率给富裕阶层的慈善活动开辟较大空间，通过官员收入公开和公共支出的程序公正压缩权力寻租空间，通过基础教育普及抑制贫困的代际传承，应该是政府增进社会平等的主要基点。

基尼系数常被用来衡量各类可比性数值差异的工具。基尼系数高低的合理性要根据分析的项目确定。但衡量城乡居民收入差距时使用基尼系数概念并不恰当。在发达经济体，农场主通常为中产阶层，被划为农村区域的独立的小型居民点住户更有可能是高收入阶层，因此，乡村居民的平均收入可能高于城市居民。

在使用基尼系数衡量全社会收入差距时，一般认为基尼系数在 0.35—0.55 比较合理。可以对低收入人群做构成分析，如果其中农村居民占比超过全社会的农村居民占比，可以认为城乡收入差距不合理。

当要素市场受到严重阻滞时，城乡收入差距分析也要慎重。如果农业规模经营水平比较高，但农业剩余劳动力就近非农就业机会少，向大中城市转移困难，则农村居民收入虽然不高，但同时他们的劳动时间也少。这意味着按工作日计算的城乡居民收入差距要小于笼统的年收入差距。

（三）社会稳定

抽象地说，社会稳定是一个公共品通过社会成员及其各类组织自愿交易行为而实现的配置状态。这种公共性交易在多大范围、人群中的多大比例和多大程度上自愿实现，取决于社会交易成本。当社会交易成本足够大时，便产生冲突或动乱。经验观察表明，社会开放度、恩格尔系数、个人财产权强度、公共决策代理人产生的自由度、教育普及程度等，都与社会交易成本降低呈正相关。这些因素的改善是一个持续渐进的过程。总体上，相比以往时代，当今人类世界的稳定性在不断提高，冲突在减少。

传统农村社会以小农为主，农户卷入社会分工的程度低，使社会关系及社会稳定呈现较为复杂的情形。这种类型的社会具有比较强的依附性特征，大多数农民受到宗法或宗教权威与政府权威的控制，会遵守已经习惯的社会规范。有大量文献证明，传统社会的底层权威组织通常会对穷人提供一些底线帮助，使他们渡过生存难关。这是传统社会保持大体稳定的重要原因。无论东方还是西方，国家或政权之间的战争在大量情况下都不会瓦解乡村社会的基本秩序。传统乡村社会出现秩序瓦解的情形多与旧时代王朝政治清明程度有关。朝廷的政治腐败或战争失败会加重各类农业生产者负担，特别会使基层小地主陷入破产，使其可能充当贫穷农民的领袖，产生与对抗王朝的有组织力量。若没有基层地主的参与，贫穷农民在数量及组织能力上通常不足以构成对既定秩序的威胁。

现代社会不存在独立的乡村社会稳定问题。乡村经济高度卷入全社会分工的条件下，乡村社会的特殊性越来越不重要，乡村社会稳定与全社会稳定紧密联系在一起。在城乡人口布局均衡的情况下，社会稳定问题在城乡之间更不会有不同的答案。在传统农村社会向现代农村转变的过程中，农村社会稳定也有可能存在特殊问题，但问题的发生应该与社会大局有关。

一些社会治安管理工作中的考核指标大体能作为反映社会稳定的指数，但此类指数通常只具有表面性。对于转型社会，如果反映效率与平等的指数同时恶化，通常会伴随社会秩序方面的问题，因此，反映效率与平等的指标经过整理后形成的复合指标，可以用来反映社会稳定状况。

三　实施农村发展战略的作用

如果完全由市场发挥作用便可以实现前述经济发展目标，当然不需要政府制定和实施经济发展战略。但至少在农村发展领域，如果政府能够实施合理的经济发展战略，发展目标可能会更容易实现。下面本书主要从农村发展方面讨论政府战略的必要性。

（一）政府战略有利于降低农村市场交易成本

市场竞争会发生交易成本，只要政府的战略性政策的实施能够降低交易成本，战略性政策就具有合理性。这个可能性存在与否，是认识政府的战略性政策合理性的关键。某些交易成本可以通过交易方之间的合并而内部化，使交易成本转变为企业内部的管理成本。大的企业通常有这种机制存在。对于降低交易成本这一作用，一个政府与一个大企业的管理部门并无本质不同。大企业可以制定和实施自己的战略，在企业内部完成资源配置，无须交易。这与政府的发展战略有相似性。当然，政府与企业所面临的竞争压力与竞争环境不同，但这种不同不构成否定政府制定与实施战略的合理性判断的基础。当然，对这种差异的分析是必要的，否则，我们可能会无限放大政府战略的合理性。农村市场中的经营主体一般规模较小，交易成本通过经营规模的扩大而实现内部化并使之降低的空间较小，政府介入市场活动有可能促进交易成本的降低，从而有可能提高农村经济活动的效率。

（二）发展战略有利于改善农村市场关系

现实市场总体上是一个分散决策的系统，农村市场尤其。如果这个系统在没有政府战略干预下总能更好地实现前述社会发展目标，就没有必要产生政府战略，但事实不是如此。如果政府战略不是作为凌驾于市场之上的权力发号施令，而只是以服务精神推进战略，应该会给经济发展带来好处。在开放条件下，政府的这种作用尤其重要。区别于国内市场，国际市场上要素流动受到一定程度的限制，类似欧盟这样的跨国经济组织近乎唯一。一个国家加入国际经济组织，如WTO，通常会承诺开放市场，导致贸易比较优势因素被放大，对国内企业的竞争地位产生一定影响。企业在国际市场上会受到别国政策的影响，面临不平等的贸易条件。在国家间开放程度不对称的情况下，适当的政府政策应有利于经济发展。

微观经济学的博弈理论、信息理论揭示了最大化目标实现的种种难题以及解决难题的机制。发展中国家或一个国家的欠发达地区容易出现简单有限次交易出现的囚徒困境。在市场经济发展过程中，商业点会扩大交易频次，形成大量重复交易，使交易者的不合作行为得到惩罚。作为反复接近无限的数量，纳什均衡趋向于帕累托最优。依靠市场自发演进，这个过程会比较缓慢。如诺思（1992）所说，市场越"不兴旺"，信息传播的技术越原始，调整过程发生所要的时间越长。欠发达地区农村市场具有诺思所表述的市场特征，因此，政府有针对性地介入市场，有利于市场更好地发展。政府可以通过吸收国际经验、加入国际贸易组织等途径，加快立法行动，缩短市场机制完善的过程。

（三）发展战略有利于解决农村社会转型难题

1. 构建公正的分配机制是农村社会的首要难题

在市场充分竞争假设下，尚且没有完全解决平等问题的机制，在垄断发生的情况下，更是如此。如果以收入差距指标（如基尼系数）作为衡量社会平等程度的指数，那么，被认为合理的指数应该是变化的。影响这个变化的直接因素是价值判断或意识形态。建立合理的价值判断与市场分权机制有一定关系，但市场机制并不直接产生合理的价值判断，农村市场也是如此。市场所推崇的公平交易原则有助于建立平等观念，但这种观念主要指的是所谓机会平等，而不是收入差距的合理性。美国政治家富兰克林·罗斯福于1941年提出的自由理念中的"免于匮乏的自由"，并不是市场经济本身提出的直接要求。人的多方面的需求，哪些匮乏不能免除，更是由政治运作决定的。基本食物、基础教育、基本医疗、基本居住条件，依次在较长的历史时期被纳入"免于匮乏"的政策保障范围，也是政治运作的结果，与政治家及社会精英的推动有关。这个过程当然与经济发展带来的基本生活资料的成本降低有关，也与公共财政日益强大有关，但过程本身是一个价值判断变化与政治运作的结果。这种情形决定了政府介入农村社会发展具有合理性。发展中国家农村社会所存在的阻碍社会公正性建立的主要因素包括宗法关系与宗教束缚。

2. 宗法关系

以血缘纽带结成社区共同体，并以尊卑长幼影响公共决策的制定与实施，是欠发达农村地区的重要特征。宗法关系本质上是"庇护"与"依附"的相互依赖，其支持传统乡村社会的封闭性，不利于形成现代社会分工关系，从而妨碍农村社会实现现代转型。宗法关系还会导致农村社会在社区内部经济交易中排除货币交换的人情经济，使那些缺少社会资源的弱者遭受利益盘剥，不利于建立社区权利平等。

3. 宗教束缚

宗教对农村社会转型的影响不能一概而论，特别是其消极影响不能视而不见。即使在实行政教分离的国家，也不易完全消除乡村地区宗教传统对经济发展的消极影响。美国一些州农村地区的小型宗教教派，如阿米什人信奉的 16 世纪兴起于瑞士的基督教教派，就拒绝在农业经营中采用现代农业机械。发展中国家农村地区因为教育发展水平低，农户生产方式简单，生产技术落后，更容易受泛神崇拜的影响。欠发达农村地区通常还会有自己的多神教传统，甚至有专门与农业有关的神祇崇拜，这种情形即使在早期基督教国家也以某种形式存在。这在一定程度上妨碍农户接受现代农业生产方式。

在处于转型期的国家，若政府发展战略包含积极的社会政策，例如提高乡村教育与医疗的服务水平，帮助农民培育自由平等意识与民主参与精神，会加快乡村社会转型，提高乡村现代化水平。

四　乡村发展战略的政策边界

现实中，因为路径依赖的存在，政府有可能在推进发展战略中对农村市场过度干预，从而使政府政策干预行为越过合理边界。比如，对于市场运行中的囚徒困境问题，要求政府更多地披露市场信息、通过城镇化培育规模化的市场，特别是鼓励农产品交易在集中交易点完成，但政府有可能采取背离这一要求的政策。又如，针对市场体系发生的外部性问题，要求政府仅限于通过税收等措施实现企业外部收益的内部化，但实践中政府往往并不按照这一原则制定税收政策，因此会造成"第二次收入分配"不公及外部性问题被放大的结果。

诺思把阿瑟提出的技术变迁机制扩展到制度变迁中，用"路径依赖"概念描述过去的绩效对现在和未来的强大影响力，证明了制度变迁同样具有报酬递增和自我强化的机制，甚至被"锁定"在某种无效率的状态之下。发展中国家的农村地区往往具有这种典型特征。这种状态常常与政府过度干预经济活动有关。例如，有学者指出中国农村集体经济的某些传统特质与"干部经济"有密切联系（张晓山，2009）。中国农村集体经济改革涉及多方面因素，深化改革难度加大，在某种意义上说便是一种"锁定"状态。中国农村土地制度改革也面临了类似性质。土地定价机制所导致的土地浪费、低劣的居住形态以及农村剩余人口举家迁入城市困难的状况，已经形成低效率的路径依赖，使城乡二元结构很难改变，要靠边际调整走出困局非常困难。

政府要克服自身不适应经济发展的缺陷以及通过系统性改革解决路径依赖问题，需要政府自我约束。这通常是一个难题。政府权力过大会使自己成为设立租金的组织。按照诺思的说法，任何政府都会有设立租金的行为，但权利开放的社会与权利限制的社会会有明显不同，后者会针对社会的一小部分人设立租金，而前者会针对大型包容性群体设立租金，其结果是提高而不是降低生产力（诺思等，2013）。在农业发达国家，政府通常会对农民合作社给予特殊支持，使其有可能获得租金，并增强了这些国家的农业综合竞争力。这一事实支持了诺思的理论。

政府基于农村发展的短板而制定发展战略，应该更有可能获得政策效力。最成功的战略往往侧重于确定市场中的竞争利基（competitive niches），制定有助于克服农村地区障碍的公共政策。农村地区存在的问题通常是人口规模小，密度低，交通运输条件差，医疗教育设施缺乏，农户不易得到技术支持。特别是农村学校的课程设置水平明显低于城市学校。成功的发展战略应主要针对农村便利设施不足、企业家精神发育难、产业集群的条件缺乏以及区域内部的政策协调能力弱等农村公共政策的突出弱项制定政策。

政府制定实施经济发展战略需要十分慎重，防止目标过头。理论上很难给发展战略勾画出一个适用范围或数量边界，但以下几个方面的原则可能是必需的。

第一，政府在采取市场干预政策时，要采取消极态度。政府决不能认为自己替代市场会带来更高效率，更不能认为政府模仿市场有任何意义，即使在智能化时代也是如此。

第二，政府针对外部性、"搭便车"等公共领域的现象采取干预行动时，应确保自身受到约束，坚持建立权利开放的基础性制度。在竞争性领域应以私人企业制度为基础。

第三，具有局域性质的公共事务，中央政府应该放权给局域地方政府。在维护统一市场的前提下，鼓励地方政府之间开展发展竞争。

第二节 实施农村发展战略与政策的国际实践

对政府介入农村发展的程度及后果的观察表明，发展中国家与经济发达国家之间有显著不同。某些发展中国家受发展经济学理论的影响，对农村发展的政策干预程度较高，并在某种发展战略的名义下推进相关政策。经济发达国家对农村发展也有政策干预，但总体上是以市场作为农村要素配置的基础制度，很少以发展战略的名义推进某方面的农村政策。下面讨论农村发展研究领域受关注度较高的若干问题。

一 推进农村经济市场化

在城乡居民收入差别小、农业经济发达的国家，其农村经济制度的核心是由市场发挥资源配置基础性作用。这个制度通常具有以下特点。

（一）具有包容性的土地产权制度

在发达经济体，适应农村发展的土地制度具有产权明晰的特征，但用"土地私有制"概括其特征，已经不够准确。①土地在公共领域实施共同共有制度具有普遍性，其中，社区共同共有制度在城市与乡村地区都可能存在，不会有城乡之间的差异。②土地在竞争性领域，也并非实行绝对的权利排他性制度，国家对私人土地产权的实际分割能力增强，使私人财产权的强度减弱，例如国家普遍实施对农业用地的用途管制制度。③在土地使用外部性比较明显的领域，即通常说的土地产权界定困难的领域，会大量使用私人土地，虽然土地在法律名义上的私人属性仍然会保留，但土地实际使用已经具有公用性质。

（二）要素价格基本上依靠市场决定

从历史和现实看，土地交易主要由市场决定会降低土地价格，带来农业效率提高。农业用地价格一般是农业用地地租的 10 倍左右；产生地租很少的边际土地甚至有零地价的情形。日本北海道一般农地每亩地价合人民币约 3000 元，而牧业用地甚至可以无偿使用。当政府基本不实行土地用途管制时，一个区域的新增建设用地市场甚至会与农用地市场形成同样的均衡价格，并因此由市场决定城市扩张边界。对美国土地市场的研究发现，在没有因政府规划设定城市增长边界的地方，城市边缘农地转为建设用地时的地价不会超过农地或林地的价格，大致为 1000 美元/英亩（Randal，2012）。但在实践中，即使是美国这样的市场化程度很高的经济体，政府一般也会实施土地用途管制制度。

（三）技术进步方式选择服从市场调节

相比中国将土地面积单产作为农业技术进步的重要诉求，发达国家的农业技术进步方式选择的主要影响因素是农业经济的资本回报率。例如，美国小麦单产显著低于中国，但其小麦生产的成本比中国更低。美国拥有单产很高的小麦品种，但只是因为其产生的成本高昂而未投入使用。

二 合理的城乡人口布局

除了农村经济市场化政策，在经济发达国家对农村经济发展最有积极推动作用的是人口布局政策。也可以说经济发达国家并没有刻意制定系统的人口布局政策，而只是在市场机制受到保护下自发演化出了在各国相似度很高的城乡人口布局。只要不人为设置障碍，允许家庭永久搬家的政策可以促进更实质性的和更有意义的经济发展。欧洲内部在移民和发展政策一体化方面取得的进展表明，明确承认这些相互联系，就有可能实现更广泛的利益分配。发达国家城乡人口布局的演化结果现在已经到了稳定的平台期，国际机构开始尝试对这种人口布局范式进行总结，并向全世界推荐。下面主要介绍国际上城乡接合部的人口布局的特征，而不涉及城市群及特大型城市的人口分布问题。

（一）农户分散居住于小型农业居民点

小型农业居民点农户在欧美社会大多分散居住，较少有其他类型居民与他们做邻居。乡村房价变动反映了这种趋势。距离牧场小型居民点越近，房价越低，反映了农村居民在脱离农业以后的居住点选择意愿（Hart，1991）。这种变化对农村社会经济结构有重要影响，例如，几十户人家的村庄作为居民点越来越少，形成政府对公共服务部署的特殊要求。小型农业居民点的生活废弃物排放规定一般比较宽松，允许农户自建排放物处理设施。小型农业居民点周边的基础设施会比较简陋，通向地方公共路网的道路通常硬化铺装处理。在一些学者对新英格兰地区农村道路服务效率的研究中（Deller and Halstead，1994），运用随机前沿模型对新英格兰城的农村道路进行了效率测算，发现新英格兰城存在管理的低效率和投入的低效率，效率损失约为 40%。这是农业发达国家在农区大多只有简易道路的主要原因。但研究结果显示，就近市镇的发展能够改善道路的公共效率。

（二）市镇繁荣是农村保持活力的重要条件

在发达国家，除了城市农产品零售服务环节的从业者，农业产业链上其他环节的从业者主要居住在市镇，人口通常达到数万规模。2014 年美国的地头生产性农户（on farm）使用的劳动力约为 260 万人，而与地头农业相关的就业量达到 1400 万人，其中除了零售端及城市餐饮服务，其余主要分布在小城市。[①] 市镇繁荣主要有以下原因。

第一，除畜牧业外，一般大田生产农户都需要兼业，且兼业收入是农户的主要收入，而市镇繁荣是农户稳定兼业的重要条件。农村家庭成员的数量、年龄及受教育水平对兼业需求有显著影响。人口多的农户更有可能出现以就近兼业为主的就业者，年纪较轻比年纪较长的农业从业者兼职非农就业岗位的比例更大，受教育水平更高的农业从业者也有更高的非农兼业倾向（Alasia，2009）。农场家庭成员兼业需要三个条件：一是有非农就业岗位的城镇不能离农场距离太远。二是农业产业链上数倍于农业初级产品价值的加工服务环节价值主要在农村地区实现。三是农民作为利益分享主体的农民合作社必须在农业产业链上高效运行。这些条件得到满足后，农户在市镇的兼业就有了充分可能性。

第二，市镇繁荣有利于农业产业链吸引人力资本，促进农业现代化。研究发现，培养创业精神需要高技能工人的临界数量和密度，特别是当新的见解的产生越来越多地基于不同领域的知识信息相互碰撞时更是如此（Johansson，2006）。现代农业需要利用现代化的要素，包括金融服务、设备维护、信息支持、技术指导、财务核算服务、销售支持、教育与医疗服务等，提供这些服务的专业化人员一般不可能与农户做邻居，而必须居住在市政服务质量不亚于大中城市的居民点。一个市镇的发展质量如果不能吸引这些专业人员，农业服务质量就会成为问题。

第三，市镇的发展还沟通了农户与消费市场的关系。莱森（Lyson，2004）将现代农业描述为"公民"农业，认为"作为更广泛的经济发展计划的一部分，培育当地农业生产和粮食分配系统的社区可以更好地控制其经济命运，提高居民的社会资本水平"。社区支持农业的发展以互惠的方式将农民与消费者联系在一起，在社区、农贸市场、农产品拍卖、农场到学校、农场到餐馆的活动以及社区

---

① USDA，Economic Research Service Using Data from US Department of Commerce，http：//ers. usda. gov/data-products/ag-and-food-statistics-charting-the-essentials/ag-and-food-sectors-and-the-economy. aspx.

花园的开发中分担风险，都是城市农业发展的例子。这些活动将当地农民与社区更紧密地联系在一起并为农民创造新的销售渠道，以溢价销售他们的产品，最终实现更高的利润。

第四，以市镇为中心的社会网络是农户生产的必要条件。与城市地区相比，社会网络对农村地区企业家的成功可能更为关键。人口和组织密度的减少致使沟通更加困难，难以产生对经济活动十分有益的"缄默知识"的交流与传播。市镇的咖啡馆、俱乐部常常是农户交流生活与生产的场所。市镇所传播的关于农户的各种信息，也是外来投资者判断投资机会的依据。

（三）市镇均衡布局

农业发达国家都伴随有很高的城市化率，就连澳大利亚、新西兰也不例外，但农业现代化更依赖辐射半径较小的市镇的均衡布局。据有关资料测算，21世纪初，法国3万人以上城市的平均辐射半径为26千米，覆盖范围约240平方千米。荷兰的城市半径平均约为6千米，且城市首位度不高；平均每一个市镇4.2万人，覆盖区域110平方千米。美国市镇覆盖区域平均约260平方千米。大量美国农业生产发生在城乡接合部（Rural-Urban Interface，RUI）。1997年，美国农业作物总销售额的近一半、79%的水果产量和68%的蔬菜产量来自大都市县。但2007年农业相对活跃区域县份的产量只占美国农业总销售额的41%，更多的农产品销售额仍在都市区以外区域（Jackson-Smith and Sharp，2008）。在这些例证中，分散居住的农户距离最近市镇核心区一般在半小时车程内，而学者的统计分析已经证明，农场距离市镇核心区半小时车程范围内大农业效率要高于此范围以外的区域（根岸介夫，1993）。

（四）国际机构的人口布局规划方案

2021年，由欧盟、联合国粮农组织、联合国人居署、国际劳工组织、经济合作与发展组织以及世界银行等六大国际机构在历时五年商讨研究的基础上，形成了一个关于城乡人口布局类型的研究报告，即《城市化水平判定——国际比较中定义城市、市镇和农村的方法手册》①。该报告实际上向人们展示了一个均衡城市化的基本范式。这个范式不再将居民点所在的地域空间划分为城市与乡村，而是划分为以下三个类别。

---

① "Applying the Degree of Urbanization: A Methodological Manual to Define Cities, Towns and Rural Areas for International Comparisons", 2021edition.

第一，城市：在连续区域的人口密度大于等于每平方千米 1500 人，人口总量超过 5 万人，且至少一半人口处于城市设施完全覆盖的中心区。

第二，市镇及人口半稠密区：在连续的区域中人口密度大于 300 人，小于 1500 人，总人口大于 5000 人小于 5 万人，且市政设施覆盖的中心区域的人口不超过半数的区域。

第三，农业区：以上两类区域之外人口密度小于 300 的区域。

国际准则与各国的城乡划分准则有明显差异。以美国为例，按国际准则属于市镇与人口半稠密区的人口约 96% 被美国划分为城市人口，而属于农村的人口的 30% 被美国划分为城市人口。这意味着，比照国际准则，美国官方通行标准将大部分市镇及人口半稠密区划做了城市地区。事实上，美国官方及准商业机构出于工作的需要对城市与乡村的定义存在不同口径，美国人口普查局（U. S. Census Bureau）、美国行政管理与预算局（U. S. Office of Management and Budget）、美国经济研究服务局下属城乡通勤区域代码系统（ERS Rural-Urban Commuting Area Codes）以及其他准商业机构，一共使用了 9 种关于城市与乡村的定义①。其中，美国人口普查局的三种定义中的第三种最接近国际准则二、三类区域，它将人口规模在 5 万人以上的观测点以外的区域看作乡村地区，也就是说，国际准则确定的乡村地区、市镇及人口半稠密区。这两个区域的人口竟然达到美国总人口的 63%，占美国土地面积的 99%。符合国际准则的乡村地区的人口大略占美国总人口的 17%，其所在区域占美国国土面积的 75%。这意味着，按照国际准则，美国市镇及人口半稠密区的人口占比为 46%，土地面积占比为 24%。

国际准则比各国自己的习惯方法更有助于反映城乡人口布局的变化趋势。城市化无疑是人口布局变化的大趋势，但人口并非从乡村流向大城市，而是更多地流向中小城市。这样一个人口布局变化才能与国家现代化相匹配。

三 农业经济组织形态

发达国家农业产业组织形式演化主要靠市场机制推动，同时政府也发挥一定的作用。发达国家农业产业组织的总体特点有以下几个方面。

（一）农场以家庭经营为主

生产管理较为复杂，不确定性因素较多的生产类别普遍由家庭经营；规模达

---

① U. S. Department of Agriculture, "Economic Research Service", https://www.ers.usda.gov/data-products/rural-definitions/.

数万亩的大型农场可能采取合伙经营方式。管理较为简单、自动化程度高以及产品适合规模化储运的生产类型较多由公司化农场经营。

（二）农户普遍参加多种合作组织

发达国家对合作社给予广泛支持，受反垄断法约束较少，从而发展规模巨大。农户不仅按照其与合作社的交易额大小获得一定收入，还会从合作社取得兼业收入。很多国家的现代合作社与公司制度逐步结合，在国际食品市场上显示了强大竞争力。

（三）政府与各级涉农组织建立联系

政府的农业管理部门与农业科研单位、农民合作社、涉农企业组织以及跨国农业政策协调机构建立良好关系，发挥对农业经济全局的统筹调控作用。荷兰称这种关系为"金三角"。这种合作系统不仅有利于稳定发达国家内部农产品价格，还有利于提高其农业及食品产业在国际市场的竞争力。

四 绿色革命战略

绿色革命战略不是泛指的农业技术进步，而是指发展中国家在其他条件不变的情况下，用农业技术投资替代农村制度变革的农业发展推进模式。一般而言，农业技术进步是一件好事，但作为一种农村发展的战略模式，它是失败的。其原因有以下几个方面。

（一）小农场因技术变化有了节约土地和资本的刺激，劳动力平均产出略有提升，但土地单产出现了下降

印度1955—1982年人均农业产出的增长率也仅为0.2%，菲律宾的同一指数在1955—1966年则年均下降0.1%。基思·格里芬（1992）认为，只有在绿色革命中同时推进农村土地制度改革，如中国台湾与新加坡的做法，才能避免这种情况发生。

（二）对减缓农村贫困的作用不大

印度绿色革命早期的农村人口人均收入只增长了8%，此后则呈现下降和停滞（基思·格里芬，1992）。

（三）对国民经济总体发展产生伤害

以技术变革替代制度变革，不能减少农村劳动力的供应，农业的人工机会成本上升，使农产品价格上涨，既增加了农村贫富差异，也使工业部门劳动力成本上升。如果有意识地减少劳动力供给，改善交通设施，增加城乡之间劳动力的流

动性，则可以纠正这种趋势（基思·格里芬，1992）。

五　农村产业多元化发展的经验与教训

农村产业多元化发展历来有专家与政治家给予热情倡导，也有国家尝试将其作为国家目标予以推进，但从现实来看并不成功。有的国家基于解决农村低端劳动力就业问题而将非农企业的发展作为乡村振兴的条件，同样未能达到目的。以下几种常见的乡村产业发展目标尚未得到学者研究结论的一致支持。

（一）有机农业

有机农产品生产在很多国家被当作提高农业附加值的办法，但从以往研究来看，其作用比较有限。有机农业在欧盟发达国家已经有几十年的发展历史，但截至 2015 年种植面积不超过总面积的 10%。按照大行业分类，美国有机食品的销售额目前为 350 亿美元，但 2014 年美国农业与食品行业的 GDP 为 8350 亿美元，前者为后者的 4.2%。若统一为 GDP 指标，这个数值还会更小[①]。

有机农产品市场份额低，与发达国家实施大宗农产品安全生产与稳定价格政策有关。例如，在美国，化肥、农药、转基因种子的使用极大地降低了农产品的成本，也降低了美国政府针对低收入人群实施食品免费发放计划的财政负担。事实上，美国居民的恩格尔系数仅为 12%左右，为世界最低，其原因就在于食品价格低廉[②]。食品价格低廉还有利于提高社会人力资本水平，增强社会创新活力。

除了劳动成本因素引起的价格因素，低劳动成本的大宗农产品在食品消费原料中稳定地保持较高比例，应该与总体消费结构的升级与消费观念的变化有关。以吃到稀奇古怪的东西和昂贵的东西为荣耀无疑是一种陈腐的消费观念，而技术进步产生的新的消费供求会替代稀有昂贵的消费需求。这种趋势意味着那种在狭义的农业农村领域推进产业振兴的发展思路很难有出路。

（二）文旅产业

乡村文化旅游产业通常会被政府看作乡村发展的一个路径，在日本等国还得到政府的支持。但有研究文献表明，旅游和娱乐目的地的就业往往是低工资和兼

---

① USDA，"Economic Research Service Using Data from U. S. Department of Commerce of Economic Analysis"，http：//ers. usda. gov/ data-products/chart-gallery/detail. aspx？chartId = 40037&ref = collection&embed = True.

② USDA，"Economic Research Service Using Data from U. S. Department of Commerce of Economic Analysis"，http：//ers. usda. gov/ data-products/chart-gallery/detail. aspx？chartId = 40037&ref = collection&embed = True.

职。这些部门的工作往往很少提供福利（如医疗或退休）或收入流动的机会。尽管娱乐和旅游业可能会给社区带来收入，但同时也会给地方政府带来额外的财政成本，特别是基础设施成本的增加（Deller et al.，1997）。从国际经验来看，在较大的区域，这部分产业的 GDP 不宜超过农业 GDP 的 10%。

乡村度假产业吸引的主要是季节性住户，与常年居民相比，他们通常比较富裕，但研究发现，他们对当地经济的贡献较小，因为他们在不同的家庭之间来来往往时会在其他地方购物，且季节性住房的税收收入未能产生抵消市政服务额外成本的财政效益。对挪威城市居民使用乡村小屋（cabin）行为的研究发现，这些小屋位于距离城市合理的车程内是关键影响因素。随着城市生活质量的提高，小木屋业主认为几乎没有必要永久性地在当地定居（Müller，2007）。这样的度假区在乡村地区只有景观改善的意义，对乡村社区建设几无作用。

（三）乡村小型工业

发展乡村小型工业曾经主要是一些国家由于城市化或战争失败导致乡村发展滞后而提出的应对政策。德国与日本实施这类政策具有代表性。这类政策的实施对改善乡村地区的基础设施与公共服务有所裨益，但也有不尽如人意之处。一是农村地区发展真正成功之处是出现了工业重镇，表现为新的城市化路径，而非小型工业获得发展。农产品的小规模初加工虽有发展，但它实际上是农业产业链在乡村地区的延伸，而非政府推进小型工业的初衷。二是农村小型工业发展不能为增加农民收入做贡献，市场竞争力不强。对挪威的研究发现，减税及政府补贴等办法会使乡村出现小型工业中的工资水平甚至低于农业工资率，反映出一种经济衰退的特征。三是短期兴起的非农乡村小型工业经过一段时间后，因企业逐步关门，税收减少，公共设施维护缺乏公共财政支持，致使乡村更显凋零。这些情形说明，不能简单地离开社会分工系统依靠低水平的农村劳动力支持乡村非农产业；乡村劳动力不转移到非农产业不行，就地转移到边缘性的、低效率的非农经济部门也不行。进一步地说，农业现代化要求农业领域的人力资本水平得到提升，而城市经济部门具有多样性，可以吸收农村转移出来的技能较低的劳动力。

（四）农产品供应本地化

农产品及食品供应本地化是农村产业多元化政策的一个方面，但这个政策从长远看也是不可取的。推动此项政策的本意还是发展都市农业，增大都市区农产品供应本地化的比例，提升城市发展的综合品质。但研究发现，随着交通状况的改善，以及保鲜技术水平的提升，农产品供应的本地化已经越来越不重要。基于这种改变，德勒尔指出，推广当地食品对于大多数地方来说已经不是可行的农村经济发展战略。为了让更本地化的农业系统有助于农村发展，农业盈利能力必须是首要考虑的问题（Deller，2012）。温室农业生产是高纬度都市区实现农产品供应本地化的一个常见商业行为，但对美国的研究发现，这种行为的意义相当有限。美国的温室主要用于花卉与番茄生产。2012 年美国的温室农业占全美农业销售额的比重只在 5% 左右，且比 2007 年下降约 13%，而同期美国农业销售额增加约 33%（Johnson，2014）。

六　乡村社会建设

乡村社会建设在发达国家的城市化中期阶段，受到政府不同程度的重视。乡村社会建设的主旨意在促进乡村社会平等，保护乡村所蕴含的积极的传统文化，但这一乡村社会治理理念在高度城市化的背景下容易成为空泛的口号。

乡村社会建设的关键难题是，如果城市化率较低，村落社会还存在，城乡平等以及村落社区和谐几无可能；如果城市化程度比较高，乡村社会建设便没有特殊意义，城乡社会治理一体化便是必然选择。很多研究文献能够支持这一判断。研究发现，尽管创业精神在农村地区和在城市地区一样蓬勃发展，但农村地区往往缺乏企业有效成熟和扩张所需的规模和密度，难免对创新精神转化为要素投入产生消极影响（Plummer and A. Pe'er，2010）。

乡村社会的现代化本质上是社会网络发生适应经济结构现代化的转变。现代农户需要社会网络，但在农业经济规模日益增大的情况下，农户之间并不能结成产生现代服务的有效网络。在社会网络上的多层次节点中，市镇这个节点对农户最重要。研究发现，乡村社会网络依赖乡村非农户对农业的关注，而乡村非农户主要聚集在市镇，当市镇辐射半径较小、布局较为均衡时，他们与农户会建立持久稳定的往来关系。非农户拥有更多的社会资源，他们能为当地农业总体发展带来普遍利益，因为熟悉农民的非农民对社区的农业发展表示了更大的支持。例如，盖洛普组织在 1989 年询问美国人他们想住在什么样的地方时，34% 的人选择了一个小镇。只有 21% 的人选择郊区，22% 的人选择农场，19% 的人选择城市（Douan and Platzibeck，1992）。这些发现的实际含义表明，有目的地努力将农民和非农民聚集在一起，对社会资本的生成至关重要。这样的行动可以由农民个人采取，但也需要社区一级的努力，将不同的地方利益结合在一起（Sharp and

Smith，2003）。

　　乡村社会建设理论家通常很重视乡村女性地位的提高，但研究发现，女性比男性更容易获得城市化带来的收益。在城市，收入的性别差异要小于农村。有资料表明，纽约的女性平均收入要高于男性。有研究文献报道，女性更容易受到传统伦理关系的伤害，而向城市迁徙，增加了女性的自由幸福的获得感（李庆，2003）。从大的方向看，促进农业发展，提高女性地位，主要办法是帮助农村就业不充分的女性进入城市谋生，而不是给她们一点小钱，把她们拴在农村。由妇女来签约接受信贷，曾被看作有利于提高妇女地位的主要手段，实践中这种做法也多少会避免男性恶习所造成的贷款损失，但总体看作用不会太大。从乡村严格的计量研究看，小额信贷对持续脱贫的效果并不明显（Abhijit Banerjee et al.，2015）。

第三节　中国农村发展战略

　　在农村发展领域，由国家提出的冠以战略之名的重大决策并不多见。除国家明确提出的乡村振兴战略外，国家还长期致力于粮食安全保障行动和农村脱贫事业，并在人力、财力、投入方面做出了持久努力，对国民经济发展产生了重大影响，实际上也具有战略意义。这几个方面虽然彼此有密切联系，但在工作目标的推进中仍具有相对独立性。本节将对这几个方面的农村发展事项分别做出讨论。

一　农村发展战略的形成

　　1949 年之后，中国开始推动经济建设。1953 年国家开始制订"五年计划"。1956 年制定《全国农业发展纲要》，确定了粮食单产按不同地区实现 400—800 斤的目标。1955 年开始，国家酝酿提出"鼓足干劲，力争上游，多快好省建设社会主义总路线"。1956—1958 年，毛泽东发表《论十大关系》等讲话，提出了务实的关于经济发展的思想，主张以农轻重为序安排国民经济计划。

　　1981 年党的十一届三中全会以后，中国逐步形成了以经济建设为中心的治国理政路线，以及将农业农村发展作为经济工作全局"重中之重"的总方针。以此为开端，中国农村发展的后续重大政策调整主要分为两个阶段。1981—2005 年农村经济政策的核心是减轻农民负担，通过农业税费合并政策作为过渡，到 2006 年首次正式宣布取消农业税。此后的农村发展政策以城乡协调发展为主旋律，以城带乡、以工促农成为改善城乡资源配置、增加农业投入的基本思路。2005 年 10 月，国家提出建设社会主义新农村的重大历史任务，提出了"生产发展、生活宽裕、乡风文明、村容整洁、管理民主"的具体要求。2017 年 10 月，国家提出实施乡村振兴战略，并于次年发布了乡村振兴战略规划。

二　城乡融合发展战略

中国在改革开放以后的不同时期在不同程度上强调城乡协调发展对于农村现代化的意义，并在总体上把城乡一体化作为社会经济发展的战略性目标。2007 年党的十七大报告把城镇化作为科学发展的重要任务之一。2008 年党的十七届三中全会提出农村改革发展的根本要求是加快形成城乡经济社会发展一体化新格局。2009 年底召开的中央农村工作会议以及随后发布的中央一号文件提出"积极稳妥推进城镇化"的经济发展方针，决定实施国家城镇化和新农村建设"双轮驱动"发展战略。这一系列中央文件的发布，加上地方政府本来具有的 GDP 总量增长目标的热情，使中国保持了较快的城镇化速度。2019 年，《中共中央国务院关于建立健全城乡融合发展体制机制和政策体系的意见》提出要解决城乡要素流动不顺畅、公共资源配置不合理等突出问题，要求重塑新型城乡关系，走城乡融合发展之路，促进乡村振兴和农业农村现代化。

所有国家的现代化过程同时也是城市化过程，但并非任何形式的城市化都能与国家的农业现代化相得益彰。城市化的空间形式是人口地域布局的重大调整，而不同的人口布局形式对农业现代化有不同影响。人口布局又受到国家管理体制、土地管理制度和公共资源分配方式的影响。中国大城市以及由大中城市构成的城市群发展速度较快，但市镇发展相对落后，对农业现代化有负面影响。国家目前将县域经济发展作为城乡融合发展的重点，并突出强调县城发展的意义，而市镇经济发展还没有得到足够重视。

三　粮食安全保障战略

保障粮食安全是中国农村经济发展的首要目标。经过持久努力，2008 年中国发布的《国家粮食安全中长期规划纲要（2008—2020 年）》的主要目标已经实现。2013 年国家提出的"以我为主、立足国内、确保产能、适度进口""口粮绝对安全、谷物基本自给"等政策主张使粮食安全战略目标更加清晰。2020 年中国粮食总产量达到 6.26 亿吨，超出规划指标 0.26 亿吨。从粮食生产能力看，国家完全可以确保口粮自给。如果不考虑成本因素，农地资源提供的粮食生产能力也可以基本满足国家对粮食的总需求，使粮食总产量达到 8 亿吨左右。

真正制约中国粮食安全的因素是粮食生产竞争力弱，粮食生产成本高。中国多种大宗农产品在国际上缺乏竞争力，特别是谷物及肉奶产品。竞争力缺乏的主要原因：一是中国农业劳动投入多，劳动生产率低下。二是农业技术模式比较落后，例如谷物生产对灌溉的依赖过强，种质更新落后。三是农业的物质投入不经济。中国农业单位生产量的化肥、农药投入长期高于农业发达国家。四是中国农村土地流转价格高昂。土地流转中的地租率过高，流入土地的农业大户实际上只获得了一个规模经营产生的好处。地租率高、租期短、租约不稳定妨碍农业规模经营水平持续提高。以上 4 项导致农业成本高昂的因素，均与农业经济体制有密切关系。

中国农业产业链也存在低效率问题。一是中国未形成有利于农业产业链现代化的组织载体。要建立与农业产业链现代化相匹配的农户合作经营制度，发育大型农户专业合作社。中国农业龙头企业与农户之间多是交易关系，两者之间不能很好地在平抑农产品市场价格波动这一目标的达成中建立合作关系。这是中国农产品市场价格波动幅度大于国际市场的主要原因。二是中国农业产业链的价值创造节点的分布不合理，价值重心过高、远离农村的问题突出。在农产品离开地头后的加工、流通与服务环节中，除零售与末端批发环节外，其他环节下沉到产地，以市镇为中心形成农业综合服务价值增值程度高的节点，有利于提高农业产业链综合经济效率。三是中国未形成支持农户就地就近兼业、增加农户的有效工作日的产业布局。四是影响经济效率的另一成本是交易（组织）成本。"小土地承包户+专业化服务"引起的交易成本要显著高于"大农户+大型合作社"的交易成本，后者将很多环节的交易行为转化为农场内部的管理成本，使总成本得到节约。

四 农村减贫战略

从 20 世纪 80 年代开始，中国政府在全国范围实施扶贫开发战略。2020 年，中国政府宣布，按当时标准农村贫困人口全部实现脱贫、贫困县全部摘帽、区域性整体贫困得到解决，提前 10 年实现《2030 年可持续发展议程》减贫目标。脱贫攻坚目标任务完成后，中国政府决定设立 5 年过渡期，以巩固脱贫攻坚成果。过渡期内，脱贫攻坚的主要工作机制、组织系统以及政策举措实现向全面乡村振兴转变。

从中国政府提出的"两个一百年"的经济发展要求看，中国未来脱贫事业仍面临多方面挑战。

中国已经被国际上列为"高人类发展水平国家"，低收入人群的认定标准应该采用联合国的标准。按照联合国的标准（包括恩格尔系数低于59%），再根据中国官方数据及一些典型调查推算，人均收入低于9280元的家庭，即可认为该家庭属于低收入人群。到2020年，这部分农村人口占农村人口总数的比重为40%左右，人口总数在1.2亿左右。

农村经济部门难以承载低收入人群。观察现代经济体，农民是最应该成为中等收入的群体，这主要由经济规律决定。未来农业中资本技术装备替代重体力劳动是必然趋势。如果农民收入低于城市居民收入，必然发生农村人口转移，直至在农业领域产生规模化经营的条件，使农民收入达到城市居民收入水平。满足这个条件需要农民的土地资产与自有农业技术装备，并以一定规模形成有效率的匹配关系。这样的农民当然属于中等收入群体。在农产品市场竞争的格局下，农户以体力劳动为主从事农业，其机会成本远大于收益，必然陷入贫困。市场不会因为农户付出过多体力劳动而给予其产品高价售卖的机会。因此，现代农业与贫困农户完全不兼容。

五　乡村振兴战略

2017年，中国提出以乡村"产业兴旺、生态宜居、乡风文明、治理有效、生活富裕"为总要求的乡村振兴战略。此项战略与中国2005年提出的建设社会主义新农村目标相衔接。2018年国家发布的乡村振兴战略规划明确提出三步走战略构想：到2020年，乡村振兴取得重要进展，制度框架和政策体系基本形成；到2035年，乡村振兴取得决定性进展，农业农村现代化基本实现；到2050年，乡村全面振兴，农业强、农村美、农民富全面实现。

2020年中国政府宣布在完成脱贫攻坚战略任务之后，设立五年过渡期，将巩固脱贫攻坚成果的任务归并到乡村振兴战略。这样，乡村振兴战略成为中国政府全面规划农村发展的主导性战略。

政府在乡村振兴战略部署中显示了很大决心。一是国家将原政府系统的扶贫办改组为乡村振兴局，由各级农业农村部管理，发挥推进乡村振兴的组织协调作用，有利于将以往在脱贫攻坚中能够动员的政府与社会资源统一纳入乡村振兴工作，增强乡村振兴动力。2021年4月，全国人大常委会通过了《中华人民共和国乡村振兴促进法》（以下简称《乡村振兴促进法》），建立了全面实施乡村振兴战略，开展促进乡村产业振兴、人才振兴、文化振兴、生态振兴、组织振兴，推进城乡融合发展的法律规范。二是国家按党的十九大报告有关要求制定了乡村振兴战略规划和十多项政策文件，已经形成了一个相对完整的关于乡村振兴的政策引导体系，地方政府也普遍出台了政策文件，形成了乡村振兴行动方案。三是在乡村振兴战略感召之下，经济建设资源投向乡村地区的总量继续增长。国家乡村振兴促进法鼓励按照市场化方式设立乡村振兴基金，城市企业多有响应。

第四节　中国农村发展政策述略

战略目标的实现需要具体政策支撑。本节拟对中国农村政策做一大略讨论。中国农村政策涉及面广，决定政策变化的因素复杂，很难对其按某种理论逻辑做类别分析。本节将尽可能围绕中国农村发展战略的实施对中国农村政策的若干重要方面做扼要讨论。

一　中国农村发展政策：特征与分类

与一些成熟的法治国家相比，中国农村政策运作有值得注意的若干特点。一是部门出台政策文件与立法机构颁布的法规，在边界上有模糊之处。例如，农村土地承包制度先通过政府文件出台，后来才通过全国人大颁布了《中华人民共和国土地承包法》。二是农村政策由中央制定，地方政府执行，因为存在高昂的监督成本，部分政策并未在实践中得到完全落实。比如，农村土地确权登记颁证政策因为实施难度较大，很多地方并没有真正落实，事后也没有被追究。又如，中央曾明确主张村庄一级的集体经济管理职能要与公共服务职能分开，但地方政府大多没有执行这一政策。一些地方在农村发展工作中积累的好的经验，由中央政府发布文件予以肯定，但实践中也不一定被地方普遍采纳。

很难对中国农村发展政策按照某种理论逻辑做出分类。如果按照发展战略的目标来划分农村发展政策，分别将政策按资源配置效率、社会收入平等及社会稳定的要求做出区别，理论上并无不可，但会带来叙述的困难，不利于交代清楚政策变化线索。如果按照要素配置理论来区别农村发展政策，例如将农村发展政策划分为土地政策、劳动政策和投资信贷政策，看起来具有理论的合理性，但这种政策分类的思路不易反映国家农村发展政策演化的难题破解过程。本节按照农村发展政策演化过程中的重点难点区分农村政策类别。中国农村发展过程也是中国由传统社会向现代化转型的过程。在这个背景下对农村政策做类别划分，需要重视政策制定的难度、改革过程的阻力，以及政策对全局的影响程度等因素，从而更好地理解农村发展政策演化中的改革创新精神。按照这个思路，可以把中国农村发展政策归结为土地产权政策、农村市场化政策、城乡融合发展政策、农业农村经济组织政策、财政支农政策以及乡村社会治理政策等几个主要方面。下面对这些方面分别予以扼要讨论。

二　土地产权政策

20 世纪 50 年代前后，农村进行了土地改革，形成了分散的小农家庭土地所有制。1953—1958 年，国家在农村发起集体化运行，最终建立了"三级所有、队为基础"的人民公社体制。在人民公社体制中，土地集体所有，社员共同劳动，统一生产，统一分配。总体来看，这种制度导致了多生孩子的激励，但并不激励社员劳动投入，也不激励农业资本积累。

改革开放以来，中国农村政治经济形势发生了很大变化，农民的自由选择空间有所增大。最主要的变化，一是在人口密度高又有商业传统的一些沿海地区，农民突破控制，开始发展"乡镇企业"，其中包括私人雇工经营的企业。二是耕地被分解到农户经营，政府称为包产到户，后来称为家庭承包制。这个制度的内涵及特点可以概括为"分散经营、共同共有、政社合一"。2016 年 10 月，中共中央发布的《关于完善农村土地所有权承包权经营权分置办法的意见》，将农村耕地产权制度定性为"三权"分置。

第一，耕地所有权归集体经济组织成员。

第二，农户的土地承包权长久不变，也可以转让，但只限于在本集体经济组织内进行，并经农民集体同意。

第三，耕地的实际经营者拥有土地经营权，并受到法律保护。

第四，农村集体建设用地在符合规划、依法登记、并经 2/3 以上集体经济组织成员同意的情况下，可以通过出让、出租等方式交由农村集体经济组织以外的单位或个人直接使用，同时使用者在取得农村集体建设用地之后还可以通过转让、互换、抵押的方式进行再次转让。这意味着今后中国关于非农建设需要的土地必须使用国有土地的法律规定正式废止。但修订后的《中华人民共和国土地管理法》对"集体经营性建设用地"未做出严格定义，给今后农村土地制度改革留下了较大空间。

第五，国家征地实行按照区片综合地价补偿农户，除了考虑土地产值因素，还要考虑区位、当地经济社会发展状况等因素综合制定地价。这一规定使地价更能反映土地的稀缺性，有利于提高土地利用效率。

第六，2014—2018年多项政府文件确定了国家永久基本农田划定制度。这实际上是国家出于公共利益要求对土地产权束的一项强力介入。永久基本农田这个概念区别于基本农田，是更严格的农地保护制度的核心概念。中国并不缺少建设用地，真正问题是建设用地的使用效率太低，现行土地管理机制使得无论增加多少建设用地指标供应，都平衡不了地方政府对建设用地需求的饥渴症。这种情形还使拥有承包地的农户对土地用途预期不稳定，造成农业用地流转的困难，妨碍农业的规模化经营发展，不利于中国农业现代化。

三 农村经济市场化政策

总体来看，中国所确定的让市场在资源配置中发挥决定性作用的政策对农村经济也是适用的，但实际情形距离这一政策目标尚远。中国农村的产品市场化程度较高，但要素市场化程度较低。在产品市场中，农业产品及农业资本品的市场化程度都比较高，但粮食市场较多受政府价格政策的影响。

第一，农产品生产基本由市场调节，但国家对主要粮食品种的生产与流通有所干预。1949年以后，国家在农村逐步实行了"统购统销"政策。这项政策给农业生产带来了很大的消极影响。据几位研究者的分析计算，1985—1989年，国家通过粮食收购实现的城乡收入转移累计达到686亿元（科林·卡特等，1999）。党的十一届三中全会以后，政府逐步放开了粮食、棉花等大宗农产品流通市场，其他农产品流通则完全由市场机制决定。改革开放后的较长时间里，国家对主要粮食品种采取了保护价收购政策。受WTO有关条款的影响，粮食保护价政策逐步转变为农户收入补偿政策。

第二，要素市场发展政策不平衡。中国农村要素市场距离市场经济的要求总体上差距较大。一是如前所述，农村劳动力自由流动程度较高，并受到国家政策的鼓励，但也存在劳动力市场发育不平衡问题。城乡之间、区域之间的教育水平差异阻碍人力资本水平均衡提高，形成劳动力流动的隐形壁垒。二是农村土地要素市场不完整。耕地集体所有权属于集体共同共有产权，而集体经济组织成员在代际传承中已经失去了他们与土地财产的直接关联。一般经济形态中这种产权类别只能与公共领域的财产相匹配，不会产生对市场机制的反应。国家政策将承包权的流转限定在集体经济组织成员范围内，失去了市场对承包权的定价功能。耕地经营权虽然可以流转、出租，但因为租约期限短，提前约定续租的不确定性大，所以也难以形成稳定预期，租金率与反映土地合理利用水平的均衡地租率存在差异。三是农村资本市场不够顺畅。国家在农村提倡普惠金融，提高农户信贷获得的可及性。在经济发达地区因为发展了一定的信贷担保机构，使经营规模较大的农户容易获得资本市场的支持。针对小农户的小额信贷主要满足农户的消费需求，对农业现代化的支持作用不大。

第三，国家实施一系列土地保护利用规划政策。鉴于土地利用中所存在的公共性问题，国家所实施的土地要素利用干预政策有很大必要性。国家划定了生态保护区、永久基本农田和城镇开发边界，对耕地实行严格保护。国务院还划定了粮食生产功能区和主要农产品生产保护区。如果这些是完全刚性的政策，会给经济发展带来不少困扰，为此，国家又实施了农地占补平衡政策和城乡建设用地增减挂钩政策，以确保局部区域建设用地增加的同时，农地总量不会减少。实践中占好补劣、增优垦差的情形难以避免。

由市场发挥资源配置的决定性作用的改革在农村领域还应深入推进。可以考虑的改革举措包括：一是改变现行永久基本农田划定与管理办法，建立包括村庄、河流、道路在内的广域农业保护区，实行更严格的土地用途管制，以强化社会各界的土地用途变更预期，降低土地流转价格，提高大农户的竞争力。二是在农业保护区内探索土地承包权交易，实现大农户较高程度的土地自有自营水平。三是农业保护区内应鼓励脱离农业的村民迁离，并建立农户宅基地使用权与申索权的货币化补偿、赎买机制，逐步使农业保护区内的农户转变为大中农户。四是农业保护区之外的村庄建设用地规划权应交给村庄居民组织，并允许其以更大尺度实现市场化，实行与国有土地同样的交易政策。农业保护区之外的农村住房应允许非村庄居民购买和翻新，以提高城乡居民居住品质。五是全面推行城镇建设用地增加与农村建设用地减少相挂钩的政策，在资源环境承载力适宜地区开展低丘缓坡地开发试点。平原地区的农业条件好，应以"挂减"为主；浅山地带灌溉条件差，应以"挂增"为主。中国山区面积巨大，在有条件的浅山地带扩大城市功能区，特别是建设低容积率住宅区，满足城市居民对独栋房屋的需求，具有现实可行性。

四 城乡融合发展政策

推动城镇化、促进城乡融合发展，是中国多年来提倡的政策主张。但总的来说这方面的政策调整是一个递进过程，阻碍城镇化、城乡融合发展的政策壁垒在逐步松动。

第一，实行城乡就业市场的统一，鼓励农村劳动力向城市自由流动。党的十一届三中全会之后，中国逐步确立了这一制度。目前，城乡户籍壁垒已经打破，阻碍农村居民向城市转移的障碍主要来自城市高房价及就业市场的不合理，使农户难以举家迁入城市，产生"留守儿童""流守老人"问题。少数特大型城市对落户的限制并不针对居民原住地是否为农业地区。

第二，社会保障制度打破了城乡分野，建立城乡统一的社会保障制度。自21世纪初开始，全国建立了不分城乡的居民社会养老保障制度、居民基本医疗保险制度及居民最低生活保障制度。目前实际存在的城市居民与农村居民的社会保障程度的差异，主要与城乡就业结构以及城乡居民个人账户的缴费能力有关。

第三，农户基本财产权与自由迁徙权实现脱钩。从2016年开始，国家明确进城农民的耕地承包权、宅基地资格权及集体经济分红权保持不变。此前各地的相关政策不统一，有的地方推行过以耕地承包权或宅基地资格权换取进城落户权的政策。

第四，实施农业转移人口进城的"双挂钩"政策。国家实施财政转移支付同农业转移人口市民化挂钩政策，以及城镇建设用地增加规模与吸纳农业转移人口落户数量挂钩政策，中央预算内投资安排向吸纳农业转移人口落户数量较多的城镇倾斜。这项政策看起来很有力度，但实际效果不会很明显，原因是农民进城的难点并非城市建设用地短缺。①

第五，放宽设市标准政策。2016年，国务院要求具备条件的县和特大镇有序设置为市，特别要适当放宽中西部地区中小城市设置标准，适度增加中西部地区中小城市数量。此项政策得到有效实施。

第六，乡镇发展政策。目前，这还是一项倡导性政策。政府主张将乡镇建设成为服务农民的区域中心，规划建设一批重点镇，发挥小城镇连接城市、服务乡村的作用。2022年，有多项政府文件倡导大力发展县域经济，发挥县城建设在

---

① 2016年2月国务院发布《关于深入推进新型城镇化建设的若干意见》，与此项文件配套的是国务院2016年10月发布的《推动1亿非户籍人口在城市落户方案》。

城乡融合发展中的引导作用。

五　农村经济组织政策

中国农村经济组织制度是改革的深水区，只是没有引起社会足够关注。这个领域的国家政策重点主要在农民专业合作社与农业龙头企业，而更重要的是调整集体经济组织与村庄公共服务组织的关系。

第一，改革行政村层次上的"政经不分"制度。20世纪70年代末期启动的农村改革，以取消人民公社制度为标志，很快废除了农村乡镇一级的"政社合一"制度，新的乡镇政府组织不再是一个经济组织。但是，至今在绝大部分农村地区行政村，村委会或村民小组仍然是集体经济组织的代表，也就是说，在村组一级仍存在"政经不分"的问题。2016年12月，中共中央、国务院《关于稳步推进农村集体产权制度改革的意见》要求村组应该建立集体经济组织，特别是经济发达地区的村组必须建立组织。文件规定了建立组织的具体要求。在没有建立经济组织以前，村委会和村民小组可以代行集体经济管理职能。这项政策在大部分地方没有得到执行，有的地方有过探索，但没有坚持下来形成稳定模式。

第二，关于农民退出集体经济组织的政策。前述政策文件要求探索农民有偿退出集体经济组织的条件和程序，并规定现阶段农民持有的集体资产股份有偿退出不得突破本集体经济组织的范围，可以在本集体内部转让或者由本集体赎回。这是一项有长远历史影响的改革意见。一方面，赋予农民自由选择权更有利于发挥市场配置资源的作用，会提高经济效率，转让权的行使也有利于增进社会平等；另一方面，集体经济本身也可以转型，不必拘泥于旧的形式，例如发展农民专业合作社就是一个好的选择。

第三，国家支持农民专业合作社和农业龙头企业的发展。农业龙头企业更多地得到国家政策的支持，而合作社更多地得到基层政府的支持。2017年10月，农业部、国家发展改革委等五部委《关于促进农业产业化联合体发展的指导意见》，支持农业产业化联合体政策，鼓励发展"公司+农民合作社+家庭农场""公司+家庭农场"等实行产加销一体化经营的经济组织系统。

六　国家支农政策

中国从21世纪开始逐步确立了国家支农政策方针和政策体系。2002年，全国人大常委会修订农业法，将关于农业投入增速的规定修改为"中央和县级以上地方财政每年对农业总投入的增长幅度应当高于其财政经常性收入的增长幅度"。

国家建立和完善农业支持保护体系，包括采取财政投入、税收优惠、金融支持等措施，在资金投入、科研与技术推广、教育培训、农业生产资料供应、市场信息、质量标准、检验检疫、社会化服务以及灾害救助等方面提供一系列支农政策。2004年，国家提出"多予、少取、放活"的支农工作方针。2006年，中央决定全面取消农业税。

第一，中国财政支农数额巨大。2000—2018年，由国家财政支农投入占财政支出的8.4%起步，年均增长17%，高于国家一般公共预算收入15.6%的平均增速（刘振伟，2019）。2018年之后，伴随国家脱贫攻坚与乡村振兴战略的实施，财政支农投入继续大幅度增长。目前中国财政支农按可比口径计算，折合每亩耕地水平，已经超过欧洲国家与美国的水平。

第二，支农的头绪多。对公开数据的不完全整理表明，全国涉及支农工作的副部级以上的机构达30家左右，支农项目超过120项。支农机构多易引起支农资金使用分散、投入产出效益不高的问题。

第三，支农项目实施中地方资金配套难。地方政府为争取支农项目立项，通常会承诺用地方财力补足项目资金缺口，但立项后往往不能补足，影响项目如期有效推进。这种上下级政府之间的博弈成为惯例后，不免产生烂尾项目，降低支农资金使用效率。

第四，支农资金使用的微观基础结构存在缺陷。以直接或间接转移支付为主要特征的支农资金，资金的输送与承接需要一定的结构方可有效持续。支农资金本身具有公共性，而行业长期亏损与区域公共品短缺严重在于城乡人口布局缺陷与农业竞争力水平低。解决这一问题的办法是减少中国农业区人口规模、提高农户经营规模水平，使产品销售额大的农户成为农业经营主体。

七 乡村社会治理政策

改革开放前的中国村庄是"计划经济"体制的最小基层单元，实行以社会管理与生产管理相统一为主要特征的集体经济制度。因为生产力水平低下，大部分村庄的宗法力量对社区生产生活的控制仍发挥重要作用。农村土地承包制建立之后，乡村社会治理开始酝酿变化。这种变化的标志性事件包括：一是一系列市场化改革政策虽然不是直接针对乡村社会治理，但促进了农村开放，有利于弱化宗法关系的影响力。二是1988年《中华人民共和国村民委员会组织法》（以下简称《村民委员会组织法》）开始试行，1998年正式实施，村民委员会开始由村民直接选举。个别地方此后试行过乡镇直接选举。村民自治选举制度的重要功能在于解决对话问题。全国大部分农村村委会进行了多次换届选举。中国政府的此项行动引起世界的广泛关注，也受到广大农民群众的欢迎。但已有的实践证明，中国农村的民主政治发展远不是一件一蹴而就的事情。可以说中国乡村社会的民主政治建设非常重要，同时又非常困难。三是2016年10月中共中央办公厅、国务院办公厅联合下发《关于以村民小组或自然村为基本单元的村民自治试点方案》。此项文件没有公开发布，未能受到社会关注，但文件内容事关农村基层组织建设重大问题，值得重视。文件提倡以1个或相邻的几个村民小组、自然村为单元，设立村民委员会，并同步建立党的基层组织。四是国家在乡村治理中强调党组织对农村社会的全面领导。浙江省在农村推广网格制精细化管理的经验受到国家重视。

中国乡村社会治理还面临不少现实问题，其中最突出的问题是公共服务效率低，并影响到农业经济发展。在可预见的将来，农业区人口还会大规模减少，村级组织提供公共服务的相对成本会越来越高。中央关于村庄集体经济管理职能与公共服务职能相分离的政策倡导未得到各地重视，以致集体经济组织难以成为市场竞争主体，集体经济组织成立的合作社基本囿于狭小的村庄范围，没有市场竞争力。

乡村社会治理改革的长期目标是实现城乡社会治理一体化。未来，农业区居民中产化、低收入人群进入城市将成为大趋势，这需要社会治理城乡一体化。按既往趋势分析展望，2040年前后，全国农业从业家庭应在3000万户左右，这时候乡村治理机制如何建立，需要未雨绸缪，提前探索和部署。在城乡人口布局变化的背景下，特别是在乡村非农人口数量逐步超过农业从业人口数量的情况下，逐步将乡村社会管理中心上移至市镇政府，由市镇政府向少数中心村派出管理机构，形成城乡统一的社会治理机构设置制度及公务员制度。

第十三章 乡村治理与社区建设

20 世纪 90 年代后，治理理论成为西方学术界最具有影响力的理论体系和分析框架之一，中国学者将其运用到乡村社会的分析中，进而提出了乡村治理概念。与乡村治理有颇多相关和相似性的一个概念和工作是农村社区建设。本章对乡村治理和农村社区建设的概念、内容、方式方法和模式等内容进行简单介绍，指出其对于乡村建设的意义及其面临的困境和问题，探讨可能有效解决问题的路径和方案。

第一节 乡村治理概论

乡村治理是中国学者将治理理论引入乡村研究，致力于乡村管理改善而提出的概念。本节从治理理论出发，阐释乡村治理的精神内涵，介绍乡村治理的定义和基本特征，总结乡村治理的典型模式和主要手段。

一 "治理"的内涵

乡村治理的精神内涵源于治理理论。治理理论中的"治理"，既不同于中国传统语境中的"治理"，也不同于英文原始语境中的"治理"。治理理论的主要创始人之一罗森瑙（Rosenau，1992）将"治理"定义为一系列活动领域里的管理机制，它们虽未得到正式授权，却能有效发挥作用。与统治不同，治理指的是一种由共同的目标支持的活动，这些管理活动的主体未必是政府，也无须依靠国家的强制力量来实现。

此后，"治理"在政治、社会、经济、管理等各个学科和领域得到了进一步拓展，并形成了多样化的定义。罗茨（Rhodes，1997）详细列举了六种关于"治理"的不同定义：一是作为最小国家的管理活动的治理，它指的是国家削减公共开支，以最小的成本取得最大的效益。二是作为公司管理的治理，它指的是指导、控制和监督企业运行的组织体制。三是作为新公共管理的治理，它指的是将市场的激励机制和私人部门的管理手段引入政府的公共服务。四是作为善治的治理，它指的是强调效率、法治、责任的公共服务体系。五是作为社会控制体系的治理，它指的是政府与民间、公共部门与私人部门之间的合作与互动。六是作为自组织网络的治理，它指的是建立在信任与互利基础上的社会协调网络。

研究治理理论的格里·斯托克（Gerry Stoker）对目前流行的各种治理概念进行了一番梳理后指出，到目前为止各国学者对作为一种理论的治理已经提出了五种主要的观点：一是治理意味着一系列来自政府，但又不限于政府的社会公共机构和行为者。它对传统的国家和政府权威提出挑战，认为政府并不是国家唯一的权力中心。各种公共和私人机构行使的权力只要得到了公众认可，都可能成为在各个层面上的权力中心。二是治理意味着在为社会和经济问题寻求解决方案的过程中，存在界限和责任方面的模糊性。它表明在现代社会，国家正在把原先由它独自承担的责任转移给各种私人部门和公民自愿性团体，后者正在承担越来越多的原先由国家承担的责任。这样，国家与社会之间、公共部门与私人部门之间的界限和责任便日益变得模糊不清。三是治理明确肯定了在涉及集体行为的各个社会公共机构之间存在权力依赖。进一步地说，致力于集体行动的组织必须依靠其他组织；为达到目的，各个组织必须交换资源、谈判共同的目标；交换的结果不仅取决于各参与者的资源，也取决于游戏规则以及进行交换的环境。四是治理意味着参与者最终将形成一个自主的网络。这一自主的网络在某个特定的领域中拥有发号施令的权威，它与政府在特定的领域中进行合作，分担政府的行政管理责任。五是治理意味着办好事情的能力并不仅限于政府的权力，不限于政府的发号施令或运用权威。在公共事务的管理中，还存在其他的管理方法和技术，政府有责任使用这些新的方法和技术更好地对公共事务进行控制和引导（格里·斯托克、华夏风，2019）。

在关于治理的各种定义中，全球治理委员会的定义比较具有代表性和权威性。该委员会于1995年发表了一份题为《我们的全球伙伴关系》的研究报告，指出治理是各种公共的或私人的个人和机构管理其共同事务的诸多方式的总和。它是使不同甚至相互冲突的利益得以调和并且采取联合行动的持续的过程。它既包括有权迫使人们服从的正式制度和规则，也包括各种人们同意或以为符合其利益的非正式的制度安排。它有四个特征：①治理不是一整套规则，也不是一种活动，而是一个过程；②治理过程的基础不是控制，而是协调；③治理既涉及公共部门，也包括私人部门；④治理不是一种正式的制度，而是持续的互动。

二 乡村治理的定义

乡村治理是中国学者和政府将治理理论引入对中国乡村社会的研究和管理中，旨在改善中国乡村社会管理水平、提高乡村公共物品供给效率、构建更好的乡村秩序而提出的一个词语，国外通常用地方自治、基层治理等概念。

中国学者也尝试对乡村治理进行界定。正如人们对治理有多种多样的理解，中国学者对乡村治理的定义也显示出这种特点。比如，党国英（2020）认为，广义的乡村治理是指涉及乡村社会运行的基础制度安排及公共品保障体系，其中包括乡村财产关系的保障制度，乡村组织及居民与政府之间的公共事务往来，以及乡村社会通过非政府组织系统实现的公共事务往来关系。狭义的乡村治理是指政府或政府通过其他组织对乡村社会公共品保障做出的制度安排。贺雪峰（2005）认为，乡村治理是指如何对中国的乡村进行管理，或中国乡村如何可以自主管理，从而实现乡村社会的有序发展。郭正林（2004）认为，乡村治理就是性质不同的各种组织通过一定的制度机制共同把乡下的事务管理好。这些组织包括乡镇的党委政府、七站八所、扶贫队、工青妇等政府及其附属机构，村里的党支部、村委会、团支部、妇女会、各种协会等村级组织，民间的红白理事会、慈善救济会、宗亲会等民间团体及组织。徐勇（1997）认为，"治理是对公共事务的处理，以支配、影响和调控社会。而要达到治理的目的，必须借助公共权力。因此，在治理的逻辑结构中，公共权力是最为核心的概念。乡村治理就是公共权力对基层社会公共事务的处理，公共权力是由政府权力和社会自治权力构成的权力体系"。

对标治理理论，结合学者的定义，可以发现乡村治理具有以下特征：一是除政府外，乡村治理的主体还应该包括村庄内部各种得到村民认可的权威组织机构，以及农民本身。二是乡村治理主体的多元化意味着公共权力的多元化配置，意味着国家权力和农村社区公共权力在乡村地域中的配置、运作、互动及其变化，是一个由国家和社会共同作用而形成的公共权威实现对乡村社会调控和治理的动态过程。且不同参与主体之间存在权利依赖。三是乡村治理的内容是多元主体共同参与乡村公共事务或提供农村居民需要的各类公共品。四是为了保障治理的顺利进行，治理主体在互动过程中，或在参与公共事务的过程中会形成一套规则和制度体系。五是乡村治理的目标是实现乡村社会公共利益的最大化。

三　乡村治理的手段

不同国家的乡村治理有不同且繁多的手段和方式方法，因治理方式和手段可以分解成不同层次进行解读的术语，其既可泛指或归纳为较为宏观的层面，又可具化为非常具体和微观的方式方法。此处，本书只介绍那些更为宏观和框架性的治理手段，因这些手段是各个国家在实际的乡村治理过程中都普遍运用的，且具有指导意义的。中国政府对乡村治理手段的总结和概括可以说代表了这样一些框架性的手段，是非常全面的。

党的十九大报告这样表述："加强农村基层基础工作，健全自治、法治、德治相结合的乡村治理体系。"2019 年，中共中央办公厅、国务院办公厅印发的《关于加强和改进乡村治理的指导意见》进一步将科技支撑作为现代乡村社会治理体制的重要内容。因此，可以将"自治、法治、德治结合，科技支撑"作为中国政府对乡村治理手段的经典总结。

自治、法治、德治作为乡村治理的基本方式，发挥着"自治为本、法安天下、德润民心"的功能作用，但各单一治理方式都有短板，存在"法治太'硬'，德治太'软'，自治太'任性'的局限性"（侯宏伟、马培衢，2018）。"三治结合"的乡村治理方式既能优势互补，又能体现协同效应。一是自治是乡村治理的核心内涵，通过自治，不但能够提高农村居民的公共参与意识和能力，保障其民主参与权利，更能够通过居民的自我管理和自我服务，更好地实现农村公共物品的供给，实现村庄的和谐有序。但自治需要法律保障和道德约束，以免走向无序和人治。二是法治作为"硬约束"，为乡村治理提供了法律保障和安定有序的治理环境，为治理主体和对象提供行动指南和行为规范。三是德治作为"软约束"，为乡村治理提供了有力的道德支撑，德治需要自治组织作为载体以及法治作为保障，否则德治将失去依托，并有可能沦为人治。

在"互联网+"、"智能+"和大数据时代，信息技术对乡村治理的基础性支撑作用越来越重要。比如，乡村智能政务的运用，使政府公共服务与决策的信息化和智能化平台逐渐普及。在乡村公共安全领域，科技极大地推动了公共安全智能化监测预警与控制体系建设，它逐渐应用于乡村社会的综合治理、新型犯罪侦查、反腐和反恐等领域。可以预见，乡村治理的手段和方式会伴随科技的进步不断改变，而乡村治理也将越来越依赖科技的支撑。

四 乡村治理的模式

不同国家的乡村治理模式不同。比较典型的是欧美、日本等发达国家普遍采用的地方自治模式，以及中国采用的乡政村治模式。

（一）地方自治模式

地方自治模式有如下典型特征。

第一，乡村居民的自治单元是一级行政主体，与上级政府通常不具有明确的隶属关系，更多的是一种指导或者合作伙伴关系。比如，美国是一个联邦制国家，中央政府与州政府依照宪法实行分权，地方基层则普遍自治，其中，乡或者镇或者村是美国农村最基层的自治单位。乡、镇、村只有规模大小不同，并无等级差别。日本也是一样，日本地方自治制度采取的是都道府县与市町村的二重自治组织形式，其中市、町、村是最基础的地方自治体，市、町、村也无等级差别。

第二，地方自治单位大多有独立财权。比如，美国实行分税制，各级政府都有一个主税种成为它的主要财源，美国的乡、镇、村都有独立编制财政预算的权利，形成了一层政府一级事权一级财源的架构。美国乡、镇政府财源的主税种是房地产税，占地方政府收入的35%，辅助财源有所得税和一些收费等。此外，美国政府还通过税收补征、税收扣除、税收抵免和税收免征等方式，实现上级政府税收与乡、镇政府之间的共享。日本的町村政府有自主征税的权利，税种主要包括町村民税、固定资产税、都市计划税、小型轿车税等。必要时，町村政府也可以发行国债。此外，当地方自治体自主财源较差时，为保证其必要的行政经费，针对地方财政经费缺额，国家将国税中所得税、法人税、酒税、消费税、烟税的一部分作为地方交付税下拨，用作地方财源。此外，国家还有地方让与税、国库支出金等方式支持町村的建设和工作。

第三，地方自治单位和上级政府有明确的事权和责任边界。比如，在提供公共服务方面，日本中央政府主要负责投资建设大型水利工程，改造农地，改良水利灌溉条件和农村道路，支持国立、公立和民间科研机构及大学开展农业科研和农业技术推广，承担对农村公共设施因灾受损的补贴和农作物保险的保费补贴，以及对农民购买机械设备给予补贴资助。更多的农村公共服务由日本地方自治团体提供。都、道、府、县主要负责国土整治、能源开发、道路和河流、下水道及其他公共设施的建设和管理，义务教育、文化遗产保护、医药卫生、协调劳动关系等全国统一性服务，设置高中、盲人学校、研究所、图书馆、博物馆、体育馆、美术馆、陈列馆、医院及其他医疗保健设施等市、町、村无力单独承担的服务。市、町政府主要负责中小学的设置和管理、自来水供应和下水道设置、路灯设置和维护、道路维修、消防、清洁卫生、公园绿地维护、体育娱乐活动。

第四，自治单位内部均实行民主管理制度。虽然各个国家的地方自治体具体实行的内部自治制度会有差异，但民主管理仍然是其基本特色。比如，美国的地方自治存在议会制、委员会制和经理制三种。议会制实行乡（镇、村）议会和议长分立制；委员会制则由乡（镇、村）议会的各种委员会直接行政，实行议行合一制；经理制则由议会聘任一名经理总揽政务，但受乡（镇、村）议会的监督。乡（镇、村）的决策需召开听证会，听证会凡当地居民均可自由参加。关系全体乡、镇、村居民利益的重大事项决策要进行全民公决。当地新闻媒体对决策过程高度参与，对各种观点进行充分报道，使居民对决策内容及争议都有充分了解，以便做出自己的判断。日本的町村自治实行议行分离制度，分别设置议决机关和执行机关。议决机关是议会，而执行机关就是町村长。在实际的运行过程中，议会只决定关乎村的重要议题。除此之外的相关事务，则由町村长自行决断。町村议会与町村长在法律法规所赋予的权限范围内运作，相互牵制对抗。议员和町村长分别通过各自独立的选举途径由居民直接选出，并各自对居民负直接责任。议会对町村长拥有不信任议决权，作为对抗手段，町村长有权在接到不信任议决通知后的 10 天内宣布解散议会，否则职位自动被解除。但议会解散后，若经重新选举产生的新议会的首次会议仍做出不信任议决，则该町村长必须下台。

第五，民间自组织在地方自治中发挥着重要作用。美国的各个乡、镇、村充斥着大小不一、类别各异的民间自组织，绝大多数的乡、镇、村居民会选择一两个加入，甚至有些居民同时是好几个民间组织的成员。众多的乡村民间自组织是美国地方自治制度的重要组成部分，不仅承担起部分的乡、镇、村公共服务职能，协同乡、镇政府治理乡、镇、村事务，并担负起监督乡、镇政府，影响政府决策等职能。日本町村范围内也有着各种各样的社会团体。农协是日本全国最大的农业和农民团体，全国农民几乎都是其成员。此外，各类服务人民日常生活的社团也很丰富，如各种孩子会、青年会、老年会、妇女会等。

（二）中国的乡政村治模式

在中国，农村的居民自治单元是村民委员会（以下简称村委会），村委会属于群众自治组织；乡镇政府是最基层的行政单位，乡镇政府与村委会没有隶属关系，对村委会的工作给予指导、支持和帮助，但不得干预依法属于村民自治范围内的事项，故被称为"乡政村治"模式。

中国的乡政村治模式始于20世纪80年代。党的十一届三中全会之后，农村普遍实行了家庭联产承包制，原先"政社合一"的人民公社体制解体。1980年底，广西产生了以选举的形式自发组织群众的自治性组织，以提供农村所必需的公共物品。1981年初，广西壮族自治区宜山县三岔公社将这种群众自治组织命名为村民委员会，这是中国历史上第一个村民委员会。此后，这种农村的群众性自治组织遍地开花。到1982年4月，广西宜山、罗城两县共有675个村建立了村民委员会，占两县自然村总数的15%左右（周罗庚、王仲田，1999）。与此同时，四川、河南、山东等省的一些农村地区也陆续出现了这类形式的组织。这一群众自治形式很快得到了中国政府的承认，1982年的《中华人民共和国宪法》确认村委会是中国农村基层社会的群众性自治组织，在政府的主导下，各地农村普遍建立了村委会。

根据《村民委员会组织法》的规定，村民委员会是村民自我管理、自我教育、自我服务的基层群众性自治组织，实行民主选举、民主决策、民主管理、民主监督。村民委员会办理本村的公共事务和公益事业，调解民间纠纷，协助维护社会治安。村民委员会的设立、撤销、范围调整，需报县级人民政府批准。村民委员会由主任、副主任和委员共3—7人组成，由村民直接选举产生，每届任期五年。村民委员会应当实行少数服从多数的民主决策机制和村务公开制度。村民委员会向村民会议、村民代表会议负责并报告工作。涉及村民利益的重大事项，经村民会议讨论决定方可办理。人数较多或者居住分散的村，可以设立村民代表会议。村民代表由村民按每5—15户推选一人，或者由各村民小组推选若干人。村民委员会办理本村公益事业所需的经费，通常由村民会议通过筹资筹劳解决。上级政府委托村民委员会开展工作需要经费的，由委托部门承担。

需要指出的是，虽然乡镇政府对村民委员会并没有领导责任，但在中国，党组织对村委会具有领导责任。《村民委员会组织法》明确规定，中国共产党在农村的基层组织，发挥领导核心作用，领导和支持村民委员会行使职权。2019 年中共中央办公厅、国务院办公厅印发的《关于加强和改进乡村治理的指导意见》也明确要求，建立健全党委领导、政府负责、社会协同、公众参与、法治保障、科技支撑的现代乡村社会治理体制，这一指导意见除了明确党组织在乡村治理中的领导地位，还明确指出中国的乡村治理强调治理主体的多元化，要求社会协同，公众参与，但同时要求政府在其中负责，明确了在中国乡村治理模式中政府和其他治理主体之间的关系。

第二节 乡村治理的成功与失败

如治理理论一样，乡村治理理念的提出也是为了应对政府和市场在乡村公共品供给中的"失灵"而提出的一种致力于效率提高的解决方案。但治理也并不完美，也会面临失败和困境，其成功取决于一系列条件。本节讨论乡村治理的成功与失败，并提出完善乡村治理的进一步方案。

一 作为一种效率提高手段的乡村治理

乡村治理是基于现代西方治理理论提出的一个概念，而治理理论之所以产生，是因为社会资源配置中的"市场失灵"和"政府失灵"。"市场失灵"指的是仅运用市场的手段无法达到经济学中的帕累托最优。市场在限制垄断、提供公共品、约束个人的极端自私行为、克服生产的无政府状态、统计成本等方面存在内在的局限，单纯的市场手段不可能实现社会资源的最佳配置。同样，仅仅依靠国家的计划和命令手段，也无法达到资源配置的最优化，最终不能促进和保障公民的政治利益和经济利益。正是鉴于政府失灵和市场失灵，越来越多的人热衷于以治理机制对付市场和（或）政府协调的失败（鲍勃·杰索普、漆燕，1999）。因此可以说，基于治理理论提出的乡村治理，其本身就是作为一种效率提高手段而提出的。

中国的村民自治制度和农村公共品供给制度改革为乡村治理理论在效率改善方面的作用提供了实证检验。党的十一届三中全会之后，人民公社体制的解体直接导致了村委会这一村民自治形式的产生，中国共产党很快从法律层面确认了这一制度并在全国范围内进行推广，而确立并推广这一制度的根本原因是基于多次深入的基层调研，以及这种村民自治形式在解决农村公共事务方面所体现出来的有目共睹的成效。村民自治制度作为一种正式制度得以确立之后，很多研究也对这一制度所释放出来的制度红利进行了研究。虽然这一制度在执行中也存在一些问题，但投票选举可以将乡村社区信任网络纳入国家行政控制体系，可以部分实现对村干部的问责，可以减少基层干部之间的专用性投资和裙带关系，从而降低国家治理乡村的成本。因此，不应以标准的民主和自治制度来审视目前的村级治理，贬低投票选举村委会这一制度的实际价值（谭秋成，2014）。

人民公社体制的解体和家庭承包经营制度的实施，打破了农村原有公共品供给制度结构的均衡状态，原有供给制度失去了政社合一体制下资源动员手段的强有力的支持，能够运用的资源大大减少，无法应付农村公共品的需求，表现为对公共品的维护和公共品增长的不足。村民自治制度首先提供了农村公共品供给的新的有效途径，而随后政府开展的农村公共服务市场化改革，进一步开拓了农村公共品供给的制度渠道，农村公共品供给实现了从政府供给型向政府主导型变迁，这种多元供给制度也产生了明显的效率改进（张军、何寒熙，1996）。

二 乡村治理的困境

虽然学术界主流的声音对治理理论非常推崇，但仍有部分学者指出了治理理论本身存在的问题。没有理由说，实行有效的自组织的结构和条件永远存在，处处存在，足以使实行自组织协调的效果优于继续依靠市场力量或自上而下的控制。必须探讨治理失败以及影响治理恢复元气或对付失败的可能性和能力的各种因素。关注治理的困难和风险可以帮助我们认清当前流行的关于"公私伙伴关系"的溢美之词，以及与此相联系的那种多讲"过五关"、少提或不提"走麦城"的倾向（Capello，1996）。

治理的关键是各治理主体建立沟通网络并不断进行谈判，但这种多中心参与往往需要高昂的协调成本，且在不断的谈判和协调过程中往往带来效率损失。治理要取得成功，有赖于所采取的协调方式、治理对象以及有关角色据以协调活动实现目标的环境等一系列因素。

第一，建立真正的自主网络结构是非常困难的，治理的目标和秩序往往并不容易达成。治理主体多元化势必导致价值目标多元化，多元化的治理目标容易引发治理主体间的矛盾，加上公共事务具有复杂化的特点，容易产生治理主体多元化与责任边界模糊化的矛盾。治理的目标往往定于谈判和反思过程之中，要通过谈判和反思加以调整。在这一过程中，谈判各方可能对原定目标是否仍然有效发生争议而又未能重新界定目标，导致治理失败。当各类权力主体进入乡村共治格局，难免会碰到"谁指挥谁"的问题，如果缺乏有效的整合机制和制度安排，这些参与主体甚至可能为了获得政治合法性、控制知识和获取经济资源与权力而相互竞争，反而造成乡村社会的失序。在出现困难局面的情况下，多元治理主体则可能因责任不清或相互推诿而导致治理失败。

第二，民间自组织与政府的关系往往难以真正平等和协调。不同的治理机制与政府机制之间在有效时间的长短上会有脱节现象。治理机制和政府机制两者都有不同的作用尺度，而政府出于党派和全球政治利益的考虑，势必为自己保留对治理机制开启、关闭、调整和另行建制的权利。从实践来看，农村自组织发育在资源动员和整合方面均无法实现与政府组织真正的"平起平坐"，因此所建立起来的合作关系也是不平等和不牢靠的。而政府组织与民间组织权利配置的不平衡又容易导致多方博弈中的利益损失。比如，由于政府在农村公共品供给决策中起决定性作用，容易忽视农民的实际需求，造成农村公共品供给和需求的错位。政府在乡村治理中的权力配置过大，容易让其他治理主体，尤其是乡村自组织丧失部分独立性。有学者发现，当前中国部分地区的乡村治理就出现了这一问题。财权上收、事权下移，财权和事权不匹配造成乡村治理出现"悬浮化"特征（贺雪峰，2022）。基层政权向农村下沉得过快过细，任务摊派和目标要求过多过急，乡村治理中出现了"行政化"、"内卷化"和形式主义倾向，大量资源和精力投入与乡村公共服务无关的工作中（贺雪峰，2011）。

第三，治理过程中的信息不对称和委托代理问题加剧了合作的困难。治理所需要的谈判往往依靠人际信任和沟通，但那些从事沟通（建立网络、进行谈判等）的人与那些利益和特征得到代表的人之间可能会存在隔阂和信息不对称，以致产生代表的危机和合法性的危机，导致在获得遵守治理的承诺方面出现问题。这些问题极易导致治理中的投机行为，比如"搭便车"问题、"精英俘获"问题以及派生的公众参与不足等问题（李祖佩、曹晋，2012）。在乡村治理过程中，最常见的精英联盟是地方政府与地方势力的结盟。精英俘获的普遍存在导致乡村治理资源利用效率低下，资源的公共利益诉求并没有得到满足。而乡村治理过程中的居民参与疲劳已经成为一种全球普遍问题。乡村自治选举过程中存在一些贿选、黑恶势力或者宗族控制选举、暗箱操作等行为，致使居民参与农村公共事务的热情快速消退。基层政府在公共品供给方面的一厢情愿、过度参与等，也进一步挤压了公众参与的空间和热情。

第四，治理单元规模不合适也极易降低乡村治理的效率。由于治理单元规模与信息不对称、居民信任程度和委托代理等问题高度相关，因此，治理的单元规模也成为与治理绩效密切相关的因素。通常认为，单元规模越大，治理成本越大。从制度经济学的角度来看，一方面，制度嵌入规模较大的乡村需要更多的资源与利益来支撑，形成较高的制度运行成本；另一方面，从社会资本理论来看，规模越大，因建立、维系关系而做出的物质、精神、时间等关系投入成本也越高。衡量单元规模的维度很多，最主要的是人口数量与地域面积。埃米尔·涂尔干（2000）认为，地域面积过大会带来规模扩大，进而导致"有机团结"难以形成。此外，还要适度考虑人口的异质化程度。西摩·马丁·李普塞特（2011）认为，同等规模的单元内，同质性人口比异质性人口更易消弭社会冲突而成就合法性，有利于治理效果达成。为了提高治理效率和效果，中国在乡村治理的单元规模方面进行了一系列探索。比如，21 世纪初的合村并居运动以及近年来进行的自治单元下沉实践等。中国学者对单元规模的设置原则也进行了大量探讨。比如，有学者认为，应该遵循产权相同、利益相关、血缘相连、文化相通、地域相近五个原则来划定农村基层自治基本单元（邓大才，2016）。有人则认为应该根据资源的集中程度来探索村民自治的基本单元（李松有，2016）。

除此之外，乡村治理还面临一些两难困境，从而增加了成功的难度。比如，竞争还是合作？开放还是封闭？可治理性还是灵活性？责任还是效率？等等。治理要努力维护各主体之间的信任，保证人人都遵守谈判达成的谅解，通过坦诚沟通交流减少噪声干扰，并克服各种利己行为对合作的破坏，这并不容易达成。同时，过分强调合作和共识可能会妨碍因矛盾和冲突而激发的创造性，妨碍解决危机的努力。自组织的运作环境复杂且动荡不宁。它因此面临的问题是在保持对周围环境开放的同时又要考虑在有限的伙伴当中实行有效的协调所必需的一定程度的封闭。封闭会限制成员的自由离开和退出；开放则会妨碍伙伴组织成员持有共同的长远观点，做出长期承诺。当然，治理还要在遵从规则、明确责任保持可治理性还是给予更多空间和灵活性、效率优先等方面进行斟酌（鲍勃·杰索普，1999）。能否在这些两难之间做出正确或适度的选择，在很大程度上决定着治理的效果。

三　乡村的善治

既然存在治理失败的可能性，那么如何克服治理的失败，使治理更加有效等问题便自然而然地摆到了学者面前。作为对上述问题的回答，不少学者和国际组织纷纷提出了"元治理"、健全的治理、有效的治理和善治等概念，其中"良好的治理"或"善治"的理论最有影响（俞可平，2000）。

善治思想在中国有悠久的历史渊源。例如，董仲舒在《对贤良策》中写道："当更化而不更化，虽有大贤不能善治也。故汉得天下以来，常欲善治而至今不可善治者，失之于当更化而不更化也。"① 在这种情境下，善治等同于善政，指好的政府和好的施政手段。而现代自西方社会传入的"善治"或"善治理论"源于西方的治理理论，是对英文"good governance"的翻译。这一概念对传统的超越在于，它不局限于好政府，而着眼于整个社会的好治理，是公共利益的最大化，而不是政府利益或某个集团利益的最大化。

有一些经典的关于善治的表述。比如，迈克尔·约翰斯顿（Michael Johnston）认为，善治是相关制度和政策具有正当性且有效率；治理的过程和结果能被大家理解；治理的事务和过程公开透明；各利益相关者都有激励；治理主体在横向上和纵向上可问责，横向上问责是指参与治理的个人、利益团体、组织都须负起责任，纵向上问责是指组织内部各层级都须负责。善治指治理的事务、政策和制度是正当合法的，参与治理的主体是可问责的，追求社会公共目标时获得和使用公共权力及其他资源是有效率的（Johnston，2006）。

联合国亚太经济社会委员会（UN-ESCAP，2009）总结了善治的八个特征：一是多方参与，其中，女性参与治理尤其重要，而保证大家参与就需要组织和动员。二是法治。三是透明，这需要治理的决策和执行都公开透明，参与者能获得所有必需的信息。四是及时回应，即对治理涉及的事务和政策在合理的时间限期内对利益相关者要有回应。五是基于共识，协调好不同群体的利益。六是平等与包容，让所有人觉得治理与他们的利益相关，对脆弱群体需要保证他们的利益增进或者至少不受损失。七是使用资源有效率，治理有效果。八是可追责，不仅对政府部门而且对社会组织和个人都可追责。

俞可平（2001，2005）最初将善治定义为6个要素，后来又扩展为10个要

---

① "对贤良策"：篇名。西汉董仲舒撰。载《汉书》本传。

素，包括合法性、法治、透明性、责任性、回应、有效、参与、稳定、廉洁、公正。

综合上述观点，可以发现乡村治理中的"善治"除了需要有"治理"的基本特征，即多元治理主体的平等参与外，还需要有以下特征。

第一，合法性（legitimacy）。合法性指的是社会秩序和权威被自觉认可和服从的性质和状态，而不是法律意义上的合法。合法性是指那些被一定范围内的人们内心所承认的权威和秩序。合法性越大，善治的程度越高。乡村善治要求各治理主体最大限度地协调彼此之间，以及其与农村居民之间的利益矛盾，以便取得各参与方和农村居民最大限度的同意和认可。

第二，透明性（transparency）。透明性指各种与治理有关的信息的公开性。治理主体之间都有权获得与自己的利益相关的信息，以便能够真正平等、透明、有效地参与公共决策过程，并对治理过程实施有效监督。乡村治理过程中的信息透明度越高，善治的程度也越高。

第三，责任性（accountability）。责任性指的是各治理主体应当有明确的权责关系，且对其自己的行为负责。对没有履行或不适当地履行责任和义务的对象要有明确的问责机制。权责越明确，可问责性越强，乡村治理的善治程度越高。

第四，法治（rule of law）。法治与人治相对立，法治是善治的基本要求。没有健全的法制，没有对法律的充分尊重，没有建立在法律之上的治理秩序就不能称为善治。乡村的善治要求各治理主体处理各类纠纷和矛盾的基本和最终规范是法律。村规民约是对法律的补充或细化，但不能与法律相抵触。

第五，回应（responsiveness）。回应指乡村治理的各个主体都必须对彼此以及农村居民的要求做出及时和负责的反应，不得无故拖延或没有下文。在必要时还应当定期地、主动地向农村居民征询意见、解释和回答问题。回应性越大，善治的程度也就越高。

第六，效率（effectiveness）。效率指治理的过程不但有效且有效率，能以最低的成本获得最大的公共利益。其中成本包括物质成本、人力成本、时间成本等。善治程度越高，乡村治理的效率越高，效果越好。

第三节　农村社区建设

农村社区建设与乡村治理是高度关联的两个概念。它们有共同的目标，希望通过一定的方式追求或达到乡村或农村社区发展的理想状态；它们往往也有共同的作用对象或包含共同的内容，比如它们都致力于公共物品的供给或者致力于解决农村居民的公共事务，而且它们都强调政府权力的下放和民间力量的积极参与等。在基层的实际工作中，两者更是有很多交叉和重合。但这两个概念由于起源于不同的理论思潮，在很多方面也有所侧重和不同。比如乡村治理更强调多元主体的共同参与以及治理主体之间的权利配置，强调治理主体之间的平等互动与制衡关系，及因此形成的一系列规则和制度。而社区建设更多基于共同体建设的意蕴。

一 "社区"的界定

1887 年，德国学者滕尼斯（Ferdinand Tonnies）在他的著作《共同体与社会》中提出了"共同体"的概念，后被转译作"社区"。他认为，"社区"主要存在于传统的乡村社会中，是人与人之间关系密切、守望相助、富有人情味的社会团体。连接人们的是具有共同利益的血缘、感情和伦理团结纽带，人们基于情感动机形成了亲密无间、相互信任的关系（斐迪南·滕尼斯，2010）。这是最早关于农村社区的表述，可以说，农村社区就是人们生活的共同体。自滕尼斯之后，人们对于社区及共同体进行了大量的研究，也有不少分歧和争论。1955 年美国学者 G. A. 希莱里（G. A. Hillery）发现人们对于社区至少有 94 种表述，不过，其中 69 个有关定义表述都包括地域、共同的纽带以及社会交往三个方面的含义。

直到今天，尽管人们对于社区及共同体仍有不同的理解和解释，但大多将社区视为一定地域范围内的人们基于共同的利益和需求、密切的交往而形成的具有较强认同的社会生活共同体。"一定的地域"、"共同的纽带"、"社会交往"以及"认同意识"是作为社区或共同体的最基本的要素和特征。一是社区是一定地域范围的人口聚合。二是社区还有一套其成员共守或共享的"地方性知识"或处境化经验（吴理财，2011），这些"知识"和文化把社区与外界分隔开，形成一堵有形或无形的"墙"；对内则有利于增进社区互动，形成社区凝聚力和向心力。社区认同是社区概念的题中应有之义，只有社区成员与社区之间存在一种休戚相关、魂牵梦萦、生死与共的情感，即"社区是我家，建设靠大家"的社区意识和奉献参与精神，才能成为一个真正意义上的社区。

二　农村社区的识别

虽然人们普遍承认社区是建立在"一定的地域"基础上的基于"共同的纽带"及"认同意识"而形成的共同体，但在现实生活中，社区及共同体的识别并不是一件容易的事，这体现在各个国家的学者对社区的不同理解和界定中。以中国为例，一些学者从社区或共同体的空间地理及地域边界来划分。最常见的是以村落聚居为边界，将自然村落视为农村社区及共同体的边界；抑或以基层行政区域为边界，将农村的组织与管理单位视为农村社区；或者将乡镇以及城镇视为社区单位。一些学者则从社区及共同体的内在联系及认同意识的角度划分社区和共同体。其中最普遍的是以血缘关系为基础划定社区，如一些人将农村家族和宗族作为共同体；有的以农民生产及经济活动范围为边界，以农民最基本的经济活动空间作为农村社区和共同体的边界，如基于农村水利服务范围，人们区分出不同的农村社区。美国的中国社会经济史学家（施坚雅，1998）出版的《中国农村的市场和社会结构》提出"市场共同体理论"，在他看来，农民的实际社会区域的边界不是由其所在村庄的狭窄的范围决定的，而是由其所在的基层市场区域的边界决定的。

迄今为止，人们关于社区及共同体的识别存在明显的分歧。这种分歧不仅是由于不同的划分和识别标准，也是由此对现实不同的观察和判断。多角度的分析可以让大家认识到社区及共同体本身的多样性和复杂。不仅如此，人们对于当前中国农村社区的识别与边界的划分的分歧也与大家对于建设中的农村社区的性质的认识有关。

三　社区建设概念和内涵的发展

社区建设是中国创造的特有概念。2000 年 11 月，中共中央办公厅、国务院转发的《民政部关于在全国推进城市社区建设的意见》指出："社区建设是指在党和政府的领导下，依靠社区力量，利用社区资源，强化社区功能，解决社区问题，促进社区政治、经济、文化、环境协调和健康发展，不断提高社区成员生活水平和生活质量的过程。"

在西方，类似的概念最早源于 1915 年美国社会学家 F. 法林顿提出的"社区发展"（community development）概念（Von Hoffman，2003）。此外，相似的概念还包括"社区组织""社区工作""社会服务""社区照顾""社区福利""社区救助""社区营造"等。

社区建设在不同国家有不同的实践渊源，通常认为与早期的社会福利制度和社区福利组织的活动与发展息息相关。19 世纪末，在工业化和城市化进程中出现了严重的社会失衡问题，尤其是社区贫民的生活状况引起了社会的广泛关注。英美等西方国家民间慈善机构联合起来，从事以救济贫困、帮助就业、睦邻互助等为主的社区救助活动，尤其以在贫民区开展的救济穷人的慈善服务为主。1895 年，美国已经拥有超过 50 个的贫民社区会所（怀忠民、魏小鹏，2006）。滕尼斯的《社区与社会》也是在这种背景下，从理论上揭示了传统农业社会向工业社会转型过程中引发的社会问题，提出了保存继承传统社区美德的必要性。20 世纪初，在英、法等欧洲国家和美国，出现了一场更具广泛性的"睦邻"（Settlements and Neighborhood Movement）运动和"社区福利中心"（Community Welfare Centers）运动。

1929—1933 年的资本主义世界经济危机给全球造成了严重的影响，西方社会大量失业、人们流离失所，贫困人群依靠家庭邻里救济和社区福利已经不能满足生存需要。面对大萧条，以美国为代表的国家干预社会生活的社会保障制度逐渐代替了原来的社区自觉的救助。这一时期，政府逐渐取代家庭和社区，扮演福利提供的重要角色。1948 年，英国宣布为福利国家，政府成为福利的主要承担者，福利范围"从摇篮到坟墓"无所不包，成为西方国家标榜和追求的一种理想制度。

但是，第二次世界大战结束后，许多国家面临贫困、疾病、失业、经济发展缓慢等一系列问题，要解决这些问题仅仅依靠政府的力量是远远不够的。在这种情况下，一种运用社区民间资源、发展社区自足力量的构想应运而生。1951 年，联合国经济社会理事会通过 390D 号议案正式提出"社区发展运动"倡议，即以社区为单位，通过政府机构与社区组织的通力合作和社会互助，解决经济发展过程中出现的社会问题，促进经济与社会的全面发展。1952 年，联合国正式成立了"社区组织与社区发展小组"（1954 年改为社会局社区发展组），来具体负责推动全球特别是落后地区的社区发展运动。这一社区发展运动对促进贫困地区经济发展和解决社会问题起到了重要作用。随后，社区发展工作得到联合国的大力支持和推行，成为发展第三世界国家和地区的主要战略。

1955 年，联合国发表题为《通过社区发展促进社会进步》的专题报告，指出社区发展的目的是动员和教育社区内居民积极参与社区和国家建设，充分发挥创造性，与政府一起大力改变贫穷落后状况，以促进经济增长和社会全面进步。该报告还提出了社区发展的 10 条基本原则：①社区发展的各项活动必须符合社区的基本需要，并根据人民的愿望，制订首要的工作方案。②虽然社区的局部改进可以由某一部门着手进行，但全面的社区发展必须建立多目标的计划，并组织各方面、各部门联合行动。③在推行社区发展的初期，改变居民的态度和物质建设同样重要。④社区发展的目的在于促进人民热心参与社区工作，从而改进地方行政机构的功能。⑤选拔、鼓励和训练地方领导人才是社区发展计划中的主要工作。⑥社区发展工作应特别重视妇女和青年的参与，以扩大参与的公众基础并获取社区的长期发展。⑦社区自助计划的有效实现有赖于政府积极而广泛的协助。⑧制订全国性的社区发展计划必须有完整的政策、建立行政机构、选拔与训练工作人员、运用与研究地方与国家资源，社区发展的实验与考核机构的设立都应逐步配套地进行。⑨在社区发展中应充分利用地方的、全国的与国际的民间组织资源。⑩地方性的社会、经济进步要与全国的发展计划互相结合、协调实行。

20 世纪 60 年代，社区发展运动开始向英、法、美、德及北欧的发达国家扩展。美国出现了非营利社区发展公司，帮助社区的穷人建房和进行贫民窟改造。社区工作受到政府高度重视并发展迅速。

20 世纪 70 年代中期，西方各国普遍遭遇经济衰退，福利国家面临危机。于是人们开始重新反思政府在福利制度方面的角色，主张福利的责任应该由公共部门、营利部门、非营利部门和家庭社区四个部门共同负担，"福利多元主义"思潮兴起。20 世纪 80 年代，西方政府开始大幅度削减财政资助，社区自助、社区运动成为社区工作的主流，提倡社区居民相互帮助、自我服务。英、美等国将社区的服务工作重点转向一些有特殊需要的人士。社会福利民营化和社区化就是为了解决福利国家危机采取的改革措施之一。

20 世纪 90 年代初，社区建设再次受到高度重视。社区建设成为克林顿实现重塑政府、复兴美国的重要手段之一。1993 年，美国总统克林顿签署了《国家和社区服务法》，通过实施国家社区服务计划，鼓励美国人积极参与社区资源服务，总统称为"投资于未来的理想"。美国的社区服务计划包括塑造社区成员的思想道德意识，促进个人的全面发展；建设社区基层组织，培育各类组织之间的伙伴关系，更好地满足社区需求；针对特定社区对象，如低薪阶层、社区学校、儿童团体、青年团体、老年团体开展特定服务。同时强调发展社区组织的功能和跨组织间的合作,以扩大社区组织的影响,提高社区个体的潜能,使社区成为凝聚力更强、居住更安全、环境更优美的生活区和工作区,最终从整体上加强社区建设。

从上述社区发展的历程可以看出,社区建设经历了一个从以社区特殊帮扶对象为主的社区福利、社区救助或社区照顾阶段,逐渐发展到以为全体居民提供全方位社区服务,强调社区政治、经济、社会、环境、个人等各方面综合发展的社区建设阶段的演变,这也体现出社区发展和社区建设概念的内涵不断拓展的过程。

四 农村社区建设的主要内容

农村社区建设发展至今,已经成为一个工作内容涵盖社区发展方方面面的概念。通常认为,农村社区建设的主要工作包括以下几个方面。

(一)社区组织培育

主要指社区各种自治组织的培育和发展。社区自治组织在很多国家承担大量的社区发展事务。比如,活跃在美国大小城市社区内的非营利组织和志愿组织有150多万个,约占美国各类组织的6%。大约有800万人在社区组织中从事各类服务工作,占全国就业人数的10%,此外,每年还有9000万人次的志愿者,从事社区服务工作(Joseph and Donahue,2000)。

(二)社区环境建设

环境建设是社区建设的重要内容,直接关系到社区居民的生活和生存质量。随着经济发展和人民生活水平的提高,人们对社区环境的要求也日益提高。中国政府的美丽乡村建设行动就是一项致力于改善农村社区环境的重要举措。2013年,中国政府提出了"努力建设美丽乡村"的总体要求,2016年进一步提升为开展"美丽宜居乡村建设"。中国政府网数据显示,截至2020年底,全国农村卫生厕所普及率达68%以上,农村生活垃圾进行收运处理的行政村比例超过90%,农村生活污水治理率达25.5%,全国95%以上的村庄开展了清洁行动,通过这项致力于农村社区环境改造的专项行动,中国农村脏乱差的局面得到扭转。

(三)社区文化培育

社区文化培育是社区建设工作的内核。社区文化是社区居民长期以来形成的物质文化和精神文化之和,社区精神文化是社区长期以来形成的具有鲜明个性的群体意识、价值观念、生活方式、历史传统、行为规范等文化现象。中国台湾的社区总体营造是社区文化建设的典型。首先，其非常关注社区文化建设和社区精神培养，并且注重文化艺术活动的开展和社区记忆的形成、保护与传承。比如，各社区结合特有文化传统，根据特殊人文社会状况，发掘地方资源，举办特色主题文化项目，同时，全省文艺活动也定期举办，提供各地社区文化交流平台。其次，建立社区大学，提供给社区居民终身学习文化知识的机会等。此外，他们还大力发展社区特色文化产业，提高社区竞争力。一些社区开展地方文化保存工作，发掘地方古建筑、古传统，编写村里历史地理志，并创办社区刊物。

（四）社区教育服务

现代意义的社区教育是20世纪从欧美一些国家兴起的，但社区教育这种形式在中国古代社会就已存在，中国古代的"乡校""乡约""社学"就是社区教育的典型形态。美国是世界社区教育最发达的国家之一。社区教育最具特色的实施机构是社区学校，它的开放时间超出了传统学校的时空限制，为所有年龄段的居民提供学校课程、娱乐、健康、社会服务以及职业准备培训。且收费低廉，仅及一般大学的1/3左右。美国约有社区学院1200所，每年有1000多万学生就读。社区学院的学生约占美国大学生总数的45%，而在有的州比例高达60%以上（左彦鹏，2003）。

（五）社区卫生服务

社区卫生服务以解决社区主要卫生问题、满足居民基本卫生服务需求为目的。社区卫生服务是社区建设的重要内容，各国的社区卫生服务存在较大差别。大多数发达国家的社区卫生服务体系属于国家计划管理、私人提供服务的经营模式，其主要特点是政府对卫生保健的投入主要是为居民购买健康保险或作为社会健康保险的主要筹资者，而且健康保险的人群覆盖率高，社区居民自由择医。私人开业的医生与社会（国家）健康保险部门签订服务合同，提供社区卫生服务。国家和地方卫生部门也开设一些专门的社区卫生服务机构。

（六）社区福利供给

社区福利在世界各国的发展是不平衡的，在概念称呼上也各不相同，比如英国的"社区照顾"、美国的"长期照护"等。英国的"社区照顾"最初是针对院舍照顾而提出的。此后，其概念内涵发生了一些变化，即从由社区里的福利机构照顾到强调由社区提供照顾。中国香港的社区照顾深受英国的影响。在美国，无论是"福利机构的"还是"以社区为中心的"关怀，关注重点总是放在"长期关怀"上。中国台湾从 1996 年开始推行福利社区化，意指在社区内或家庭所提供的"就近照顾"或"在地服务"。其目的是落实社区照顾，推进社区机构小型化、社区化，并提倡福利机构开拓外展服务，促使资源有效利用。中国的社区福利供给是伴随着经济体制改革出现的，是为了解决计划经济体制下单位包办社会福利给政府和企业带来沉重负担的问题。

五　农村社区建设的模式

根据政府和社会力量在社区建设过程中所发挥作用的不同，可以将农村社区建设分为三种模式。

（一）政府主导模式

政府主导的社区建设模式是指在社区发展和建设过程中以政府的力量为主导、居民响应参与、自上而下推行的社区发展模式。政府在社区发展中处于中心地位，政府对社区发展的法律、政策、组织规范体系提供计划及方案，并给予大力资金支持，而社区层面的组织及居民按照政府的计划与方案实施或参与活动。政府对社区建设的参与较为直接与具体，并在社区中设有各种形式的派出机构，社区建设表现出浓厚的行政色彩。新加坡可看成政府主导模式的代表。新加坡社区发展高度政府主导的标志之一，是社区组织的领导人员都不是由社区居民选举产生的，而是由所选取的国民议员委任或推荐的。政府的主导作用还体现在对社区各级组织的规范化管理。新加坡社区组织以选区为基础，社区组织的活动范围以选区为基本单位。设在选区层次上的社区组织是公民咨询委员会和居民联络所管理委员会，最基层的社区组织是居民委员会，全国社区的总机构是人民协会。公民咨询委员会在每一个选区均有设立，在选区层次上组织、领导、协调社区事务，负责政府与社区之间的沟通，即将居民的需要反映给政府，把政府的有关活动安排和政策信息传递给社区居民。每个选区还至少设立一个居民联络所管理委员会，组织举办文化、教育、娱乐、体育、社交等公益活动，同时在政府与民众中承担沟通的作用。在所有的公共组屋区都设有居民委员会，通过组织多样的活动促进邻里和睦、种族和谐与社会团结。

（二）中间模式

中间模式指政府和社会力量在社区建设的过程中均不具有主导性力量，而更多的是相互分工合作。以澳大利亚为例，其社区建设的特点体现在：一是国家对社区发展提供强有力的财政支持，体现了国家对社区发展的重视。二是依靠政府和社会两支力量的互动。澳大利亚的社区组织十分完备，在反映居民需求采取社区服务行动和向政府反映问题方面体现了高运作的效率。三是社区服务内容丰富，形式多样，但政府并不直接执行项目，而是通过购买，依靠市场化运作。政府将社区发展项目立项后通过招标或将设施出售、出租的方式，让非政府的服务机构执行实施，政府对项目的质量与价格进行政策控制，对获得良好评价的机构予以扶持。四是政府部门及公务员提供便利条件，培育社区自治能力。五是鼓励社区居民参与社区决策、自主解决社区问题。

（三）社会主导模式

社会主导型社区建设模式是指在社区建设过程中，社会尤其是社区的力量占主导、居民主动参与、由下而上实施的社区发展模式。社区自治在社区发展中处于中心地位，政府对社区发展的职能主要表现在制定法律、政策，协调社区内的各种利益关系，为社区居民的参与活动提供制度规范，基本不涉及组织及计划方案。社区层面的组织及居民按照自主自治的原则，处理社区事务。在发展过程中社会主导模式表现为政府行为与社区行为没有直接联系，政府对社区的干预较为间接。美国的社区发展就属于这种模式。美国政府对社区发展的具体事务都让社区承担，通过培育非营利组织的发展，让社区承担大量的具体社会事务。

第四节　社区认同与共同体建设

农村社区建设是充分调动社区自主力量，使政府、农村居民和有关的社区组织联合起来，共同整合社区资源、解决社区问题、改善社区环境、提高社区生活质量，推动社区全面进步的一种社区发展方式。而社区之所以能承载这一功能，其根本原因和动能在于社区成员的认同感和共同体意识，是"社区是我家，发展靠大家"这样的理念，支撑人们参与到社区的建设中。但现代化进程中社区认同和共同体意识的减弱，已经成为一种全球普遍性现象，如何在现代化背景下构建新型社区共同体已经成为一个新的课题。

一　作为一种社会资本的社区认同

社区概念的基本内涵是共同体，而其最初形态对应的是传统农村存在的自然社区。滕尼斯将这种传统农村社区看成与理性社会（城市）相对应的组织形态，他们之间的差别是以人际关系的远近亲疏为特征的。在传统农村社区，人际关系具有熟悉、同情、信任、相互依赖等典型特征，而在理性社会这种人造的组织中，人际关系具有陌生、反感、不信任、相互独立和社会联结等典型特征。这种关于社区与社会的划分，为社区赋予了核心内涵。虽然社区的概念后来又经历了各种复杂的变迁，但社区仍被视为一种具有社区认同的共同体。

这种"社区"内涵的共同体意识或社区认同感被认为是社会资本的重要形式或内容，而社会资本"更为一般地被视为能够促进行动的一种资源"（阿纳尔多·巴尼亚斯科，2007）。传统集体行动理论的若干模型内含有如下假设：一是参与集体选择的个人之间缺乏有效沟通，从而导致彼此的不信任状态。二是对于集体选择中存在的困境，人们普遍缺乏改变现存规则的动力或能力。因而，由上述假设得出的应然结论是，个人理性并非实现集体理性的充分条件，抑或个人理性无法促成集体理性（曼瑟尔·奥尔森，2014）。而治理理论认为，一群相互依赖的委托人，依托社会资本，通过挖掘社群内部个体之间信任与互惠的因子，能够冲破传统集体行动理论中个人"纯粹自利"的假设前提，并将自身有效地组织起来进行自主治理，从而打破集体行动的困境（埃莉诺·奥斯特罗姆，2000）。罗伯特·D. 帕特南（2001）也指出，社会资本是人与人之间的信任，以及互惠的规范和公民参与的网络，能够通过促进合作来提高社会的效率，也有助于解决集体行动的问题。在农村社区内，农民的社区认同越强，越容易趋向互惠和合作，社区认同越弱，互惠与合作越难。

第一，社区认同有助于促进社区成员的利益趋同，从而增进公共利益。社区认同能够促进社会资本的生产和再生产，诚如肯尼斯·纽顿（2000）所指出的那样，社会资本又把个人从缺乏社会良心和社会责任感的、自利的和自我中心主义的算计者转变成为具有共同利益的对社会关系有共同假设和共同利益感的共同体的一员，从而构成了将社会聚合在一起的黏合剂。

第二，社区认同能增进社区成员的责任感。社区认同是社区成员与社区相联结的一种重要机制，社区认同的强弱反映着这种联结的紧密或松弛程度。社区成员越是认同社区，他对社区投入的情感越多，也就越愿意参与社区公共事务，促进集体行动的开展。

第三，社区认同越强，社区的公共舆论规约性越大。只有在社区认同较强的熟人社会里，社区的公共舆论才能发挥规制人们行为的作用，个体在社区公共参与过程中才能遵守规则，社区成员的行为预期才会更明确，集体行动和合作才有可能最终达成。但需要指出的是，社会资本与社区认同一样是有边界的。传统农村社区的社会资本相对较高，是与它相对的封闭性有关，"封闭的结构增加了相互监督的可能性，产生了期望和共同规范，并促进了环境的信任程度"，"个人的流动可能会破坏社会资本"（阿纳尔多·巴尼亚斯科，2007）。在一个开放的社区里，社区公共舆论对人们行为的影响明显减弱，各种"搭便车"行为或其他投机行为更容易出现，社区合作也更难以达成。

因此，作为一种集体行动，无论是乡村治理还是农村社区建设，都将农村社区认同感的构建或者社会资本的培育作为重要内容。

二 社区的认同危机和公共参与不足

传统农村社区往往被认作一种具有成员认同感和丰富社会资本的社区和"共同体"，但快速的工业化、城市化和现代化呈现对传统农村社区的快速解构。而滕尼斯等人对社区的研究，也正是对这一进程的反思。

从农业社会向现代产业社会转型的过程中，地域社会最基本的变动是在农业社会形成的共同体的解体（富永健一，1992）。随着社会分工的发展，农村人口流动量增大，生产活动和生活活动空间扩展，农村社会内部的封闭性被打破，村落内部同质性和自给自足的程度不断降低，村落共同体的基础解体；无偿的劳动互助组织被各种市场组织取代，社会化程度得到提高；教育的普及带来机会的大众化，村落的制约力减弱，个人的自由度增大；社会资源分配均等化，个人和家庭的平等化程度提高。村落社会从地域性较强和共同关心程度较高的状态向异质性较强的复合社会分化，从共同社会（Gemeinshaft）向利益社会（Gesellschaft）转变（李国庆，2005）。社区居民之间从邻里守望、相互帮助的互动模式演变成疏离、冷漠、退缩的互不相干。公共领域的准则侵蚀私人领域，社区生活世界呈现重理性与效率的价值状态。

现代性对社区认同的解构是一种全球的普遍现象。美国被认作社会资本存量最为丰富的国家，它有着公民参与公共生活的传统，而且这种传统被认为是支撑美国民主制度良好运转的重要基石。但美国的社区认同也没能逃脱现代性的摧残，美国面临着"独自打保龄球"的尴尬[①]。帕特南研究发现，自美国建国至20世纪的前2/3的时间，美国人深入地参与到社区事务之中：喜好结社、积极投

---

① 这种说法来自帕特南的《独自打保龄球：美国社区的衰落与复兴》一书，后学术界多用"独自打保龄球"形容社区的衰落和人际关系的冷漠。

票、关注公共话题、热心社区公益事业。而在 20 世纪的后 1/3 时间，美国人渐渐疏离了亲友和社区生活，呈现公民参与社区事务的热情迅速下降的新趋势，无论是公众政治参与度、宗教参与度、工会和职业协会的入会率、非正式的社会联系、社会捐赠和社区项目服务均不同程度地出现了下滑。帕特南认为，是财富和工作压力减少了人们交往和公共参与的时间、精力和热情。城市扩张和居住的流动性致使美国人每天要明显花费更多的时间在市郊之间来回往返，社区居民之间的社会交往逐渐销蚀，社区意识逐渐降低，社区参与逐渐减少。城市扩张破坏了社区的物理边界，导致社区居民之间社会联系的衰减。电子娱乐占用了人们大量的休闲时间，也使他们参与社区组织较少，参与公共事务也较少。看电视提供了一种虚假的人际联系，减少了参与公共活动的动机。热心公共事务的一代已经被崇尚物质主义价值观、追求物质奢华的一代人取代（罗伯特·D. 帕特南，2011）。

公共参与和社区认同的不足，容易诱发一系列社会问题。一是公共参与和社区认同不足会削弱民主政治的基础，使社会治理面临困境。二是使社区服务不足，各种公益性和互助性社会服务都因供给主体的缺乏而面临匮乏。三是易于引发犯罪和其他社会病。由于缺乏社区交往和社会信任的润滑作用，人们更加倾向于通过破坏性大的暴力而不是社会体系解决问题，这导致犯罪率升高，尤其是青少年犯罪的可能性大大增加。四是会阻碍个人的经济成功与经济发展。缺乏社会网络，个人可能会出现就业和职业发展的困难，社区企业之间也难以合作，经济效率大幅降低。

三　新型社区共同体的建设

传统农村社区及其内含的共同体意识被工业化、市场化和城市化所解构。但是必须认识到，这一过程不可抗拒，具有必然性和进步性。传统社会共同体是一种"同质"的社会，社会组织是一种"机械的团结"，是文明程度较低的社会的表现。现代社会的分工形成的是一种人与人之间相互依存的"有机团结"，在现代社会中，人们虽然差异增大，但社会并没有瓦解，社会分工成为社会联系的纽带（埃米尔·涂尔干，2000）。在社会快速发展与激烈的社会变迁中，一个高度分化与技术化、工具化的理性社会结构如何保持社会成员的整合以及社会的秩序才是讨论共同体的核心议题（Fischer，1975）。长期以来，人们提出并尝试过以下几种途径以努力培育农村社会资本，重建农村社区的认同感。

第一，通过社区文化活动和思想教育促进社区认同。早在20世纪30年代，梁漱溟和晏阳初等就把当时中国的问题归因到文化的衰落，并把农民教育、文化复兴作为乡村建设的首要内容，力求通过文化建设增强乡村社会和社区的凝聚力。中华人民共和国成立以后的不同时期，中国政府高度重视农村社区文化建设。尤其是21世纪以来，面对城乡文化发展水平之间的较大差距，政府开始推动城乡公共文化服务的一体化、均衡化、均等化建设。中央多次下发文件进行工作部署，在中央的重视下，农村文化事业财政资金投入显著增长。2016年，农村文化事业经费在全国文化事业费投入中的占比首次超过了城市。农村实施了广播电视村村通工程、全国文化信息资源共享工程、乡镇综合文化站和基层文化阵地建设工程、农村电影放映工程和农家书屋建设工程等重大公共文化服务工程。这些举措为中国的社区文化建设提供了很好的基础设施条件。

在社区文化的建设过程中，要特别重视社区居民的互动，没有社区居民的互动，就不可能形成社区认同。社区发育的一个重要内容就是社会交往的恢复和社会关系的重建（孙立平，2001）。社会交往和互动生产社会资本，也产生共同的社区记忆。所谓社区记忆，就是社区长期积累的传统，或关于社区过去的表征，它可以通过口述的传统、文字、仪式或者物质文化等形式一代一代地向下传递（赵旭东，2009）。社区记忆使社区生活保持连续性和共同性，它是形成社区认同的一个重要机制，社区记忆越强，社区认同越强。因此要通过举办各种社区互动活动，在活动中注重仪式感的运用，在这种互动中塑造居民的共同价值观，并最终形成社区文化。

第二，积极培育社区组织，增强社区凝聚力。社区组织建设是实现社区联合的基本方式。非营利组织是美国社区服务的主体。从20世纪30年代罗斯福新政以来，公共机构一直是全美社区服务的主导力量。但20世纪60年代以后，随着美国政府财政方面的紧缩，美国联邦政府开始重视非营利组织在社区发展中的作用。特别是20世纪90年代以来的克林顿政府把社区建设和非营利组织广泛参与作为实现"复兴美国""再创政府"的重要手段。克林顿政府提出"授权区和事业社区"的法案，获得了国会通过并得到了实施。这一法案的主要目的就是精简政府机构，把本应由各级政府机构负责的社区服务、培训或有关社区发展项目的决策、计划、融资等公共服务转交非营利组织承担。这个法案实施之后，美国的非营利组织与机构得到了更大的发展，它们在社区建设中的作用也得到了进一步的提高与加强。政府也采取有力措施支持非营利组织发展，例如免税支持，政府对非营利组织的发展免税，符合美国税法属于免税范围的非营利组织的类别有25种以上。政府鼓励社会和企业向非营利组织进行捐助，公司向非营利组织的捐助款不超过公司总收入的3%可免除各项税收（包红霏，2014）。

第三，通过完善的社区服务重建社区认同。在任何社会中，人们的生产和生活都不可能是孤立的，都存在一定的共同需求。正是基于共同的需求，人们之间建立和形成了不同类型的共同体。是否能够满足人们共同或公共的需求，是一个社区或共同体赖以存在的基础，也是形成人们认同和归属感的条件。传统农村社区共同体也是因为为成员提供了水利、耕作、治安、防卫、祭祀、信仰以及娱乐等服务才获得了认同和信任。在现代化背景下，分散化的农民对社区公共服务的需求更加强烈，它要求社区能够提供更多的社会支持和保障。完善的社区服务更加成为居民与社区联系的纽带，也是他们对社区建立认同感和共同体意识的基础。

需要说明的是，虽然主流观念都强调社区认同和共同体意识，以及社区社会资本的培育，认可其对公共参与的促进和推动作用，但必须指出的是，社会资本对社区公共参与的积极作用是有条件的。社区内社会资本的存量不足、分布结构不平衡等情况会在很大程度上影响社区公共参与程度，社区私人、小群体内的社会资本整合过强，局部、群体之间"链合"① 太弱，这不利于社区公共事务的整体推进。在一个社会资本分布非均衡性过强的社区里，社区就被割裂成一个个的小团体，居民只关心小团体，对社区的整体建设和发展的事务反而无心参与。而且，社区社会资本的非均衡分布，不利于公共参与的公平与平等。拥有高密度社会资本的个人或团体，在社区治理中占据优势，具有更大的参与机会、决策影响力和获取更多利益的机会；而社会资本拥有密度稀薄的个人和团体，往往成为社区公共事务的弱势群体，决策过程难以真正参与进去，利益容易受到损害。因此，在社区建设过程中，不能只强调社会资本的积极作用，也要注意规避社会资本不良发育带来的消极影响。

四 规划型农村社区的建置

农村社区的形成主要有两条途径：一是在长期的生产和生活中自然形成的社

---

① "链合"概念是由德国著名社会学家西美尔提出来的，他把内群体与外群体的结合关系称为"链合"，而把群体内部的团结称为整合。

区。二是由政府、组织或精英规划创建而形成的社区。由此也可将社区划分为两种类型："自发型社区"和"规划型社区"。对于前者来说，人们的"共同的纽带"及认同和归属感是在生产生活的交往中自然形成的，而后者是有意识地推动和创建的。现代社会规划型社区日益增多，中国的农村社区建设就是典型的规划型社区建设。规划型社区在建置之初，就需要综合考虑各方面因素，以便社区认同感或共同体意识更容易形成。通过分析中国农村规划型社区的建置原则，可以帮助我们了解构建新型社区共同体的一些有效方法。

中国政府对农村社区规划和建设的目标有明确要求。党的十六届六中全会和党的十七大报告都强调，把城乡社区建设成为"管理有序、服务完善、文明祥和的社会生活共同体"。可见，农村社区建设的目的是构建一种新型的"农村社会生活共同体"。"管理有序""服务完善""文明祥和"是构建社区共同体的目标。这要求农村社区不仅仅是基于文化认同的社会生活共同体，而且要具有明显而强烈的社会性、组织性、管理性、服务性及规划性等特征。这与自然形成的或主要以文化或利益认同为基础的社会生活共同体存在明显的差别。

因此，在科学规划农村社区的规模和布局等领域时，中国政府主要考虑了以下几个方面。一是农村社区的规划及布局要根据农村社会的组织与治理的需要确定。必须考虑农村社区的设置是否有助于乡村社会的有序和有效管理，是否有助于将农民群众有效地组织起来，是否有利于农民群众参与社区事务的管理。二是农村社区的规划及布局要根据农民群众的公共需求确定。主要是看农村社区的设置是否有助于向农民群众提供公共服务，是否能满足农民群众的公共需求，是否有助于公共服务供给的公平与效率。三是农村社区的规划及布局也要根据农民群众的历史传统、风俗习惯、利益关系及社会认同确定。因此，农村设置社区应按照"地域相近、习俗相似、产业趋同、利益共享、规模适度、群众自愿、便于管理、利于公共服务资源整合利用"等原则进行。

社区人口数量和地域面积是制约和影响农村社区组织、管理及服务的重要因素。人口数量多、地域面积大，虽然有助于降低公共服务成本，提高规模效益，但如果社区范围过大，则会增大社区管理和自我服务的压力，影响自治活动的开展。相反，如果社区范围过小，则会造成管理成本高、公用基础设施建设投入压力大等问题。因此，人口过多或过少及面积过大或过小都可能增加农村社会管理及公共服务的难度，损害服务效能，不便于居民参与本地管理及享受公共服务。

只有适度才能优化资源配置，提高基础设施和公共服务的共享度。中国农村社区人口大约在 2000—3000 人（项继权，2016），现行的行政村人口和地域规模比较适中，当然，由于中国地域差异较大，各地在农村社区规模的设置方法上也尽量因地制宜。比如，浙江省规定农村社区以 1000—5000 人、农村居民出行 15 分钟为宜。河南省将新型农村社区规模划分为四大类型，即特大型社区（6001—10000 人）、大型社区（4001—6000 人）、中型社区（2001—4000 人）、小型社区（≤2000 人）。

此外，各地具体的农村社区建置方式也不尽相同，有"一村一社区""一村多社区""多村一社区"等多种模式。其中，"一村一社区"是中国农村社区建置最普遍的模式，即在现行村委会的基础上，一个行政村只设立一个社区；"一村多社区"是在一个村设立两个或多个以上的社区，实际操作中一般以自然村或村民小组为单位成立社区，如湖北、江苏、广西等省份的一些地方就采取了这一模式；"多村一社区"模式是在相邻的两个或两个以上的村中选择中心村或较大的村为单位设立社区，如山东省诸城市就采取这种模式。

参考文献

一　中文文献

（一）著作

习近平：《论"三农"工作》，中央文献出版社 2022 年版。

Hana Polackova Brixi、马骏主编：《财政风险管理：新理念与国际经验》，梅鸿译校，中国财政经济出版社 2003 年版。

［美］R. D. 罗德菲尔德：《美国的农业与农村》，安子平等译，中国农业出版社 1983 年版。

《第四次气候变化国家评估报告》编写委员会编著：《第四次气候变化国家评估报告》，科学出版社 2022 年版。

［印］阿马蒂亚·森：《正义的理念》，王磊、李航译，中国人民大学出版社 2012 年版。

阿纳尔多·巴尼亚斯科：《信任与社会资本》，载［英］凯特·纳什、阿兰·斯科特主编《布莱克维尔政治社会学指南》，李雪等译，浙江人民出版社 2007 年版。

［美］埃莉诺·奥斯特罗姆：《公共事务的治理之道——集体行动制度的演进》，余逊达、陈旭东译，上海译文出版社 2000 年版。

［法］埃米尔·涂尔干：《社会分工论》，渠东译，生活·读书·新知三联书店 2000 年版。

［英］爱德华·威斯特：《论资本用于土地》，李宗正译，商务印书馆 2015 年版。

［美］爱德华·张伯伦：《垄断竞争理论》，周文译，华夏出版社 2013 年版。

包红霏主编：《社区发展与管理》，中国建筑工业出版社 2014 年版。

［美］保罗·萨缪尔森、威廉·诺德豪斯：《经济学》（第 19 版），萧琛主译，商务印书馆 2013 年版。

薄一波：《若干重大决策与事件的回顾》（上下卷），中共党史出版社 2008 年版。

［美］卜凯：《中国土地利用统计资料》，上海商务印书馆 1937 年版。

［英］大卫·李嘉图：《政治经济学及赋税原理》，郭大力、王亚南译，商务印书馆 2021 年版。

［美］戴维·奥斯本、特德·盖布勒：《改革政府——企业家精神如何改革着公共部门》，周敦仁等译，上海译文出版社 2006 年版。

戴星翼等：《生态服务的价值实现》，科学出版社 2005 年版。

党国英：《中国乡村治理研究》，载魏后凯主编《新中国农业农村发展研究 70 年》，中国社会科学出版社 2020 年版。

［美］道格拉斯·C. 诺思：《经济史上的结构和变革》，厉以平译，商务印书馆 1992 年版。

［美］道格拉斯·C. 诺思等：《暴力与社会秩序——诠释有文字记载的人类历史的一个概念性框架》，杭行、王亮译，格致出版社上海三联书店、上海人民出版社 2013 年版。

［美］德怀特·H. 波金斯等：《发展经济学》（第五版），黄卫平等译，中国人民大学出版社 2005 年版。

［美］德内拉·梅多斯等：《增长的极限》，李涛、王智勇译，机械工业出版社 2013 年版。

丁长发编著：《农业和农村经济学》，厦门大学出版社 2006 年版。

丁达：《中国农村经济的崩溃》，联合书店 1930 年版。

董晓林、张龙耀编著：《农村金融学》（第二版），科学出版社 2017 年版。

［法］杜阁：《关于财富的形成和分配的考察》，南开大学经济系经济学史教研组译，商务印书馆 2014 年版。

杜润生：《中国农村经济改革》，中国社会科学出版社 1985 年版。

杜润生主编：《当代中国的农业合作制》（上下册），当代中国出版社 2002 年版。

杜吟棠主编：《合作社：农业中的现代企业制度》，江西人民出版社 2002
年版。

杜志雄编著：《新时期中国家庭农场研究》，中国农业出版社 2022 年版。

范小建主编：《扶贫开发常用词汇释义》，中国财政经济出版社 2014 年版。

［德］斐迪南·滕尼斯：《共同体与社会：纯粹社会学的基本概念》，林荣远
译，北京大学出版社 2010 年版。

冯文丽主编：《农业保险概论》，南开大学出版社 2019 年版。

冯兴元等：《农村普惠金融研究》，中国社会科学出版社 2019 年版。

冯兴元等：《中国的村级组织与村庄治理》，中国社会科学出版社 2009 年版。

［德］弗里德里希·恩格斯：《英国工人阶级状况》，载中共中央马克思恩格
斯列宁斯大林著作编译局编译《马克思恩格斯全集》（第二卷），人民出版社
2005 年版。

付小均主编：《公共行政学经典理论导引与案例》，中国人民大学出版社
2011 年版。

［日］富永健一：《社会学原理》，严立贤等译，社会科学文献出版社 1992
年版。

高洪深编著：《区域经济学》（第二版），中国人民大学出版社 2002 年版。

高培勇编著：《公共经济学》（第三版），中国人民大学出版社 2012 年版。

［日］根岸介夫：《地域农业振兴与城市化的相关关系》，载《近畿圈城乡关
系的新展开-2》，京都大学农学原论研究室 1993 年版。

国务院扶贫办政策法规司、国务院扶贫办全国扶贫宣传教育中心组织编写：
《脱贫攻坚干部培训十讲》，研究出版社 2018 年版。

［英］哈耶克：《作为一个发现程序的竞争》，载［英］弗里德里希·奥古斯
特·冯·哈耶克《弗赖堡研究》，冯克利等译，冯兴元校，中国社会科学出版社
2019 年版。

何忠伟主编：《农村发展经济学》，中国农业出版社 2008 年版。

怀忠民、魏小鹏主编：《文明社区论》，大连出版社 2006 年版。

黄延信主编：《农村集体产权制度改革实践与探索》，中国农业出版社 2014
年版。

［美］黄宗智：《长江三角洲小农家庭与乡村发展》，中华书局 2000 年版。

〔美〕基思·格里芬：《可供选择的经济发展战略》，倪吉祥等译，范国鹰校，经济科学出版社 1992 年版。

简乃强等编著：《农村发展经济学》，华南理工大学出版社 1988 年版。

蒋远胜主编：《农村金融学》，中国农业出版社 2021 年版。

焦必方主编：《农村和农业经济学》，上海人民出版社、格致出版社 2009 年版。

焦翔：《中国有机农业发展动力机制研究》，中国农业科学技术出版社 2022 年版。

〔德〕卡尔·马克思：《资本论——政治经济学批判》，载中共中央马克思恩格斯列宁斯大林著作编译局编译《马克思恩格斯全集》（第二十三卷），人民出版社 1972 年版。

〔美〕科林·卡特等：《经济改革进程中的中国农业》，中国财政经济出版社 1999 年版。

〔美〕克拉克：《财富的分配》，陈福生、陈振骅译，商务印书馆 2021 年版。

〔英〕肯尼斯·纽顿：《社会资本与现代欧洲民主》，载李惠斌、杨雪冬主编《社会资本与社会发展》，社会科学文献出版社 2000 年版。

孔祥智等：《合作社的再合作：联合社生成路径、运行机制与政策体系》，经济管理出版社 2020 年版。

孔祥智等主编：《农业经济学》（第三版），中国人民大学出版社 2023 年版。

〔法〕魁奈：《魁奈经济著作选集》，吴斐丹、张草纫选译，商务印书馆 1979 年版。

李剑阁主编：《中国新农村建设调查》，上海远东出版社 2007 年版。

李卫武等：《农村发展经济学》，科学普及出版社 1989 年版。

李周、孙若梅：《绿色农业经济转型》，载杨朝飞、〔瑞典〕里杰兰德主编《中国绿色经济发展机制和政策创新研究综合报告》（上下册），中国环境科学出版社 2012 年版。

李周主编：《生态经济学》，中国社会科学出版社 2015 年版。

梁漱溟：《乡村建设理论》，中华书局 2018 年版。

林乐芬主编：《现代农业保险学》，科学出版社 2022 年版。

林毅夫：《制度、技术与中国农业发展》，上海三联书店、上海人民出版社

1994 年版。

刘黎明主编：《土地资源学》，中国农业大学出版社 2020 年版。

陆雷、赵黎：《新时期农村集体经济的现代化之路》，载魏后凯、杜志雄主编《中国农村发展报告——面向 2035 年的农业农村现代化》，中国社会科学出版社 2021 年版。

陆学艺：《当代中国农村与当代中国农民》，知识出版社 1991 年版。

陆学艺：《联产承包责任制研究》，上海人民出版社 1986 年版。

罗必良：《农业家庭经营：走向分工经济》，中国农业出版社 2017 年版。

［美］罗伯特·D. 帕特南：《使民主运转起来——现代意大利的公民传统》，王列、赖海榕译，江西人民出版社 2001 年版。

［美］罗伯特·帕特南：《独自打保龄球：美国社区的衰落与复兴》，刘波等译，燕继荣审校，北京大学出版社 2011 年版。

［英］马尔萨斯：《人口原理》，朱泱等译，商务印书馆 1992 年版。

［美］马克·布什：《生态学：关于变化中的地球》（第 3 版），刘雪华译，清华大学出版社 2007 年版。

［英］迈克尔·康芒、西格丽德·斯塔格尔：《生态经济学引论》，金志农等译，高等教育出版社 2012 年版。

［美］曼瑟尔·奥尔森：《集体行动的逻辑》，陈郁等译，上海人民出版社 2014 年版。

宁志中主编：《中国乡村地理》，中国建筑工业出版社 2019 年版。

农业部农产品加工业局主编：《中国休闲农业年鉴（2020）》，中国农业出版社 2021 年版。

农业部农村经济体制与经营管理司、农业部农村合作经济经营管理总站编：《中国农村经营管理统计年报（2015 年）》，中国农业出版社 2016 年版。

农业农村部政策与改革司编：《中国农村政策与改革统计年报（2021 年）》，中国农业出版社、农村读物出版社 2022 年版。

［美］乔治·J. 斯蒂格勒：《产业组织》，王永钦、薛锋译，上海人民出版社 2006 年版。

全国十三所综合性大学《中国农村经济学》编写组编著：《中国农村经济学》，辽宁人民出版社 1986 年版。

沈琼等编著：《农业农村经济学》，郑州大学出版社 2021 年版。

［美］施坚雅：《中国农村的市场和社会结构》，史建云、徐秀丽译，虞和华校，中国社会科学出版社 1998 年版。

石丹林主编：《农村经济学》，西南财经大学出版社 1987 年版。

史敬棠等编：《中国农业合作化运动史料》（上下册），生活·读书·新知三联书店 1959 年版。

史维国主编：《中国农村经济学》，农业出版社 1988 年版。

世界环境与发展委员会编著：《我们共同的未来》，柯金良译，世界知识出版社 1989 年版。

世界银行：《世界银行 1981 年世界发展报告》，《世界发展报告》翻译小组译，中国财政经济出版社 1983 年版。

世界银行：《世界银行 1990 年世界发展报告》，中国财政经济出版社 1990 年版。

世界银行：《2000/2001 年世界发展报告：与贫困作斗争》，世界发展报告翻译组译，中国财政经济出版社 2001 年版。

檀学文：《不稳定城市化——农村留守和流动儿童视角的城市化质量考察》，中国社会科学出版社 2013 年版。

［美］汤姆·蒂坦伯格、琳恩·刘易斯：《环境与自然资源经济学》（第十版），中国人民大学出版社 2016 年版。

唐启国主编：《农村发展经济学》，湖南大学出版社 1999 年版。

［德］特奥多尔·布林克曼：《农业经营经济学》，刘潇然译，农业出版社 1984 年版。

庹国柱、李军主编：《农业保险》，中国人民大学出版社 2005 年版。

王恩胡：《二元经济社会结构转型与农民增收》，中国社会科学出版社 2016 年版。

王贵宸等：《中国农村产业结构论》，人民出版社 1991 年版。

王贵宸主编：《中国农村经济学》，中国人民大学出版社 1988 年版。

王曙光等：《农村金融学》（第二版），北京大学出版社 2008 年版。

王曙光主编：《农村金融学》（第二版），北京大学出版社 2015 年版。

［美］威廉·诺德豪斯：《绿色经济学》，李志青等译，中信出版社 2022

年版。

[美] 威廉·诺德豪斯、约瑟夫·博耶：《变暖的世界——全球变暖的经济模型》，梁小民译，中国出版集团东方出版中心 2021 年版。

[英] 威廉·配第：《政治算术》，马妍译，中国社会科学出版社 2010 年版。

魏道南、张晓山主编：《中国农村新型合作组织探析》，经济管理出版社 1998 年版。

魏后凯、杜志雄主编：《中国农村发展报告（2022）——促进农民农村共同富裕》，中国社会科学出版社 2022 年版。

魏后凯、黄秉信主编：《中国农村经济形势分析与预测（2019—2020)》，社会科学文献出版社 2020 年版。

魏后凯、潘晨光主编：《中国农村发展报告（2016）——聚焦农村全面建成小康社会》，中国社会科学出版社 2016 年版。

魏后凯等：《新型城镇化重塑城乡格局》，社会科学文献出版社 2021 年版。

魏后凯等：《中国城镇化——和谐与繁荣之路》，社会科学文献出版社 2014 年版。

魏后凯等：《中国农村发展 70 年》，经济科学出版社 2019 年版。

魏后凯主编：《现代区域经济学》（修订版），经济管理出版社 2011 年版。

魏后凯主编：《新中国农业农村发展研究 70 年》，中国社会科学出版社 2019 年版。

魏后凯主编：《走中国特色的新型城镇化道路》，社会科学文献出版社 2014 年版。

温来成主编：《财政投融资专题研究》，中国财政经济出版社 2018 年版。

吴良镛：《人居环境科学导论》，中国建筑工业出版社 2001 年版。

[美] 西奥多·W. 舒尔茨：《改造传统农业》，梁小民译，商务印书馆 2021 年版。

[美] 西摩·马丁·李普塞特：《政治人：政治的社会基础》，张绍宗译，沈澄如、张华青校，上海人民出版社 2011 年版。

[英] 西尼尔：《政治经济学大纲》，蔡受百译，商务印书馆 1977 年版。

项继权：《中国农村社区建设研究》，经济科学出版社 2016 年版。

谢高地等：《中国生态资源承载力研究》，科学出版社 2011 年版。

徐希燕主编：《农村发展经济学》，华文出版社 2005 年版。

徐小青主编：《中国农村公共服务》，中国发展出版社 2002 年版。

徐旭初：《中国农民专业合作经济组织的制度分析》，经济科学出版社 2005 年版。

［英］亚当·斯密：《国富论》，郭大力、王亚南译，商务印书馆 2015 年版。

严瑞珍主编：《中国农村经济学》，中国经济出版社 1994 年版。

杨公仆、夏大慰主编：《现代产业经济学》（第二版），上海财经大学出版社 2005 年版。

杨凌农业高新技术产业示范区管委会、科技部中国农村技术开发中心、西北农林科技大学主编：《2021 中国农业产业投资报告》，中国财政经济出版社 2021 年版。

［澳］杨小凯、黄有光：《专业化与经济组织》，张玉纲译，经济科学出版社 2000 年版。

俞可平：《增量民主与善治》，社会科学文献出版社 2005 年版。

俞可平主编：《治理与善治》，社会科学文献出版社 2000 年版。

［德］约翰·冯·杜能：《孤立国同农业和国民经济的关系》，吴衡康译，商务印书馆 1986 年版。

［美］约翰·罗尔斯：《正义论》（修订版），何怀宏等译，中国社会科学出版社 2009 年版。

［英］约翰·斯图亚特·穆勒：《功利主义》，叶建新译，中国社会科学出版社 2009 年版。

［英］约翰·伊特维尔等编：《新帕尔格雷夫经济学大辞典》（第一卷至第四卷），经济科学出版社 1992 年版。

张光忠主编：《社会科学学科辞典》，中国青年出版社 1990 年版。

张囝囡、郭洪渊：《美国农业保险制度演进研究》，中国社会科学出版社 2013 年版。

张培刚、张建华主编：《发展经济学》，北京大学出版社 2009 年版。

张晓山、苑鹏：《合作经济理论与中国农民合作社的实践》，首都经济贸易大学出版社 2009 年版。

张晓山等：《联结农户与市场：中国农民中介组织探究》，中国社会科学出版社 2002 年版。

赵旭东：《文化的表达：人类学的视野》，中国人民大学出版社 2009 年版。

［美］珍妮特·V. 登哈特、罗伯特·B. 登哈特：《新公共服务——服务，而不是掌舵》，丁煌译，中国人民大学出版社 2014 年版。

中华人民共和国农业部政策法规司、中华人民共和国国家统计局农村司：《中国农村 40 年》，中原农民出版社 1989 年版。

中南财经大学编：《经济科学学科辞典》，经济科学出版社 1987 年版。

钟晓敏主编：《地方财政学》（第四版），中国人民大学出版社 2017 年版。

周其仁：《改革的逻辑》，中信出版社 2013 年版。

周志祥、范剑平编著：《农村发展经济学》，中国人民大学出版社 1988 年版。

朱道林主编：《土地管理学》，中国农业大学出版社 2007 年版。

［美］兹维·博迪等：《金融学》（第二版），曹辉译，刘澄译，中国人民大学出版社 2010 年版。

左大康：《现代地理学辞典》，商务印书馆 1990 年版。

（二）期刊、报纸

白益进：《应该建立农村经济学》，《中国经济问题》1982 年第 3 期。

鲍勃·杰索普、漆蕪：《治理的兴起及其失败的风险：以经济发展为例的论述》，《国际社会科学杂志（中文版）》1999 年第 1 期。

蔡昉：《劳动力迁移的两个过程及其制度障碍》，《社会学研究》2001 年第 4 期。

蔡昉：《农业劳动力转移潜力耗尽了吗?》，《中国农村经济》2018 年第 9 期。

曹曼、叶文虎：《产业体系划分的理论探讨》，《经济学动态》2004 年第 6 期。

陈刚、王燕飞：《农村教育、制度与农业生产率——基于中国省级层面数据的实证研究》，《农业技术经济》2010 年第 6 期。

陈可文：《试论农村经济学的研究对象及其内容》，《湘潭大学学报》（社会科学版）1982 年第 4 期。

陈可文：《要总揽经济全局，就必须研究农村经济学——介绍一门新的经济学科》，《农村经济》1984 年第 2 期。

陈明星等：《城市化速度曲线及其政策启示——对诺瑟姆曲线的讨论与发

展》，《地理研究》2011 年第 8 期。

陈睿山等：《气候变化、土地退化和粮食安全问题：关联机制与解决途径》，《生态学报》2021 年第 7 期。

陈锡文等：《中国农村人口老龄化对农业产出影响的量化研究》，《中国人口科学》2011 年第 2 期。

陈湘柯：《论农村经济学的对象与内容》，《湖南师范大学学报》（哲学社会科学版）1985 年第 1 期。

陈彦光、罗静：《城市化水平与城市化速度的关系探讨——中国城市化速度和城市化水平饱和值的初步推断》，《地理研究》2006 年第 6 期。

陈意新：《美国学者对中国近代农业经济的研究》，《中国经济史研究》2001 年第 1 期。

陈有川等：《基于乡镇地域单元的村庄人口空心化研究——以山东省六个乡镇为例》，《现代城市研究》2018 年第 3 期。

谌新民、周文良：《农业转移人口市民化成本分担机制及政策涵义》，《华南师范大学学报》（社会科学版）2013 年第 5 期。

单菁菁：《农民工市民化的成本及其分担机制研究》，《学海》2015 年第 1 期。

党国英：《论城乡社会治理一体化的必要性与实现路径——关于实现"市域社会治理现代化"的思考》，《中国农村经济》2020 年第 2 期。

邓大才：《中国农村村民自治基本单元的选择：历史经验与理论建构》，《学习与探索》2016 年第 4 期。

丁浩金：《关于美国农业专业化的几个问题》，《世界经济》1979 年第 6 期。

丁玉、孔祥智：《日本农民增收的经验和启示》，《世界农业》2014 年第 5 期。

杜吟棠、潘劲：《我国新型农民合作社的雏形——京郊专业合作组织案例调查及理论探讨》，《管理世界》2000 年第 1 期。

杜育红、梁文艳：《农村教育与农村经济发展：人力资本的视角》，《北京师范大学学报》（社会科学版）2011 年第 6 期。

杜志雄、肖卫东：《家庭农场发展的实际状态与政策支持：观照国际经验》，《改革》2014 年第 6 期。

范剑平：《西方农村发展经济学的形成和现状》，《农业经济丛刊》1987 年第 1 期。

方劲：《内源性农村发展模式：实践探索、核心特征与反思拓展》，《中国农业大学学报》（社会科学版）2018 年第 1 期。

方精云等：《中国陆地生态系统固碳效应——中国科学院战略性先导科技专项"应对气候变化的碳收支认证及相关问题"之生态系统固碳任务群研究进展》，《中国科学院院刊》2015 年第 6 期。

冯颜利：《基于生产方式批判的马克思正义思想》，《中国社会科学》2017 年第 9 期。

高新才等：《走中国特色城市化道路的历史必然性》，《生产力研究》2010 年第 1 期。

格里·斯托克、华夏风：《作为理论的治理：五个论点》，《国际社会科学杂志（中文版）》2019 年第 3 期。

辜胜阻：《马克思恩格斯人口迁移与流动理论及其实践意义》，《经济评论》1992 年第 6 期。

谷军、康琳：《缩小中国城乡收入差距的可行性措施研究——以美国、日本、韩国经验为借鉴》，《发展研究》2011 年第 2 期。

顾朝林等：《中国城镇化 2050：SD 模型与过程模拟》，《中国科学：地球科学》2017 年第 7 期。

郭朝先：《2060 年碳中和引致中国经济系统根本性变革》，《北京工业大学学报》（社会科学版）2021 年第 5 期。

郭正林：《乡村治理及其制度绩效评估：学理性案例分析》，《华中师范大学学报》（人文社会科学版）2004 年第 4 期。

韩本毅：《中国城市化发展进程及展望》，《西安交通大学学报》（社会科学版）2011 年第 3 期。

韩纪江：《什么样的村庄更容易空心化？——基于全国 14 省 44 县 111 个行政村的调查数据》，《江南大学学报》（人文社会科学版）2020 年第 6 期。

韩俊：《关于农村集体经济与合作经济的若干理论与政策问题》，《中国农村经济》1998 年第 12 期。

韩婉瑞等：《气候变暖背景下中国三大棉区水热时空变化》，《中国生态农业学报（中英文）》2021年第8期。

何文炯：《共同富裕视角下的基本公共服务制度优化》，《中国人口科学》2022年第1期。

贺雪峰：《论乡村治理内卷化——以河南省K镇调查为例》，《开放时代》2011年第2期。

贺雪峰：《乡村治理研究的三大主题》，《社会科学战线》2005年第1期。

贺雪峰：《资源下乡与基层治理悬浮》，《中南民族大学学报》（人文社会科学版）2022年第7期。

鹤见和子、胡天民：《"内发型发展"的理论与实践》，《江苏社联通讯》1989年第3期。

侯宏伟、马培衢：《"自治、法治、德治"三治融合体系下治理主体嵌入型共治机制的构建》，《华南师范大学学报》（社会科学版）2018年第6期。

胡培兆：《城镇化建设之路也是农业现代化之路》，《宏观经济研究》2003年第2期。

贾康等：《运用PPP提供"权益—伦理型公共产品"：理论、实践与改进》，《西部论坛》2022年第4期。

简新华：《走好中国特色的城镇化道路——中国特色的城镇化道路研究之二》，《学习与实践》2003年第11期。

简新华、黄锟：《中国农民工最新情况调查报告》，《中国人口·资源与环境》2007年第6期。

简新华等：《中国城镇化的质量问题和健康发展》，《当代财经》2013年第9期。

江泽林：《农村一二三产业融合发展再探索》，《农业经济问题》2021年第6期。

珊玲：《关于农村经济学的研究》，《经济问题》1982年第5期。

瞿商：《中国粮食国际贸易和性质的历史分析》，《中国经济史研究》2006年第3期。

柯炳生：《关于我国农民收入问题的若干思考》，《农业经济问题》2005年第1期。

匡远凤、彭代彦：《中国农业经济增长绩效、来源与演化》，《数量经济技术经济研究》2020 年第 12 期。

李谷成：《技术效率、技术进步与中国农业生产率增长》，《经济评论》2009年第 1 期。

李谷成、冯中朝：《中国农业全要素生产率增长：技术推进抑或效率驱动——一项基于随机前沿生产函数的行业比较研究》，《农业技术经济》2010 年第 5 期。

李谷成等：《资本积累、制度变迁与农业增长——对 1978—2011 年中国农业增长与资本存量的实证估计》，《管理世界》2014 年第 5 期。

李贵成：《社会排斥视域下的新生代农民工城市融入问题研究》，《理论探讨》2013 年第 2 期。

李国庆：《关于中国村落共同体的论战——以"戒能—平野论战"为核心》，《社会学研究》2005 年第 6 期。

李国祥、杨正周：《美国培养新型职业农民政策及启示》，《农业经济问题》2013 年第 5 期。

李娜：《日本农业产业融合的新进展及启示——以"知识聚集和活用场所"为中心》，《亚太经济》2020 年第 4 期。

李娜等：《我国行业工资差距：基于泰尔指数的分解分析》，《统计与决策》2013 年第 7 期。

李宁等：《农地产权结构、生产要素效率与农业绩效》，《管理世界》2017 年第 3 期。

李强等：《中国城镇化"推进模式"研究》，《中国社会科学》2012 年第 7 期。

李庆：《在城市化的进程中实现中国妇女的根本解放》，《中华女子学院学报》2003 年第 1 期。

李润平：《发达国家推动乡村发展的经验借鉴》，《宏观经济管理》2018 年第 9 期。

李松有：《群众参与：探索村民自治基本单元的主体基础》，《山西农业大学学报》（社会科学版）2016 年第 4 期。

李婷婷等：《黄淮海平原农区宅基地扩展时空特征及整治潜力分析——以禹城市 5 个村庄为例》，《自然资源学报》2020 年第 9 期。

李婷婷等：《中国农村宅基地闲置程度及其成因分析》，《中国土地科学》2019 年第 12 期。

李仙娥、王春艳：《国外农村剩余劳动力转移模式的比较》，《中国农村经济》2004 年第 5 期。

李小云、季岚岚：《国际减贫视角下的中国扶贫——贫困治理的相关经验》，《国外社会科学》2020 年第 6 期。

李晓俐、陈阳：《德国农业、农村发展模式及对我国的启示》，《农业展望》2010 年第 3 期。

李熠煜：《印度农村的反贫困治理》，《理论导报》2018 年第 6 期。

李莹等：《中国相对贫困标准界定与规模测算》，《中国农村经济》2021 年第 1 期。

李永实：《比较优势理论与农业区域专业化发展——以福建省为例》，《经济地理》2007 年第 4 期。

李玉红、王皓：《中国人口空心村与实心村空间分布——来自第三次农业普查行政村抽样的证据》，《中国农村经济》2020 年第 4 期。

李祖佩、曹晋：《精英俘获与基层治理：基于我国中部某村的实证考察》，《探索》2012 年第 5 期。

林毅夫：《发展经济学的反思与重构》，《济南大学学报》（社会科学版）2018 年第 1 期。

刘芳：《国外农村金融反贫困模式：实践经验与启示》，《世界农业》2017 年第 9 期。

刘守英：《中国农地制度的合约结构与产权残缺》，《中国农村经济》1993 年第 2 期。

刘守英、陈航：《东亚乡村变迁的典型事实再审视——对中国乡村振兴的启示》，《农业经济问题》2022 年第 7 期。

刘文璞：《社会主义与农民财产权——温州股份合作试验的启示》，《中国农村经济》1991 年第 11 期。

刘彦随等：《中国农村空心化的地理学研究与整治实践》，《地理学报》2009 年第 10 期。

刘宇琼、余少祥：《国外扶贫立法模式评析与中国的路径选择》，《国外社会科学》2020 年第 6 期。

刘振伟：《建立稳定的乡村振兴投入增长机制》，《农业经济问题》2019 年第
5 期。

刘重来：《民国时期乡村建设运动述略》，《重庆社会科学》2006 年第 5 期。

陆大道、陈明星：《关于"国家新型城镇化规划（2014—2020）"编制大背
景的几点认识》，《地理学报》2015 年第 2 期。

陆雷、赵黎：《从特殊到一般：中国农村集体经济现代化的省思与前瞻》，
《中国农村经济》2021 年第 12 期。

陆萍、陈晓慧：《农业产业集群概念辨析、演化特点与发展对策》，《农业现
代化研究》2015 年第 4 期。

罗必良、欧百钢：《农林经济管理学科：分类解读与重新构造》，《农业经济
问题》2007 年第 1 期。

罗浩轩、郑晔：《中美贸易摩擦下我国农业产业安全深层次困境及破解思
路》，《西部论坛》2019 年第 1 期。

马新宁、魏广成：《以创新理念引领农村产业融合发展》，《中国经贸导刊
（中）》2021 年第 3 期。

茅锐等：《县域内义务教育公共资源校际配置研究——以 M 县城区小学教育
设施设备的不均衡为切入点》，《教育导刊》2018 年第 2 期。

米吉提·哈得尔、杨梅：《农村产业融合发展的现实困境与改进策略》，《农
业经济》2022 年第 1 期。

苗清：《关于农村宅基地集约利用的思考》，《国土资源通讯》2006 年第
1 期。

倪鹏飞：《新型城镇化的基本模式、具体路径与推进对策》，《江海学刊》
2013 年第 1 期。

年猛：《中国城乡关系演变历程、融合障碍与支持政策》，《经济学家》2020
年第 8 期。

牛凤瑞：《中国特色城市化之路》，《城市住宅》2009 年第 11 期。

欧阳慧、李智：《迈向 2035 年的我国户籍制度改革研究》，《经济纵横》
2021 年第 9 期。

祁全明：《我国农村闲置宅基地的现状、原因及其治理措施》，《农村经济》

2015 年第 8 期。

　　屈群苹、许佃兵：《养老服务均等化：基于阿玛蒂亚·森可行能力的理性审视》，《南京社会科学》2018 年第 2 期。

　　尚玥佟：《巴西贫困与反贫困政策研究》，《拉丁美洲研究》2001 年第 3 期。

　　沈琼：《中国农业农村经济学 70 年：学科发展历程与前景展望》，《经济研究参考》2019 年第 20 期。

　　施汉荣：《试论美国农工商一体化的发展趋势》，《世界经济》1981 年第 8 期。

　　史磊：《美国的乡村生活运动》，《中国青年社会科学》2017 年第 3 期。

　　宋伟等：《中国村庄宅基地空心化评价及其影响因素》，《地理研究》2013 年第 1 期。

　　苏红键、魏后凯：《改革开放 40 年中国城镇化历程、启示与展望》，《改革》2018 年第 11 期。

　　孙立平：《社区、社会资本与社区发育》，《学海》2001 年第 4 期。

　　孙新章等：《中国农田生态系统的服务功能及其经济价值》，《中国人口·资源与环境》2007 年第 4 期。

　　谭秋成：《地方分权与乡镇财政职能》，《中国农村观察》2002 年第 2 期。

　　谭秋成：《基层治理中的激励问题》，《学术界》2019 年第 6 期。

　　谭秋成：《论投票选举作为控制乡村代理人的一种方式》，《中国农村观察》2014 年第 6 期。

　　谭秋成：《乡镇集体企业中经营者持大股：特征及解释》，《经济研究》1999 年第 4 期。

　　谭秋成：《中国农业温室气体排放：现状及挑战》，《中国人口·资源与环境》2011 年第 10 期。

　　田莹莹、王宁：《小额信贷的国际经验对中国农村金融扶贫的启示》，《世界农业》2014 年第 8 期。

　　涂圣伟：《工商资本参与乡村振兴的利益联结机制建设研究》，《经济纵横》2019 年第 3 期。

　　王春雷、王辉：《国外农业劳动力转移模式比较及对我国的启示》，《华北电力大学学报》（社会科学版）2008 年第 4 期。

王凤林：《关于〈中国农村经济学〉研究对象的几个问题》，《安徽省委党校学报》1987 年第 3 期。

王国刚等：《中国农业生产经营主体变迁及其影响效应》，《地理研究》2017年第 6 期。

王红彦等：《易地扶贫移民搬迁的国际经验借鉴》，《世界农业》2014 年第8 期。

王薇、李祥：《农业产业集群助推产业振兴：一个"主体嵌入—治理赋权"的解释性框架》，《南京农业大学学报》（社会科学版）2021 年第 4 期。

王小林、李玉珍：《农村公共服务的理论基础及提供机制》，《经济研究参考》2006 年第 68 期。

王一杰等：《我国粮食主产区粮食生产现状、存在问题及政策建议》，《农业现代化研究》2018 年第 1 期。

王云峰：《农业区域专业化研究综述》，《合作经济与科技》2019 年第 24 期。

王志章、郝蕾：《日本反贫困的实践及其启示》，《世界农业》2019 年第6 期。

王志章等：《韩国乡村反贫困的实践及其启示研究》，《世界农业》2020 年第1 期。

魏后凯：《深刻把握城乡融合发展的本质内涵》，《中国农村经济》2020 年第6 期。

魏后凯：《深入推进城市理论研究的根本遵循》，《人民日报》2023 年 3 月20 日第 13 版。

魏后凯：《新常态下中国城乡一体化格局及推进战略》，《中国农村经济》2016 年第 1 期。

魏后凯、崔凯：《建设农业强国的中国道路：基本逻辑、进程研判与战略支撑》，《中国农村经济》2022 年第 1 期。

魏后凯、关兴良：《中国特色新型城镇化的科学内涵与战略重点》，《河南社会科学》2014 年第 3 期。

魏后凯、苏红键：《中国农业转移人口市民化进程研究》，《中国人口科学》2013 年第 5 期。

魏后凯等：《"十四五"时期中国城镇化战略与政策》，《中共中央党校（国家行政学院）学报》2020 年第 4 期。

魏后凯等：《中国城镇化质量综合评价报告》，《经济研究参考》2013 年第 31 期。

温铁军：《中国的城镇化道路与相关制度问题》，《开放导报》2000 年第 5 期。

吴理财：《处境化经验：什么是农村社区文化以及如何理解》，《人文杂志》2011 年第 1 期。

伍江：《中国特色城市化发展模式的问题与思考》，《中国科学院院刊》2010 年第 3 期。

夏永祥：《农业效率与土地经营规模》，《农业经济问题》2002 年第 7 期。

鲜祖德等：《中国农村贫困标准与贫困监测》，《统计研究》2016 年第 9 期。

肖金成等：《中国特色城镇化道路的内涵和发展途径》，《宏观经济管理》2008 年第 11 期。

肖婧文、冯梦黎：《农村产业融合嬗变：利益联结与生产要素的互动和共演》，《财经科学》2020 年第 9 期。

熊景维、张冠兰：《农民工市民化权能：一个综合视角的理论》，《社会主义研究》2022 年第 4 期。

徐勇：《GOVERNANCE：治理的阐释》，《政治学研究》1997 年第 1 期。

薛宇峰：《中国粮食生产区域分化的现状和问题——基于农业生产多样化理论的实证研究》，《管理世界》2008 年第 3 期。

闫坤、孟艳：《国外反贫困实践对我国的启示》，《中国财政》2017 年第 1 期。

杨大远：《关于建立"农村经济学"的思考》，《云南社会科学》1985 年第 1 期。

杨勋：《农村发展与农村经济学的任务》，《经济科学》1986 年第 4 期。

叶裕民：《特大城市包容性城中村改造理论架构与机制创新——来自北京和广州的考察与思考》，《城市规划》2015 年第 8 期。

于刃刚：《配第—克拉克定理评述》，《经济学动态》1996 年第 8 期。

俞可平：《治理和善治：一种新的政治分析框架》，《南京社会科学》2001 年第 9 期。

虞和平：《民国时期乡村建设运动的农村改造模式》，《近代史研究》2006 年第 4 期。

宇林军等：《基于农户调研的中国农村居民点空心化程度研究》，《地理科学》2016 年第 7 期。

苑鹏：《中国农村市场化进程中的农民合作组织研究》，《中国社会科学》2001 年第 6 期。

苑鹏：《中国特色的农民合作社制度的变异现象研究》，《中国农村观察》2013 年第 3 期。

张光辉：《农业规模经营与提高单产并行不悖——与任治君同志商榷》，《经济研究》1996 年第 1 期。

张军、何寒熙：《中国农村的公共产品供给：改革后的变迁》，《改革》1996 年第 5 期。

张俊飚、颜廷武：《中国农业经济管理学科发展 70 年：回顾与展望》，《华中农业大学学报》（社会科学版）2019 年第 5 期。

张来武：《产业融合背景下六次产业的理论与实践》，《中国软科学》2018 年第 5 期。

张乐、曹静：《中国农业全要素生产率增长：配置效率变化的引入——基于随机前沿生产函数法的实证分析》，《中国农村经济》2013 年第 3 期。

张鹏、梅杰：《欧盟共同农业政策：绿色生态转型、改革趋向与发展启示》，《世界农业》2022 年第 2 期。

张秋菊、张超锋：《农村内生式发展的理论和政策实践：以日本中山间地区等直接补助制度为例》，《世界农业》2020 年第 11 期。

张晓山：《"干部经济"是农地冲突的根源》，《农村经济管理》2009 年第 2 期。

张晓山：《关于赋予农民更多财产权利的几点思考》，《农村经济》2014 年第 1 期。

张晓山：《合作社的基本原则与中国农村的实践》，《农村合作经济经营管理》1999 年第 6 期。

张晓山：《农民专业合作社的发展趋势探析》，《管理世界》2009 年第 5 期。

张延龙等：《中国农业产业化龙头企业发展特点、问题及发展思路》，《农业经济问题》2021 年第 8 期。

张占斌：《新型城镇化的战略意义和改革难题》，《国家行政学院学报》2013 年第 1 期。

赵迪、罗慧娟：《欧美国家农村相对贫困治理的经验与启示》，《世界农业》2021 年第 9 期。

赵放、刘雨佳：《农村三产融合发展的国际借鉴及对策》，《经济纵横》2018 年第 9 期。

赵黎：《成功还是失败？欧盟国家农业知识创新服务体系的演变及其启示》，《中国农村经济》2020 年第 7 期。

赵黎：《从理念共识到合作社再造——一个合作社法律秩序与经济秩序的分析视角》，《中国合作经济评论》2018 年第 1 期。

赵黎：《合作社参与乡村建设行动：国际实践与发展趋势》，《中国农民合作社》2021 年第 6 期。

赵黎：《集体回归何以可能？村社合一型合作社发展集体经济的逻辑》，《中国农村经济》2022 年第 12 期。

赵黎：《市场导向、跨国合作：欧洲农业合作社发展新动向》，《农村经济》2012 年第 4 期。

赵芝俊、张社梅：《近 20 年中国农业技术进步贡献率的变动趋势》，《中国农村经济》2006 年第 3 期。

郑清坡：《百年来中国农村经济研究主线的回顾与反思》，《保定学院学报》2013 年第 1 期。

郑宇：《贫困治理的渐进平衡模式：基于中国经验的理论建构与检验》，《中国社会科学》2022 年第 2 期。

植草益：《信息通讯业的产业融合》，《中国工业经济》2001 年第 2 期。

中国土地勘测规划院地政研究中心：《我国城市郊区宅基地问题研究》，《中国土地》2007 年第 1 期。

钟甫宁、何军：《增加农民收入的关键：扩大非农就业机会》，《农业经济问题》2007 年第 1 期。

钟茂初、张学刚：《环境库兹涅茨曲线理论及研究的批评综论》，《中国人口·资源与环境》2010 年第 2 期。

钟漪萍等：《农旅融合促进农村产业结构优化升级的机理与实证分析——以全国休闲农业与乡村旅游示范县为例》，《中国农村经济》2020年第7期。

钟真：《改革开放以来中国新型农业经营主体：成长、演化与走向》，《中国人民大学学报》2018年第4期。

钟真等：《紧密型农业产业化利益联结机制的构建》，《改革》2021年第4期。

周静：《农村闲置宅基地盘活利用的意愿、障碍及其改革重点分析》，《华中农业大学学报》（社会科学版）2022年第6期。

周罗庚、王仲田：《中国农村的基层民主发展与农民的民主权利保障——村民自治的历史、现实与未来》，《上海社会科学院学术季刊》1999年第1期。

周其仁：《中国农村改革：国家和所有权关系的变化（上）——一个经济制度变迁史的回顾》，《管理世界》1995年第3期。

朱启臻：《新型职业农民与家庭农场》，《中国农业大学学报》（社会科学版）2013年第2期。

朱启臻等：《论家庭农场：优势、条件与规模》，《农业经济问题》2014年第7期。

朱晓华等：《空心村土地整治潜力调查与评价技术方法——以山东省禹城市为例》，《地理学报》2010年第6期。

左彦鹏：《美国社区学院的发展历程及办学经验》，《中国职业技术教育》2003年第11期。

（三）论文

马佳：《新农村建设中农村居民点用地集约利用研究》，博士学位论文，华中农业大学，2008年。

（四）网络

方晓丹等：《什么是基民系数》，中国国家统计局网站，http：//stats. gov. cn/。

生态环境部、国家统计局、农业农村部：《第二次全国污染源普查公报》（公告2020年第33号），https：//www. mee. gov. cn。

中华人民共和国商务部电子商务和信息化司：《中国电子商务报告（2020）》，http：//dzsws. mofcom. gov. cn/article/ztxx/ndbg/202109/20210903199156. shtml。

（五）其他

联合国经济和社会事务部统计司：《所有经济活动的国际标准行业分类》（修订本第4版），联合国，2009年。

联合国开发计划署：《2010年人类发展报告——国家的真正财富：人类发展进程》，联合国，2010年。

二 外文文献

Adisa, R. S., *Rural Development：Contemporary Issues and Practices*, University of London, London, 2012.

Alasia, A., et al., "Off-farm Labour Decision of Canadian Farm Operators：Urbanization Effects and Rural Labour Market Linkages", *Journal of Rural Studies*, Vol. 25, No. 1, 2009.

Alchian, A. and H. Demsetz, "Production, Information Costs, and Economic Organization", *The American Economic Review*, Vol. 62, No. 25, 1972.

Alkire, S. and J. E. Foster, "Counting and Multidimensional Poverty Measures", *OPHI Working Paper* 7, Oxford Poverty and Human Development Initiative, University of Oxford, 2007.

Andres Douan and Elizabeth Platzibeck, "The Second Arrival of American Town", *Wilson Quarterly*, Winter Issue 1992.

Arrow, K. J., *Essays in the Theory of Risk-Bearing*, Amsterdam, North-Holland Publishing Company, 1970.

Ashley, C. and S. Maxwell, "Rethinking Rural Development", *Development Policy Review*, 2001.

Audretsch, *Handbook of Entrepreneurship Research*, 2nd edition, New York：Springer Science and Business Media, 2010.

Bailey, S. J., *Local Government Economics：Principles and Practice*, Basingstoke：Macmillan, 1999.

Banerjee, A., et al., "The Miracle of Microfinance? Evidence from a Randomized Evaluation", *Applied Economics*, Vol. 7, No. 1, 2015.

Barber, N. W. and R. Ekins, "Situating Subsidiarity", *American Journal of Jurisprudence*, Vol. 61, No. 1, 2016.

Beason, D. and J. James, *The Political Economy of Japanese Financial Markets*: *Myths versus Reality*, Macmillan Press Limited, 1999.

Beegle, K. and L. Christiaensen, *Accelerating Poverty Reduction in Africa*, World Bank Publications, 2019.

Birchall, J., *The International Co-operative Movement*, Manchester: Manchester University Press, 1997.

Birchall, J., "The Potential of Co-operatives during the Current Recession: Theorizing Comparative Advantage", *Journal of Entrepreneurial and Organizational Diversity*, 2013, 2 (1).

Borzaga, C. and J. Defoumy, *The Emergence of Social Enterprises*, London and New York: Routledge, 2001.

Brennan, G. and J. M. Buchanan, *The Power to Tax*: *Analytical Foundations of a Fiscal Constitution*, Cambridge: Cambridge University Press, 1980.

Brennan, G. and J. M. Buchanan, *The Reason of Rules*: *Constitutional Political Economy*, Cambridge, New York: Cambridge University Press, 1985.

Brooks, T. J., *Markets and Rural Economics*: *Science of Commerce and Distribution*, New York: Shakespeare Press, 1914.

Bryden, J., *Development Strategies for Remote Rural Regions*: *What do We Know So Far?* Paper presented at the OECD International Conference on Remote Rural Areas-Development through Natural and Cultural Assets, Albarracin, Spain, 1998, November 5-6.

Capello, R., "Industrial Enterprises and Economic Space: The Network Paradigm", *European Planning Studies*, Vol. 4, No. 4, 1996.

Carletto, C., et al., "Fact or Artifact: The Impact of Measurement Errors on the Farm Size-productivity Relationship", *Journal of Development Economics*, Vol. 4, 2013.

Carver, T. N., *Principles of Rural Economics*, Ginn and Co., 1911.

Chayanov, A. V., *The Theory of Peasant Co-operatives*, Columbus: Ohio State University Press, 1991.

Chayanov, A. V., *The Theory of Peasant Economy*, Homewood, IL: Irwin, 1966.

Cheung, S. N. S., "The Contractual Nature of the Firm", *The Journal of Law &*

Economics, Vol. 26, No. 1, 1983.

Cheung, S. N. S. , "Transaction Costs, Risk Aversion, and the Choice of Contractual Arrangements", *Journal of Law and Economics*, Vol. 12, No. 1, 1969.

Clark, C. , "The Conditions of Economic Progress", *The Economic Journal*, Volume 51, Issue 201, April 1941.

Cook, M. L. , "The Future of U. S. Agricultural Cooperatives: A Neo-institutional Approach", *American Journal of Agricultural Economics*, Vol. 77, No. 5, 1995.

Costanza, R. , et al. , "The Value of the World's Ecosystem Services and Natural Capital", *Nature*, Vol. 38, No. 7, 1997.

Costanza, R. and H. E. Daly, "Natural Capital and Sustainable Development", *Conservation Biology*, Vol. 6, No. 1, 1992.

Daly, H. , "Institutions for a Steady-State Economy", in *Steady-State Economics*, Washington, D. C. : Island Press, 1991.

Day, L. M. , "Community Facilities and Services: An Economic Framework for Analysis", *American Journal of Agricultural Economics*, Vol. 50, No. 5, 1968.

Deller, Steve, "Local Foods and Rural Economic Growth", Paper presented at the American Applied Economics Association, Seattle, WA, 2012.

Deller, S. C. , et al. , "Recreational Housing and Local Government Finance", *Annals of Tourism Research*, Vol. 24, 1997.

Deller, S. C. and J. M. Halstead, "Efficiency in the Production of Rural Road Services: The Case of New England Towns", *Land Economics*, Vol. 70, No. 2, 1994.

Douan, A. and E. Platzibeck, The Second Arrival of American Town, *Wilson Quarterly*, Winter Issue, 1992.

Emelianoff, I. V. , *Economic Theory of Cooperation: Economic Structure of Cooperative Organizations*, Washington, D. C. : S. N. , 1942.

European Commission, FAO, UN-Habitat, et al. , *Applying the Degree of Urbanisation: A Methodological Manual to Define Cities, Towns and Rural Areas for International Comparisons*, 2021 edition, Eurostat, https: //www. oecd. org/regional/, 2021.

Fama, E. F. and M. C. Jensen, "Separation of Ownership and Control", *Journal of Law and Economics*, Vol. 26, No. 2, 1983.

Fei, J. C. H. and G. Ranis, *Development of the Labour Surplus Economy: Theory and Policy*, New Haven, CT: Yale University Press, 1964.

Fischer, C. S., "Toward a Subcultural Theory of Urbanism", *American Journal of Sociology*, Vol. 80, No. 6, 1975.

Fox, K. A., "The Study of Interactions between Agriculture and the Nonfarm Economy: Local, Regional and National", *Journal of Farm Economics*, Vol. 44, 1962.

Freeman, C. and L. Soete, *The Economics of Industrial Innovation*, Psychology Press, 1997.

Färe, R., et al., "Productivity Growth, Technical Progress and Efficiency Change in Industrialized Countries", *The American Economic Review*, Vol. 84, No. 1, 1994.

Garner, E. and A. P. de la O Campos, "Identifying the 'Family Farm': An Informal Discussion of the Concepts and Definitions", *ESA Working Paper* No. 14-10. Rome, FAO, 2014.

Gasson, R. and A. Errington, *The Farm Family Business*, *Wallingford*, England: CAB International, 1993.

Gijselinckx, C., et al., *Co-operative Innovations in China and the West*, London: Palgrave Macmillan, 2014.

Green, G. P., *Handbook of Rural Development*, Edward Elgar, Cheltenham, UK, 2013.

Greenstein, S. and T. Khanna, "What Does Industry Convergence Mean?", in Yoffie, D., *Competing in the Age of Digital Convergence*, Boston: Perseus Distribution Services, 1997.

Grossman, G. M. and A. B. Krueger, "Environmental Impacts of a North American Free Trade Agreement", *National Bureau Economic Research Working Paper* 3914, NBER, 1991.

Guillaumont, P., *On the Economic Vulnerability of Low Income Countries*, New York: Report prepared for the United Nations, 1999.

Hansmann, H., *The Ownership of Enterprise*, Cambridge, Mass.: Belknap Press, 1996.

Hart, J. F. , "The Perimetropolitan Bow Wave", *Geographical Review*, Vol. 81, 1991.

Heady, Earl O. and Steven T. Sonka, "Farm Size, Rural Community Income, and Consumer Welfare", *American Journal of Agricultural Economics*, Vol. 56, 1974.

Hillery, G. A. , "Definitions of Community: Areas of Agreement", *Rural Sociology*, Vol. 2, No. 20, 1995.

Hoover, E. M. and L. Fisher, "Research in Regional Economic Growth", in *Problems in the Study of Regional Growth*, National Bureau of Economic Research, New York, 1949.

Huang, J. , et al. , "Comparative Review of Multifunctionality and Ecosystem Services in Sustainable Agriculture", *Journal of Environmental Management*, Vol. 149, 2015.

Isserman, A. M. , "Competitive Advantages of Rural America in the Next Century", *International Regional Science Review*, Vol. 24, No. 1,2001.

Jackson-Smith, D. and J. Sharp, "Farming in the Urban Shadow: Supporting Agriculture at the Rural-Urban Interface", *Rural Realities*, Vol. 2, 2008.

Johansson, F. , *The Medici Effect*, Boston, MA: Harvard Business School Press, 2006.

Johnson, R. , "Fruits, Vegetables and Other Specialty Crops: Selected Farm Bill and Federal Programs", *Congressional Research Service*, 2014.

Johnson, T. G. , "Place-Based Economic Policy: Innovation or Fad?" *Agriculture and Resource Economics Review*, Vol. 36, 2007.

Johnston, M. , *Good Governance: Rule of Law, Transparency, and Accountability*, New York: United Nations Public Administration Network, 2006. https//etico. iiep. unesco. org.

Joseph, S. Nye and J. D. Donahue, *Governance in a Globalizing World*, Washington D. C. : Brookings Institution Press, 2000.

Kilkenny, M. and M. D. Partridge, "Export Sectors and Rural Development", *American Journal of Agricultural Economics*, Vol. 91, No. 4, 2009.

Kuznets, S. , "Economic Growth and Income Inequality", *The American Eco-*

nomic Review, Vol. 45, 1955.

Lass, D. A. , et al. , "Factors Affecting the Supply of Off−Farm Labor: A Review of the Empirical Evidence", in M. C. Hallberg, J. L. Findeis & D. A. Lass (eds.), *Multiple Job Holding among Farm Families*, Ames: Iowa State University Press, 1991.

Lewis, O. , *Five Families: Mexican Case Studies in the Culture of Poverty*, New York: Basic Books, 1959.

Lewis, W. A. , "Economic Development with Unlimited Supplies of Labour", *The Manchester School of Economic and Social Studies*, Vol. 22, No. 2, 1954.

Lyson, T. A. , *Civic Agriculture: Reconnecting Farm, Food, and Community*, Medford MA: Tufts University Press, 2004.

Machum, S. , "The Persistence of Family Farming in the Wake of Agrobusiness: A New Brunswick, Canada Case Study", *Journal of Comparative Family Studies*, Vol. 36, No. 3, 2005.

Marshall, A. , *Principles of Economics*, London, Macmillan, 1890.

Marshall, A. , *Principles of Economics: Unabridged Eighth Edition*, New York: Cosimo Classics, 2009.

Marshall, W. , *The Rural Economy of the West of England: Manures and Management*, Cambridge University Press, 2013.

Martinez S. W. and A. Reed, "From Farmers to Consumers: Vertical Coordination in the Food Industry", *Economic Research Service Report*, No. 720, USDA, Washington, 1996.

McKinnon, R. I. , *Money and Capital in Economic Development*, Washington, D. C. : The Brookings Institution, 1973.

McPherson, I. , *A Century of Co−operation*, Canadian Co−operative Association, 2009.

Michie, J. , "The Importance of Ownership", in Michie, J. , J. R. Blasi and C. Borzaga (eds.), *The Oxford Handbook of Mutual, Co−operative, and Co−owned Business*, Oxford: Oxford University Press, 2017.

Mighell, R. L. and L. A. Jones, *Vertical Coordination in Agriculture*, Farm Economics Division, Economic Research Service, U. S. Department of Agriculture, 1963.

Molle, W., et al., *Regional Disparity and Economic Development in the European Community*, Saxon House, 1980.

Musgrave, Richard and Peggy, Musgrave, *Public Finance in Theory and Practice*, Fifth Edition, New York: McGraw-Hill Book Company, 1999.

Myrdal, G., *Economic Theory and Under-developed Regions*, London: Duckworth, 1957.

Müller, D. K., "Second Homes in the Nordic Countries: Between Common Heritage and Exclusive Commodity", *Scandinavian Journal of Hospitality and Tourism*, Vol. 7, 2007.

Nemes, G., "Integrated Rural Development: The Concept and Its Operation", *IEHAS Discussion Papers*, No. MT-DP-2005/6, 2005.

Nilsson, J., "New Generation Farmer Cooperatives", *Review of International Co-operation*, Vol. 90, No. 1, 1997.

Northam, R. M., *Urban Geography*, New York: J. Wiley Sons, 1975.

Nurkse, R., *Problems of Capital Foundation in Underdeveloped Countries*, New York: Oxford University Press, 1953.

Oates, W. E., *Fiscal Federalism*, New York: Harcourt, Brace, Jovanovich, 1972.

Oates, W. E., *The Political Economy of Fiscal Federalism*, Lexington, Massachusetts: Lexington Books, 1977.

OECD, *Networks for Rural Development Group of the Council on Rural Development*, OECD, Paris, 1996.

OECD, "Risk Management in Agriculture in the Netherlands", *OECD Food Agriculture and Fisheries Papers*, https://doi.org/10.1787/5kgj0d5lqn48-en, 2011.

Olson, M., *The Logic of Collective Action*, Cambridge: Harvard University Press, 1965.

Panayotou, T., "Empirical Tests and Policy Analysis of Environmental Degradation at Different Stages of Economic Development", *Working Paper for Technology and Employment Program*, Geneva: International Labor Office, 1993.

Pearce, D. W. , et al. , Blueprint for a Green Economy, London: Earthscan Per Bolund, Sven Hunhammer, 1989.

Plummer, L. A. and A. Pe'er, "The Geography of Entrepreneurship", in Z. J. Acs and D. B. Audretsch (eds.), *Handbook of Entrepreneurship Research*, 2nd edition, New York: Springer Science and Business Media, 2010.

Popkin, S. L. , *The Rational Peasant: The Political Economy of Rural Society in Vietnam*, Berkeley and Los Angeles: University of California Press, 1979.

Quiggin, J. , "The Optimal Design of Crop Insurance", in Darrell, L. Hueth and William, H. Furtan (eds.), *Economics of Agricultural Crop Insurance: Theory and Evidence*, Boston/Dordrecht/London: Kluwer Academic Publishers, 1994.

Randal, O'Toole, *American Nightmare: How Government Undermines the Dream of Homeownership*, Cato Institute, 2012.

Ranis, G. and J. C. H. Fei, "A Theory of Economic Development", *American Economic Review*, No. 51, 1961.

Ray, C. , *Culture Economies: A Perspective on Local Rural Development in Europe*, Newcastle: Centre for Rural Economy, Newcastle University, 2001.

Renée Johnson, "Fruits, Vegetables, and Other Specialty Crops: Selected Farm Bill and Federal Programs", Congressional Research Service, Informing the Legislative Debate since 2014.

Rhodes, R. A. W. , *Understanding Governance*, Buckingham: Open University Press, 1997.

Riskin, C. , "Surplus and Stagnation in Modern China", in Dwight Perkins (ed.), *China's Modern Economy in Historical Perspective*, Stanford: Stanford University Press, 1975.

Robotka, F. , "A Theory of Cooperation", *Journal of Farm Economics*, Vol. 29, No. 1, 1947.

Rosenau, J. N. , *Governance without Government: Order and Change in World Politics*, Cambridge: Cambridge University Press, 1992.

Rosenberg, N. , "Technological Change in the Machine Tool Industry, 1840 - 1910", *The Journal of Economic History*, Vol. 23, No. 4, 1963.

Rosenstein-Rodan, P. , "Notes on the Theory of the Big Push", in Ellis, H. , and Wallich, H. , *Development for Latin America*, New York: St Martin's, 1961.

Rostow, W. W. , "The Stages of Economic Growth", *The Economic History Review*, Vol. 12, No. 1, 1959.

Rowntree, B. S. , *Poverty: A Study of Town Life*, London: MacMillan and Co. Press, 1901.

Ruttan, V. W. , "The Impact of Urban Industrial Development on Agriculture in the Tennessee Valley and the Southeast", *Journal of Farm Economics*, Vol. 37, No. 1, 1955.

Santos, M. , *The Shared Space*, Routledge Taylor & Francis Group, 2018.

Schaars, M. A. , "Basic Principles of Co-operatives: Their Growth and Development", in M. A. Abrahamsen & C. L. Scroggs (eds.), *Agricultural Cooperation: Selected Readings*, Minneapolis: University of Minnesota Press, 1957.

Schultz, T. W. , *The Economic Organization of Agriculture*, New York: McGraw Hill, 1953.

Schultz, T. W. , *Transforming Traditional Agriculture*, New Heaven: Yale University Press, 1964.

Schultz, T. W. , "Investment in Human Capital", *American Economic Review*, Vol. 51, 1961.

Schultz, T. W. , "Reflections on Poverty in Agriculture", *Journal of Political Economy*, Vol. 58, 1950.

Scott, J. C. , *The Moral Economy of the Peasant: Rebellion and Subsistence in Southeast Asia*, New Haven and London: Yale University Press, 1976.

Seibold, S. , et al. , "Arthropod Decline in Grasslands and Forests is Associated with Land Scape-level Drivers", Nature, Vol. 574, 2019.

Sen, A. K. , *Inequality Re - examined*, New York: Russell Sage Foundation, 1992.

Sen, A. K. , *Poverty and Famines: An Essay on Entitlement and Deprivation*, New York: Oxford University Press, 1981.

Sen, A. K. , "An Aspect of Indian Agriculture", *Economic Weekly*, Vol. 14,

No. 4–6, 1962.

Shafik, N. and S. Bandyopadhyay, *Economic Growth and Environmental Quality: Time Series and Cross–country Evidence Background*, World Bank: Paper for World Development Report, 1992.

Sharp, J. S. and M. B. Smith, "Social Capital and Farming at the Rural–Urban Interface: The Importance of Nonfarmer and Farmer Relations", *Agricultural Systems*, Vol. 76, 2003.

Shaw, E. S., *Financial Deepening and Economic Development*, New York: Oxford University Press, 1973.

Shorrocks, Anthony. F, "Inequality Decomposition by Population Subgroups", *Econometric*, Vol. 52, No. 6, 1984.

Simmel, G., *Georg Simmel on Individuality and Social Forms*, Chicago: University of Chicago Press, 1972.

Simon, H. A., "Effects of Increased Productivity upon the Ratio of Urban to Rural Population", *Econometric*, Vol. 15, 1947.

Smith, A., *An Inquiry into the Nature and Causes of the Wealth of Nations*, Chicago: University of Chicago Press, 1776.

Smith, A., *The Wealth of Nations*, New York: Penguin Random House US, 1994.

Solow, R. M, "Technical Change and the Aggregate Production Function", *Review of Economics and Statistics*, Vol. 39, 1957.

Steven C. Deller and John M. Halstead, "Efficiency in the Production of Rural Road Services: The Case of New England Towns", *Land Economics*, Vol. 70, No. 2, 1994.

The Commission on Global Governance, *Our Global Neighborhood: The Report of the Commission on Global Governance* (1st Edition), New York: Oxford University Press, 1995.

Theil, H., *Economic Forecasts and Policy*, Amsterdam: North–Holland Publishing Co., 1958.

Tiebout, C. M., "A Pure Theory of Local Expenditures", *The Journal of Politi-

cal Economy, Vol. 64, No. 5, 1956.

Todaro, M. P. , "A Model for Labor Migration and Urban Unemployment in Less Developed Countries", *The American Economic Review*, Vol. 59, No. 1, 1969.

Townsend, P. , *Poverty in the United Kingdom: A Survey of Household Resources and Standard of Living*, Berkley, California: University of California Press, 1979.

Tucker, V. , "The Myth of Development: A Critique of a Eurocentric Discourse", in Munck, R. and O'Hearn, D. (eds.), *Critical Development Theory: Contributions to a New Paradigm*, London: Zed Books, 1999.

UN DESA (United Nations Department of Economic and Social Affairs), *World Urbanization Prospects: The* 2018 *Revision*, New York: United Nations, 2019.

UN-ESCAP (United Nations Economic and Social Commission for Asia and the Pacific), *What is Good Governance?* www. unescap. org/pdd, 2009.

UNDP (United Nations Development Programme), *Human Development Report* 1990: *Concept and Measurement of Human Development*, New York, 1990.

UNDP (United Nations Development Programme), *Human Development Report* 1996: *Economic Growth and Human Development*, New York, 1996.

UNDP (United Nations Development Programme), *Human Development Report* 1997: *Human Development to Eradicate Poverty*, New York, 1997.

UNDP (United Nations Development Programme) and OPHI (Oxford Poverty and Human Development Initiative), 2022 *Global Multidimensional Poverty Index* (*MPI*): *Unpacking Deprivation Bundles to Reduce Multidimensional Poverty*, New York, 2022.

van der Ploeg, J. D. , et al. , "Farm Diversity, Classification Schemes and Multifunctionality", *Journal of Environmental Management*, Vol. 90, 2009.

van der Ploeg, J. D. , et al. , "Living Countryside", *Rural Development Processes in Europe: The State of the Art*, Doetinchem: Elsevier, 2002.

van Huylenbroeck, G. , and G. Durand, "Multifunctionality and Rural Development: A General Framework", in *Multifunctional Agriculture: A New Paradigm for European Agriculture and Rural Development*, Ashgate Publishing, 2003.

Vogt, P. L. , *Introduction to Rural Economics*, New York: D. Appleton &

Co, 1925.

Von Hoffman, A., *House by House, Block by Block: The Rebirth of America's Urban Neighborhoods*, New York: Oxford University Press, 2003.

Wackernagel, M., et al., "National Natural Capital Accounting with the Ecological Footprint Concept", *Ecological Economics*, Vol. 29, No. 3, 1999.

Wackernagel, M. and W. E. Rees, *Our Ecological Footprint: Reducing Human Impact on the Earth Gabrieal Island*, Canada: New Society Publishers, 1996.

Williamson, J. G., "Regional Inequality and the Process of National Development: A Description of the Patterns", *Economic Development & Cultural Change*, Vol. 13, No. 4, 1965.

Williamson, O. E., *The Economic Institutions of Capitalism: Firms, Markets, Relational Contracting*, New York: Free Press, 1985.

World Bank, *Poverty and Shared Prosperity* 2018: *Piecing Together the Poverty Puzzle*, http//www.world bank.org/en/publication.

Wu, J., et al., *Frontiers in Resource and Rural Economics: Human−Nature, Rural−Urban Interdependencies*, Routledge, 2008.

Yaron, J., et al., *Rural Finance: Issue, Design and Best Practices*, *The World Bank*, Washington D. C., 1997.

Young, A., *The Farmer's Letters to the People of England: Containing the Sentiments of a Practical Husbandman...To Which is Added, Sylvie; or, Occasional Tracts on Husbandry and Rural Economics*, London: W. Nicoll, 1768.

Zhao, L., "Agricultural Co−operatives in China", in Michie, J., J. R. Blasi and C. Borzaga (eds.), *The Oxford Handbook of Mutual, Co−operative, and Co−owned Business*, Oxford: Oxford University Press, 2017.

后 记

  《农村经济学》是中国社会科学院学科建设"登峰战略"资助项目农村发展经济学的重要成果之一。项目组编著此教材主要出于以下考虑：尽管 20 世纪八九十年代国内出版了多个版本《农村经济学》，但由于当时处于体制大破大立的改革时期，这些教材重点介绍的是农村基本经营制度、乡镇企业发展与改制、粮食流通体制改革、农村劳动力转移、农村工业化与城镇化、农村财税体制与农民负担等内容。进入 21 世纪，随着工业化和城镇化的快速推进，大量农村劳动力外出就业，并且有相当一部分农民进入城市生活和居住，中国历史上长期存在的人地紧张关系得到逐步缓解，农村经济的生产和组织方式发生了很大变化。而且，农业生产力水平提高后，农产品供给大幅度增加，农业除继续强调其产品功能外，生态、文化、旅游休闲等其他功能也受到重视。2005 年国家启动社会主义新农村建设，2017 年又实施乡村振兴战略，各级政府对农业农村发展战略和政策进行了重大调整，大量财政资金投向"三农"领域，支持农业农村优先发展，农村基础设施、公共服务和社会保障制度不断完善，现行标准下农村贫困人口全部脱贫，农民收入和生活水平快速提升。过去的教材显然没有记录新世纪以来农村经济和社会发展的这些重大变化并解释变化的原因及可能对整个社会产生的影响。

  这本《农村经济学》教材试图弥补以往教材内容上的不足，力求客观反映国内外理论研究和实践探索的最新进展，尽可能将教材理论化、规范化和知识化，以便推动形成中国特色的农村经济学。这种中国特色的农村经济学是农村经济学的共性和个性的有机统一。其中，共性体现了各国农村经济演变的一般规律和基本特征，代表了其普遍性趋势和共同特质；个性则是中国特色的具体体现，显示了中国农村经济学具有自身的特殊性，需要探索符合自身实际的农村经济理论、发展道路、治理模式和政策体系。为此，既要汲取国外农村经济学的合理成分，充分挖掘和阐述各国农村经济的共同特征，揭示其一般规律和本质属性，更要从中国国情农情出发，总结提炼中国特色的农村经济理论、发展道路和模式，全面体现农村经济学的中国特色。为实现这种共性和个性的有机统一，在组织编写本教材的过程中，我们希望能够达到以下三个目的：一是介绍国外经典的农村经济理论与方法。二是客观反映改革开放以来中国农村经济和社会发展的过程。三是归纳总结关于解释中国农村经济发展的主要观点。

本教材是项目组全体成员智慧的结晶。项目组编著成员多次讨论教材提纲，初稿完成后大家又逐章进行了四次讨论和修改。全书各章撰写分工如下：第一章，魏后凯教授；第二章，李登旺博士和李婷婷博士；第三章，谭秋成教授；第四章，张延龙副教授；第五章，赵黎副教授；第六章，罗万纯副教授；第七章，杨园争博士；第八章，孙若梅教授；第九章，李玏博士；第十章，年猛副教授、罗浩轩博士；第十一章，冯兴元教授、董翀博士、鲍曙光博士；第十二章，党国英教授；第十三章，卢宪英副教授。全书由魏后凯教授和谭秋成教授统稿，李玏博士和赵黎副教授校对，最终由魏后凯教授审定。

目前，《农村经济学》已被列入中国社会科学院大学研究生指定教材。由于近年来农村经济学在中国正处于快速发展中，本教材所采用的学科内容体系和编写方法是一种新的尝试，肯定还存在不完善之处，我们诚恳希望使用该教材的老师、学生及其他读者批评指正，以便再版时进一步修正与完善。

编著者

2023 年 8 月

图书在版编目（CIP）数据

农村经济学 / 魏后凯主编. -- 北京：中国社会科学出版社，2024.9. --（中国社会科学院大学系列教材应用经济学系列）. -- ISBN 978-7-5227-4201-4

Ⅰ. F30

中国国家版本馆 CIP 数据核字第 2024A3F475 号

出 版 人	赵剑英	
责任编辑	刘晓红	
责任校对	周晓东	
责任印制	戴　宽	

出　　版	中国社会科学出版社	
社　　址	北京鼓楼西大街甲 158 号	
邮　　编	100720	
网　　址	http://www.csspw.cn	
发 行 部	010-84083685	
门 市 部	010-84029450	
经　　销	新华书店及其他书店	

印刷装订	北京君升印刷有限公司
版　　次	2024 年 9 月第 1 版
印　　次	2024 年 9 月第 1 次印刷

开　　本	787×1092　1/16
印　　张	24.5
字　　数	427 千字
定　　价	109.00 元